中國飲食文化史　黃河中游地區卷

The History of Chinese Dietetic Culture
Volume of the Middle Reaches of the Yellow River

感　謝

北京稻香村食品有限責任公司對本書出版的支持

中國農業科學院農業信息研究所對本書出版的支持

浙江工商大學暨旅遊學院對本書出版的支持

黑龍江大學歷史文化旅遊學院對本書出版的支持

飲其流者
懷其源

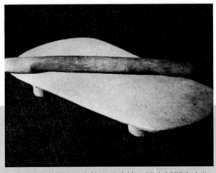

1. 新石器時代的石磨盤、石磨棒，河南新鄭出土※

2. 新石器時代的人面魚紋彩陶盆，仰韶文化遺址出土

3. 商代青銅三聯甗，河南安陽商代婦好墓出土

4. 東漢時期的《夫婦宴飲圖》，河南洛陽東漢墓壁畫

※　編者註：書中圖片來源除有標註者外，其餘均由作者提供。對於作者從網站或其他出版物等途徑獲得的圖片也做了標註。

1. 魏晉時期的《牛耕圖》(《古冢丹青——河西走廊魏晉墓葬畫》,甘肅教育出版社)

2. 東漢庖廚石刻畫

3. 唐代掐絲團花紋金盃,
   陝西西安出土

4. 唐代舞馬銜杯鎏金銀壺,
   陝西西安南郊出土

1. 《千金方》書影，唐代孫思邈著

2. 宋代《夫婦宴飲圖》，河南白沙宋墓壁畫

3. 《韓熙載夜宴圖》局部，五代南唐顧閎中作品

4. 宋代廚娘畫像磚拓圖，
   傳河南偃師出土

1. 《清明上河圖》局部，北宋張擇端作

2. 《漉酒圖》局部，明代丁雲鵬作

3. 現代「杏花村」古井文化園

4. 清代《製酒圖》

序言

鴻篇巨帙　繼往開來
——《中國飲食文化史》（十卷本）序

　　中國飲食文化是中國傳統文化的重要組成部分，其內涵博大精深、歷史源遠流長，是中華民族燦爛文明史的生動寫照。她以獨特的生命力佑護著華夏民族的繁衍生息，並以強大的輻射力影響著周邊國家乃至世界的飲食風尚，享有極高的世界聲譽。

　　中國飲食文化是一種廣視野、深層次、多角度、高品位的地域文化，她以農耕文化為基礎，輔之以漁獵及畜牧文化，傳承了中國五千年的飲食文明，為中華民族鑄就了一部輝煌的文化史。

　　但長期以來，中國飲食文化的研究相對滯後，在國際的學術研究領域沒有占領制高點。一是研究隊伍不夠強大，二是學術成果不夠豐碩，尤其缺少全面而系統的大型原創專著，實乃學界的一大憾事。正是在這樣困頓的情勢下，國內學者勵精圖治、奮起直追，發憤用自己的筆撰寫出一部中華民族的飲食文化史。中國輕工業出版社與撰寫本書的專家學者攜手二十餘載，潛心勞作，殫精竭慮，終至完成了這一套數百萬字的大型學術專著——《中國飲食文化史》（十卷本），是一件了不起的事情！

　　《中國飲食文化史》（十卷本）一書，時空跨度廣遠，全書自史前始，一直敘述至現當代，橫跨時空百萬年。全書著重敘述了原始農業和畜牧業出現至今的一萬年左右華夏民族飲食文化的演變，充分展示了中國飲食文化是地域文化這一理論學說。

　　該書將中國飲食文化劃分為黃河中游、黃河下游、長江中游、長江下游、東

南、西南、東北、西北、中北、京津等十個子文化區域進行相對獨立的研究。各區域單獨成卷，每卷各章節又按斷代劃分，分代敘述，形成了縱橫分明的脈絡。

全書內容廣泛，資料翔實。每個分卷涵蓋的主要內容包括：地緣、生態、物產、氣候、土地、水源；民族與人口；食政食法、食禮食俗、飲食結構及形成的原因；食物原料種類、分布、加工利用；烹飪技術、器具、文獻典籍、文化藝術等。可以說每一卷都是一部區域飲食文化通史，彰顯出中國飲食文化典型的區域特色。

中國飲食文化學是一門新興的綜合學科，它涉及歷史學、民族學、民俗學、人類學、文化學、烹飪學、考古學、文獻學、食品科技史、中國農業史、中國文化交流史、邊疆史地、地理經濟學、經濟與商業史等學科。多學科的綜合支撐及合理分布，使本書具有頗高的學術含量，也為學科理論建設提供了基礎藍本。

中國飲食文化的產生，源於中國厚重的農耕文化，兼及畜牧與漁獵文化。古語有云：「民以食為天，食以農為本」，清晰地說明了中華飲食文化與中華農耕文化之間不可分割的緊密聯繫，並由此生發出一系列的人文思想，這些人文思想一以貫之地體現在人們的社會活動中。包括：

「五穀為養，五菜為助，五畜為益，五果為充」的飲食結構。這種良好飲食結構的提出，是自兩千多年前的《黃帝內經》始，至今看來還是非常科學的。中國地域廣袤，食物原料多樣，江南地區的「飯稻羹魚」、草原民族的「食肉飲酪」，從而形成中華民族豐富、健康的飲食結構。

「醫食同源」的養生思想。中華民族自古以來並非代代豐衣足食，歷代不乏災荒饑饉，先民歷經了「神農嚐百草」以擴大食物來源的艱苦探索過程，千百年來總結出「醫食同源」的寶貴思想。在西方現代醫學進入中國大地之前的數千年，「醫食同源」的養生思想一直護佑著炎黃子孫的健康繁衍生息。

「天人合一」的生態觀。農耕文化以及漁獵、畜牧文化，都是人與自然間最和諧的文化，在廣袤大地上繁衍生息的中華民族，篤信人與自然是合為一體的，人類的所衣所食，皆來自於大自然的餽贈，因此先民世世代代敬畏自然，愛護生態，尊重生命，重天時，守農時，創造了農家獨有的二十四節氣及節令食俗，「循天道行人事」。這種寶貴的生態觀當引起當代人的反思。

「尚和」的人文情懷。農耕文明本質上是一種善的文明。主張和諧和睦、勤勞耕作、勤和為人，崇尚以和為貴、包容寬仁、質樸淳和的人際關係。中國飲食講

究的「五味調和」也正是這種「尚和」的人文情懷在烹飪技術層面的體現。縱觀中國飲食文化的社會功能，更是對「尚和」精神的極致表達。

「尊老」的人倫傳統。在傳統的農耕文明中，老人是農耕經驗的積累者，是向子孫後代傳承農耕技術與經驗的傳遞者，因此一直受到家庭和社會的尊重。中華民族尊老的傳統是農耕文化的結晶，也是農耕文化得以久遠傳承的社會行為保障。

《中國飲食文化史》（十卷本）的研究方法科學、縝密。作者以大歷史觀、大文化觀統領全局，較好地利用了歷史文獻資料、考古發掘研究成果、民俗民族資料，同時也有效地利用了人類學、文化學及模擬試驗等多種有效的研究方法與手段。對區域文明肇始、族群結構、民族遷徙、人口繁衍、資源開發、生態制約與變異、水源利用、生態保護、食物原料貯存與食品保鮮防腐等一系列相關問題都予以了充分表述，並提出一系列獨到的學術觀點。

如該書提出中國在漢代就已掌握了麵食的發酵技術，從而把這一科技界的定論向前推進了一千年（科技界傳統說法是在宋代）；又如，對黃河流域土地承載力遞減而導致社會政治文化中心逐流而下的分析；對草地民族因食料制約而頻頻南下的原因分析；對生態結構發生變化的深層原因討論；對《齊民要術》《農政全書》《飲膳正要》《天工開物》等經典文獻的識讀解析；以及對筷子的出現及歷史演變的論述等。該書還清晰而準確地敘述了既往研究者已經關注的許多方面的問題，比如農產品加工技術與食品形態問題、關於農作物及畜類的馴化與分布傳播等問題，這些一向是農業史、交流史等學科比較關注而又疑難點較多的領域，該書對此亦有相當的關注與精到的論述。體現出整個作者群體較強的科研能力及科研水平，從而鑄就了這部填補學術空白、出版空白的學術著作，可謂是近年來不可多得的精品力作。

本書是填補空白的原創之作，這也正是它的難度之所在。作者的寫作並無前人成熟的資料可資借鑑，可以想見，作者須進行大量的文獻爬梳整理、甄選淘漉，閱讀量浩繁，其寫作難度絕非一般。在拼湊摘抄、扒網拼盤已成為當今學界一大痼疾的今天，這部原創之作益發顯得可貴。

一套優秀書籍的出版，最少不了的是出版社編輯們默默無聞但又艱辛異常的付出。中國輕工業出版社以文化堅守的高度責任心，苦苦堅守了二十年，為出版這套不能靠市場獲得收益、然而又是填補空白的大型學術著作嘔心瀝血。進入編輯階段以後，編輯部嚴苛細緻，務求嚴謹，精心提煉學術觀點，一遍遍打磨稿

件。對稿件進行字斟句酌的精心加工，並啟動了高規格的審稿程序，如，他們聘請國內頂級的古籍專家對書中所有的古籍以善本為據進行了逐字逐句的核對，並延請史學專家、民族宗教專家、民俗專家等進行多輪審稿，全面把關，還對全書內容做了二十餘項的專項檢查，翦除掉書稿中的許多瑕疵。他們不因卷帙浩繁而存絲毫懈怠之念，日以繼夜，忘我躬耕，使得全書體現出了高質量、高水準的精品風範。在當前浮躁的社會風氣下，能堅守這種職業情操實屬不易！

　　本書還在高端學術著作科普化方面做出了有益的嘗試，如對書中的生僻字進行注音，對專有名詞進行注釋，對古籍文獻進行串講，對正文配發了許多圖片等。凡此種種，旨在使學術著作更具通俗性、趣味性和可讀性，使一些優秀的學術思想能以通俗化的形式得到展現，從而擴大閱讀的人群，傳播優秀文化，這種努力值得稱道。

　　這套學術專著是一部具有劃時代意義的鴻篇巨帙，它的出版，填補了中國飲食文化無大型史著的空白，開啟了中國飲食文化研究的新篇章，功在當代，惠及後人。它的出版，是中國學者做的一件與大國地位相稱的大事，是中國對世界文明的一種國際擔當，彰顯了中國文化的軟實力。它的出版，是中華民族五千年飲食文化與改革開放三十多年來最新科研成果的一次大梳理、大總結，是樹得起、站得住的歷史性文化工程，對傳播、振興民族文化，對中國飲食文化學者在國際學術領域重新建立領先地位，將起到重要的推動作用。

　　作為一名長期從事農業科技文化研究的工作者，對於這部大型學術專著的出版，我感到由衷的欣喜。願《中國飲食文化史》（十卷本）能夠繼往開來，為中國飲食文化的發揚光大，為中國飲食文化學這一學科的崛起做出重大貢獻。

盧良恕

二〇一三年七月

序言

一部填補空白的大書
——《中國飲食文化史》（十卷本）序

　　中國輕工業出版社通過我在中國社會科學院歷史研究所的老同事，送來即將出版的《中國飲食文化史》（十卷本）樣稿，厚厚的一大疊。我仔細披閱之下，心中深深感到驚奇。因為在我的記憶範圍裡，已經有好多年沒有見過系統論述中國飲食文化的學術著作了，況且是由全國眾多專家學者合力完成的一部十卷本長達數百萬字的大書。

　　正如不久前上映的著名電視片《舌尖上的中國》所體現的，中國的飲食文化是悠久而輝煌的中國傳統文化的一個重要組成部分。中國的飲食文化非常發達，在世界上享有崇高的聲譽，然而，或許是受長時期流行的一些偏見的影響，學術界對飲食文化的研究卻十分稀少，值得提到的是國外出版的一些作品。記得二十世紀七〇年代末，我在美國哈佛大學見到張光直先生，他給了我一本剛出版的《中國文化中的食品》（英文），是他主編的美國學者寫的論文集。在日本，則有中山時子教授主編的《中國食文化事典》，其內的「文化篇」曾於一九九二年中譯出版，題目就叫《中國飲食文化》。至於國內學者的專著，我記得的只有上海人民出版社《中國文化史叢書》裡面有林乃燊教授的一本，題目也是《中國飲食文化》，也印行於一九九二年，其書可謂有篳路藍縷之功，只是比較簡略，許多問題未能展開。

　　由趙榮光教授主編、由中國輕工業出版社出版的這部十卷本《中國飲食文化史》規模宏大，內容充實，在許多方面都具有創新意義，從這一點來說，確實是前所未有的。講到這部巨著的特色，我個人意見是不是可以舉出下列幾點：

首先，當然是像書中所標舉的，是充分運用了區域研究的方法。我們中國從來是一個多民族、多地區的國家，五千年的文明歷史是各地區、各民族共同締造的。這種多元一體的文化觀，自「改革開放」以來，已經在歷史學、考古學等領域起了很大的促進作用。《中國飲食文化史》（十卷本）的編寫，貫徹「飲食文化是區域文化」的觀點，把全國劃分為十個文化區域，即黃河中游、黃河下游、長江中游、長江下游、東南、西南、東北、西北、中北和京津，各立一卷。每一卷都可視為區域性的通史，各卷間又互相配合關聯，形成立體結構，便於全面展示中國飲食文化的多彩面貌。

其次，是儘可能地發揮了多學科結合的優勢。中國飲食文化的研究，本來與歷史學、考古學及科技史、美術史、民族史、中外關係史等學科都有相當密切的聯繫。《中國飲食文化史》（十卷本）一書的編寫，努力吸取諸多有關學科的資料和成果，這就擴大了研究的視野，提高了工作的質量。例如在參考文物考古的新發現這一方面，書中就表現得比較突出。

第三，是將各歷史時期飲食文化的演變過程與當時社會總的發展聯繫起來去考察。大家知道，把研究對象放到整個歷史的大背景中去分析估量，本來是歷史研究的基本要求，對於飲食文化研究自然也不例外。

第四，也許是最值得注意的一點，就是這部書把飲食文化的探索提升到理論思想的高度。《中國飲食文化史》（十卷本）一開始就強調「全書貫穿一條鮮明的人文思想主線」，實際上至少包括了這樣一系列觀點，都是從遠古到現代飲食文化的發展趨向中歸結出來的：

一、五穀為主兼及其他的飲食結構；

二、「醫食同源」的保健養生思想；

三、尚「和」的人文觀念；

四、「天人合一」的生態觀；

五、「尊老」的傳統。

這樣，這部《中國飲食文化史》（十卷本）便不同於技術層面的「中國飲食史」，而是富於思想內涵的「中國飲食文化史」了。

據了解，這部《中國飲食文化史》（十卷本）的出版，經歷了不少坎坷曲折，前後過程竟長達二十餘年。其間做了多次反覆的修改。為了保證質量，中國輕工業出版社邀請過不少領域的專家閱看審查。現在這部大書即將印行，相信會得到

有關學術界和社會讀者的好評。我對所有參加此書工作的各位專家學者以及中國輕工業出版社同仁能夠如此鍥而不捨深表敬意,希望在飲食文化研究方面能再取得更新更大的成績。

李學勤

二〇一三年九月

於北京清華大學寓所

序言

「飲食文化圈」理論認知中華飲食史的嘗試
——中國飲食文化區域性特徵

　　很長時間以來，本人一直希望海內同道聯袂在食學文獻梳理和「飲食文化區域史」「飲食文化專題史」兩大專項選題研究方面的協作，冀其為原始農業、畜牧業以來的中華民族食生產、食生活的文明做一初步的瞰窺勾測，從而為更理性、更深化的研究，為中華食學的堅實確立準備必要的基礎。為此，本人做了一系列先期努力。一九九一年北京召開了「首屆中國飲食文化國際學術研討會」，自此，也開始了迄今為止歷時二十年之久的該套叢書出版的艱苦歷程。其間，本人備嘗了時下中國學術堅持的艱難與苦澀，所幸的是，《中國飲食文化史》（十卷本）終於要出版了，作為主編此時真是悲喜莫名。

　　將人類的食生產、食生活活動置於特定的自然生態與歷史文化系統中審視認知並予以概括表述，是三十多年前本人投諸飲食史、飲食文化領域研習思考伊始所依循的基本方法。這讓我逐漸明確了「飲食文化圈」的理論思維。中國學人對民眾食事文化的關注淵源可謂久遠。在漫長的民族飲食生活史上，這種關注長期依附於本草學、農學而存在，因而形成了中華飲食文化的傳統特色與歷史特徵。初刊於一七九二年的《隨園食單》可以視為這種依附傳統文化轉折的歷史性標誌。著者中國古代食聖袁枚「平生品味似評詩」，潛心戮力半世紀，以開創、標立食學深自期許，然限於歷史時代侷限，終未遂其所願——抱定「皓首窮經」「經國濟世」之理念建立食學，使其成為傳統士子麇集的學林。

　　食學是研究不同時期、各種文化背景下的人群食事事象、行為、性質及其規律的一門綜合性學問。中國大陸食學研究熱潮的興起，文化運氣系接海外學界之

1

後，二十世紀中葉以來，日、韓、美、歐以及港、臺地區學者批量成果的發表，蔚成了中華食文化研究熱之初潮。社會飲食文化的一個最易為人感知之處，就是都會餐飲業，而其衰旺與否的最終決定因素則是大眾的消費能力與方式。正是餐飲業的持續繁榮和大眾飲食生活水準的整體提高，給了中國大陸食學研究以不懈的助動力。在中國飲食文化熱持續至今的三十多年中，經歷了「熱學」「顯學」兩個階段，而今則處於「食學」漸趨成熟階段。以國人為主體的諸多富有創見性的文著累積，是其漸趨成熟的重要標誌。

人類文化是生態環境的產物，自然環境則是人類生存發展依憑的文化史劇的舞台。文化區域性是一個歷史範疇，一種文化傳統在一定地域內沉澱、累積和承續，便會出現不同的發展形態和高低不同的發展水平，因地而宜，異地不同。飲食文化的存在與發展，主要取決於自然生態環境與文化生態環境兩大系統的因素。就物質層面說，如俗語所說：「一方水土養一方人」，其結果自然是「一方水土一方人」，飲食與飲食文化對自然因素的依賴是不言而喻的。早在距今一萬至六千年，中國便形成了以粟、菽、麥等「五穀」為主要食物原料的黃河流域飲食文化區、以稻為主要食物原料的長江流域飲食文化區、以肉酪為主要食物原料的中北草原地帶的畜牧與狩獵飲食文化區這不同風格的三大飲食文化區域類型。其後西元前二世紀，司馬遷曾按西漢帝國版圖內的物產與人民生活習性作了地域性的表述。山西、山東、江南（彭城以東，與越、楚兩部）、龍門碣石北、關中、巴蜀等地區因自然生態地理的差異而決定了時人公認的食生產、食生活、食文化的區位性差異，與史前形成的中國飲食文化的區位格局相較，已經有了很大的發展變化。而後再歷二十多個世紀至十九世紀末，在今天的中國版圖內，存在著東北、中北、京津、黃河下游、黃河中游、西北、長江下游、長江中游、西南、青藏高原、東南十一個結構性子屬飲食文化區。再以後至今的一個多世紀，儘管食文化基本區位格局依在，但區位飲食文化的諸多結構因素卻處於大變化之中，變化的速度、廣度和深度，都是既往歷史上不可同日而語的。生產力的結構性變化和空前發展；食生產工具與方式的進步；信息傳遞與交通的便利；經濟與商業的發展；人口大規模的持續性流動與城市化進程的快速發展；思想與觀念的更新進化等，這一切都大大超越了食文化物質交換補益的層面，而具有更深刻、更重大的意義。

各飲食文化區位文化形態的發生、發展都是一個動態的歷史過程，「不變中有

變、變中有不變」是飲食文化演變規律的基本特徵。而在封閉的自然經濟狀態下，「靠山吃山靠水吃水」的飲食文化存在方式，是明顯「滯進」和具有「惰性」的。所謂「滯進」和「惰性」是指：在決定傳統餐桌的一切要素幾乎都是在年復一年簡單重複的歷史情態下，飲食文化的演進速度是十分緩慢的，人們的食生活是因循保守的，「周而復始」一詞正是對這種形態的概括。人類的飲食生活對於生息地產原料並因之決定的加工、進食的地域環境有著很強的依賴性，我們稱之為「自然生態與文化生態環境約定性」。生態環境一般呈現為相當長歷史時間內的相對穩定性，食生產方式的改變，一般也要經過很長的歷史時間才能完成。而在「雞犬之聲相聞，民至老死不相往來」的相當封閉隔絕的中世紀，各封閉區域內的人們是高度安適於既有的一切的。一般來說，一個民族或某一聚合人群的飲食文化，都有著較為穩固的空間屬性或區位地域的植根性、依附性，因此各區位地域之間便存在著各自空間環境下和不同時間序列上的差異性與相對獨立性。而從飲食生活的動態與飲食文化流動的屬性觀察，則可以說世界上絕大多數民族（或聚合人群）的飲食文化都是處於內部或外部多元、多渠道、多層面的、持續不斷的傳播、滲透、吸收、整合、流變之中。中華民族共同體今天的飲食文化形態，就是這樣形成的。

隨著各民族人口不停地移動或遷徙，一些民族在生存空間上的交叉存在、相互影響（這種狀態和影響自古至今一般呈不斷加速的趨勢），飲食文化的一些早期民族特徵逐漸地表現為區位地域的共同特徵。迄今為止，由於自然生態和經濟地理等諸多因素的決定作用，中國人主副食主要原料的分布，基本上還是在漫長歷史過程中逐漸形成的基本格局。宋應星在談到中國歷史上的「北麥南稻」之說時還認為：「四海之內，燕、秦、晉、豫、齊、魯諸蒸民粒食，小麥居半，而黍、稷、稻、粱僅居半。西極川、雲，東至閩、浙、吳楚腹焉……種小麥者二十分而一……種餘麥者五十分而一，閭閻作苦以充朝膳，而貴介不與焉。」這至少反映了宋明時期麥屬作物分布的大勢。直到今天，東北、華北、西北地區仍是小麥的主要產區，青藏高原是大麥（青稞）及小麥的產區，黑麥、燕麥、蕎麥、莜麥等雜麥也主要分布於這些地區。這些地區除麥屬作物之外，主食原料還有粟、秫、玉米、稷等「雜糧」。而長江流域及以南的平原、盆地和壩區廣大地區，則自古至今都是以稻作物為主，其山區則主要種植玉米、粟、蕎麥、紅薯、小麥、大麥、旱稻等。應當看到，糧食作物今天的品種分布狀態，本身就是不斷演變的歷史性結

果，而這種演變無論表現出怎樣的相對穩定性，它都不可能是最終格局，還將持續地演變下去。

　　歷史上各民族間飲食文化的交流，除了零星漸進、潛移默化的和平方式之外，在災變、動亂、戰爭等特殊情況下，出現短期內大批移民的方式也具有特別的意義。其間，由物種傳播而引起的食生產格局與食生活方式的改變，尤具重要意義。物種傳播有時並不依循近鄰滋蔓的一般原則，伴隨人們遠距離跋涉的活動，這種傳播往往以跨越地理間隔的童話般方式實現。原產美洲的許多物種集中在明代中葉聯袂登陸中國就是典型的例證。玉米、紅薯自明代中葉以後相繼引入中國，因其高產且對土壤適應性強，於是長江以南廣大山區，魯、晉、豫、陝等大片久耕密植的貧瘠之地便很快迭相效應，迅速推廣開來。山區的瘠地需要玉米、紅薯這樣的耐瘠抗旱作物，傳統農業的平原地區因其地力貧乏和人口稠密，更需要這種耐瘠抗旱而又高產的作物，這就是各民族民眾率相接受玉米、紅薯的根本原因。這一「根本原因」甚至一直深深影響到二十世紀八〇年代以前。中國大陸長期以來一直以提高糧食畝產、單產為壓倒一切的農業生產政策，南方水稻、北方玉米，幾乎成了各級政府限定的大田品種種植的基本模式。

　　嚴格說來，很少有哪些飲食文化區域是完全不受任何外來因素影響的純粹本土的單質文化。也就是說，每一個飲食文化區域都是或多或少、或顯或隱地包融有異質文化的歷史存在。中華民族飲食文化圈內部，自古以來都是域內各子屬文化區位之間互相通融補益的。而中華民族飲食文化圈的歷史和當今形態，也是不斷吸納外域飲食文化更新進步的結果。一九八二年筆者在新疆歷時半個多月的一次深度考察活動結束之後，曾有一首詩：「海內神廚濟如雲，東西甘脆皆與聞。野駝渾烹標青史，肥羊串炙喜今人。乳酒清洌爽筋骨，奶茶濃郁尤益神。朴勞納仁稱異饌，金特克缺愧寡聞。胡餅西肺欣再睹，葡萄密瓜連筵陳。四千文明源泉水，雲裡白毛無銷痕。晨鐘傳於二三瞽，青眼另看大宛人。」詩中所敘的是維吾爾、哈薩克、柯爾克孜、烏孜別克、塔吉克、塔塔爾等少數民族的部分風味食品，反映了西北地區多民族的獨特飲食風情。中國有十個少數民族信仰伊斯蘭教，他們主要或部分居住在西北地區。因此，伊斯蘭食俗是西北地區最具代表性的飲食文化特徵。而西北地區，眾所周知，自漢代以來直至西元七世紀一直是佛教文化的世界。正是來自阿拉伯地區的影響，使佛教文化在這裡幾乎消失殆盡了。當然，西北地區還有漢、蒙古、錫伯、達斡爾、滿、俄羅斯等民族成分。西

北多民族共聚的事實，就是歷史文化大融匯的結果，這一點，同樣是西北地區飲食文化獨特性的又一鮮明之處。作為通往中亞的必由之路，舉世聞名的絲綢之路的幾條路線都經過這裡。東西交會，絲綢之路飲食文化是該地區的又一獨特之處。中華飲食文化通過絲綢之路吸納域外文化因素，確切的文字記載始自漢代。張騫（？-前114年）於漢武帝建元三年（西元前138年）、元狩四年（西元前119年）的兩次出使西域，使內地與今天的新疆及中亞的文化、經濟交流進入到了一個全新的歷史階段。葡萄、苜蓿、胡麻、胡瓜、蠶豆、核桃、石榴、胡蘿蔔、蔥、蒜等菜蔬瓜果隨之來到了中國，同時進入的還有植瓜、種樹、屠宰、截馬等技術。其後，西漢軍隊為能在西域伊吾長久駐紮，便將中原的挖井技術，尤其是河西走廊等地的坎兒井技術引進了西域，促進了灌溉農業的發展。

　　至少自有確切的文字記載以來，中華版圖內外的食事交流就一直沒有間斷過，並且呈與時俱進、逐漸頻繁深入的趨勢。漢代時就已經成為黃河流域中原地區的一些主食品種，例如餛飩、包子（籠上牢丸）、餃子（湯中牢丸）、麵條（湯餅）、饅首（有餡與無餡）、餅等，到了唐代時已經成了地無南北東西之分，民族成分無分的、隨處可見的、到處皆食的大眾食品了。今天，在中國大陸的任何一個中等以上的城市，幾乎都能見到以各地區風味或少數民族風情為特色的餐館。而隨著人們消費能力的提高和消費觀念的改變，到異地旅行，感受包括食物與飲食風情在內的異地文化已逐漸成了一種新潮，這正是各地域間食文化交流的新時代特徵。這其中，科技的力量和由科技決定的經濟力量，比單純的文化力量要大得多。事實上，科技往往是文化流變的支配因素。比如，以筷子為食具的箸文化，其起源已有不下六千年的歷史，漢以後逐漸成為漢民族食文化的主要標誌之一；明清時期已普及到絕大多數少數民族地區。而現代化的科技烹調手段則能以很快的速度為各族人民所接受。如電飯煲、微波爐、電烤箱、電冰箱、電熱炊具或氣體燃料新式炊具、排煙具等幾乎在一切可能的地方都能見到。真空包裝食品、方便食品等現代化食品、食料更是無所不至。

　　黑格爾說過一句至理名言：「方法是決定一切的」。筆者以為，飲食文化區位性認識的具體方法儘管可能很多，儘管研究方法會因人而異，但方法論的原則卻不能不有所規範和遵循。

　　首先，應當是歷史事實的真實再現，即通過文獻研究、田野與民俗考察、數學與統計學、模擬重複等方法，去盡可能摹繪出曾經存在過的飲食歷史文化構

件、結構、形態、運動。區位性研究,本身就是要在某一具體歷史空間的平臺上,重現其曾經存在過的構建,如同考古學在遺址上的工作一樣,它是具體的,有限定的。這就要求我們對於資料的篩選必須把握客觀、真實、典型的原則,絕不允許研究者的個人好惡影響原始資料的取捨剪裁,客觀、公正是絕對的原則。

其次,是把飲食文化區位中的具體文化事象視為該文化系統中的有機構成來認識,而不是將其孤立於整體系統之外釋讀。割裂、孤立、片面和絕對地認識某一歷史文化,只能遠離事物的本來面目,結論也是不足取的。文化承載者是有思想的、有感情的活生生的社會群體,我們能夠憑藉的任何飲食文化遺存,都曾經是生存著的社會群體的食生產、食生活活動事象的反映,因此要把資料置於相關的結構關係中去解讀,而非孤立地認斷。在歷史領域裡,有時相近甚至相同的文字符號,卻往往反映不同的文化意義,即不同時代、不同條件下的不同信息也可能由同一文字符號來表述;同樣的道理,表面不同的文字符號也可能反映同一或相近的文化內涵。也就是說,我們在使用不同歷史時期各類著述者留下來的文獻時,不能只簡單地停留在文字符號的表面,而應當準確透析識讀,既要盡可能地多參考前人和他人的研究成果,還要考慮到流傳文集記載的版本等因素。

再次,飲食文化的民族性問題。如果說飲食文化的區域性主要取決於區域的自然生態環境因素的話,那麼民族性則多是由文化生態環境因素決定的。而文化生態環境中的最主要因素,應當是生產力。一定的生產力水平與科技程度,是文化生態環境時代特徵中具有決定意義的因素。《詩經》時代黃河流域的漬菹,本來是出於保藏的目的,而後成為特別加工的風味食品。今日東北地區的酸菜、四川的泡菜,甚至朝鮮半島的柯伊姆奇(泡菜)應當都是其餘韻。今日西南許多少數民族的粑粑、餌塊以及東北朝鮮族的打糕等蒸舂的稻穀粉食,是古時杵臼搗制餈餌的流風。蒙古族等草原文化帶上的一些少數民族的手扒肉,無疑是草原放牧生產與生活條件下最簡捷便易的方法,而今竟成草原情調的民族獨特食品。同樣,西南、華中、東南地區許多少數民族習尚的薰臘食品、酸酵食品等,也主要是由於貯存、保藏的需要而形成的風味食品。這也與東北地區人們冬天用雪埋、冰覆,或潑水掛臘(在肉等食料外潑水結成一層冰衣保護)的道理一樣。以至北方冬天吃的凍豆腐,也竟成為一種風味獨特的食料。因為歷史上人們沒有更好的保藏食品的方法。因此可以說,飲食文化的民族性,既是地域自然生態環境因素決定的,也是文化生態因素決定的,因此也是一定生產力水平所決定的。

又次，端正研究心態，在當前中華飲食文化中具有特別重要的意義。冷靜公正、實事求是，是任何學科學術研究的絕對原則。學術與科學研究不同於男女談戀愛和市場交易，它否定研究者個人好惡的感情傾向和局部利益原則，要熱情更要冷靜和理智；反對偏私，堅持公正；「實事求是」是唯一可行的方法論原則。

多年前北京釣魚台國賓館的一次全國性飲食文化會議上，筆者曾強調食學研究應當基於「十三億人口，五千年文明」的「大眾餐桌」基本理念與原則。我們將《中國飲食文化史》（十卷本）的付梓理解為「飲食文化圈」理論的認知與嘗試，不是初步總結，也不是什麼了不起的成就。

儘管飲食文化研究的「圈論」早已經為海內外食學界熟知並逐漸認同，十年前《中國國家地理雜誌》以我提出的「舌尖上的秧歌」為封面標題出了「圈論」專號，次年CCTV-10頻道同樣以我建議的「味蕾的故鄉」為題拍攝了十集區域飲食文化節目，不久前一位歐洲的博士學位論文還在引用和研究。這一切也還都是嘗試。

《中國飲食文化史》（十卷本）工程迄今，出版過程歷經周折，與事同道幾易其人，作古者凡幾，思之唏噓。期間出於出版費用的考慮，作為主編決定撤下叢書核心卷的本人《中國飲食文化》一冊，儘管這是當時本人所在的杭州商學院與旅遊學院出資支持出版的前提。雖然，現在「杭州商學院」與「旅遊學院」這兩個名稱都已經不復存在了，但《中國飲食文化史》（十卷本）畢竟得以付梓。是為記。

趙榮光

夏曆癸巳年初春，西元二〇一三年三月
杭州西湖誠公齋書寓

目錄

Contents

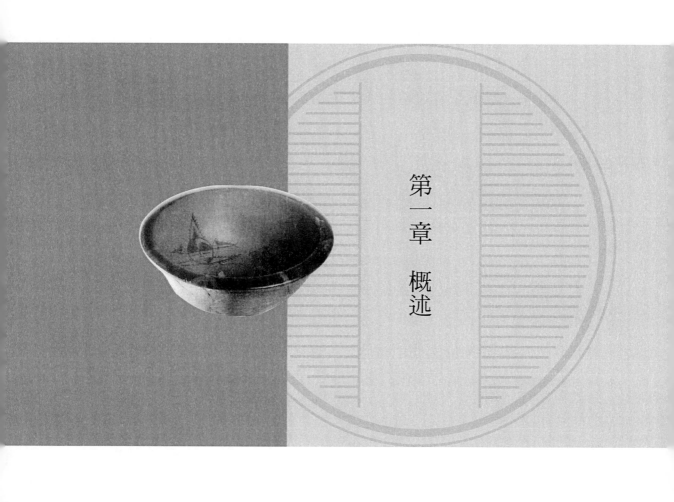

第一章　概述

黃河是中華民族的母親河，她發源於青藏高原的巴顏喀拉山，流經青海、四川、甘肅、寧夏、內蒙古、山西、陝西、河南、山東等九省、自治區，注入渤海。從內蒙古的河套到河南的孟津為黃河的中游，山西、陝西兩省和河南西部為黃河中游地區。黃河中游地區的飲食文化歷史悠久、源遠流長，是中國飲食文化的重要組成部分。黃河中游地區的飲食文化史可分為四個明顯不同的階段：原始社會的萌芽期，夏商周三代的發展期，秦至北宋的繁榮期，元代至今的轉型期。

一、黃河中游地區飲食文化的萌芽

黃河中游地區是華夏文明的發祥地，也是中國飲食文化的搖籃。黃河中游地區很早就成為原始人類的生活地，有著深厚的原始文化遺存。據考古發現，舊石器早期的文化遺址有陝西藍田的藍田文化、山西芮城西侯渡文化和風陵渡的匼（kē）河文化等；舊石器中期的文化遺址有山西襄汾的丁村文化、山西陽高的峙峪文化等；舊石器晚期的文化遺址有分布在山西垣曲、沁水、陽城的大川文化等；新石器早期的文化遺址有河南新鄭的裴李崗文化等；新石器中期的文化遺址有以河南澠池仰韶村遺址為代表的仰韶文化等。

在舊石器時代，黃河中游地區的先民使用石塊、木料、獸骨製作的粗糙工具，依靠群體的力量，相互協作，以採集野果、根莖和狩獵動物作為食物，過著原始、野蠻、粗陋的生活。《禮記‧禮運》對早期黃河中游地區的先民這樣描述道：「昔者，先王未有宮室，冬則居營窟，夏則居橧巢。未有火化，食草木之實、鳥獸之肉，飲其血，茹其毛。」※ 火的使用，使生食變為熟食，是人類發展史上最重要的一次飛躍。考古資料表明，早在180萬年前後的山西西侯渡文化遺址和距今約80萬年的陝西藍田文化遺址中，都曾發現過用火的痕跡。人類最早使用的火是天然火，用火熟食是火的基本用途之一。在漫長的生活實踐中，黃河中游地區的先民們逐漸學會了有意識地長期控制火種，他們把獵捕到的動物肉體置於火堆之中或於火焰之上燒烤，由此邁開了黃河中游地區飲食文化中用火熟食的第一步。

在舊石器時代晚期，黃河中游地區的先民開始學會人工取火。古代許多歷史典籍中都記載著發明人工取火的聖人是生活在今河南商丘的燧人氏。漢代應劭《風俗通義・三皇》載：「燧人始鑽木取火，炮生為熟，令人無復腹疾，有異於禽獸。」《韓非子・五蠹》也記載：「有聖人作，鑽燧取火以化腥臊。」鑽木或鑽燧都是人工獲取火種的方法，於是新的熟食方式——「炮」也隨之發明。宋代高承《事物紀原》卷九《農業陶漁部・炮》載：「《古史考》曰：『燧人，鑽火人。始裹肉而燔之，曰炮也。』」《古史考》記載的這種熟食方式比用火直接燒烤要進步得多。

新石器時代，在黃河中游地區，人們的食源不斷擴大，新的烹飪方法日益增多，逐漸奠定了黃河中游地區乃至整個中國飲食文化的基礎，黃河中游地區的飲食文化開始萌芽了。

食源的不斷擴大與這一時期農業、畜牧業的出現密切相關。「黃土地帶和黃土沖積地帶，在距今1萬至8千年的新石器時代早期，已經有了一些原始的農耕部落，創造了粟作農業文明。」[1]粟是首先由黃河中游地區的先民用狗尾草馴化而來的。在黃河中游地區新石器時代早期遺址中，大都發現了早期的粟粒、粟殼及炭化粟粒。古人把粟作農業的發明歸功於傳說中的神農氏（炎帝）。《史記・五帝本紀》開篇即介紹了神農氏統治衰落黃帝取而代之的情況。說明中國古代即認為神農氏確有其人。現代，也有學者將其看作是中國原始農業的化身。神農氏生活於陝西渭河流域。他首創農業，教民食穀。《易・繫辭》云：「神農氏作，斫木為耜，揉木為耒，耒耨之利，以教天下。」粟類穀物，不宜像肉類那樣用烤炮熟食，先民就發明了石烹法。《太平御覽・飲食部》：「《古史考》曰：『及神農時，民食穀，釋米加燒石之上而食。』」這便是石烹穀物。幾乎與農業出現的同時，黃河中游地區也出現了原始畜牧業。人們馴化和飼養了豬、狗、牛、羊、馬、雞等六畜，擴大了肉食來源。這時的肉類加工，人們除了用傳統的炙炮之外，還用石烹法。《禮記・禮運》所記

※　編者註：為方便讀者閱讀，本書將連續佔有三行及以上的引文改變了字體。對於在同一個自然段（或同一個內容小板塊）裡的引文，雖不足三行但斷續密集引用的也改變了字體。

1　王仁湘：《飲食與中國文化》，人民出版社，1993年。

的「捭豚」，就是把豬肉放在燒石上使之成熟。

這種燒石加熱使食物成熟的石烹法一直為後人沿用，如唐朝時有「石鏊餅」，明清謂之「天然餅」。這種古老的烹飪法，至今在黃河中游地區民間仍有遺存，如陝西關中區域的石子饃。製作石子饃的方法，是把洗淨的小鵝卵石子放入平底鍋裡加熱，把餅坯放在熱石子上，上面再鋪一層熱石子，上下加熱，使之成熟。

在新石器時代中期，黃河中游地區的先民發明了陶器。關於陶器的發明和製作，史籍多有記載。《太平御覽・資產部・陶》：「《周書》曰：『神農耕而作陶』。」《呂氏春秋・審分》記載：「昆吾作陶」。無論神農、昆吾，還是黃帝，都係黃河中游地區的遠古聖人。有了陶器，也就開始有了真正的烹飪器具。因為陶製炊具可以加水加穀或加菜加肉於其中，以水作為傳熱介質，使食物成熟。這樣，煮、熬、燉、燴等烹飪方法開始出現，奠定了宋代以前盛行中國數千年之久的羹類菜餚烹飪方法的基礎。

在新石器時代的陶器中，除了人們熟悉的罐、盆、瓶、壺、碗、碟、杯、盤之外，還有陶甑（zèng）。陶甑是一個帶隔層的炊具，可以加肉、米等於隔層之上，利用水蒸氣加熱，使之成熟，蒸的烹飪方法由此誕生。陶甑的發明，對於黃河中游地區飲食文化意義重大，它奠定了中國漢代以前黃河中游地區居民主食烹飪的基礎。漢代以前，黃河中游地區的居民主食以粟為主。粟基本上是粒食（沒有被細加工過的糧食，例如小麥沒有被磨成麵粉，而是呈顆粒狀來煮飯食用）。有了陶甑，黃河中游地區的先民就可蒸飯而食了。古人也意識到甑發明的意義，《農政全書・農器》：「煮器也。《古史考》：『黃帝始造釜（fǔ）甑，火食之道成矣』。」

另外，考古工作者在河南舞陽賈湖新石器時代遺址發掘出的陶器皿中，發現了距今已有九千年的酒發酵飲料的殘渣。表明中國是世界上最早掌握釀酒技術的國家。發酵飲料在人類文化技術發展中扮演了關鍵角色，為農業、園藝、食品加工技術的進步做出了貢獻。

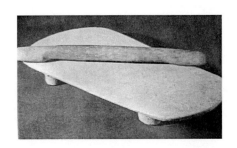

▲圖1-1　新石器時代石磨盤、石磨棒，河南新鄭出土　　　　▲圖1-2　人面魚紋彩陶盆，仰韶文化遺址出土

二、黃河中游地區飲食文化的發展

夏商周三代是黃河中游地區飲食文化的發展時期。夏朝的統治中心區在今天的豫西和晉南。商朝雖然起源於黃河下游，但它對夏的統治中心極為重視，商湯把都城定在亳（今河南偃師）；商朝中期，從中丁到盤庚，都城五遷，其中有三個位於河南（鄭州、內黃和安陽）。周人起源於渭河流域，西周定都鎬京（今陝西西安），統治中心正是從關中平原到伊洛河谷的黃河中游地區的；其後，東遷都於洛邑（今河南洛陽），史稱東周。無論是東周前期的春秋五霸，還是東周後期的戰國七雄，都把黃河中游地區作為爭奪的重點。可見，夏商周三代的統治中心和國都大多在黃河中游地區。政治中心的地位、發達的經濟文化，為黃河中游地區飲食文化的發展奠定了堅實的基礎。

這一時期黃河中游地區飲食文化獲得較大發展，首先表現在飲食品種的不斷豐富上。

由於農業和畜牧業獲得了進一步的發展，遂使人們的食物來源不斷擴大。夏代時，我國已經有了曆法。我們現在使用的農曆，在夏代就初具雛形了，當時人們已發明了節氣和干支紀日法，說明農業知識在夏代有了系統化的提高。「殷墟甲骨文已經記錄了黍（shǔ）、粟、麥、麻、稻五穀的種植，馬、羊、牛、雞、犬、豬六畜

◀圖1-3 彩繪陶缸，河南臨汝
仰韶文化遺址出土

的養殖，還有果園和菜圃（pǔ），栽培多種果木和蔬菜。在商朝遺址中還發現魚骨，證明當時常食用鰡（liú）魚（古代一種吹沙小魚）、黃顙（sǎng）魚、鯉魚、草魚、青魚和赤眼鱒。」[1]《詩經》三百篇詩歌大多反映了西周到春秋中葉黃河中游地區居民的社會生活。據統計，《詩經》中提到的植物有130多種，動物約200種，而且有了鹽、醬、蜜、飴、薑、桂、椒等多種調味品。食物來源的不斷擴大，促使人們飲食品種的不斷豐富。《周禮·天官·冢宰》載，周天子進膳時，「食用六穀，膳用六牲，飲用六清，饈用百有二十品，珍用八物，醬用百有二十甕。」足見當時飲食品種之豐富。

夏商周三代飲食品種的大發展還表現在對酒文化的發展上。由於生產力的不斷提高，糧食有了較多剩餘，穀物釀酒技術得以提高。商周時期，酒文化獲得了初步發展。商代是一個極其重視酒的朝代，在商代遺址中出土了大量的尊、爵、觚（gū）、觶（zhì）等酒器，充分說明了這一點。周代統治者鑒於殷人因酒亡國的教訓，控制人們飲酒，逐漸形成了一整套的飲酒禮儀制度。

其次，烹飪技術獲得了突飛猛進的發展。

1　　陳詔：《中國饌食文化》，上海古籍出版社，2001年。

夏代後期，陶質炊具逐漸被青銅器取代，提高了炊具的傳熱性和其他功能，並且向形制多樣化發展。如鼎用來燉肉，釜用來煮湯，鬲（lì）用來熬粥，甑和甗（yǎn）用來蒸飯。炊具的多樣化，說明烹飪由簡單操作逐漸過渡到成為一種專門技術。「烹調方法發展到汆、炸、浸、烙、烤、烹、涮、煮、炮、煎、煨、燉、熬、燒、蒸、燜、燴、炒等二十幾種之多。」[1]刀功、火候、調味品也開始受到廣泛的注意。周天子所食的「八珍」就是多種烹調法與精湛的刀功、恰當的火候、適中的調味相結合的產物。

烹飪技術的提高，產生了一些飲食專家和職業廚師。夏代的第六位君主少康，曾當過有虞氏的庖正，他是中國第一位可查考到的廚師。有些廚師還總結自己和他人的烹飪經驗，形成了一些烹飪理論。商代著名宰相伊尹生於「空桑」（今屬河南），他對烹調極有研究，對利用三材（水、火、木）調和五味有一整套精闢見解，為我國烹飪理論奠定了基礎。

隨著烹飪技術的提高，貴族們已不再僅僅滿足於吃得飽，而是追求吃得好，開始講究美味，人數眾多的大型宴會在黃河中游地區也出現了。《禮記‧王制》載：「凡養老，有虞氏以燕禮，夏後氏以饗（xiǎng）禮，殷人以食禮。周人修而兼用之。」這是中國較早的宴會制度。《左傳‧昭公四年》載：「夏啟有鈞台（今河南禹州）之享」，這是中國見諸文字記載最早的一次宴會。《史記‧殷本紀》載，殷末紂王在國都安陽附近的沙丘，「以酒為池，縣（懸）肉為林……為長夜之飲」。人們對美味的追求為烹飪技術的進一步發展提供了直接的動力。

第三，形成了一整套的膳食制度。

在國家機構中，夏代設有「庖正」一職，專管膳食。國家建立起膳食機構，使帝王高水準的飲食生活從制度上得以保證。至周代時，膳食機構已極為龐大了。據《周禮‧天官‧冢宰》統計，周代食官有膳夫、庖人、內饔（yōng）、外饔等20餘

1　薛麥喜：《黃河文化叢書‧民食卷》，山西人民出版社，2001年。

種，共計2294人。[1]他們共同負責周王室的膳食和祭祀供品。

這一時期形成的宴會、進餐制度對後世影響極大。這項制度的核心集中表現為一個「禮」字。在「三禮」（《周禮》《儀禮》《禮記》）中，對天子、諸侯、大夫、士在進餐舉宴時該吃什麼東西，用幾道菜，放什麼調味品，使用什麼食具，有什麼規矩，奏什麼樂，唱什麼歌等都有極其苛細繁瑣的規定。這些規定表現出森嚴的等級制度，維護了統治者的權威和利益。但從另一方面看，這些規定也有提倡溫文爾雅、約束過度飲食、制止舉止失儀等積極意義。

在日常飲食方面，人們為了適應早出晚歸、白天勞作的需要，逐漸形成了固定的兩餐制。進餐時，仍保持著原始社會遺留下來的分餐制傳統。當時由於高大的家具還沒有出現，人們在室內席地而食，或把飯菜置放在小食案上進食。

三、黃河中游地區飲食文化的繁榮

秦漢至北宋時期是黃河中游地區飲食文化的繁榮期，這一時期的文化繁榮是由多種因素促成的。

首先，政治、文化中心的地位使然。黃河中游地區是這一時期中國的政治、文化中心，從這一時期政權的定都情況可見一斑。統一時期的秦帝國定都鹹陽，西漢、隋、唐定都長安，東漢、西晉定都洛陽，北宋定都開封；分裂時期的北方政權也大多定都在長安、洛陽、開封這三個城市。政治、文化中心的地位使宮廷皇族、官僚士人、富商大賈等人物集中於此，這些階層既有錢又有閒，他們多追求美食佳飲，為這一時期黃河中游地區飲食文化的繁榮提供了強大的動力，這對全國其他地區往往具有導向性和示範性。

其次，飲食文化交流頻繁。西漢張騫通西域後，中國迎來了胡漢飲食文化交流的高潮。從西域引進的葡萄、石榴、核桃、芝麻等農作物擴大了黃河中游地區人們

1　王仁湘：《飲食與中國文化》，人民出版社，1993年。

的食源，豐富了人們的飲食文化生活。魏晉南北朝時期，北方少數民族內遷，南北民族廣泛融合。北方少數民族的食物、飲食方式、飲食習俗廣泛傳入中原，雙方彼此交流。正是在各民族飲食文化交流的基礎上，才綻開了隋唐飲食文化繁榮的花朵。同時，黃河中游地區地處東西南北交通要沖，加之政治、文化中心的地位，吸引著全國各地的人們流向黃河中游地區。他們或做官或經商，或遊學趕考，或探親訪友，或遊覽觀光，與此同時也把全國各地的飲食風味帶到黃河中游地區，像北宋京師東京城內，已有北飯店、南飯店、川飯店等不同地方菜館。在吸收各地飲食文化精華的基礎上，黃河中游地區的飲食文化更上一層樓，極其繁榮。

在黃河中游地區飲食文化的繁榮時期，茶文化的興起頗值得關注。茶作為飲料，秦漢時期尚侷限於西南一隅。魏晉南北朝時期，飲茶之風流行於吳越之地並開始向黃河中游地區傳播。唐朝時期，佛教的大發展、科舉制度的施行、詩風的大盛、貢茶的興起、中唐以後政府的禁酒等因素促使中國茶文化最終形成。[1]唐代茶聖陸羽的《茶經》更是推動了中國茶文化的發展。宋代茶文化已發展到登峰造極的程度，茶葉的「採擇之精、製作之工、品第之勝、烹點之妙，莫不鹹造其極」[2]。黃河中游地區雖不產茶葉，但由於此區域是國家的政治文化中心，茶文化極其繁榮，飲茶之風流行於社會各階層，逐漸滲透到日常生活習俗之中。

這一時期的烹飪技術也獲得了巨大發展，主要體現有二：

一是炒菜技術日益成熟。兩漢以前中國菜餚的製法主要是煮、蒸、烤、炮，人們所食用的最重要菜餚是各種羹湯，西漢以後最重要的菜餚則逐漸轉向於炒菜了。王學泰先生認為，用炒的方法製作菜餚至遲南北朝時已發明（有的專家認為，炒法

1　王玲：《中國茶文化》，中國書店，1992年。
2　趙佶：《大觀茶論》，文淵閣四庫全書本。

春秋時期就已出現），只是當時尚未用「炒」命名。[1] 至宋代，人們開始用「炒」字來命名菜餚，在菜餚比重中，炒菜已同羹菜並駕齊驅了。炒，也日益成為中國菜餚加工的最主要的方式，深刻影響著人們的飲食生活。

二是素菜獲得了較快的發展，並在北宋時期形成獨立的菜系。推動這一時期素菜發展的因素很多，其中佛教的傳入並走向鼎盛是其重要原因。佛教在兩漢之際經西域首先傳入黃河中游地區，魏晉南北朝時期是中國佛教迅速發展的時期，至唐朝時佛教走向鼎盛。漢傳佛教在傳承過程中形成了忌食肉葷的戒律。佛教在黃河中游地區的盛行為素食消費提供了廣闊的市場。這一時期中國發明了豆腐及其他豆製品的製作技術，豆腐及其他豆製品加盟素菜並成為主要賦形原料，為仿葷素菜的形成提供了必要條件，成為素菜較快發展的另一重要因素。

在飲食文化繁榮時期，黃河中游地區人們的飲食結構也發生了較大的變化。在主食方面發生了由粒食向麵食的轉化。由於小麥在中國北方的推廣，由麵粉製作的各種餅類食品逐漸成為黃河中游地區居民的主食。在副食方面，受北方游牧民族的影響，羊肉在社會上很受崇尚。在飲食習俗方面，人們由一日兩餐制逐漸過渡到一日三餐制。由於高桌大椅等家具的出現、菜餚品種增多等因素，分食制逐漸向合食制過渡，到北宋時合食制已完全形成。

四、黃河中游地區飲食文化的轉型

唐代中後期，中國的經濟中心由黃河中游地區轉移到江南。自元代起，中國的政治中心轉移到現在的北京，文化中心則轉移到了江浙一帶。黃河中游地區從此喪

1　王學泰：《華夏飲食文化》，中華書局，1993年。有些學者認為，1923年在河南新鄭出土的春秋戰國時期的「王子嬰次爐」，就是一種專門用於煎炒菜餚的青銅器，故可以認為早在先秦時期，黃河中游地區就已出現了炒煎烹飪方法。參見馬世之：《王子嬰次爐為炊器說》，《中國烹飪》1984年第4期；姚偉鈞：《中國飲食文化探源》，廣西人民出版社，1989年；薛麥喜：《黃河文化叢書・民食卷》，山西人民出版社，2001年。

失了中國經濟、政治、文化的中心地位，降為一般的普通區域，黃河中游地區的飲食文化開始進入轉型期。這一時期，由於人口過度膨脹，生態環境日益惡化，經濟發展相對緩慢。遂使黃河中游地區人們的主副食結構、酒文化、茶文化都發生了很大的變化。在本飲食文化區內部，也形成了不同風味的地方飲食。

在主食結構方面，首先，**麵食繼續得到加強**。在華北平原、關中平原、汾河河谷和伊洛河谷，人們廣泛種植小麥，麵粉成為黃河中游地區中上層居民的主食。黃河中游地區的麵食品種極其豐富，其中餅饃類食品的製作技術已達到相當高的水平，出現了不少餅饃名食。生於晚清、民國時期的陝西人薛寶辰在《素食說略》中，對餅饃類食品進行了歸納，其中有7種蒸法、11種烙法、5種油炸法。麵條類食品中，出現了拉麵、削麵、托麵等新的製作方法。其次，明末清初，甘藷、馬鈴薯、玉米等美洲高產農作物的引進，並在黃河中游地區廣泛種植，使這些作物開始成為黃河中游地區一些地方下層居民的主食。甘藷多種於平原與河谷地帶的小麥區，山西種植馬鈴薯最多，玉米多植於豫西、陝南山區。這些高產作物，在一定程度上緩解了人口壓力所造成的糧荒問題。

在副食結構方面，首先，由於養豬技術的進步和清代統治者對豬肉的喜愛，使元明時期重羊輕豬的觀念發生了很大變化。豬肉受到人們的普遍重視，地位上升，成為黃河中游地區食用量最大的肉類。但在山區和高原地帶，養羊業仍很興盛，羊肉在人們的肉食中仍占重要地位，僅次於豬肉。其次，蔬菜生產與前代相比也發生了一些變化。由於海外蔬菜的引進，蔬菜品種增多。在傳統秋冬季蔬菜中，白菜、蘿蔔的地位上升；蔥、薑、蒜、韭、芥、辣椒等辛辣類蔬菜廣為種植。

在烹飪方法上，這一時期的黃河中游地區，由於天然森林多數遭到砍伐，燃料不足，節省燃料的大火急炒得到了更廣泛的推廣，炒菜幾乎完全取代了羹菜和蒸菜。烹飪方法形成了以炸、爆、溜、燴、扒、燉聞名，尤其擅長用醬及五味調和的總體特色。在日常飲食上，人們多重主食，主食以麵食為主，且花樣繁多，有「一麵百樣吃」之說；副食菜餚多重數量，輕質量。因物產、氣候、風俗習慣的不同，黃河中游地區各地的飲食文化生活也表現出明顯的地域差異性。如河南菜素油低

鹽，調味適中，鮮香清淡，色形典雅；山西菜酸味十足；陝西菜講究火功，能保持原料的原有色澤，以鹹定味，以酸辣見長。伴隨著地方風味的形成，名食佳饌大量湧現，如開封的小吃，洛陽的水席，太原的刀削麵、頭腦，西安的羊肉泡饃、葫蘆頭等。

在酒文化方面，白酒很快取代了傳統糧食發酵酒的地位，黃河中游地區在這一時期名酒眾多，質量上乘，產量很大，是全國主要的白酒產區。明代黃河中游地區的名酒有陝西的桑落酒，山西的襄陵酒、羊羔酒、蒲州酒、太原酒、潞州鮮紅酒、河津酒，河南的大名刁酒、焦酒、清豐酒等；清代的名酒有陝西的柳林酒（今西鳳酒的前身），山西的汾酒，河南的杜康酒、溫酒、鹿邑酒、郭集酒、明流酒等。黃河中游地區的人們也喜歡飲用白酒，人們飲用白酒時，不再溫酒。在酒器方面，過去溫酒的注碗已銷聲匿跡，注酒的酒注卻因此擺脫束縛，變得灑脫輕盈，千姿百態。同時，人們飲酒的大酒盞被小酒杯所取代。

在茶文化方面，元代時餅茶已開始衰落。明代以後，炒青法製成的散條形茶葉取代了餅茶；從唐代開始研末而飲的末茶法，變成用沸水沖泡茶葉的瀹（yuè，煮）飲法。這一時期，黃河中游地區的茶文化與前代相比顯得暗淡，與同一時期的南方茶文化相比顯得蒼白，但茶文化並沒有完全消失，在人們的生活之中，不時閃現其倩影麗姿。

值得一提的是，新中國成立後，尤其在改革開放後，黃河中游地區的飲食文化揭開了新的一頁，城鄉居民的飲食得到了很大改善，普遍解決了吃得飽的問題，正向吃得好、吃得健康方向發展。但是，同沿海發達區域相比，黃河中游地區居民的飲食生活仍有很大差距；在黃河中游地區內部，城鄉飲食差距也很大。在鄉村居民的飲食結構中，肉魚蛋奶等高蛋白食物的比重仍不太高。在現代化的進程中，迎頭趕上發達區域，縮小城鄉差距，乃是目前黃河中游地區飲食文化發展的努力方向。

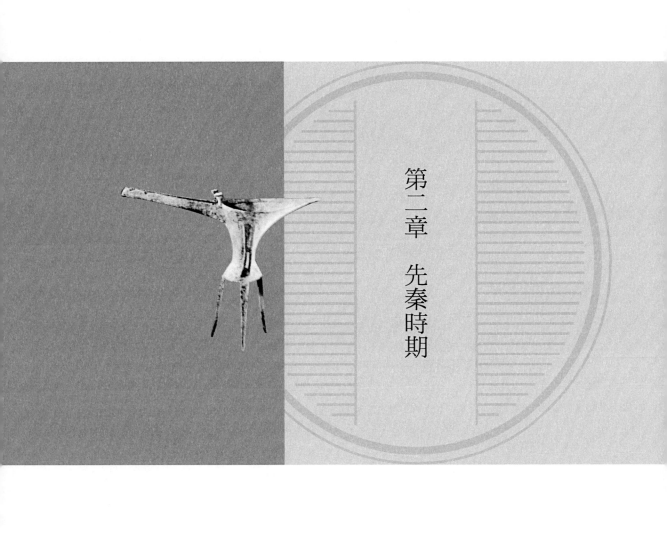

第二章　先秦時期

先秦時期是黃河中游地區飲食文化的萌芽和初步發展期。這一時期，中華民族形成了以穀物糧食為主、以肉蔬瓜果為輔的獨具特色的傳統膳食結構；烤炙、水煮、汽蒸、油煎等烹飪方式相繼發明，極大地提高了人們的飲食生活水平，奠定了後世中國烹飪方式的基礎；席地而坐的分餐制、手食、匕食、箸食等多樣化的飲食方式、等級嚴格的宴席制度等先秦飲食禮俗無不對後世黃河中游地區，乃至整個中國的飲食文化產生巨大影響。

第一節　獨具特色的膳食結構的形成

中華民族的傳統膳食結構以穀物糧食為主，以肉蔬瓜果為輔；在肉蔬瓜果中又以素食為主，以肉食為輔。這與現代歐美諸民族以肉奶為主的膳食結構有很大不同。中華民族的這種傳統膳食結構歷史悠久，源遠流長，早在先秦時期便已形成。這種膳食結構主張食用穀、果、肉、蔬等混合食物，以使膳食營養成分合理搭配、相輔相成，這就是《黃帝內經》中所謂的「五穀為養，五果為助，五畜為益，五菜為充」[1]。《黃帝內經》相傳成書於戰國時期，書中倡導的這種觀點至今仍是非常科學的。黃河中游地區是中華民族的主要發祥地，先秦時期所形成的中華民族的這種傳統膳食結構也主要是在這一地區形成的。

一、五穀為養

早在先秦時期，黃河中游地區先民的飲食就以穀類糧食作為主食。考古證明，黃河中游地區是世界上較大的穀物栽培起源中心之一，該地區穀物的栽培可以追溯到距今8000年左右，即新石器時代初期。人們習慣上，把各種穀物總稱為「五穀」，

1　不著撰人，王冰註：《重廣補註黃帝內經素問》，四部叢刊本，上海書店，1989年。

亦稱「百穀」。「五穀」一詞最早見於《論語・微子》，書中一位隱者曾譏諷子路為「四體不勤，五穀不分」之人。其後，《孟子・告子上》也有：「五穀者，種之美者也。」五穀究竟具體是指哪五種穀物，先秦文獻沒有具體說明，倒是後世的經學家對此作了不同的解釋。一般來說，人們把黍、稷（jì）、麥、菽（shū）、稻這五種糧食稱為五穀。它們也是先秦時期黃河中游地區人們的主食。

❶・黍

先秦時期，黍（黍類是禾本科一類種子形小的飼料作物和穀物）是黃河中游地區人們飲食生活中的主要糧食之一。黍的生長期短，且又適於生荒地和其他惡劣的種植環境。中國先秦時期的農業生產，是在自然條件的嚴重束縛下進行的。人們為了取得足夠的食糧，自然而然會選種一些生長期較短、耐旱耐寒、適於生荒地生產的作物，而黍正符合這些要求。

春秋初期以前，黃河中游地區的農業以黍稷種植為主，人們最普遍的飯是黍飯、稷飯。二者之中，黍比稷好吃，但是每畝黍的收穫量比稷低，所以黍比稷貴。黍為美食的好景並不長，大致從春秋中期以後，由於農業技術的提高，其他糧食作物特別是麥、稻的日益擴展，使糧食生產結構有所變化，其顯著特徵是：麥稻地位逐漸上升；黍的地位則迅速下降，由主角轉變為配角，成了救荒作物。

黍，具有黏性，不僅可以做飯、包粽，還可以釀酒。在殷商時，好酒之徒非常多，而釀酒的主要原料是黍，東漢許慎在《說文解字》中說：「酉，就也。八月黍成，可為酎酒。」黍釀出的酒香味濃郁，很受人歡迎。因此，在黃河中游地區稻種植較少的情況下，黍就成為釀酒的主要原料。為了能夠給釀酒提供充足的原料，商代曾廣泛地種植黍。

❷・稷

考古學界一致認為中國是稷的發源地，它是由狗尾草直接馴化而來的。稷的馴化發生在新石器時代的黃河流域。在黃河中游地區新石器時代的遺址中，到處都可以見到稷，如山西萬榮、夏縣，陝西西安半坡、寶雞、華縣，河南陝縣、鄭州等

地。

在殷墟出土的甲骨文字中，粟和稷沒有分別，都是指同一種穀物。粟、稷分稱始於西周，周人把后稷看作自己的始祖，后稷初名棄，而「稷」最初是作為穀神供以祭祀或主管農業的官名，《左傳・昭公二十九年》云：「稷，田正也。有烈山之子曰柱為稷，自夏以上祀之。周棄亦為稷，自商以來祀之。」這種轉變說明，周棄在此時必定對農業生產做出了較大的貢獻。周人為了紀念週棄對糧食生產的貢獻，就把他作為穀神祀之，並把粟這種經過周棄改良過的穀物改稱為稷，這就產生了一種穀物的兩種不同稱謂。

粟，又名穀子，去了皮又稱為小米。粟在中國古代原始農業中，一直居於首要地位。先秦時期，黃河中游地區粟的種植面積和產量相當可觀。從殷周時起，粟就被列為五穀之長，是黃河中游地區人們的主要糧食，它的主導地位一直維持到漢代，《說文解字》記「稷為五穀之長」。東漢之後它仍不失為黃河中游地區的主糧之一。粟主要用於做飯，但不如黍飯好吃。先秦時期，粟主要是貧賤者的口糧。

❸・麥

在中國古代文獻中，麥類作物的名稱有麥、來、牟三字。甲骨文中有「麥」字和「來」字。對於麥、來、牟三字的解釋，自古及今其說不一，分歧較大。據張舜徽先生考證，「來」是小麥的本名，小麥得自外來[1]；大麥為牟麥。「牟」是「麰」的原字，「麥」旁是後人加的。

目前，大多數學者認為，麥起源於西亞及地中海東岸地區。「麥」字在商代甲骨文中便已出現，說明至遲在商代黃河中游地區就種植麥了，但麥在先秦時期種植並不多。因為麥類作物冬春生長需要較多的雨水，夏季到來之時成熟。而黃河中游地區的氣候是冬春乾旱，夏季多雨，因而每當麥類成熟之際，麥收便十分困難。而且秦漢以前，大多數地方的水利灌溉系統尚不十分完善，所以在先秦時期黃河中

1　張舜徽：《說文解字約注》「麥」字注，中州書畫社，1983年。

游地區的麥類尚無大面積種植；漢武帝以後，小麥才成為這一地區占主導地位的主糧。

麥在先秦時期尚屬貴族專享的珍貴穀物，不僅是因為麥種植較少，還因為麥是接續絕乏之穀，麥的登場正是其他穀物尚未成熟，而舊穀已經吃光、缺乏糧食的時候。可見，先秦時期人們之所以重視麥，是由麥本身的種植特性以及當時的農業生產水平所決定的。

❹ · 菽

先秦時期的菽即是現今的大豆，與後世不同的是，先秦時期人們把大豆作為主食食用。大豆作為黃河中游地區古老的糧食作物，是中國的特產。在龍山文化早期的河南洛陽寺溝東北遺址中出土有大豆，在二里頭文化的皂角樹遺址中出土的大豆被學術界認為是介於野生大豆和栽培大豆之間的大豆品種。[1]

先秦時期，黃河中游地區是大豆的主產區，特別是在一些貧瘠地區，大豆更是人們的重要糧食之一。《戰國策·韓策》云：「韓地險惡，山居，五穀所生，非麥而豆，民之所食，大抵豆飯藿（huò，豆葉）羹。一歲不收，民不饜糟糠。」由於大豆易於生長，窮苦人家經常種植。古書裡常用「啜菽飲水」形容勞苦大眾生活的簡陋。

秦漢以前，由於人們還不瞭解大豆的營養價值，製作方法也比較簡單，只是把它當作粗糧，主要是用豆粒做豆飯，豆葉做菜羹。人們考慮到豆類久存容易腐爛，便用鹽把它醃藏起來，這便成了豆豉。後來造豉法逐漸提高、改良，遂發明了製造醬油的方法。戰國時期，人們還能用大豆製造豆芽，據《神農本草經》載：「大豆黃卷，味甘平。」大豆黃卷就是指豆芽。

❺ · 稻

稻原產於中國長江流域，早在八千年前，長江流域就產生了以植稻為特點的原

1　李旻娥等：《華北地區新石器時代早期至商代的植物和人類》，《南方文物》，2008年第1期。

始農業。距今5000至4000年，水稻栽培從長江中下游一帶逐步向江淮平原、黃河中下游擴展，初步形成了接近於現今水稻種植分布的格局。在黃河中游地區的河南澠池仰韶村等遺址中曾發現有稻穀。

商周時期，稻穀的種植在黃河中游地區也逐步推廣開來，距今3000多年的安陽殷墟遺存的甲骨文中，發現有卜豐年的「稻」字和秈（xián，同秈，不黏的稻）、秔（jīn，同粳，黏性較小的稻）等不同稻種的原體字，以及關於稻穀生產豐歉的記錄。另外，在古代典籍中，也有不少關於黃河中游地區水稻生產的描述，如《詩經‧唐風‧鴇（bǎo，鳥類的一屬，比雁略大）羽》說：「王事靡盬（mí gǔ，無止無息），不能藝稻粱，父母何嘗？」《詩經‧豳（bīn，同邠，古都邑名，在今陝西郴縣）風‧七月》：「十月獲稻，為此春酒，以介眉壽。」《戰國策‧東周策》亦云：「東周欲為稻，西周不下水，東周患之。」這些記載表明，黃河中游地區的稻作生產已有了一定程度的發展。

但由於黃河中游地區的地理氣候條件不如長江流域優越，所以種植也就不如長江流域普遍，在人們的飲食生活中稻被列為珍品。食稻衣錦是古代生活水平較高的象徵，《爾雅翼》載：「食稻、衣錦則以為人生之極樂，以稻味尤美故也。」反映出稻穀在當時僅是上層貴族享用的珍品，十分稀貴。

大體而言，在先秦時期，黍、稷、麥、菽、稻等五種糧食作物是黃河中游地區人們的主要食糧，其中黍、稷的地位最高，居主導地位。秦漢以後，黍、稷的地位下降，菽漸由主食轉化為副食，麥的地位很快上升，漸成為黃河中游地區占主要地位的食糧，由於多數地方不適於種稻，所以稻米在黃河中游地區仍然少而珍貴。先秦時期，黃河中游地區的主食結構與後世雖然有明顯的不同，但是這一時期所形成的以五穀為主食的傳統深刻影響著中國人民幾千年的飲食習俗。

二、五畜為益

黃河中游地區早期，人類的飲食生活並非是單一依靠穀類食物，肉類食物也占

有一定的比例，正如恩格斯在《勞動在從猿到人轉變過程中的作用》中所說「如果不吃肉，人是不會發展到現在這個地步的。」[1]舊石器時代以前的人們完全靠漁獵獲取肉食。

進入新石器時代以後，農業和畜牧業開始出現，極大地擴大了人們的肉食來源。除了通過傳統的漁獵活動獲得各種野味外，人們的肉食來源主要靠發展畜牧業獲得家畜、家禽來實現。

黃河中游地區馴養家畜、家禽的歷史相當古老，考古發掘表明，從史前的新石器時代文化到商代青銅文化來臨之前，在黃河中游地區已經普遍飼養「六畜」，具體是指馬、牛、羊、雞、犬、豬，六畜也常泛指各種家畜、家禽。由於古代馬主要用於戰爭，為人們提供肉食的主要是其他五種家畜、家禽，所以，《黃帝內經‧素問‧藏氣法時論》在談及人們的膳食結構時，稱「五畜為益」。

❶‧豬

從考古發掘的材料來看，新石器時代黃河中游地區家畜數量最多的是豬，家豬飼養在各個從事農業的氏族公社中，占有僅次於農業的重要地位。在該地區的仰韶文化和龍山文化等許多遺址裡都有豬的遺骨出土，愈到後期數量愈多，而且成年豬的比重也越來越大，這與農業的發展，糧食儲備較多，飼料比較豐富是直接相關的。

殷商以後，肉豬在人們生活中的地位日趨重要，甲骨文中的「家」字反映了這一情況，家字從「宀」從「豕」，說明豬已成為人類家居必養之物。「陳豕於室，合家而祀」[2]，這正是「家」字的本義。由此看來，殷商時，養豬是很普遍的，除吃以外，還用於祭祀。

先秦時期豬肉是人們最普通的肉食來源。但是，一般平民也不能夠經常吃到豬肉。這是由於養豬需要大量的穀物作為飼料，《說文解字》釋「豢」（huàn，設圍欄

1　《馬克思恩格斯全集》第20集，人民出版社，1962年。
2　王仁湘：《新石器時代葬豬的意義》，《文物》，1981年第2期。

以穀物養豬）為：「以穀圈養豕也」[1]。證明古人養豬用穀物，只有在人民生活有多餘穀物的情況下，才有可能餵養豬，一般平民家庭餵養的豬不會很多。餵豬不多，就不可能經常宰殺，因此，平民只有逢年過節才有機會吃上肉。《禮記・王制》規定：「士無故不殺犬豕，庶人無故不食珍。」

❷・牛

黃河中游地區牛類的馴化不會晚於豬的飼養，牛在新石器時代已成為家畜。有些考古學家認為，在距今7000多年的磁山、裴李崗文化時期，居民已經開始飼養黃牛。中國北方新石器時代的水牛最早發現於大汶口文化的遺存中。到龍山文化時期，在黃河中游地區的長安客省莊遺址中曾有水牛遺骸出土。在殷墟中，所發現的水牛骨也比黃牛骨多。這也說明，在先秦時期，水牛可以生活在包括黃河中游在內的廣大北方地區。

周代以前，牛尚未用於農耕，人們養牛的目的是為了食其肉，用其皮骨。牛還被廣泛用作犧牲，《史記・五帝本紀》認為堯時就「用特牛禮」，即選用牡牛作為祭品。殷商時，牛被大量用作犧牲，用於隆重的祭祀，有的祭祀每次用牛三四百頭，比用羊和豬充犧牲的數量多。牛作為祭祀的犧品，其實還是被人當作肉食，《尚書・微子》就指出：「今殷民乃攘竊神祇（qí）之犧牷（quán，古代祭祀用的牛毛色純一）牲，用以容，將食無災。」

西周時，牛成為六畜中最貴重的一種，在祭祀和享宴中，用牛的數量比商代大大減少。其原因在於牛開始大量用於農耕，成為主要的畜力。不過，周代貴族們食肉仍主要是取之於牛，以牛肉為肉中上品。《禮記・王制》說：「諸侯無故不殺牛」，表明當時牛較為尊貴，只有諸侯級的貴族才有資格食用牛肉。

春秋戰國時期，黃河中游地區的牛肉仍然比較稀貴。《左傳・僖公三十三年》記載，秦師襲鄭，到達滑國，鄭國的商人弦高準備到成周去做買賣，碰到秦軍。為

1　許慎：《說文解字》卷九下，中華書局，1963年。

了穩住秦軍，他先送給秦軍4張熟牛皮，後送12頭牛犒勞秦軍。同時又派人向鄭國報告。給幾萬人的秦軍送去12頭牛犒勞，這在當時已算是一份有分量的禮物了。

周代以後，歷代統治者多採取保護耕牛的政策，禁止民間私自宰殺耕牛。

❸‧羊

家養羊的出現晚於家養的豬和牛。黃河中游地區幾個時代較早的新石器時代遺址裡都沒有羊的骨骸。河南三門峽廟底溝二期文化遺存中的家山羊，是黃河中游地區新石器時代（西元前3000年左右）家山羊的最早發現，在考古發掘的商代遺存中，羊的發現逐步多了起來。從數量上看，羊是僅次於豬、牛的三大肉食來源之一。在周代，宮廷食官中還專設「羊人」一職，掌理羊牲的供給。

在中國古代，羊是吉祥如意的象徵，《說文解字》釋「羊」為「祥也」[1]。羊肉甘美，所以《說文解字》釋「美」為「甘也，從羊從大，羊在六畜主給膳也」[2]。羊肉在六畜中的地位僅次於牛，在先秦時期，羊肉主要供給上層權勢者享用。《禮記‧王制》規定：「大夫無故不殺羊。」在鄉飲酒禮中，如果只有鄉人參加，就吃狗肉，若是有大夫參加，就要另加羊肉。烹羊炮羔，是中國烹調的一個傳統。

❹‧狗

狗是新石器時代一直到商周時期黃河中游地區最主要的家畜之一。在距今8000至7000年的新鄭裴李崗新石器時代早期遺址中，曾有家犬的遺骸出土。在我國新石器時代的其他遺址中，都無一例外地有家犬遺骨。在商周時期的墓葬中，家犬遺骸仍占出土家畜遺骸的大宗。

狗除容易餵養、繁殖力強等特點之外，宰殺也容易，因而在先秦時期，食狗之風十分盛行，狗肉是人們喜食的肉類之一。在先秦時狗肉也可以登大雅之堂。《禮

1　許慎：《說文解字》卷四上，中華書局，1963年。

2　許慎：《說文解字》卷四上，中華書局，1963年。

2　許慎：《說文解字》卷四上，中華書局，1963年。

2　許慎：《說文解字》卷四上，中華書局，1963年。

記‧王制》規定：「士無故不殺犬豕。」這種規定到戰國時期就沒有什麼約束力了，屠狗者日漸增多，以至屠狗成了社會上的一種專門職業，稱為「狗屠」。狗屠的出現，說明了社會上養狗普遍，食狗肉的人多。

❺‧雞

中國是世界上最早養雞的國家，在黃河中游地區新石器時代早期的裴李崗遺址中，就已有雞的遺骸出土。此外，在黃河中游地區的仰韶文化和龍山文化的遺存中也有許多家雞的遺骸出土，可知當時飼養家雞比較普遍。

在商代，雞大量用於祭祀，殷墟中曾發現有大批雞骨。甲骨文中也有雞字，這說明，商代養雞十分普遍和興盛。周代還設有「雞人」這一官職，掌管祭祀、報曉、食用所需的雞。戰國至秦漢時，雞是上自貴族下至平民都愛飼養和食用的家禽，雞肉和雞蛋在當時人們飲食生活中占有重要位置。在一般的家庭中，雞肉是待客的常菜。

三、五菜為充與五果為助

種植蔬菜瓜果是農業經濟的一個重要組成部分。從新石器時代起，蔬菜瓜果就開始作為黃河中游地區先民生活中的副食來源。中國古代種植蔬菜，同穀物幾乎具有同樣悠久的歷史。所以，《爾雅‧釋天》在解釋「饑饉」二字時說：「谷不熟為飢，蔬不熟為饉」。這裡穀蔬同時並提，正好揭示了主食和副食之間的密切關係。

（一）園圃的出現

考古資料證明，在距今五六千年的仰韶文化時期，黃河中游地區就已經開始種植蔬菜了，西安半坡遺址發掘出的一個陶罐中就收藏著芥菜或白菜的菜籽。

在商代甲骨文中，出現過「囿」（yòu，中國古代供帝王貴族進行狩獵、遊樂的園林）「圃」（種植果木瓜菜的園地）等字，可知在商代就有以蔬菜瓜果為主要栽培

對象的菜園了，園圃經營已與大田穀物經營存在著一定的區別。

西周以後，園圃經營與大田穀物經營的區別更為明顯，蔬菜瓜果的生產已逐漸形成一種脫離糧食生產而獨立的專門職業。《論語・子路》記載：「樊遲請學稼，子曰：『吾不如老農。』請學為圃，曰：『吾不如老圃。』」可知在春秋時期，「圃」與「農」已經成為分開的兩種專業了。

到戰國時，更有不少人「為人灌園」。可見當時園藝確與農耕分了家，園圃經營的專業性大大加強。這種分工的產生和發展，是為了適應人類物質生活多方面的需要，是社會生產不斷進步的一種表現。

（二）蔬菜的主要品種

先秦時期，黃河中游地區的蔬菜主要有葵、韭、菘（sōng，白菜）、薤（xiè）、蔥、芥、芹、菲（fēng）、萊菔（láifú，蘿蔔）、蓮藕、薑、瓠（hù）等十多種，這些都是中國原產的蔬菜。

❶・葵

葵在古代被稱為「百菜之主」。葵作為菜蔬，最早見於《詩經・豳風・七月》：「七月亨（烹）葵及菽。」葵、菽並列，說明它們都是當時比較重要的農作物，據此推知，葵菜至遲在西周時已被人們馴化。春秋時，葵的地位更加顯赫，已是那時園圃中種植的主要蔬菜了。

在我國古老的蔬菜品種中，唯有葵最膾炙人口，但由於葵菜的變異性比較狹窄，在歷史演變過程中競爭不過同一時期從十字花科植物的野油菜中發展起來的白菜，所以古葵自宋代以後，就逐漸脫離人們的餐桌，淪為野生，或作為藥用了。

❷・韭

黃河中游地區栽培韭菜的歷史可以上溯到遠古，《大戴禮記・夏小正・正月》中記載：「囿有見韭。」韭菜是古代「五菜」之一（中國古代「五菜」具體是指葵、

韮、菘、薤、蔥，但言「五菜」時多泛指各種蔬菜），很受人們重視。韭菜種植簡便易為，一種可經歷多年，一生可剪數十次，《爾雅》「藿，山韭」，邢昺（bǐng）《疏》：「一種而久者，故謂之韭。」古人把韭菜和牛、豕、魚、酒、黍、稷、稻等並列在一起作為祭品，《禮記‧曲禮下》：「凡祭宗廟之禮，牛曰一元大武……，黍曰薌（穀類的香氣）合，梁（粱）曰薌萁，稷曰明粢，稻曰嘉蔬，韭曰豐本。」可見韭在食品中的地位。

❸‧菘

菘，即白菜，是黃河中游地區古代常見的蔬菜之一，一年四季均食用。菘的種類較多，但主要分為小白菜和大白菜。古人認為菘是蔬菜中的佳品，歷代都有不少的詩句來讚美白菜味道的鮮美。

❹‧薤

薤，即藠（jiào）頭，薤是中國原產的一種古老栽培蔬菜，古代五菜之一。其鱗莖如指頭大，可作蔬菜，也可加工為醬菜。薤是一種富於營養而味美的蔬菜，它不僅作為蔬菜，還可作為調料，幫助除去肉的腥氣，所以《禮記‧內則》云：「脂用蔥，膏用薤。」

❺‧蔥

蔥是古代五菜之一，先秦時期黃河中游地區就廣為種植，《禮記》的一些篇章中就有不少用蔥的記錄，如《曲禮》篇中有：「凡進食之禮，……膾炙處外，醋醬處內，蔥渫處末，酒漿處右。」《內則》篇中有：「膾，春用蔥，秋用芥。」這說明古人吃飯均須用蔥，吃肉更須用蔥以佐口味。由於各種菜餚均可用蔥以增加香氣，故蔥又有「菜伯」之稱。

❻‧芥

芥菜是中國特產的蔬菜之一，由於古代人民對蕓薹屬中某些植物甘辣風味的愛好，在長期採集野生植物的過程中，就把芥菜這種具有辛辣風味、滋味爽口的野菜

選擇並保留下來。

在先秦時期，人們食芥是重子而不重莖葉的，《儀禮·公食大夫禮》：「芥醬、魚膾。」鄭玄《注》：「芥醬，芥實醬也」。《論語·鄉黨》：「不得其醬，不食。」邢昺《疏》：「謂魚膾非得芥醬則不食也。」芥菜子還具有發汗散氣的功能，所以我國古代有「菜重薑芥」的說法，可見芥菜又可幫助人們驅除風邪，減少疾病。

❼·芹

芹有水芹和旱芹之分，中國古代，芹主要指水芹，《詩經·魯頌·泮水》中的「思樂泮水，薄采其芹」，指的就是水芹。芹菜是一種味道鮮美的蔬菜，在先秦時期，還可作為祭品。《周禮·醢（hǎi）人》說：「加豆之實，芹菹（zū）、兔醢。」這也反映出芹菜的食法是多種多樣的。古代人們不僅把芹菜作為日常食物，而且還瞭解到芹的藥用價值，《神農本草經》中指出芹菜「止血養精，保血脈，益氣，令人肥健、嗜食」。這些看法已被現代醫學所證明。

❽·葑

葑，即蕪菁，又名蔓菁。殷周以來，蕪菁即是黃河中游地區的重要菜蔬之一。《詩經·唐風·采苓》中有：「采葑采葑，首陽之東。」蕪菁的根在先秦時就已加工成醃菜，《周禮·醢人》中記有「菁菹（酸菜）」。栽培蕪菁的好處是四季常有，管理可粗可細，抗病能力強，如果年成不好，種一些蕪菁可以補充糧食的不足，所以，古代人們是十分重視種植蕪菁的。

❾·萊菔

萊菔，俗稱蘿蔔。它是中國最古老的栽培作物之一，《詩經·邶風·谷風》有「采葑采菲」之句，這裡的「菲」即指蘿蔔。蘿蔔在中國最初是作為藥用，後來才發展為食用。蘿蔔作為蔬菜，一般只吃它的根莖部分，根有紅有白，有長有圓，有大有小，有一二兩重的，也有一二十斤重的，有適合生吃的，也有供加工醃製的。

食用蓮藕在黃河中游地區有悠久的歷史，一九七三年，河南鄭州市博物館在市郊大河村新石器時代遺址中發現炭化蓮子一粒，被貯存在一個瓦器之中。早在先秦時期人們就愛好食藕，《詩經》中有不少對蓮的描寫，如《詩經·陳風·澤陂》中有：「彼澤之陂，有蒲與荷」，「有蒲與蕑（jiān）」（鄭玄《箋》：「『蕑』當作『蓮』。蓮，芙蕖實也。」），「有蒲菡萏（hàndàn，荷花）」。蓮藕既可當水果吃，又可烹飪成佳餚，還可做粥飯和製成藕粉。

⓫ · 薑

薑是古人日常生活中不可缺少的調料、香料，也是藥用植物。早在先秦時期黃河中游地區各地就都有種植。古代把蔥、薤、韭、蒜、興蕖（qú，洋蔥）（或阿魏）這五種帶有刺激味的蔬菜稱之為「五辛」，通常認為五辛有濁氣，唯獨薑氣清，食薑有利於身體健康，深通飲食之道的孔子也說過：「不撤薑食。」[1]薑在古代還被廣泛地用於治病除邪上，《說文解字》釋為「御濕之菜也」[2]。

先秦時期，薑的食法很多，或生啖，或熟食，或醋醬糟鹽，或蜜煎調和，特別是在烹調和醃肉時放一點薑，能除去肉的腥羶，又可使菜味清香可口，《禮記·內則》中也記載了古代醃製牛肉時，要放一點「屑桂與薑，以灑諸上而鹽之」。

⓬ · 瓠

瓠即葫蘆，先秦時期又稱為匏壺、匏瓜等，葫蘆是我國最古老的栽培蔬菜之一，在新石器時代的很多遺址中都發現過炭化葫蘆遺物，在河南新鄭裴李崗遺址中出土過葫蘆皮。葫蘆全身均可利用，瓠葉初長時可採嫩葉作為蔬食，所以《詩經·小雅·瓠葉》中有：「幡幡（fān）瓠葉，采之亨（烹）之。君子有酒，酌言嘗之」。到了成熟期，葉子老了有苦味，就吃果實，故《詩經·豳風·七月》又有「八月斷

1　《論語·鄉黨》，十三經注疏本，中華書局，1980年。
2　許慎：《說文解字》卷一下，中華書局，1963年。

壺」之說，瓠乾硬的外殼還可作瓢勺和樂器。

以上蔬菜品種是先秦時期黃河中游地區人工栽培和人工保護的十多種常食蔬菜。在先秦文獻中，還可以看到一些蔬菜名稱，如蒲、薺、蕨、蓼（liǎo）、蘋（蘋，píng）、薇、蒿、莧、茭白、藻、荸薺、荇（xìng）、蘩（fán）、藜（lí）等，這些蔬菜，多為野生，經濟價值不高。

（三）瓜果的主要品種

如同蔬菜一樣，中國古代的瓜果種類繁多，種植歷史也很悠久。《詩經·豳風·七月》中說：「七月食瓜，八月斷壺」。而在《周禮·場人》中明確指出：場人的職責是「掌國之場圃，而樹之果蓏珍異之物」。可見，在先秦時期，人們已注意到種植瓜果。就先秦黃河中游地區而言，出產的主要瓜果有甜瓜、桃、杏、李、栗、梅、棗、梨等。

❶·甜瓜

甜瓜亦名香瓜，種類很多，是中國最古老的瓜種之一，《詩經·大雅·生民》中的「麻麥幪（méng）幪，瓜瓞（dié）唪（fěng）唪」，《夏小正·五月》中的「乃瓜。乃者，急瓜之辭也。瓜也者，始食瓜也。」均指的是甜瓜，說明在先秦時期，中國就已栽培甜瓜了。

❷·桃

桃是中國最古老的栽培果樹之一，種類很多。《左傳》《爾雅》《禮記》中都有關於桃的記載，《詩經·周南·桃夭》中「桃之夭夭，灼灼其華」的詩句更為人所共知。此外，《詩經·魏風·園有桃》中還明確記載「園有桃，其實之殽」。可見，中國在先秦時期就廣泛地種植桃樹了。值得一提的是，桃在西漢初年由中國西北傳入伊朗和印度，再由伊朗傳到希臘，之後又傳到歐洲各國。

❸‧杏

杏源於中國北方，《夏小正‧四月》中說：「囿有見杏。」以後的文獻如《管子》《禮記》等書中都有杏的記載。杏的種類不多，主要有甘而沙的「沙杏」、黃而帶酢（cù）的「梅杏」，青而帶黃的「柰杏」，色黃而大如梨的「金杏」，赤大而扁的「肉杏」等。中國杏在西漢時由張騫帶到西域，傳到西亞及地中海地區。

❹‧李

李與桃在古代往往並提，因為它們同屬薔薇科，又同在春天開花，並且都屬古代「五果」之列（中國古代「五果」具體是指桃、杏、李、栗、梅，但言「五果」時多泛指各種瓜果）。《詩經‧大雅‧抑》中有：「投我以桃，報之以李。」可見桃、李在先秦時，已為人們所並重。李的種類很多，可達百種以上。

❺‧栗

中國栽培栗的歷史很早，在河南裴李崗、西安半坡等新石器時代遺址中均有栗果遺存。栗自古以來就受到人們重視，被列為「五果」之一。與棗一樣，栗還可作為糧食備荒。《韓非子‧外儲說略》中記載：「秦大飢，應侯請曰：『五苑之草著，蔬菜橡果棗栗，足以活民，請發之』。」《莊子‧外篇‧山木》記述了孔子困於陳蔡時靠食栗充飢的故事。

❻‧梅

梅原產中國，栽培歷史十分悠久，在河南安陽殷墟曾有梅核出土。《詩經‧秦風‧終南》記載：「終南何有？有條有梅。」說明梅在先秦時就已在黃河中游地區廣泛栽種了。

最初人們種梅是食用梅果，後來才發展為一種觀賞的珍貴花木。商周時期，梅樹果實作為一種調味品，已廣泛用於人們的飲食之中，《尚書‧說命》中指出：「若作和羹，爾惟鹽梅。」可見梅與鹽一樣重要。

❼ · 棗

黃河中游地區的棗樹栽培很早，在河南新鄭裴李崗新石器時代遺址中，曾保存有較完整的棗乾果。在《詩經》《夏小正》《山海經》《爾雅》《廣志》中都有種棗食棗的記載。由於我們祖先世代代的辛勤培育，在不同土壤、氣候條件下，形成了豐富的優良品種。後世黃河中游地區出現的名棗有山西運城的相棗、河南靈寶的圓棗和新鄭的金絲小棗等。

❽ · 梨

梨的原產地在中國，中國的先民很早就開始對梨進行選擇和培育。《詩經·秦風·晨風》中有「隰（xí，低濕之地）有樹檖（suì）」，又《召南·甘棠》中有「蔽芾（bìfèi，幼小的樣子）甘棠」，其中甘棠與樹檖即是野梨，由此可知，早在3000年前，中國已注意到野生梨的利用。

先秦時期，蔬菜瓜果在中國黃河中游地區古代人的生活中就已占有不可或缺的地位。《爾雅·釋天》說：「穀不熟為饑，蔬不熟為饉，果不熟為荒。」認為蔬菜瓜果的豐歉是決定整個農業收成好壞的重要依據，可見其重要性。中國古代史籍中，有關「百姓飢餓，人相食，悉以果實為糧」，「皆以棗栗為糧」，「飢餓皆食棗栗」之類的記載不勝枚舉，反映出蔬果作物在救災度荒中所起的作用。同時，我們也可以看到，當時蔬菜瓜果的選擇食用，多是藥用與食用並重，體現了中華民族「醫食同源」的優秀飲食文化思想。

第二節　食物加工與烹飪的發軔

中國在世界上被譽為「烹飪王國」，這是因為中國的烹飪技術有著幾千年的悠久歷史。特別是黃河中游地區的烹飪更是源遠流長，是中國古代烹飪技術的重要發源地。先秦時期，黃河中游地區的烹飪技藝就已形成了一種獨特的技藝。

一、多樣的烹飪技藝

烹飪是從人類學會控制火的使用開始的。有關烹飪的考古資料證明，中國烹飪方法是由少漸多，烹飪技藝由簡單到複雜，逐步地發展著。

人類發明烹飪技術是從熟食開始的。從舊石器時代考古資料分析，中國原始烹飪術的發明，至今已有180萬年左右的歷史了。山西省芮城縣西侯渡遺址出土有許多燒過的哺乳動物的肋骨、鹿角和馬牙，就是當初人類食用後留下的遺存。人類在這時雖然能使用火來燒熟食物，但是還不會製造火，所有的火都是保存下來的自然火種。人類的飲食革命，是從人工取火開始的。在舊石器時代中後期，人類就能夠用燧石取火了，有人根據舊石器時代中期個別遺址中發現的遺物，結合民族學資料，認為用黃鐵礦打擊燧石而產生的火花可以達到取火的目的，所以中國古代有「燧人出火」[1]的傳說。火對烹飪技術的發展具有特殊重要的意義，因為火不僅能夠熟食，改變人類茹毛飲血的生活狀況，而且能「以化腥臊」[2]，消除動物的臭味，使食物的味道鮮美起來，這就把人類的飲食生活提高到一個新的歷史階段。但是，人類在能夠製造火以後的很長一個歷史階段，其烹飪方法還是十分簡單的，主要採用這樣幾種烹飪方法：

燒，這不同於現代意義的燒，它是一種最原始、最簡便的烹飪法，不用任何烹飪器，直接把獸肉或植物放入火中燒熟或半熟。在舊石器時代的山西西侯渡、陝西藍田等文化遺址中都發現有燒過的獸骨。

烤，先秦時期又稱為炮，即直接把獸肉置於火堆旁烤；或者將獸肉用黏土包起來，放置在火堆中烤；或者將獸肉用樹枝、竹竿串起來，斜插在火堆旁烤或架在火堆上方懸烤。烤法的出現晚於燒，較之燒法是種進步，它是利用火的輻射熱烤熟食物，所製出的食物口感更好。

石烙，這是一種通過燒熱的石板傳導熱來把食物烙熟的方法，即先將食物置放

1　劉向：《世本·作篇》，中華書局，2008年。

2　韓非：《韓非子·五蠹》，諸子集成本，中華書局，1980年。

在扁平的天然石板上，再將石板放在火堆上，石板的熱度較為溫和，不致燒焦食物。《禮記‧禮運》「夫禮之初，始諸飲食」鄭玄《注》：「中古未有釜甑，釋米捭肉，加於燒石之上而食之耳，今北狄猶然。」就是指的石烙法。

石烹，即在土坑或其他盛水的容器中裝上水和食物，然後將一些燒紅的石塊投入水中，如此周而復始多次，使水沸騰，將食物煮熟。

以上這四種烹飪方法，在陶器沒有出現以前使用了相當長的一段時間，所以《太平御覽‧古史考》上有這樣一句話：「古者茹毛飲血；燧人初作燧火，人始燔炙，裹肉燒之曰『炮』；神農時食穀，加米於燒石之上而食之；黃帝時有釜甑，火食之道成矣。」[1]類似的傳說，在《禮記》等書中亦可見到。這些傳說把勞動人民的創造全加在神農氏等幾個「神化」了的人物上，這與史實是有些出入的，但它指明了人類學會烹飪有一個過程，並且認為烹飪方法是隨著烹飪器皿的不斷完善而多樣化的這樣一種觀點。

新石器時代，由於農業、畜牧業有了一定程度的發展，烹飪的水平也必然有所提高。人們生活中常用的一些簡單炊器大都已經具備，有陶鼎、陶甑、陶釜、陶罐、陶盆之類。在新石器時代的一些住房遺址中，曾發現過灶坑，是用來做飯的。從新石器時代起，人類的烹飪方法就逐漸多起來了，因為炊器的多樣化是與饌食的

▶圖2-1　魚紋彩陶盆，仰韶文化遺址出土

1　陳元龍：《格致鏡原》卷二一，四庫全書本，商務印書館，2005年。

多樣化分不開的。

　　考古發掘出的商周以前的炊器，多屬蒸煮之器，可以認為，商周以前的烹飪方法以煮蒸食物為主。郭寶鈞在《中國青銅器時代》一書中，考證了商周時期的烹飪方法，他認為：「殷周熟食之法，主要的不外蒸煮二事。」在煮、蒸兩種烹飪方法之中，煮法又產生於蒸法以前，這裡分別作一介紹。

　　煮，是一種最普通的烹飪技法，它是將食物和水放入烹飪器中，再用火直接燒烹飪器，通過烹飪器受熱、傳熱，使水沸騰來煮熟食物。這種方法的特點是水多，要浸漫過所煮的東西。

　　當時用於煮食物的炊具主要是釜、鼎、鬲、罐等。這些器皿在商代以前的作用沒有什麼區別，都是作為鍋來使用。但在西周以後，釜和鼎這兩種煮器似乎有所分工。釜，主要用於煮穀物或蔬菜，《詩經·召南·采蘋》中說：「於以湘之，維錡及釜。」這是用釜來煮蘋菜的記錄，可以得知，釜主要是平民使用的烹飪器。鼎，則用於煮肉，因為鼎在周代，已不再單純是一種炊器，而成為一種禮器，是各級貴族的專用品，被視為權力的象徵，廣大平民是絕對不能使用銅鼎的。鼎作為炊煮器時，貴族們也主要用來煮肉，或陳放肉類和其他珍貴食品。《周禮·天官·烹人》說：「烹人掌共鼎鑊（huò），以給水火之齊。」鄭玄《注》曰：「鑊所以煮肉及魚臘之器，既熟乃肴（zhēng）於鼎。」鬲（lì），是在釜、鼎以後產生的，主要用於煮

◀圖2-2　彩陶盆雙連壺，仰韶文化遺址出土

粥。「殷墟出土陶鬲破片占大量，一鬲之容積，只可足一人一餐之用，似乎是人各一鬲，而且是鬲皆用陶，即貴族墓也不例外。以鬲煮粥，只是把米和水放入鬲中加火漫煮，米熟即得。」[1]先秦時期，貴族飲食是盛饌用鼎，常飪用鬲。西周銅鬲較多，但其使用也僅限於貴族。

蒸，凡是利用水蒸氣把食物烹熟的就叫作蒸。蒸的方法，通常都是鍋中放著水，鍋上面架著蒸具，蒸具與水保持距離，縱令沸滾，水也不致觸及食物，使食物的營養價值全部保留在食物內部不致遭到破壞。所以，蒸汽烹飪是一種先進的烹飪技法，中國是世界上最早使用蒸汽烹飪的國家。

蒸法的烹飪器是在煮法烹飪器的基礎上發展起來的，蒸法比煮法出現的要晚一些。距今6000年左右的西安半坡新石器時代遺址中出土的陶甑，是目前所能見到的最早蒸器。蒸飯所用的甑都分為兩節，下節三空足如鬲，是盛水的地方，上節大口中腹如盆是放米的地方，米和水之間有箅子隔開。張舜徽在《說文解字約注》中指出：「甑之為言層也，增也，以此增益於釜上，高立若重屋然。古以瓦，今以竹木為之，有穿孔以通氣，所以炊蒸米麥以成飯也。」甑的出現使中國古代早期社會的烹飪方法基本完善，所以《古史考》中認為黃帝時有釜甑，飲食之道始備。可知甑的出現是飲食條件具備的重要標誌。

炒，關於先秦時期有沒有「炒」的這種烹飪方法，現在存在著不同的意見，考古學家張光直認為：「在周代文獻裡……最主要的似乎是煮、蒸、烤、燉、醃和曬乾。現在烹飪術中最重要的方法，即炒，則在當時是沒有的。」[2]中國也有學者同意這種看法，認為「現在烹飪術中最重要而又常見的方法——炒，當時尚未發明」[3]。

事實上，考古資料已經證明，「炒」的這一烹飪技法在春秋時期就已出現。一九二三年在河南省新鄭縣春秋時期的墓葬中出土了「王子嬰次爐」，該爐高11.3釐米，長45釐米，寬36.6釐米，形狀類似長方盤，上面刻有「王子嬰次之庶（chǎo,

---

1　郭寶鈞：《青銅器時代人們的生活》，《中國青銅器時代》，三聯書店，1983年。
2　張光直：《中國古代飲食和飲食具》，《中國青銅器時代》，三聯書店，1983年。
3　王慎行：《試論周代的飲食觀》，《人文雜誌》，1986年第5期。

炒）爐」。據考古工作者鑑定，這是一種專作煎炒之用的青銅炊器。對此，陳夢家在《壽縣蔡侯墓銅器》一文中指出：「東周時代若干盤形之器並不盡皆是水器。《禮記・禮器》注云：『盆，炊器也。』似指新鄭所出『王子嬰次爐』。」爐的質地比較薄，很適於作煎炒使用。另外，從這一器具的銘文來考察，東周銅器銘文凡從火字的均寫作「㿎」，這是當時的書寫特點，㿎從廣聲，即現在的炒字。

「炒」字的發展是有一個過程的，《說文解字》中沒有炒字，在漢代揚雄的《方言》中卻已出現了原始的炒字，他說：「熬、聚（chǎo，炒）、煎、備、鞏、火乾也。」晉代郭璞對此注曰：聚即䰞（chǎo，炒）字也。宋代《廣韻》把䰞讀為「初爪切」，正是chǎo音，到稍後不久所編的《集韻》時，就正式出現了「炒」字。可見，在先秦時期的烹飪方法中不是沒有炒法，而是沒有今天的「炒」字，它是由上述幾種字形所代替了。

可見，在先秦時期黃河中游地區就已出現了專作煎炒之用的炊具，人們已經開始運用煎炒之法烹飪食物。不過，當時的炒法，遠不如現代的技藝，煎與炒之間也沒有嚴格的區別，同時炒菜的品種也不夠多，但它對後世中國烹飪技藝的發展和提高，卻有著不可估量的影響。

綜上所述不難看出，在原始社會後期，雖然有了簡單的烹飪，但作為「技術」的烹飪方法尚未形成。到了商周時期，由於生產力的發展和勞動人民的創造，各種炊具相繼出現，我國早期的烹飪技術和一些基本烹飪方法才初步形成。春秋戰國以後，食物品種不斷增多，烹飪技術也在不斷發展，創造出了諸多的烹飪方法，粗略統計就達25種之多，如氽、焯、炒、炸、浸、烙、烤、烹、涮、焗、煮、貼、炮、溜、煎、煨、煸、煲、熬、燉、燒、蒸、燜、燴、爆等。為中國烹飪技藝系統的形成和發展奠定了基礎。

二、紛呈的美食

中國古代人們的飲食，是按兩個基本的組成部類劃分的，這便是飲與食。「飲」

是清水、菜湯、酒和茶，「食」是用穀物做成的飯。即使就一頓飯而言，也仍然可以分為飲和食，只是其中飲常常是指菜湯。這種飲與食以並列對舉的形式出現，在古文獻中是有不少記載的，例如《論語‧雍也》載孔子稱讚顏回的話：「賢哉回也。一簞食、一瓢飲，在陋巷，人不堪其憂，回也不改其樂。」《述而》中又說：「飯疏食，飲水，曲肱而枕之，樂亦在其中矣。」《孟子‧梁惠王下》載：「簞食壺漿，以迎王師。」從這些句子裡可以清楚地看到，一餐飯的最低限度要包括一些水和一些穀類食物，它們不僅是相對獨立的生活必需品，也是缺一不可的餐飯統一體。

然而，在正式的場合裡，或者是在貴族的生活中，飲食便不再是兩個部類。《禮記‧內則》將飲食分為飯、膳、羞、飲四個主要部類，即

「飯：黍、稷、稻、白黍、黃粱、稰（xǔ）、穛（zhuō，早熟的穀物）。

膳：膷（xiāng，牛肉羹）、臐（xūn，羊肉羹）、膮（xiāo，豬肉羹）、（醢）（用肉、魚等製成的醬）牛炙：（醢）牛胾（zì，切成大塊的肉）、（醢）牛膾；羊炙、羊胾：（醢）豕炙；（醢）豕胾、芥醬、魚膾：雉、兔、鶉（chún）、鷃（yàn）。

飲：重醴（lǐ，甜酒）、稻醴清糟、黍醴清糟、粱醴清糟，或以酏（yǐ）為醴，黍酏、漿、水、醷（yì）、濫。酒：清白。

羞：糗、餌、粉、酏。」《周禮‧天官》所記膳夫的職責，也是「掌王之食、飲、膳、羞，以養王及後、世子。凡王之饋，食用六穀，膳用六牲，飲用六清，羞用百有二十品」。這四部分，簡言之，就是飯（主食）、菜餚（副食）和飲料。

（一）居主食地位的飯

古人對飯食是異常重視的，以飯作為主食的中國飲食結構，在先秦時期就已確立，至今未變。《論語‧鄉黨》有一句關於飲食安排的話：「肉雖多，不使勝食氣。」宋代朱熹的《論語集注》釋為：「食以穀為主，故不使肉勝食氣」[1]。就是告誡人們

1　朱熹：《四書章句集注》，上海古籍出版社、安徽教育出版社，2001年。

不要使吃肉的量超過吃飯的量。

　　商周時期，黃河中游地區人們的飲食多為粒食，即用沒有加工的穀物做飯，講究一些的人才可以吃上經過杵舂的米，或者把穀物擂碎，成為糝（shēn），用來煮粥作羹。春秋戰國時期，黃河中游地區的人們才普遍吃上比較乾淨的米粒，但是做麥飯，還是粒食。

　　古人煮飯，把稍稠一點的糊叫作饘（zhān，稠粥），稀而水多就叫粥，《左傳・昭公七年》中有這樣的話：「饘於是，粥於是，以糊余口。」普通人家的日常飲食，不外是吃饘喝粥。粥的歷史比飯要早一些，當人們發明陶器之後，就開始將糧食煮為粥了。甲骨金文中無「飯」字，卻有「粥」的本字「鬻」（yù，賣）字，其字正如鬲中煮米，熱氣升騰之形。

　　蒸飯之法，在中國沿用了幾千年，早期蒸飯是把米從米湯中撈出，用箅子放在甑中蒸，《詩經・泂酌》說：「挹（yì）彼注茲，可以餴饎（fēnxī）。」什麼叫「餴」呢？《說文解字》釋「餴」為「滫（xiǔ）飯也」。《玉篇》說：「餴，半蒸飯。」這種烹飪方法是先把米下水煮之，等到半熟，再撈出放進甑中去蒸。這樣蒸熟之飯，顆粒不黏，味甘適口。「饎」，《說文解字》釋為「酒食也」。鄭玄註釋《儀禮・特牲饋食禮》說：「炊黍稷曰饎。」用黍稷蒸飯就為餴饎。從殷墟出土的炊器中可以看出，陶甑、陶甗、銅甗等蒸器，其數量遠不如陶鬲、銅鬲、銅鼎等煮器多，陶鬲所

在皆是，可知人們蒸飯的時候並不多，這是因為蒸飯較之煮粥費時費事，而且用糧多，一般有地位的人才以此為常，普通人家逢喜事才吃蒸飯。

吃飯在中國雖已有幾千年的歷史，大體延續，但古人在長期生活中也有一些新花樣。古代飯的名目繁多，基本上可以分為兩大類。一類是以單一穀物製成作飯，不僅五穀可以做飯，大麥、菰（gū）米等也都可以用來做飯。在很長的一段時期中，平民百姓是以「黃粱飯」即用好的小米做的飯為佳品。另一類是多種原料製作的飯，例如《禮記》「八珍」中的「淳熬」，就是以旱稻、黍米加肉醬做成的飯。

（二）佐餐下飯的菜

❶．貴族專享的美味膳饈

膳饈即指菜餚，「饈」在古代寫作「羞」。中國古代的烹飪藝術也正是在菜餚的製作上表現出來的。鄭玄在註釋《周禮・天官・膳夫》時說：「膳，牲肉也。」「膳之言善也。」古代飲食之善者必備肉，所以古人總以肉訓膳。「羞」，鄭玄在此注為：「有滋味者。」賈公彥《疏》：「羞，出於牲及禽獸以備滋味，謂之庶羞。」羞字在金文中像手持或雙手進獻之形，所以《說文解字》釋「羞」為「進獻也。從羊，羊，所進也」。羊為膳食中的佳品，羞字從羊，與美、善同意，可見，「膳羞」就是以肉為主體製成的美味佳餚。

羞，又有「百羞」之稱，自然其製作也是多種多樣的了，綜合古代文獻，可以看出，羞除指古代的肉肴外，還指用糧食加工精製而成的滋味甚美的點心。但膳羞二字連用時，古人往往是指菜餚。

商代以前，人們製作菜餚主要是靠水煮鹽拌，缺乏常用的調味品。到商代，食物種類和調味品增多，人們的烹飪技藝有了一定程度的進步，製作菜餚開始注意五味調和了。商代精於烹飪的伊尹曾說：「凡味之本，水最為始。五味三材，九沸九變，火為之紀。時疾時徐，滅腥去臊除羶，必以其勝，無失其理。調和之事，必以甘、酸、苦、辛、鹹。先後多少，其齊甚微，皆有自起。鼎中之變，精妙微纖，口

◄圖2-4　青銅汽蒸分體，河南安
陽商代婦好墓出土

弗能言，志弗能喻。若射御之微，陰陽之化，四時之數。故久而不弊，熟而不爛，甘而不噥，酸而不酷，鹹而不減，辛而不烈，淡而不薄，肥而不膫（hóu，調味過厚而難入口）。」[1]商代菜餚的品類雖不可考，而且魯迅先生在《中國小說史略》中認為伊尹為商湯講述烹飪的事可以稱為中國最早的小說，中間不免有虛構成分，但伊尹的調味理論至少是這一時期人們烹飪經驗的總結，是應該加以肯定的。

　　周代是先秦時期最講究飲食的時期，特別是周代宮廷的烹飪技術大大超過商代。周代宮廷中從事飲食業的人特別多，據《周禮‧天官》記載，負責周王室飲食的官員2294人，計膳夫152個，庖人70個，內饔128個，外饔128個，烹人62個，甸師335個，獸人62個，漁人342個，鱉人24個，臘人28個，食醫2個，酒正110個，酒人340個，漿人170個，凌人94個，籩（biān，古代祭祀和宴會時盛果品等的竹器）人31個，醢人61個，醯（xī）人62個，鹽人62個，冪（mì）人31個。占整個周朝官員總數的58%。這一數字說明周王室飲食管理機構的龐大規模以及宮廷中庖廚之事的重要性。也正是這一龐大的飲食機構，把周代的菜餚製作技藝提高到了一個新的水平。周代菜餚已漸形成色、香、味、形這一中國烹飪的主要特點，周代名肴「八

1　呂不韋：《呂氏春秋‧本味篇》，諸子集成本，中華書局，1980年。

珍」足以表現周代烹飪藝術的成就。據《禮記》記載，它是用多種烹調方法製作的八種供周王室食用的肴饌。這八種食物是「淳熬」「淳毋」「炮豚」「搗珍」「漬」「熬」「糝」「肝膋（liáo，腸上的脂肪）」。

《禮記·內則》記有「八珍」的烹調方法。其中，「淳熬」、「淳毋」分別是用旱稻、黍米做成的肉醬蓋澆飯。「炮豚」是先烤後炸再燉的乳豬，最後調以肉醬。「搗珍」是一種經過捶打而後燒成的裡脊肉塊。「漬」是一種用於生吃的酒浸牛肉乾，並蘸以醬、醋和梅子醬。「熬」是用薑、桂皮、鹽醃製而成的牛、羊、麋、鹿、麕（jūn）肉乾。「糝」是用牛、羊、豬肉、稻米煎成的糕餅，「肝膋」是用狗油炸包著網油的狗肝。

周代「八珍」的出現，是中國烹飪成為一門藝術的重要標誌，顯示了周人的精湛技藝和飲食的科學性。以「炮豚」為例，首先將小豬洗剝乾淨，腹中實棗，包以濕泥、烤乾，剝泥取出小豬，再以米粉糊塗遍豬身，用油炸透，切成片狀，配好作料，然後再置於小鼎內，把小鼎又放在大鑊中，用文火連續燉三天三夜，起鍋後用醬醋調味食用。一種菜共採用了烤、炸、燉三種烹飪方法，而工序竟多達10道左右，其吃法之講究可想而知。「八珍」開創了用多種烹飪方法製作菜餚的先例，後來歷代令人眼花繚亂的各種菜餚，均是在此基礎上發展起來的，甚至在菜名上也沿用「八珍」。「八珍」的名稱歷經3000多年，隨著歷史的發展，它的內容雖然在不斷更新，但其名稱卻歷代相沿，這反映了周代「八珍」在中國飲食史上占有不可磨滅的地位。

❷·對人們飲食生活影響最大的羹湯

「八珍」雖然味美，但非常人之食。先秦時期，對人們飲食生活影響最大的菜餚還是各種羹湯。羹是湯的古音，《左傳·昭公十一年》說：「楚子城陳、蔡，不羹。」《正義》說：「古者羹臛（huò）之字，音亦為郎。」重讀則為湯。不過古代的羹一般說比現在的湯更濃一些。羹字從羔從美，羔是小羊，美是大羊，可知最初的羹主要是用肉做的，所以《爾雅》中有「肉汁」謂之「羹」的說法。後世才有了

以蔬菜為羹，於是羹便成為普通湯菜的通稱，不專指肉煮的了。

最初的羹稱之為太羹，即太古的羹，是一種不加五味的肉汁，這也是羹最原始的做法。後來隨著烹飪技術的進步，製羹技術才逐漸複雜起來，大約從商代起，五味就已放入羹中，《尚書·說命》篇中有：「若作和羹，爾惟鹽梅。」用鹽和梅子醬來調羹，這是羹的基本味道。

先秦時期，黃河中游地區羹的名目很多，幾乎所有可以入口的動物肉都可以作羹，其名稱隨著肉的品種不同而各異，見於古代文獻中的羹名有羊羹、豕羹、犬羹、兔羹、雉羹、鱉羹、魚羹、脯羹等。這些羹除用肉外，還要加上一些經過碾碎的穀物，這是古代羹的傳統做法，所以，鄭玄在《禮記·內則》注中說：「凡羹齊宜五味之和，米屑之糝。」普通人家如要食羹，多用藜、蓼、芹、葵等菜來代替肉，而貴族們食羹，除羹中的原料講究以外，還注意與飯菜的搭配，《禮記·內則》記載：雉羹宜配麥飯，脯羹宜配折稌（細米飯），犬羹、兔羹宜於加糝。《儀禮·公食大夫禮》記載：牛羹宜於藿葉（豆葉），羊羹宜於苦菜，豕羹宜於薇菜等。

總起來看，羹在古代飲食中占有十分重要的地位，人們日常佐餐下飯，都以羹為主，羹是最大眾化的菜餚，所以，《禮記·內則》中說：「羹食，自諸侯以下至於庶人，無等。」只是到了唐宋以後，隨著烹飪技藝的發展，特別是炒菜的興起，菜餚加工的花樣越來越多，水煮的羹類菜餚的地位才隨之下降，逐漸和輔助性菜餚——湯的地位差不多了。

第三節　影響深遠的飲食禮俗起源

飲食方式是人們在一定條件下飲食生活的樣式和方法。飲食方式屬於人類文明與文化的範疇，它與人類文明與文化的發展是緊密關聯的。只有把飲食生活方式同物質生產方式聯繫起來，才能準確地判斷先秦文明與文化的發展水平。

一、遠古遺存的分食制與席地而食

❶·源於遠古平均分配的分食制

一般人認為，中國傳統的宴席方式是共享一席的合食制。遇有喜慶，無不是以大宴賓朋來表示，其特徵可用「食前方丈」來概括。這種「津液交流」的合食制雖然顯得熱烈隆重[1]，但從衛生的角度來看並不妥當，所以，這種在一個盤子裡共餐的合食傳統，確實有必要改良。然而，這種傳統在中國並不古老，存在的歷史至今只有1000多年。

分食制的歷史可以上溯到遠古時期。在原始氏族社會裡，人們遵循著一條共同的原則，這就是對財物的共同占有，平均分配。當時，氏族內食物是公有的，食物煮熟以後，按人數平均分配，一人一份。這時住所中既沒有廚房和飯廳，也沒有飯桌，一個家庭的男女老少，都圍坐在火塘旁進餐。所以，在新石器時代的地穴式、半地穴式和地面式的住所中，都毫不例外地發現有火塘遺跡。這些火塘大多設在房子的中心部位，其形式有圓形、方形或瓢形諸種，凹下地面。如在裴李崗和仰韶等新石器時代文化遺址中，都曾發現有火塘的遺跡。這些現象表明，火塘在遠古人類生活中是不可缺少的。火塘大多設置在遠古人住所中心部位的事實，則反映了原始家族圍灶燒烤食物，共嘗滋味，享受天倫之樂的一種食俗。在這些火塘遺跡旁，還常發現有陶罐或陶釜，遠古人們便是利用這些炊器在火塘上燒煮食物，然後平均分吃，這就是最原始的分食制。

歷史唯物主義還認為，生活方式雖然受一定生產方式的制約，並且隨著生產方式的變革或早或遲地相應發生變革，但是，生活方式一旦形成一種模式，它就具有一定的穩定性和相對的獨立性，並不是生產方式一變，生活方式就馬上發生相應的變化。

1　「津液交流」是王力先生對合食狀況的描寫與諷刺。王力：《勸菜》，韋君編：《學人談吃》，中國商業出版社，1991年。

當歷史進入殷商西周時，中華民族便從原始的野蠻時代邁進了青銅時代的門檻，社會分工日趨細密、固定，物質生產方式也有了長足的進步，但是，人們的飲食方式卻並未發生相應的變化，還是在實行分食制。考古工作者在對殷墟的發掘中曾發現一個有趣的現象：「殷墟出土陶鬲破片占大量，一鬲容積，只可足一人一餐之用，似乎是人各一鬲，而且是鬲皆用陶（辛村西周衛侯墓約有25墓各出一陶鬲，即貴族墓也不例外）。以鬲煮粥，只是把米和水放入鬲中加火漫（水淹過米）煮，米熟即得。」[1]這從飲食器具上證明了當時實行的是分食制。

為什麼在商周乃至漢唐這樣一個很長的歷史時期中國都盛行分食制呢？我們認為這個問題不僅與遠古社會平均分食的傳統飲食方式有關，而且，也由於這時能影響它發生變化的外部條件還不成熟，因為合食、會食制的形成，是與新家具的出現以及烹飪技術的發展，看饌品種增多以及民族飲食心理、習俗等密切相關的。

❷ · 繼承石器時代穴居遺風的席地而食

在先秦時期，中國先民習慣於席地而坐，席地而食，或憑俎（zǔ）案而食，人各一份，清清楚楚。中國先民為何要席地而食呢？郭寶鈞先生說：「原來殷周時代尚無桌椅板凳，他們還是繼承著石器時代穴居的遺風（那時穴內鋪草薦），以蘆葦編席鋪在庭堂之內，坐於斯，睡於斯，就是吃飯也在席上跪坐著吃。甲骨文中有𢍅字即『饗』字，像二人相對跪坐就食形，二人中間的𠭥形就像簋中滿盛食物。還有𠨧字即『即』字，像一人跪坐就食形。又有𣬛字，即『既』字，像一個食畢掉頭不再食之形，這些字都是當日跪坐吃飯的寫實。」[2]

殷周時期人們席地而食，除了當時無桌椅板凳這一因素外，更主要的原因恐怕還是與大多數住房較為低矮窄小有關。正是因為房屋低矮而簡陋，室內空間狹小，人們在室內只能席地坐臥與飲食。在新石器時代，所謂「席地而坐」就是坐在地上。當時人們建造住房時，為了室內乾燥舒適，就把地面先用火焙烤，或是鋪築堅

1　郭寶鈞：《中國青銅器時代》，三聯書店，1963年。
2　郭寶鈞：《中國青銅器時代》，三聯書店，1963年。

硬的「白灰面」，同時在上面鋪墊獸皮或植物枝葉的編織物。這些鋪墊的東西，就是後代室內必備家具「席」的前身，當時人們飲食生活中常用的陶製器具都是放在地面上使用的。

進入殷商時期以後，隨著生產力的發展，工藝技術水平的提高，必然引起人們日常生活的面貌發生一些變化。在室內用具上，席的使用已十分普及了，並成為古代禮制中的一個規範。當時無論是王府還是貧苦人家，室內都鋪席，但席的種類卻有區別。貴族之家除用竹、葦織席外，還有的鋪蘭席、桂席、蘇熏席等，王公之家則鋪用更華貴的象牙席，工藝技巧已十分高超。

鋪席多少也有講究。西周禮制規定天子用席五重，諸侯三重，大夫兩重。且這些席的種類、花紋色彩均不相同。後來，有關用席的等級意識逐漸淡化，住房內只鋪席一重，稍講究一點的，再在席上鋪一重，謂之「重席」。下面的一塊尺寸較大，稱為「筵」，上面的一塊略小，稱為「席」，合稱為「筵席」。鄭玄在《周禮》卷十七《注》云：「鋪陳曰筵，籍之曰席。」卷二十賈公彥《疏》曰：「凡敷席之法，初在地者一重即謂之筵，重在上者即謂之席。」筵鋪滿整個房間，一塊筵周長為一丈六尺，房間大小用多少筵來計算。席因為鋪在筵上，一般質料比筵也要細些。

商周民眾無論是平時進食還是舉行宴會，食品、菜餚都是放在席上或席前的案上，一些留存下來的禮器，如俎、豆、簠（fǔ，古代祭祀時盛稻粱的器具）、簋（guǐ，古代盛食物的器具，圓口，雙耳）、觚、爵等飲食器，都是直接擺在席上的。正如郭寶鈞先生所說：「原來殷周遺存的青銅禮器，分盛肉、盛飯、盛酒、盛水四種，而四種中又有製作、升進、食用三種不同的用途，他們能放在筵席上的也只是食用的一種。」[1]文獻與考古資料都證明商周之民是席地而食的，一二人是如此，就是大宴賓客也是如此，主人和客人都是坐在席上，無席而坐被視為違犯常禮，後世的筵席、席位、酒席等名稱就是由此發展而來的。

商周禮制規定，蓆子得有規有矩。《論語‧鄉黨》：「席不正，不坐。」又：「君

1　郭寶鈞：《中國青銅器時代》，三聯書店，1963年。

賜食，必正席先嘗之。」《墨子·非儒》：「哀公迎孔某，席不端弗坐，割不正弗食。」《晏子春秋·內篇雜上》：「客退，晏子直席而坐。」所謂直席，即「正席」，指蓆子四邊與牆平行。

席地而食也有一定的禮節，首先，坐席要講席次，即座位的順序。主人或貴賓坐首席，稱「席尊」「席首」，餘者按身分、等級依次而坐，不得錯亂。其次，坐席要有坐姿。要求雙膝著地，臀部壓在後足跟上。若坐席的雙方彼此敬仰，就把腰伸直，是謂跪，或謂跽（jì，長跪，挺直上身兩膝著地）。坐席最忌隨隨便便，《禮記·曲禮上》曰：「坐毋箕。」也就是說，坐時不要兩腿分開平伸向前，上身與腿成直角、形如簸箕，這是一種不拘禮節、很不禮貌的坐姿。因此，商周時很注重人的坐姿，如殷墟甲骨卜辭中說：「王占曰：不𠱾若茲卜，其往，於甲酒鹹。」[1] 其中𠱾字就像一人跪坐在筵席之上，也反映了商周時酒筵上是有坐席的。

古時宴饗，每人席前還常置有俎案，其上擺放菜餚。其制式一般都非常矮小，這是為了與人坐在席上重心較低相適應而設計的。案的起源較早，在山西襄汾陶寺新石器時代晚期的文化遺址中，考古工作者曾發現了一些用於飲食的木案。[2]

二、多樣化的進食方式

商周時期，黃河中游地區的人們進食方式是多樣的，既有古老的手食，也有用匙叉進食的匕食和用筷子進食的箸食。

❶·原始時代遺留的手食

手食即用手抓食物進食，它是原始時代遺留下來的傳統，商周時期仍有沿襲。

---

1 郭沫若主編：《甲骨文合集》，中華書局，1979年。
2 中國社科院考古研究所、臨汾地區文化局：《1978-1980年山西襄汾陶寺墓地發掘簡報》，《考古》，1983年第1期。高煒：《陶寺龍山文化木器的初步研究──兼論北方漆器起源問題》，《中國考古學研究》第二集，科學出版社，1986年。

商周青銅銘文中的饗字便寫作🜲（xiǎng，即「饗」），像兩人正伸手抓取盤中食。[1]這種象形抓食的青銅銘文，在《金文編》中也不乏例證。

先秦文獻中也透露過手食的信息，如《左傳・宣公四年》中記載：「楚人獻黿（yuán）於鄭靈公。公子宋（字子公）與子家將見。子公之食指動，以示子家，曰：『他日我如此，必嘗異味。』及入，宰夫將解黿，相視而笑。公問之，子家以告。及食大夫黿，召子公而弗與也。子公怒，染指於鼎，嘗之而出。」這段引文翻譯成白話文是：楚國人獻給鄭靈公一隻大甲魚。公子宋和子家將要進見，走在路上，公子宋的食指忽然自己動了起來，就給子家看，說：「以往我遇到這種情況，一定可以嘗到美味。」他們進門時，廚師正準備切甲魚，兩人相視而笑。鄭靈公問他們為什麼笑，子家就把剛才的情況告訴了鄭靈公。等到鄭靈公把甲魚賜給大夫們吃的時候，也把公子宋召來，但偏不給他吃。公子宋發怒，就用手指頭在鼎裡蘸了蘸，嘗到味道後才退出去。這裡，從「食指動」到「染指於鼎」，都是手食的動作。

如果以上這則記載的手食信息還不夠明確的話，那麼，《禮記》中的記載就比較清楚了。《禮記・曲禮上》云：「共食不飽，共飯不澤手，毋摶飯，毋放飯。」這句話的意思是：大家在一起進食，不可只顧自己吃飽。如果和大家一起吃飯，就要注意手的清潔。不要用手團弄飯糰，不要把剩餘的飯放進盛飯的器具中。

▶圖2-5　商代青銅龍盂，河南安陽
　　　　殷墟M1005號大墓出土

1　陝西省考古研究所編：《陝西出土商周青銅器》(一)，文物出版社，1979年。

《禮記・曲禮上》還說：「飯黍毋以箸……羹之有菜者用梜，其無菜者不用梜。」這句話的意思是：吃黍飯時不需要用箸（筷子），如果羹中有菜的話，就使用箸，否則就不用箸。這說明當時的人們對進食不同種食物所採用的器具是有所不同的，這些都有禮儀規定，不能隨便混用。《禮記・喪大記》亦云：「食粥於盛不盥（guàn，洗手），食於篹（zhuàn，竹筐類盛食器皿）者盥。」即用杯碗盛稀粥喝，不必洗手，若是用手從竹筐中抓取乾飯吃則要洗手。以上這些文獻記載說明，商周時期的人們，確實有以手抓取食物的這種進食方式。並且，手食時一定要以右手進食，《管子・弟子職》云：「右執挾匕。」《禮記・內則》也有言：「子能食食，教以右手。」

為什麼商周先民在已經有了食具之時，還在採用手食方式呢？從文獻記載來看，這種方式多出現在一些紀念儀式和招待來賓的筵席中，用同食一鍋飯來表示親密如同一家，這是基於這種「尚和」的民族心理而最終形成了一種飲食禮俗。

商周時期的黃河中游地區雖然存在手食這種方式，但這並不是一種主要的進食方式，主要進食方式則是用餐匙和筷子之類，因為考古資料證實，當時人們使用餐匙、餐叉和筷子已十分普及了。

❷・先秦最為盛行的匕食

餐匙，是現代比較通俗的一個名稱，在古代則有它的專用名稱，稱為「匕」，又名為「枇」。《說文解字》釋「匕」為「相與比敘也。從反人。匕，亦所以用比取飯，一名枇。」[1]《廣雅・釋器》曰：「枇，匙匕也。」《方言》又說：「匕謂之匙。」可見，匕、枇、匙都是指同一物，只是由於各地方言不同，才形成了不同的字音。

餐匙在新石器時代的許多文化遺址中都有發現，主要是以獸骨為材料製作的，也有少量陶製的。其形狀有匕形和勺形兩種。匕形的呈長條狀，末端有一個比較薄的邊口。勺形的明顯可分為柄和勺兩部分，造型比較規則。餐匙實物以匕形出土的為多，勺形和近似勺形的較少。黃河中游地區是出土新石器時代餐匙最多的地方。

1　許慎：《說文解字》卷八上，中華書局，1963年。

在河南裴李崗文化遺址中發現有許多陶勺，出土時多放置在陶罐內，既可用此分配食物，又可作進食器具。

過去有人認為中國先民進食只是用手，而不用餐具，不知禮節。以上這些考古發掘表明，中華民族最遲在西元前5000年就已開始使用餐匙了，這比西方一些國家使用餐匙的歷史要悠久得多。

餐匙的出現是與農耕和定居生活的需要相適應的，由農耕所生產出來的小米和大米，簡便的食用方法就是飯食，所以採用餐匙進食是很自然的事，即使用餐匙進食肉，也十分方便，因為匙頭有較薄的邊口。

餐匙的形狀並沒有多大變化，商周以前，餐匙是以匕形為主，勺形為輔。但是，到了商周青銅時代以後，社會生產力有了很大發展，餐匙不論在形狀和質料方面都有了明顯變化，匕形餐匙開始退出餐桌，勺形餐匙逐漸大量流行起來。

商周時期，匕的製作材料主要是青銅、木材、獸骨等。根據《三禮》等文獻記載，商周時吉禮祭祀用匕，多用棘木製作，稱為棘匕；喪禮所用匕，則用桑木製作，稱作桑匕。

匕的用途在古文獻中多有記載，它可以用來舀飯，也可以用來舀羹、舀湯、舀牲體、舀糧食等。匕的功用不同，其大小、長短也不一樣。王仁湘先生對此曾作過專門考證，他說：「據《三禮》記述，周代的匕有飯匕、挑匕、牲匕、疏匕四種，形狀相類，大小有別。……所謂挑匕、牲匕和疏匕，都屬大匕，是祭祀或賓客時，由鼎中、鑊中出肉於俎所用。這些匕較大，正是考古發現的大匕，它們都鑄成尖勺狀，主要是為了匕肉的方便。飯匕是較小的匕，是直接用於進食的。大約從戰國中晚期開始，隨著周代禮制的崩潰，大匕漸漸消失。直接進食的小匕，也向著更加輕便實用的方向發展。」[1]

西周以後，匕逐漸向圓勺形發展，可舀流質食物，古人還用它從盛酒器中挹取酒，然後注入飲酒器中。但這種用於挹取酒水的匕，比一般的飯匕容量要大，有些

1　王仁湘：《中國古代進食具匕箸叉研究・匕篇》，《考古學報》，1990年第3期。

可容一升，如《周禮・冬官・考工記》云：「梓人為飲器，勺一升，爵一升，觚一升。」西周以來考古發現的匕也常與鼎、鬲或酒器同出。

❸‧對後世影響巨大的箸食

今天我們中國人最常見的進食方式是使用筷子進食，筷子在明代以前稱為箸，因此，這種進食方式可稱為箸食。

箸的起源很早，《韓非子・喻老》云：「昔者，紂為象箸而箕子怖。以為象箸必不加於土鉶（xíng），必將犀玉之杯；象箸玉杯必不羹菽藿。」此外，在《史記・宋世家》《論衡・龍虛篇》《新書・連語》《淮南子・說山訓》等文獻中均有「紂為象箸」的類似說法。

根據考古發現，最早的銅箸出土於殷墟的一座墓葬之中，二十世紀三〇年代在殷墟西北岡出土過銅箸三雙，近代田野考古學奠基人之一的梁思永先生根據同時出土的器物，認為：「以盂三、壺三、鏟三、箸三雙之配合，似為三組頗複雜之食具。」[1] 陳夢家先生據此也發表意見說：「箸皆原有長形木柄，後者似為烹調的用具。」[2] 這種裝有木柄的箸較大，不適於用來進食，陳夢家先生認為作為一種烹調用具是較為適當的。類似於如今的筷子是在春秋時期出現的。

商周禮制規定，箸有其特殊的用途，《禮記・曲禮上》說：「羹之有菜者用梜，其無菜者不用梜。」鄭《玄》注曰：「梜，猶箸也。」這是因為在羹湯裡用箸撈菜方便，用餐匙則不好用，因為匙面較平，不容易夾起菜葉。所以商周禮制規定匙主要用作食羹的工具，《禮記・曲禮上》說：「飯黍毋以箸。」箸則限定在用於食羹之上，而不能用於吃飯，更未見用於其他方面的記載，因此，在商周時期，箸的使用反而不如匙普遍。這種進食方式對後世有較大影響，秦漢以來，歷代用箸大體都是以食菜為主，吃飯則大多使用匕，這些現象大概是由於禮節規定和先秦用箸、用匕的傳統影響所致。

1　梁思永：《梁思永考古論文集》，《殷墟發掘展覽目錄》，科學出版社，1959年。
2　陳夢家：《殷代銅器》，《考古學報》，1954年第7冊。

從先秦禮制所規定的飯與匕的關係、羹與箸的關係來看，商周時期的進食方式與烹飪方式有一種相輔相成的內在聯繫。從某種意義上說，中國古代沿用至今的獨具特色的進食方式，正是依存於中國傳統的烹飪方式的。

三、區分身分的飲食禮器及其組合形式

（一）飲食器具的禮制化

飲食禮器是在飲食器具的基礎上發展而成的。在黃河中游地區的裴李崗、仰韶和龍山等各個時期的新石器時代文化遺址中，出土最多的就是陶製飲食器具，它包括炊器、食器和飲器等。這些考古資料證實，這時的人們還是飯用土簋，飲用土杯，飲食器的製作停留在陶土質的階段。但是到了商周時期，一躍而為輝煌的青銅時代，飲食器具的製作材料由以陶土為主逐步過渡到以青銅為主，飲食器具日趨完整和配套。這些青銅製作的飲食器具，其形制之精巧，紋飾之優美，令人驚嘆不已。

飲食器具的禮制化是人類歷史發展到一定階段的產物。隨著商周禮制的出現，社會上需要有一種東西作為衡量社會身分等級的標誌物，這樣，人們日常生活中須

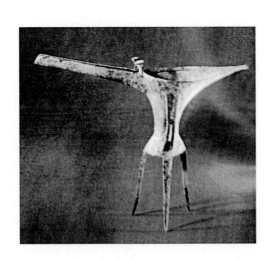

▶圖2-6 夏代青銅爵，河南偃師二里頭文化遺址出土

與不可離開的飲食器具便起了這種作用。例如，在商代初年，青銅飲食器的性質與功能可能與陶製飲食器沒有什麼大的區別，但是，由於商代禮樂制度的不斷加強，青銅器的性質與功能就起了變化。這時，青銅鼎已不再單純是一種炊器了，而成為禮樂制度中的重要內容之一，被賦予了神聖的色彩，成為貴族的專用品以及統治權力的象徵。這些青銅飲食禮器是區別商周貴族內部等級關係和社會身分地位的標誌物，孔子將這種現象稱之為：「信以守器，器以藏禮」。[1]這就是說，有某種威信，就能保持其所得器物，而這些器物又能表示出尊卑貴賤，體現當時之禮，表明各級貴族身分等級的高低。

商周兩代在飲食禮器的組合上有著不同的風格。從商周墓葬中青銅飲食禮器的出土情況看，商代的奴隸主貴族主要是用酒器的多少來表示身分地位的，隨葬的器物常見的是觚、爵，有的還有斝（jiǎ，古代青銅酒器，圓口，三足，主要用於溫酒或調酒）。從西周中期起，青銅禮器中炊食器的比重逐漸增加，酒器相對減少，鼎成為表示身分地位的主要標誌，並逐漸形成了一套嚴格的用鼎制度。一般是：士用一鼎或三鼎，大夫用五鼎，卿用七鼎，國君用九鼎。同時配合一定數目的簋，如四簋與五鼎相配，六簋與七鼎相配，八簋與九鼎相配。

關於商周青銅禮器的組合問題，學者似很早就注意到了，例如，鄒衡、徐自強先生在《商周銅器群綜合研究·整理後記》中指出：「早商銅禮器已經是『重酒的組合』，而輕炊食器的組合，與西周早期以來『重食的組合』有所不同。這也許能從一個側面反映了『商禮』與『周禮』的不同。」[2]

（二）飲食禮器的種類

先秦時期，特別是商周時期，青銅禮器中的炊器主要有鼎、鬲、甗等；食器主要有簋、盨（xǔ）、簠、敦、豆等；酒器主要有爵、角、觚、觶、觥、尊、瓿、壺、

1　《左傳·成公二年》，十三經注疏本，中華書局，1980年。
2　郭寶鈞：《商周銅器群綜合研究》，文物出版社，1981年。

中國飲食文化史　■　黃河中游地區卷

卣（yǒu，盛酒的器具，口小腹大，有蓋和提梁）、盉（hé，酒器，用於調酒）、彝、罍（léi，盛酒的容器）、斝等。這些飲食禮器的組合形式及其在禮制中的功能不盡相同。其中，最能反映商周文明的飲食禮器是鼎、簋和尊。

❶ · 象徵權勢的鼎

鼎是商周時期最常用的炊器，大體相當於現在的鍋，主要用於煮肉和盛肉。形狀大多是圓腹、兩耳、三足，也有中足的方鼎。從形式上說，商周時期的鼎又可分為鑊鼎、升鼎和陪鼎三大類。「鑊鼎」形體極大，多無蓋，用來煮牲肉。升的意思為獻，故「升鼎」是盛熟肉並調味的鼎，升鼎為祭祀的中心，故升鼎又被稱為「正鼎」。「陪鼎」又稱羞鼎，《左傳·昭公五年》載：「飧（sūn，熟食）有陪鼎。」杜預注曰：「陪，加也，加鼎所以厚殷勤。」可見，陪鼎盛放的是宴會正菜之外的加菜。因與升鼎相配使用，故稱為「陪鼎」。

在先秦時期，鼎還是一種權勢的象徵。早在商代，用鼎制度就已萌芽，在商代二里崗墓葬中，已見到用鼎隨葬，其中用鼎多寡與墓主身分高低有關。到了西周以後，就已形成了比較完整的用鼎制度，規定天子九鼎，諸侯七鼎，卿大夫五鼎，元士（上士）三鼎。春秋戰國時期，諸侯「僭越」，用鼎數目逐步升級，諸侯九鼎，

▶圖2-7　青銅扁足方鼎，河南安陽商代婦好墓出土

卿大夫七鼎。九鼎、七鼎稱大牢（牛羊豕三牲俱全），五鼎稱少牢（只有羊豕），三鼎只有豕。鼎的多少是「別上下，明貴賤」的主要標誌，所以古代文獻中記述帝王生活有「列鼎而食」和「鐘鳴鼎食」的說法。

鼎後來發展成為一種禮器，所謂「禮器」，就是王室貴族在進行祭祀、宴會等活動時，舉行禮儀時使用的器物。後世甚至還把鼎視為國家政權的象徵，傳說大禹收九州之金，鑄為九鼎，遂以為傳國之重器，所以後世稱取得政權叫「定鼎」，國家的棟樑大臣稱為「鼎輔」，就好像鍋底下的足拱托著大鍋一樣，這些說法均由飲食器具引申而來。

❷ · 區別等級的簋

簋是用來盛放煮熟的黍、稷、稻、粱等飯食，形體猶如大碗。陶簋在新石器時代就已出現了，青銅簋是在商代中期發展起來的。簋的形態變化最多，起初是流行無耳簋，大口，頸微縮，腹部均勻地膨出，下承圈足。在此形制的基礎上，出現了器側裝有一雙手執的雙耳，商代晚期，已盛行雙耳簋。西周和春秋晚期的簋常帶蓋，有二耳或四耳。這一時期還出現了加方座或附有三足的簋。戰國以後，簋就很少見到了。

商代中期，簋與鼎等飲食器具的性質一樣，也曾作為象徵貴族等級的器物。據考古發現，簋往往成偶數出現。周禮也規定，大牢九鼎配八簋，七鼎配六簋，少牢五鼎配四簋，牲三鼎配二簋，一鼎無簋。可知，簋的多少也是區別等級的重要標誌。

❸ · 盛酒首選的尊

盛酒器中影響最大的是尊，尊是酒器的共名，凡是酒器都可稱為尊。青銅器中專名的尊特指多口、高頸、似觚而大的盛酒備飲的容器。也有少數方尊和形制特殊的尊，模擬鳥獸形狀的統稱為鳥獸尊，主要有鳥尊、象尊、羊尊、虎尊、牛尊等。在商周時期的青銅禮器中，尊占據著僅次於鼎的重要地位。後世尊又寫作「樽」。

四、內涵豐富的中華飲食禮儀的起源

❶·源於原始宗教的餐前行祭

吃飯前祭祀祖先和神靈，是商周飲食禮俗的一個重要內容。中國先民早在新石器時代便已有了這種傳統，而到商周之時，此風便愈發興盛，他們在進餐前，一般都要薦祭先民，稱為氾祭，也稱周祭和遍祭。早在甲骨文中便有這種記載，所謂「來丁巳尊鬳（yàn，鬲類器物）於父丁，宜卅牛」，當含有在世者祭祖的食禮意味。[1]

餐前祭祖和神靈，在西周時已成為一種制度。《周禮·天官·膳夫》云：「膳夫授祭」。鄭玄《注》：「禮，飲食必祭，示有所先。」《禮記·曲禮上》「主人延客祭」鄭玄《注》云：「祭先也，君子有事，不忘本也。」孔穎達《疏》云：「祭者，君子不忘本，有德必酬之，故得食而種種出少許，置在豆間之地，以報先代造食之人也。」孔子也主張進餐前必須祭祀先人，他說：「雖疏食菜羹瓜，祭，必齊如也。」「君賜腥，必熟而薦之……侍食於君，君祭，先飯」[2]。皇侃《疏》云：「祭謂食之先也。夫禮食，必先取食種種，出片子置俎豆邊，名為祭。祭者，報昔初造此食者也。」

祭祀禮儀完畢後，行禮之人可將祭禮的食品吃掉。餐前行祭，這一程序是不能少的，所以後來《淮南子·說山訓》中說，「先祭而後饗則可，先饗而後祭則不可。」舊註：「禮，食必祭，示有所先；饗，猶食也，為不敬，故曰不可也。」這些文獻都證明，飲食前祭祀祖先和神靈，是商周乃至秦漢飲食禮俗不可缺少的一部分。

餐前行祭的禮俗之發生，從理論上來分析，是與「萬物有靈」為基礎的原始宗教聯繫在一起的，早期的宗教儀式也主要是祭祀，這些祭祀儀式就是後世商周時期

---

1 宋鎮豪：《夏商社會生活史》，中國社會科學出版社，1995年。
2 《論語·鄉黨》，十三經注疏本，中華書局，1980年。

禮祭祖先和神靈的淵源。祭祀總是同人類的某種祈求心理分不開的，而這種祈求又是以奉獻飲食的形式反映出來，如《詩經・小雅・楚茨》所載：「苾芬孝祀，神嗜飲食。卜爾百福，如幾如式。」「先祖是皇，神保是饗，孝孫有慶，報以介福，萬壽無疆！」從《詩經》和《三禮》中可以發現，殷周時無論是大祭和薄祭，都是以最好的食物侍之。

❷・調節侑酒的宴會燕射禮

宴席在西周時就已具雛形。宴席是菜品的組合藝術，具有聚餐式、規格化、社交性的特徵。所謂聚餐式，是指多人圍坐暢談，愉情悅志，飛觴醉目的一種進餐方式；所謂規格化，是指宴席庖製精細，肴饌配套，餐具漂亮，禮節有秩；所謂社交性，係指通過飲宴來加深彼此瞭解，敦睦親誼。西周時期的王公宴席，基本上具有了以上這幾種特性。

先秦文獻中常以「累茵而坐，列鼎而食」、「食前方丈，羅致珍羞，陳饋八殷，味列九鼎」來形容西周王室的宴席。當時是以鼎的多少來像徵賓客的身分、宴席的等級以及肴饌的豐盛程度的。

與此同時，王公宴席的各種飲食禮節也已經十分完善，《三禮》中記載了不少種類宴筵的禮儀，後世許多重要的食禮，多可以在周禮中尋找到淵源，可見其影響

◀圖2-8　嵌綠松石獸面紋象牙杯，
河南安陽商代婦好墓出土

久遠。

首先，我們以「燕禮」為例作一些說明。所謂「燕禮」，即國君宴請群臣之禮，規矩嚴格，禮儀隆重，堪稱繁文縟節。其內容和形式與「鄉飲酒」大同小異，不同的是場面更加宏大，來賓更眾，歌唱、吹奏的樂曲更多，飲食更為豐富。其形式為：「席：小卿次上卿，大夫次小卿，士、庶子以次就位於下。獻君，君舉旅行酬，而後獻卿。卿舉旅行酬，而後獻大夫。大夫舉旅行酬，而後獻士。士舉旅行酬，而後獻庶子。俎豆、牲體、薦羞，皆有等差，所以明貴賤也。」[1]

這就是說，飲酒時，宰夫（宴會主持人）先敬獻國君，國君飲後舉杯向在座的來賓勸飲；然後宰夫向大夫獻酒，大夫飲後也舉杯勸飲；然後宰夫又向士獻酒，士飲後也舉杯勸飲；最後宰夫獻酒給庶子。燕禮中應用的餐具飲器、食物點心、果品醬醋之類，都因地位的不同而有差別。由此可見，席位有尊卑，先明尊卑上下席位之所。獻酒有先後差別，都是用來分別貴賤的，故曰：「燕禮者，所以明君臣之義也。」[2]

西周時，「燕禮」往往與「射禮」聯合舉行，先行「燕禮」，後行「射禮」。西周初年以武立國，特別注重射禮，《禮記·射義》云：「古者諸侯之射也，必先行燕禮。」射禮是在宴飲後比賽射箭，「燕射禮」主要行於諸侯與宴請的卿大夫之間，比「鄉射禮」高一等級，其具體儀節可以在《儀禮·大射》中看到，同時在出土的東周銅器紋飾圖案上更可看到具體描繪，在這些圖案上可以清楚地找到勸酒、持弓、發射、數靶、奏樂的片斷，是研究西周燕禮的形象資料。

西周貴族們行「燕射禮」的場面，在《詩經》中也有一些描寫，其中，最形象、最精彩的要數《詩經·小雅·賓之初筵》了。《賓之初筵》是一首全面、生動描寫西周宴會禮儀的詩作，這首詩把賓客出場、禮儀形式、宴席食物與食器的陳列、音樂侑食和射手比箭等情節寫得清楚有序、生動簡潔，描繪出宴會熱烈而活躍的氣

第二章　先秦時期

1　《禮記·燕義》，十三經注疏本，中華書局，1980年。

2　《禮記·燕義》，十三經注疏本，中華書局，1980年。

氛，這顯然是當時「燕射禮」的藝術描寫以及所應遵守的規範程序。當然，「燕射禮」的參與者主要目的是飲酒作樂，因此左右揖讓，射箭不過是形式。詩中所描寫的飲宴禮樂的盛大場面，遠比《儀禮》《禮記》所記述的要形象多了，使人們對於西周宴會禮儀形式和場景有了進一步的感性認識。

西周貴族的飲宴，不僅在席位、進食等方面有禮儀之規，同時在不同的宴會上，饌肴和飲品、醯醬等物的擺放上也有一定的規矩，不得錯亂。一般宴席的肴饌食序，大抵是先酒、次肉、再飯。後世人們宴客，也是先上茶，再擺酒餚，最後是魚肉飯食，每次食完將席面清潔一次，這些都是在繼承著西周時宴會禮儀的食序。

❸ · 以食物禮祭祖先和神靈是中國的傳統

先秦時期，不同階層、身分地位的人所用的祭品是不同的。在家畜中，牛的地位最高，犧牲二字皆從牛，可見古代珍貴的食物是以牛作為標誌的，其次是羊，再次是豬。春秋以前，天子祭祀社稷所用的祭品是牛、羊、豬三牲俱全，稱「太牢」；諸侯祭祀社稷的祭品無牛，可用羊、豬二牲，稱「少牢」；大夫家祭的祭品可用羊一牲；士以下人員家祭的祭品只能用豬一牲。可以說牛是國君的祭品，羊是大夫的祭品，豬是士以下人員的祭品。春秋戰國時期，諸侯「僭（jiàn，超越本分，古代指地位在下的冒用在上的名義或禮儀、器物）越」，諸侯祭祀用牛、羊、豬三牲，卿大夫祭祀用羊、豬，士以下人員仍用豬。

除牛、羊、豬三牲以外，商周時也用穀物、果蔬乃至蟲草之類作祭品，《禮記·祭統》云：「水草之菹，陸產之醢，小物備矣；三牲之俎，八簋之實，美物備矣；昆蟲之異，草木之實，陰陽之物備矣。凡天之所生，地之所長，苟可薦者，莫不鹹在，示盡物也。」可見，商周時用作祭祀祖先和神靈的食物已經是相當豐富了。

商周時以食物禮祭祖先和神靈的習俗，對後世產生了較大的影響，並一直在古代中國傳承著，文學家夏丏尊先生曾風趣地說：「他民族的鬼，只要香花就滿足了；而中國的鬼，仍依舊非吃不可。死後的飯碗，也和活時的同樣重要，或者還要重要。」[1]這一點確實是具有中國傳統特色的。

1　夏丏尊：《談吃》，聿君編：《學人談吃》，中國商業出版社，1991年。

第二章　秦漢時期

秦漢時期，隨著農業、手工業、商業的發展，以及對外交往的日益頻繁，黃河中游地區的飲食文化不斷吸收各民族各區域飲食文化的精華，呈現繁榮景象。具體表現為：在食材方面，無論是糧食結構，還是副食原料都有所發展。在食物加工與烹飪技術方面，麵食品種日益多樣化，副食烹飪技法增多。在酒文化方面，釀酒技術獲得了一定進步，葡萄酒開始從西域引進入中原，榷酒（國家對酒類的專賣）開始出現，酒肆業逐漸繁榮，形成了豐富多彩的飲酒習俗，酒器的材質多樣、種類豐富。在飲食習俗方面，三餐制得以確立，分食制繼續傳承，飲食禮儀日益完善，節日飲食習俗日趨成熟。

秦漢時期，黃河中游地區的飲食文化為什麼能夠獲得較大發展呢？這有著深刻的社會原因和經濟根源。

首先，經濟的迅速發展，為黃河中游地區飲食文化的繁榮提供了雄厚的物質基礎。秦漢時期是中國封建社會鞏固和初步發展的時期。特別是西漢前期，由於實行了一系列的「休養生息」政策，封建經濟迅速發展起來。到漢武帝時，又進一步採取了一些政治、經濟措施，使中國封建社會進入第一個鼎盛時期，農牧業生產發展到了一個新的水平，出現了所謂「池魚牲畜，有求必給」的景象。而黃河中游地區是秦漢時期中國經濟最為發達的區域，像關中地區土地肥沃，特產豐富，史稱「膏壤沃野千里」[1]，關中中心地帶的豐、鎬，有「酆、鎬之間號為土膏，其賈畝一金」[2]之說。以洛陽為中心的三河地區亦是秦漢經濟最發達的地區之一。正是在經濟高度發達的基礎之上，才綻開了秦漢時期黃河中游地區飲食文化的繁榮之花。

其次，統一運動帶來的飲食文化交流，極大促進了飲食文化的發展。秦漢以來，中國社會發生了極大變化，結束了春秋戰國諸侯割據稱雄的局面。這種統一運動，擴大了中國飲食資源的開發，蒙古高原和川滇西部地帶繁盛的畜牧業與中原地區高度發達的農業互通有無，北方的小麥和南方的水稻互為補充，天山南北與嶺南

1　司馬遷：《史記・貨殖列傳》，中華書局，1982年。
2　班固：《漢書・東方朔傳》，中華書局，1962年。

的蔬菜、水果匯入京都，都大大豐富了秦漢時期黃河中游地區人們的飲食。西漢武帝時期張騫對西域的「鑿空」（古代稱對未知領域探險為鑿空。）引起了內地和西域之間經濟文化的大交流，原產於西域的胡麻（芝麻）、胡桃（核桃）、胡瓜（黃瓜）、大蒜、苜蓿、石榴、葡萄等作物開始引進到黃河中游地區，豐富了人們的食源。胡餅、奶酪、葡萄酒等大量胡食、胡飲引起了內地居民的廣泛興趣。這種廣泛的飲食文化交流，使得黃河中游地區的飲食文化更加絢麗多姿。

再次，政治文化中心的地位，對秦漢時期黃河中游地區飲食文化的繁榮起到了催化劑的作用。秦朝定都鹹陽，西漢定都長安（今陝西西安），東漢定都洛陽。這些城市都位於黃河中游地區，使得該地區成為秦漢大帝國的政治文化中心。該地區集中了許多經濟實力雄厚的社會上層，他們對美食佳飲的追求，對該地區飲食文化的繁榮起到了推進作用。特別是秦漢宮廷的飲食，代表了當時飲食製作的最高成就，對後世宮廷飲食文化的發展產生了深刻的影響。

最後，秦漢時期黃河中游地區飲食文化的發展也是繼承和發展先秦時期飲食文化的結果。先秦時期，黃河中游地區的飲食文化就已相當發達，其品種之繁多，工藝之精湛，風格之迥異，用料之講究，都堪稱一流，而秦漢時期飲食文化正是在繼承這些優秀的傳統飲食文化的基礎上發展起來的。秦漢時期飲食文化的發展，為魏晉南北朝時期黃河中游地區飲食文化的發展奠定了基礎。

第一節　食物原料的發展變化

一、糧食結構的變化

秦漢時期，黃河中游地區的糧食結構發生了較大變化。在粟類穀物中，粟的地位保持穩定，而黍的地位大大下降；麥類的地位上升很快；菽類作為主食的地位則大大下降。人們的主食結構，雖然仍以粟類粒食為主，但由於麥類種植面積的擴大

及麵粉加工技術的初步發展，麵食的地位逐步提高。

❶·以粟類穀物為主的農作物結構

粟類穀物包括粟、黍、粱等。秦漢時期，粟類穀物在整個黃河中游地區都有廣泛種植，是人們最常見的糧食作物，文獻和考古資料對這一時期該地區的粟類穀物均有十分醒目的記載。《史記·貨殖列傳》載，秦漢之際關中的任氏以窖粟而致富。在洛陽出土的漢代陶倉上，常寫有「粟種」「粟」「粱」「黍種」「黍」等字樣，有些倉內尚殘存粟、粱米殼以及高粱屑。在陝西鹹陽、西安，河南新安，山西平陸等地都出土有秦漢時期粟的實物。在陝西東漢畫像「石牛耕圖」上刻畫有成熟的粟。[1]

這一時期的粟類作物，與先秦時期相比有一個引人注目的變化。曾經在先秦時期農作物家族中與粟一同長期占據主要地位的黍，在秦漢時期的地位大大下降了。粟依舊保持著自己的重要性，被用做人們口糧的代稱，《鹽鐵論·散不足》載：「十五斗粟，當丁男半月之食。」黍地位的下降，從一個側面反映出秦漢時期社會的長期安定。因為黍與粟相比，對生荒地的適應能力更強。社會的長期安定，使大片的生荒地變成肥田沃土，黍越來越無用武之地，故種植比重大大降低。

❷·麥類麵食地位的逐步提高

麥是秦漢時期黃河中游地區重要的農作物，麥類作物主要包括小麥和大麥兩種。《氾勝之書》中有「大、小麥篇」，用相當大的篇幅論述種植小麥和大麥的技術，「小麥」一詞也首見此書。該書所引民諺曰：「子欲富，黃金覆」，即指種植冬小麥時「秋鋤麥，曳柴壅（yōng，用土或肥料培在植物的根部）麥根也」，反映了秦漢時期小麥種植技術的進步。秦漢時期，麥類在黃河中游地區居民主食中地位的逐步提高有一個過程。西漢中期以前，小麥在黃河中游地區居民心目中仍然是粗糲之食。造成這種情況的原因很多，其中主要原因是小麥加工技術比較低下，影響了小麥的食用質量。人們食用麥時，普遍是蒸煮粒食，粒食的麥飯在口感上遠遜於粟、

1　陝西省博物館、陝西省文管會：《米脂東漢畫像石墓發掘簡報》，《文物》，1972年第3期。

稻做成的米飯。西漢中期，董仲舒專門提出建議，希望通過行政手段在關中地區推廣植麥。《晉書・食貨志》記載，漢成帝曾「遣輕車使者氾勝之督三輔種麥，而關中遂稼穡」。正是由於政府的提倡以及當時小麥加工技術的提高，小麥遂成為黃河中游地區的重要作物，小麥也相應在當地居民飲食生活中占有重要地位。西漢揚雄《方言》卷一：「陳楚之內相謁而食麥饘。」麥饘即用麥做的稠粥。總的說來，秦漢時期，麥食基本上仍是粒食。麥類食物屬於雜糧，而非精糧。麥類食物是中國傳統主食的重要組成部分，但其由粗向精的轉化卻是在這以後漫長的時期中完成的。

❸・菽類主食地位的下降

菽，為豆類的總稱，秦漢時期黃河中游地區種植的豆類主要有大豆、小豆和豌豆。河南是菽類的主產區，張衡《南都賦》云：「其原野則有桑漆麻苧，菽麥稷黍，百穀蕃廡，翼翼與與（茂盛貌）。」焦氏《易林・卷一・大過》：「中原有菽，以待饗食，飲御諸友，所求大得」。關中菽的產量較大，西漢昭帝元鳳二年（西元前79年）和六年（西元前83年）兩次下詔，令「三輔、太常郡得以菽粟當賦」。華陰人楊惲賦閑家居，務農種豆。他在給友人的信中寫道：「田彼南山，蕪穢不治；種一頃豆，落而為萁。」[1]

值得注意的是，秦漢時期豆類作物的比例在下降，有的學者根據《氾勝之書》等文獻記載推測，春秋戰國時期黃河中游地區豆類作物的種植面積占農田總面積的25%，而西漢時期則為8%。[2]先秦時期大豆還是普通百姓的重要主食。秦漢時期，除了貧窮家庭和災荒年景，即使普通百姓也不再把大豆作為主要食物。大豆被普遍視為粗糲之食，食菽還被視為生活儉樸的象徵，如兩漢之際太原人閔仲叔生活儉樸，長期「含菽飲水」[3]。

1　班固：《漢書・楊惲傳》，中華書局，1962年。
2　中國農業科學院南京農學院中國農業遺產研究室編：《中國農學史（初稿）》上冊，科學出版社，1959年。
3　范曄：《後漢書・周燮列傳》，中華書局，1965年。

從秦漢時期開始，大豆從主食行列淡出而成為蔬菜，用以製作豉、醬和豆芽。大豆由主食而變蔬菜是秦漢時期人們生活水平提高的佐證。

❹ · 水稻種植的穩步發展

秦漢時期，黃河中游地區的氣候比現在要更溫暖濕潤一些[1]，加之水稻的種植技術在兩漢時期有了令人矚目的發展，《氾勝之書》中有種水稻法，提出通過控制水流來調節水溫，為水稻在北方地區的種植提供了新思路。因此，秦漢時期黃河中游地區的水稻種植面積還是相當大的，特別是關中和中原水利發達地區，有大量的稻田。

關中地區的鄭國渠和白渠為農業生產提供了充足的水源，其中鄭國渠長300餘裡，號稱可灌地4萬餘頃，白渠長200里，可灌地4500餘頃。這些可灌地中，當有不少是稻田。漢武帝即位不久，曾與隨從化裝出行，所見皆「馳騖禾稼稻秔之地」[2]。東漢時期，粳稻仍然是關中地區的重要作物。[3]

秦漢時期，水稻在中原地區的種植穩步發展。如東漢初年汝南太守鄧晨「興鴻卻陂數千頃田，汝土以殷，魚稻之饒，流衍它郡」[4]。南陽太守杜詩「修治陂池，廣拓土田」[5]。考古發掘也證實了秦漢時中原曾大量植稻的記載，鄭州二里崗東漢墓出土有稻米實物。[6]到東漢後期，中原地區不僅成為稻米的重要產區，而且出產聞名全國的優質稻米——新城（今河南伊川）米。

相對於粟、麥、菽而言，稻米在黃河中游地區種植面積較小，所以稻米是人們心目中的上等主食，司馬遷在《史記·禮書》中寫道：「稻粱五味，所以養口也；椒蘭芬茝，所以養鼻也。」。

1　竺可楨：《中國近五千年來氣候變遷的初步研究》，《考古學報》，1972年第1期。
2　班固：《漢書·東方朔傳》，中華書局，1962年。
3　范曄：《後漢書·文苑列傳上》，杜篤《論都賦》：「粳稻陶遂」，中華書局，1965年。
4　范曄：《後漢書·鄧晨列傳》，中華書局，1965年。
5　范曄：《後漢書·杜詩列傳》，中華書局，1965年。
6　河南省文化局文物隊：《鄭州二里崗的一座漢代小磚墓》，《考古》，1964年第4期。

▶圖3-1　東漢陶灶模型，河南靈寶出土

秦漢時期，黃河中游地區還有野生的菰米（又稱安胡），《西京雜記》卷一指出：「菰之有米者，長安人謂為雕胡」。作為主食品種的菰米，在秦漢時期是通過採集方式獲得的。菰米香滑可口，深得秦漢時期人們的喜愛。西漢人枚乘在《七發》中讚道：「楚苗之食，安胡之飯，摶之不解，一啜而散」。

秦漢時期，在黃河中游地區種植的糧食品種還有高粱、蕎麥、大麥、麻子和從西域引進的胡麻（芝麻）等。[1]

二、副食原料的發展

秦漢時期，黃河中游地區的副食原料可分為蔬菜、瓜果、肉食和調味品四大類。

❶‧蔬菜品種的增加

根據《急就篇》《說文解字》《爾雅》《方言》《釋名‧釋飲食》《四民月令》《氾勝之書》《淮南子‧說山訓》《鹽鐵論‧散不足》等秦漢文獻記載和文物考古資料，

1　蕎麥和大麥均不見於漢代文獻的記載，但在考古發掘中均出土有蕎麥和大麥實物。鹹陽市博物館：《陝西鹹陽馬泉西漢墓》，《考古》，1979年第2期。

秦漢時期黃河中游地區人們常吃的蔬菜品種至少有50種之多。蔬菜品種比先秦時期增加了不少，其中一個重要原因，是張騫通西域後從西域引進了不少蔬菜新品種，如大蒜、黃瓜、苜蓿、胡荽（芫荽）等。現代農業生物學關於蔬菜的11個分類[1]，在秦漢時期除茄果類蔬菜外，其他均已齊備。這一時期的蔬菜又以綠葉類和蔥蒜類為多。在這些蔬菜中，有相當部分是人工栽培的，是秦漢時期人們食用的一級類蔬菜，包括葵、韭、瓜、蔥、蒜、蓼、藿、芥、薤等。而野生蔬菜構成一級類蔬菜的補充。

有學者認為，秦漢時期黃河中游地區人們食譜中的蔬菜數量眾多，含有不同的營養成分，對人體的健康大有益處，但由於蔬菜中偏辛辣的品種所占比例較大，使得蔬菜品種結構欠均衡。

值得注意的是，秦漢時期黃河中游地區的人們經常食用的某些蔬菜，如葵、藿等在晉代以後地位明顯下降。晉代陶弘景在《名醫別錄》中指出：「葵葉猶冷利，不可多食」。唐代蘇敬《新修本草》也說：「作菜茹甚甘美，但性滑利不益人」[2]。可見，秦漢時期的首位蔬菜——葵菜在晉代以後退出蔬菜家族的根本原因在於葵性滑利，對身體不利。藿地位的下降，則是因為有了更多更好的綠葉類蔬菜（如菘）的普遍種植，這些蔬菜逐漸取代了較為粗糲的藿。

❷ · 瓜果種植的發展

秦漢時期，黃河中游地區的瓜果類食物較之先秦有了重要發展。表現有三：

第一，園圃經營的規模擴大。先秦時期的園圃業一般是庭院式的小規模經營。秦漢時期，除了庭院式的小規模經營瓜果外，還出現了以「千畝」計的大規模果園。在這些大果園裡，多種植棗、栗等果樹，果實多具有耐儲存、適宜大規模長途販運

1　11類蔬菜是根菜類（如蘿蔔）、綠葉類（如葵）、蔥蒜類、薯芋類（如薑）、瓜類（如瓠、黃瓜）、豆類、水生蔬菜類（如蓮藕）、多年生蔬菜類（如竹筍）、白菜類（如菘）、食用菌類和茄果類（如茄子）。

2　李時珍：《本草綱目·葵》，人民衛生出版社，2004年。

等特點。

第二，經過人們的精心選育，一些傳統的瓜果，如甜瓜、梨、棗、桃、栗、李、杏、柿等出現了眾多的優良品種。據《西京雜記》卷一載，當時的桃、梨各有10餘種，棗有20餘種。其中秦末關中地區出產的「東陵瓜」[1]「含消梨」[2]、河南出產的「宛中朱柿」「房陵縹李」[3]等瓜果更是名聞天下。

第三，一些新的瓜果類品種開始在黃河中游地區種植，它們之中有來自西域的石榴、葡萄、胡桃（核桃）等，也有來自南方亞熱帶的荔枝、盧橘、黃柑、橙、楊梅等。前者進入黃河中游地區後，得到了當地居民的喜愛，種植面積逐漸擴大，漸漸成為該地區常見的果品；後者主要栽種於長安、洛陽等城市的皇家園苑中，享用這些亞熱帶水果的人也僅限於皇室貴族。但由於地理氣候的原因，大多數亞熱帶水果的移植在黃河中游地區都沒有成功。

❸ · 肉食主要源自家庭養殖業

秦漢時期，黃河中游地區的肉食來源主要是家庭養殖業，豬、羊、狗、雞、魚為人們普遍飼養。在這一時期出土的畫像磚、石上，常可見到擊豕、餵羊、宰羊、椎牛、烹魚的場面。豬肉是秦漢時期黃河中游地區人們最常見的肉食，養豬極為普遍，該地區內各地常有小型陶製秦漢豬圈模型出土。當時，人們對豬的飼養與後世稍有不同，除了小規模的圈養外，在苑澤中大規模牧豬也是常見的一種形式。如《後漢書·吳佑列傳》載，官宦之弟吳佑年二十，不受他人餽贈，「常牧豕於長垣澤中」；《後漢書·逸民列傳》載，梁鴻也曾「牧豕於上林苑中」。

秦漢時期，羊肉在黃河中游地區居民日常飲食中有一定的地位，被認為是精美的肉類，常被用作帝王對臣子的賞賜。地處黃河中游地區的韓地羊還是當時全國羊類中的優良品種。有不少文獻和考古資料反映了當地居民餵羊、食羊的情景。如

1　司馬遷：《史記·蕭相國世家》，中華書局，1982年。
2　何清谷校釋：《三輔黃圖校釋》卷四引《三秦記》，中華書局，2005年。
3　李昉：《太平御覽》卷九七一、卷九六八，中華書局，1960年。

《漢書・卜式傳》載，河南人卜式「以田畜為事」，牧羊十餘年，「羊致千餘頭」；《後漢書・靈帝紀》注引《獻帝春秋》載，漢末張讓等劫持少帝逃亡，河南中部掾（yuàn，屬吏）閔貢「宰羊進之」。

與後世不同，狗肉是秦漢時期黃河中游地區重要的肉類食物之一。《淮南子》多次將狗肉與豬肉相提並論，如《說林訓》篇稱「狗豘不擇甌甌（biānōu，粗陋的陶質小盆小甕）而食，偷肥其體而顧近其死」；《泰族訓》篇稱「剝狗燒豕，調平五味者，庖也」。《說文解字》「肉部」有「肰，犬肉也」的記載。從這些文獻可以看出，秦漢時期，狗肉是人們的重要肉食。

秦漢時期，牛肉是上等肉食，文獻中對此有大量的記述。但這一時期黃河中游地區民間並沒有飼養肉食用牛。那時牛是作為最重要的農耕工具而受到朝廷的嚴格保護。

馬主要用於征戰，但食馬肉的習俗在秦漢時期黃河中游地區依然存在，如《鹽鐵論・訟賢篇》中言：「騏驥之挽鹽車，垂頭於太行之陂，屠者持刀而睨之」。不過，秦漢時期，人們對食馬肉存在著某種禁忌，如認為馬肝有毒，黑頸的白馬不能吃等，這種情形可能反映出馬在農業社會中，作為農業生產動力的牲畜，引起了人們飲食心理狀況的變化。

在家禽中，雞是秦漢時期黃河中游地區家庭飼養的重要對象，因此，雞與雞蛋也相應成為當時重要的肉食。韓地的雞還是當時聞名全國的優良品種。考古發掘中也多次見到雞的殘骸出土，如洛陽金谷園西漢墓中陶盒上粉書「雞豚」，盒內有碎雞骨。[1][2] 洛陽老城西漢晚期墓出土的陶鼎蓋上粉書「始癸肉」，內有雞骨屑。[3]

在水產品中，從漢代起，鯉魚成為人們單一的養殖對象，也是黃河中游地區人們常食的魚類。為了便於保存，人們還將鮮魚製成鹹魚，這表明這一地區居民食用魚類食品的普遍性。

1　洛陽市文物工作隊：《洛陽金谷園車站11號漢墓發掘簡報》，《文物》，1983年第4期。
2　洛陽市第二文物工作隊：《洛陽郵電局372號西漢墓》，《文物》，1994年第7期。
3　賀寶官：《洛陽老城西北郊81號漢墓》，《考古》，1964年第8期。

除了人工飼養的動物外，一些野生動物也是秦漢黃河中游地區人們的食物。如東漢茂陵人矯慎曾以捕兔為生。[1]漢宣帝元康三年（西元前63年），曾下詔禁止三輔地區的百姓在春夏兩季「摘巢探卵，彈射飛鳥」。[2]這個禁令反映出黃河中游地區人們食用野禽的嗜好。一些昆蟲甚至也成為人們的美食，河南漢畫像磚上還有捕蟬的場景。[3]可以推斷，至遲在漢代，中原人民便食蟬了。

❹ ‧ 以鹹味為主的調味品

從口味上看，秦漢時期黃河中游地區的人們偏重於鹹味與甜味，當時人們食用的調味品有鹹味調味品、甜味調味品、酸味調味品和辣味調味品。其中，占主導地位的是鹹味調味品。鹹味調味品主要有鹽、豉、豆醬等。鹽在人們的飲食生活中占有極為重要的地位，在黃河中游地區，考古發現了大量秦漢時期遺存的鹽和含鹽類食品，如洛陽五女冢新莽墓出土寫有「鹽」和「豉」的陶罐。洛陽金谷園漢墓和燒溝漢墓分別出土有「鹽飲萬石」的陶倉、「鹽飲萬石」的陶壺，以及「鹽」「鹽食」的陶壺。

豆豉，是秦漢時期黃河中游地區居民重要的調味品，產量很大，據《漢書‧食貨志》載，西漢後期長安樊少翁、王孫大卿通過經營豉成為高訾（zī，通「貲」，錢財）富人。在漢代考古遺址中，屢屢出土書寫有「豉」的物品，如洛陽金谷園漢墓出土有書寫「鹽豉萬石」的陶倉。[4]

漢代的豆醬用打碎的豆製成，稱為「末都」。豆與都二字，系一音之轉，「末都」即「豆末」。醬在漢代飲食中地位很重要，唐人顏師古在註釋西漢史游的《急就篇》時，把醬形容成領軍之將，稱：「醬之為言將也，食之有醬如軍之須將，取其率領進導之也」。由於醬經過了一段發酵期，滋味較之單純的鹽更為厚重，故東漢應劭

1　范曄：《後漢書‧逸民列傳》，中華書局，1965年。
2　班固：《漢書‧宣帝紀》，中華書局，1962年。
3　周到等：《河南漢代畫像磚》，上海人民美術出版社，1985年版。
4　黃士斌：《洛陽金谷園漢墓中出土有文字的陶器》，《考古通訊》，1958年第1期。

曰：「醬成於鹽而鹹於鹽，夫物之變，有時而重」[1]。

第二節　食物加工與烹飪的發展

秦漢時期，黃河中游地區的食物加工與烹飪技藝的進步，促進了主、副食品種的豐富。無論是主食餅餌，還是副食菜餚都向「精妙微纖」方向發展。

一、主食烹飪的演變

❶ · 麵食品種日益多樣化

秦漢時期，黃河中游地區的各種粥飯製作與前代相比變化不大，但是麵食加工卻得到了較快發展，出現了湯餅、蒸餅、胡餅等麵食，麵食品種日益多樣化，各種麵食在人們的主食結構中占有越來越大的份額。

餅。劉熙《釋名·卷四·釋飲食》中說：「餅，並也。溲（sōu，用水調和）麵使合併也。」顏師古注《急就篇》曰：「溲麵而蒸熟之則為餅，餅之言並也，相合併也。」餅在不同地區也有不同名稱。

漢代人的麵食大約是從宮廷中傳開的。《漢書·百官公卿表》中掌管皇宮後勤的長官少府，其屬官有「湯官」。據顏師古注可知，湯官即專掌皇帝餅食的官，其所供飲食當以餅為主。不過這種「餅」並非今日北方人食用的燒餅，而是用湯煮的麵食，稱之為「湯餅」。它類似於水煮的揪麵片，是麵條的前身。《太平御覽》卷八六〇引晉人束皙《餅賦》說：「玄冬猛寒，清晨之會，涕凍鼻中，霜凝口外，充虛解戰，湯餅為最。」可見這種麵食由於湯水滾熱，調料亦多辛辣之味，故為嚴寒

1　歐陽詢：《藝文類聚·醬》引《風俗通義》，上海古籍出版社，1982年。

中國飲食文化史　▓　黃河中游地區卷

68

季節人們藉以充飢禦寒的食品。

《太平御覽》卷八六〇引《三輔舊事》云:「太上皇不樂關中,思慕鄉里。高祖徙豐沛屠兒、沽酒、賣餅商人,立為新豐縣。」這則史料說明西漢初期餅已經出現了。但在秦及西漢前期,餅還不多見,這可能與當時磨的使用尚不普遍有關。成書於西漢後期的史游《急就篇》把餅列為食物之首,說明至遲到西漢後期,餅在人們的日常飲食生活中已十分普遍了。漢代餅的品種大體上可分為三大類,即湯餅、蒸餅、胡餅。其中湯餅又可分為煮餅、水溲餅、水引餅三種。

「煮餅」是將較厚的死麵蒸餅掰碎,放入湯中煮後食用,頗像今西北一帶流行的羊肉泡饃。

「水溲餅」則是將未發酵的麵片投入湯中,煮熟而食。以上兩種餅因為都用未發酵的死麵入湯,故往往堅硬難消化。徐堅《初學記‧服食部》引崔寔(shí)《四民月令》說:「立秋無食煮餅及水溲餅。」其注曰:「夏日飲水時,此二餅得水,即冷堅不消,不幸便為宿食,作傷寒矣。試以此二餅置水中即見驗:唯酒溲餅入水即爛也。」《後漢書‧李固列傳》載:東漢時的小皇帝質帝劉纘(zuǎn),就曾因說梁

▲圖3-2　東漢製麵男陶俑　　　　▲圖3-3　東漢獻食女陶俑

冀是「跋扈將軍」，梁冀便令左右以毒鴆加入煮餅中，把質帝毒死了。由此可知，煮餅為漢人的常食之品。

「水引餅」，是一種用肉湯攪和麵粉而成的湯麵條。《齊民要術‧餅法第八十二》「水引‧餶飩法」條，對它的做法曾有詳細介紹。它是用「細絹篩麵，以成調肉臛（huò，肉羹）汁，待冷溲之。水引，挼如箸大，一尺一斷，盤中盛水浸。宜以手臨鐺上，挼令薄如韭葉，逐沸煮」。其做法與現代北方人食用的扯麵大體相仿。其中以雞汁做成的湯麵條味道鮮美，質量最好。《太平御覽》引庾闡《惡餅賦序》說：「臛雞為餅。」弘君舉《食檄》曰：「催廚人作茶餅，熬油煎蔥，例茶以絹，當用輕羽，拂取飛麵，剛軟中適，然後水引。細如委綖（xiàn，通『線』），白如秋練，羹杯半在，財得一咽，十杯之後，顏解體潤」。對水引餅的形、色、味作了十分形象具體的描繪。

「蒸餅」不同於湯餅，它是將水注入麵粉調勻，然後發酵，最後做成餅狀蒸熟而成。漢人已掌握了麵食的發酵技術，只不過漢代人尚不知道用酵麵發酵法，採用的是酸漿發酵法。[1]

漢代所食用的蒸餅，做法十分講究，餅中常包有精美的餡心。漢人崔寔《四民月令》說：「寒食以麵為蒸餅，樣團、棗附之。」

漢代所食的胡餅，其製作方法是從西域傳入中原的，故名胡餅，如今人們稱之為燒餅。漢代隨著絲綢之路的開闢，西域胡人不斷內遷。月氏人、康居人、安息人陸續不斷地移居中國境內，掀起了前所未有的移民高潮。隨著移民的內遷，西域的生活習俗諸如食胡餅之俗就傳入中土，引起漢人的注目和倣傚。

胡餅傳入黃河中游地區的具體時間還不清楚，但它在東漢後期已是頗具影響的食品了。《太平御覽》引《續漢書》說：「漢靈帝好胡餅，京師皆食胡餅。」胡餅的風行除了皇帝喜好、上流社會提倡外，最根本的原因在於其味道可口。胡餅與蒸餅不同之處在於，胡餅採用的是爐烤而不是籠蒸的方法，這樣，吃起來就香脆可口，

1　趙榮光：《中國飲食史論》，黑龍江科技出版社，1990年。

別有滋味。

餌。與餅相類似的還有餌（ěr）。《急就篇》顏師古注曰：「溲米而蒸之則為餌，餌之言而也，相黏而也。」用麵粉黏合蒸熟的食品稱餅，用米粉黏合蒸熟的食品稱作餌。餅、餌的概念在北魏之前區分是十分清楚的。北魏賈思勰《齊民要術》始把二者相混。與餅相同，餌在西漢之前亦不多見。西漢後期以後，餌與餅一樣開始在人們的日常飲食生活中廣泛出現，成為黃河中游地區人們喜愛的食物。史籍不乏這方面的記載，如西漢末年，劉秀被拘押在新野，市吏樊曄送給他一笥（sì，盛飯或衣物的方形竹器）餌，劉秀對此一直念念不忘。[1] 應劭《風俗通義·怪神》記載有汝南地區「田家老母到市買數片餌」。

❷·傳統的粥飯仍是重要的主食

粥。秦漢時期，粥有稠粥與薄粥之分。稠粥又稱「饘粥」，薄粥又稱「薄糜」。按製粥所用的原料區分，秦漢時期黃河中游地區的粥主要有粟粥、麥粥和豆粥。麥粥稱作「麥饘」，揚雄《方言》卷一載：「陳楚之內，相謁而食麥饘謂之餥（fēi，麥粥）。」豆粥又稱「豆羹」，桓寬《鹽鐵論》：「古者燔黍而食，捭豚相享，賓婚相召，豆羹白飯。今則燔炙滿案，臑豚、白鱉、膾鯉。」其中用淘米水與小豆相熬的粥，因其味道甘甜而被人們稱作「甘豆羹」。

飯。秦漢時期，黃河中游地區的飯有粱飯、稻米飯和麥飯。由於粱是粟中的優良品種，所以粱飯的地位較高，城市中的社會上層常食粱飯。稻米飯在黃河中游地區的地位也較高，當時有一種稻米飯，稱之為「饡」，「饡之言散也，熬稻米飯，使發散也」。在所有的飯中，麥飯的地位較低，是下層百姓常食之品。麥飯是「磨麥合皮而炊之也」[2]，因而麥飯中雖然有磨碎的麥粉成糊，但「大部分仍是破碎的或不太破碎的麥粒，炊後仍是一粒粒成飯的形狀」[3]。

1　范曄：《後漢書·酷吏列傳》，中華書局，1965年。

2　史游：《急就篇》卷二，上海書店，1985年。

3　氾勝之著，萬國鼎輯釋：《氾勝之書輯釋》，中華書局，1957年。

秦漢時期各種乾飯在人們日常生活中有著重要的地位。乾飯在漢代又稱「糒（bèi，乾糧）」，粟、麥、稻均可製成糒。在陝西西安東漢墓中出土的陶罐上，寫有「粳米糒」「小麥糒」，即是用粳米和小麥製成的糒。乾飯的吃法類似於今天的「方便米」，是用開水泡開食用的。與糒類似的乾飯還有「糗」（qiǔ，乾糧，炒熟的米或麵等）與「糇」（hóu，乾糧）。糗，類似於今天的炒麵，是「飯而磨散之使齲碎」[1]。糇，則是「候人飢」的乾糧：「糇，候也。候人飢者以食之也。」由於糗、糇等乾飯具有保存時間長、易於攜帶、食用方便等優點，成為當時人們出行時必不可少的食物。

二、副食烹飪技法的增多

秦漢時期的副食烹飪方法突出地體現了「精妙微纖」的理論，成為中國傳統飲食文化綿延長河中的一段絢爛故道。

❶．專掌肉類菜餚烹飪的紅案廚師的出現

據考證，秦漢時期肉類菜餚的烹飪方法主要有炙、炮、煎、熬、羹、蒸、膾、臘、鍛、脯、醢、醬、鮑、菹等十四種。其中，各種羹是秦漢時期最為流行的肉類菜餚。

這一時期，黃河中游地區還出現了一些名氣很大的肉類菜餚，如鮧鮧（zhúyí，魚鰾、魚腸用鹽或蜜漬成的醬）、五侯鯖等。

鮧鮧：傳說漢武帝追逐夷民到達海邊，聞到有一種燒烤的香氣。地面上看不到什麼東西，遂令侍從到處搜尋，發現是漁夫在土坑中烹製魚腸，上面用土覆蓋，熟時香氣透達土外。大概漢武帝此時肚中已餓，就弄來一點品嚐，感覺十分鮮美，便叫御廚學做此菜。後世人們因武帝「逐夷而得此食」，遂命曰「鮧鮧」。不過後人

1　劉熙：《釋名・釋飲食》，四部叢刊本，上海書店，1985年。

▲圖3-4　東漢庖廚石刻畫

的製法已經不是在土坑中燒烤了。鮐鮧的製法是：把黃魚、鯔魚、鯊魚的魚肚漂洗乾淨，加鹽醃，令脫水收縮，密封在醃鹹肉的罐子裡，放到太陽下曝曬，夏天曬20天，春秋曬50天，冬天曬100天才能制好。吃的時候加薑醋。

五侯鯖（這裡的「鯖」字念「蒸」，意為雜燴菜）：所謂五侯，即漢成帝母舅王譚、王根、王立、王商、王逢時五人，因他們同日封侯，號稱「五侯」。鯖（qīng）為一種魚。據《西京雜記》記載，五侯不和睦，但婁護（西漢息鄉侯）能言善辯，輾轉供養於五侯之間，各得他們的歡心。於是，各家都送他珍饈佳餚，婁護口厭滋味，便合五侯所贈之食（鯖），其味勝過奇珍異饌，世人謂之「五侯鯖」。五侯鯖烹製出來以後，深受貴族們喜愛。後世常稱美味佳餚為「五侯鯖」，宋人蘇軾曾有這樣的詩句：「今君坐致五侯鯖，儘是猩唇與熊白」。

秦漢時期，炒菜法在黃河中游地區仍未普及，其中原因有二：一是當時的烹具如釜、鼎等僅適合煮、熬食物；二是植物油還沒有進入人們的飲食生活之中。當時人們使用的油基本上是動物油。常見的動物油包括豬油、羊油、牛油、雞油和狗油，當時統稱為脂或膏。各種動物油脂在常溫下呈固態，是不便於炒、爆等烹飪操作的。同時，秦漢時期，脂的價格比肉價要高，反映出秦漢油脂在總體上是短缺的。秦漢以後，植物油，尤其是芝麻油的使用，一方面擴大了油料的來源，使油脂在總體上變得較為充裕；另一方面，常溫下的植物油呈液態，便於炒、爆等烹飪操

作。這樣「炒」的技法便越來越普遍了。

　　由於肉類菜餚烹飪方法的發展，肉食品種日益增多，社會上開始需求專精一技之長的廚師，廚事分工也日益精細，專掌烹飪菜餚尤其是肉類菜餚的紅案廚師開始出現。考古發掘中屢屢有秦漢時期紅案廚師陶俑的出土，漢代畫像石、磚上也多有紅案廚師烹製菜餚的畫面，如河南密縣打虎亭1號墓出土的漢代畫像石上有庖廚圖，刻畫有肉架兩副，架上懸掛著肉食，架下置牛頭、牛腿各一。圖的上端刻有一煮肉大鼎，鼎褵烈火熊熊，旁邊一紅案廚師以棍伸入鼎內作攪肉狀。

　　❷·蔬果類食材加工方式的增多

　　秦漢時期，蔬果類菜餚的烹飪方法與肉類菜餚烹飪相似，略具特點的是生拌法。漢代有生拌蔥、韭，是當時人們喜愛的菜餚，劉熙《釋名·釋飲食》：「生瀹蔥薤曰『兌』，言其柔滑兌兌然也。」薤的鱗莖即藠頭。

　　但總的來說，秦漢時期蔬菜基本上被排除在珍肴之外。蔬果類菜餚未被人們視為美味，這與當時蔬果類菜餚的烹飪方法密切相關。「西漢以前的菜餚製法除了羹外，主要是水煮、油炸、火烤三種，而且大多不放調料，口味較為單調。這三種烹飪方法的製成物都是肉肴，以葉、莖、漿果為主的蔬菜不宜用炸、烤法烹製，至於煮是可以的，但不調味、不加米屑的清湯蔬菜，則不是佐餐的美味。」[1]

　　秦漢時期，尚未出現用水果烹製的菜餚。但社會上層十分講究水果的食用，一般要進行一番加工，如夏季時，要先將水果在流水中浸泡，使之透涼，而後進食。對於個體較大的瓜，還要用刀剖成片狀，使其外形更為美觀，所謂「浮甘瓜於清泉，沉朱李於寒冰。」[2]「投諸清流，一浮一藏；片以金刀，四沖三離，承之雕盤，冪（mì，覆蓋，遮蓋）以纖細，甘侔（móu，相等，匹敵）蜜房，冷甚冰圭。」[3]冬季食用水果時則將其浸放到溫水之中，先去其寒意，而後進食。曹丕曾囑咐曹植食

1　王學泰：《華夏飲食文化》，中華書局，1993年。
2　李昉：《太平御覽》卷九六八引曹丕《與吳質書》，中華書局，1960年。
3　李昉：《太平御覽》卷九七八引劉楨《瓜賦》，中華書局，1960年。

用冬柰時要「溫啖」[1]。

除鮮吃外，秦漢時期人們還把水果製成乾果儲存，據《釋名・卷四・釋飲食》載，其種類有將桃用水漬而藏之的「桃濫」，有將柰切成片曬乾的「柰脯」。

秦漢時期，大豆開始由主食向副食轉化。作為蔬菜的大豆，不僅豆葉被人們廣泛食用，也被發芽做成「黃豆卷」，還與鹽、麵粉等原料配合製成豆豉、豆醬等。

第三節　日益豐富的酒文化

《漢書・食貨志下》：「酒者，天之美祿，帝王所以以頤養天下，享祀祈福，扶衰養疾，百禮之會，非酒不行。」這段話對酒的功用作了比較全面的概括，說明秦漢時期，酒已經滲透到社會生活的許多方面，廣泛用於官私祭祀、節日慶典、婚喪嫁娶、消災避禍、醫療保健、送別行賞、協調關係等。

縱觀秦漢時期的歷史，其中飲酒之風出現過兩次高潮。西漢初年，飲酒活動尚集中在貴族和富人當中。西漢中期，飲酒之風開始滲透到民間，武帝時至西漢後期，出現了秦漢時期首次飲酒高潮。東漢初年，飲酒之風曾有短暫的消歇，但隨後便表現出比西漢更為強勁的勢頭。至東漢後期，飲酒達到頂峰，東漢末年由於戰亂頻繁，天災人禍不斷，社會經濟遭到嚴重破壞，飲酒之風轉入衰微期。秦漢時期飲酒之風出現的兩次高潮，推動了秦漢酒類的生產，促進了酒肆的繁榮，使酒俗更加豐富多彩，使酒器更加絢麗多姿。

1　李昉：《太平御覽》卷九七三引曹植《謝賜柰表》，中華書局，1960年。

一、酒的生產與酒榷

❶·製麴技術的進步

秦漢時期，黃河中游地區的釀酒技術獲得一定的發展，主要表現在製麴業的興盛和麴的種類的增多上。有了各具特色的麴，從而也就可以釀製出風格各異的酒。

先秦時期，人們就已經認識到製麴技術對於釀酒技術的重要意義，《禮記·月令》載：「秫（shú）稻必齊，麴糵（niè）必時，湛熾必潔，水泉必香，陶器必良，火齊必得。兼用六物，大酋（酒官之長）監之，毋有差貸（失誤）。」秦漢製麴技術獲得較大發展，黃河中游地區是當時中國主要的製麴區域，揚雄《方言·卷十三》言，「自關而西，秦晉之間麴曰『䴭（kū）』，晉之舊都曰『䴓（cái）』。」《說文解字·麥部》對「䴭」、「䴓」都解釋為「餅籟（qū）也」，而《說文解字·米部》對「籟」的解釋為「酒母也」。餅麴的出現，說明秦漢已經進入酒麴發展的重要階段。酒麴的發展促進了釀酒技術的提高。

❷·釀酒技術的完善

秦漢時期，人們已經認識並掌握了釀酒的幾個關鍵技術，如王充在《論衡·卷

二·幸偶篇》中說：「蒸穀為飯，釀飯為酒。酒之成也，甘苦異味；飯之熟也，剛柔殊和。非庖廚酒人有意異也，手指之調有偶適也。」這裡強調釀酒師手指調適與否，直接關係到酒味的甘苦。他又在《率性篇》中說：「非厚與泊殊其釀也，麴蘖多少使之然也。是故酒之泊厚，同一麴蘖。」強調酒的好壞與麴蘖投放多少密切相關。在卷十四《狀留篇》中他又說：「酒暴熟者易酸」，強調酒的好壞與釀造時溫度的掌握與運用有關。王充的論述反映出秦漢時期人們已掌握了相當豐富的釀酒技術。又據林劍鳴先生研究，秦漢時期人們釀酒時，已普遍使用含有大量黴菌和酵母菌的曲進行「複式發酵法」[1]。

❸·原產酒種類的增多和葡萄酒的引進

隨著製麴、釀酒技術的進步和經濟文化的交流，秦漢時期黃河中游地區酒的品種逐漸豐富起來。按酒的來源可分為原產與引進兩大類。

原產類中，按釀酒原料又可分為三類：第一類為穀物糧食酒，這是當時酒的主要類型，著名的酒有上尊酒、九醞春酒等；第二類為花草植物酒，如用百草花的末釀製的「百末旨酒」，用松樹物料製成的松醪酒，用椒和柏葉浸製的椒柏酒，用草本植物屠蘇釀製的屠蘇酒等；第三類為動物乳酒，如馬乳酒等，馬乳酒原產於中國北方游牧民族地區，在漢代時已經傳入中原地區。

引進酒，是從外國引進的酒類品種，西漢張騫通西域後，漢代與中亞各國的經濟文化交流便開始了，中亞一帶的酒類及其釀造技術隨之傳入中原。引進酒多為草木果物酒，其中最著名而且影響深遠的當首推葡萄酒。

漢代葡萄酒已通過使者和商人傳入黃河中游地區，但當時內地並沒有開始釀造葡萄酒，故葡萄酒一直是極為希罕之物。東漢靈帝時，有個叫孟佗的人餽贈給中常侍張讓一斗葡萄酒，孟佗因此被任命為梁州刺史。[2]

1　林劍鳴：《秦漢社會文明》，西北大學出版社，1985年。

2　李昉：《太平御覽》卷五四二引《三輔決錄》，中華書局，1960年。

❹ · 時行時廢的酒榷制度

秦漢時期，酒的生產與消費量都很大，酒在人們飲食生活中占據的重要地位使釀酒成為有利可圖的事情。從漢武帝時起，中國便有了「酒榷」制度，或稱「官酤」，即政府壟斷酒的釀造與銷售。酒榷始於漢武帝天漢三年（西元前98年），此後，在統治集團內部對於釀酒業是收還是放，一直存在著不同的意見，其中尤以漢昭帝始元六年（西元前81年）鹽鐵會議上爭論最烈。會後，榷酤被廢除了。

王莽時，為了擺脫財政困難，又開始實行酒榷，並開始大規模設置官營酒作坊，大批量生產官酒。東漢末年又實行酒類專賣。實行酒榷，官府所得利潤十分豐厚，而且「入官的專利旱澇保收，米價越漲，酒的售價越高，入官的利潤則高上加高，因為它所占份額大於人工費用」[1]。這正是漢以後酒榷不絕的原因所在。

❺ · 時張時弛的酒禁

酒是一種特殊的飲料，一方面它為人們生活所需要；另一方面過度生產與飲用，又會帶來許多副作用。因此，自它產生時起，就受到一定的限制。

西漢初年，由於戰亂與饑荒，「酒禁」問題就引起了當權者的思考與重視。漢高祖時，蕭何造律時規定：「三人以上無故群飲酒，罰金四兩」。[2] 漢文帝時，曾下詔曰：「無乃百姓之從事於末以害農者蕃，為酒醪以靡穀者多，六畜之食焉者眾與？」對酒醪靡穀開始有所思考。漢景帝中元三年（西元前147年），漢政府因為「夏旱」，遂「禁酤酒」。這裡的「酤」指賣，開始對酒採取限制性措施。漢武帝時期，國力強盛，糧食充裕，酒的消費量很大，出現了全社會範圍內的宴飲高潮，並一直延續到西漢後期。蕭何所定的禁止三人以上群飲的律令實際上已經被取消。東漢後期，社會開始動盪，天災人禍頻仍，統治者或因發生了自然災害，或因發生了戰亂年飢，或因出現了「熒惑犯鎮星」等凶兆屢次實行酒禁。

1　黎虎：《漢唐飲食文化史》，北京師範大學出版社，1998年。

2　班固：《漢書·文帝紀》文穎注引《漢律》，中華書局，1962年。

二、酒肆業的逐漸繁榮

酒肆不僅是秦漢時期飲食店肆中的主要門店，而且也是整個飲食行業中最為突出的門類。由於釀酒業和城市經濟的日益發展，秦漢時期黃河中游地區的酒肆也有了很大發展，呈現一派繁榮景象。《史記・貨殖列傳》曰：「通邑大都酤一歲千釀。」「千釀」即年經營額為1000甕酒，可見這些酒商經營的酒肆規模確實不小，其所獲利潤也非常可觀，可與「千乘之家」相比。西漢時在長安就出現了像趙君都、賈子光等經營酒肆的「名豪」[1]，他們財力、資本雄厚。東漢時，長安市上仍然有許多酒肆，辛延年《羽林郎歌》云：「胡姬年十五，春日獨當壚。……就我求清酒，絲繩提玉壺。」詩中的「壚」就是酒肆。《漢書・食貨志》顏師古注曰：「壚者，賣酒之區也，以其一邊高，形如鍛家壚，故取名耳。」

由於市場上有許多酒肆，人們便可以隨時從那裡買酒。西漢竇嬰請丞相田蚡時，即「與夫人益市牛酒」[2]；東漢人劉寬「嘗坐客，遣蒼頭市酒」[3]。秦漢時期，經營酒肆業的多是民間商人，但官府也時常參與其中，在漢武帝和王莽時期都曾實行過榷酤，專由官營，官府壟斷了酒類，不僅禁止民間私釀，而且不許私賣，違者要加以懲罰，如趙廣漢的門客曾「私酤酒長安市，丞相吏逐去」[4]。

秦漢酒肆的經營方式十分靈活，一般是現錢交易，但也可以用糧食換酒，甚至賒賬。漢高祖劉邦作泗水亭長時，「常從王媼、武負貰（shì，賒欠）酒，時飲醉臥」[5]。酒肆業的發展，使同行之間的競爭加劇，因而在當時已出現招引顧客的某些促銷活動。東漢靈帝時，曾徵集天下書法能手於鴻都門，有一位名叫師宜官的書法家，「甚矜能而性嗜酒，或時空至酒家，因書其壁以售之，觀者雲集。酤酒多售，

1　班固：《漢書・遊俠傳》，中華書局，1962年。

2　班固：《漢書・灌夫傳》，中華書局，1962年。

3　范曄：《後漢書・劉寬傳》，中華書局，1965年。

4　班固：《漢書・趙廣漢傳》，中華書局，1962年。

5　班固：《漢書・高帝紀》，中華書局，1962年。

則劓滅之」[1]。王僧虔《名書錄》也曾記載其事：「甚自矜重，或空至酒家，先書其壁，觀者雲集，酒因大售，至飲足，削書而退」[2]。師宜官利用酒肆的牆壁書寫以吸引觀眾，一方面使這家酒肆的銷量大增，這很像現在商家所做的現場促銷活動；另一方面酒肆為了酬謝而免費讓他喝個夠。

三、豐富多彩的飲酒習俗

秦漢時期，黃河中游地區的飲酒習俗已豐富多彩，主要表現在宴飲場合中已形成了諸多的禮數，以及宴飲中有諸多的娛樂助興活動等。

❶·宴飲禮俗的傳承

秦漢時期，在正規酒宴上人們飲酒時，仍沿襲先秦的習俗，分輪一個個地來飲，一人飲盡，再一人飲，眾人都飲完稱為「一行」或「一巡」。飲酒的次序為由尊及卑，由長及幼，即《禮記·曲禮上》所謂「長者舉未釂（jiào，盡），少者不敢飲」。酒席上往往設有專門負責監督飲酒的行酒人，又被稱為酒吏，如《漢書·高五王傳》載，朱虛侯劉章「嘗入侍燕飲，高後令章為酒吏。章自請曰：『臣，將種也，請得以軍法行酒。』」。酒吏要糾正參加酒宴者的失禮行為，負責對遲到者罰酒，檢驗人們飲酒盡否。

秦漢時期人們飲酒時，有一次飲盡杯中酒的習慣，《漢書·敘傳》謂：「趙、李諸侍中，皆飲滿舉白」，孟康《注》曰：「舉白，見驗飲酒盡不也」。對他人敬的酒不飲或飲之不盡，在當時算是失禮行為。

勸酒的風氣使得宴會參加者把醉飽看成是對主人禮貌的表示。正如漢末文人王粲在《公宴會詩》中所說：「嘉肴充圓方，旨酒盈金罍（léi，古代一種盛酒的容

1　李昉：《太平廣記》卷二〇六引《書斷》，中華書局，1961年。
2　李昉：《太平廣記》卷二〇九，中華書局，1961年。

器）。」「常聞詩人語，不醉且無歸。」[1]客醉不僅是對主人的尊重，也體現出主人對客人的敬重。宴客時，酒食不足則被視為一件丟臉的事。漢末趙達受朋友宴請，食畢，趙達發現主人仍留有酒、肉，便對自稱「倉卒乏酒，又無嘉肴」的主人說：「卿東壁下有美酒一斛，又有鹿肉三斤，何以辭無？」主人大慚，遂出酒酤飲。[2]因此，主人總是傾其所有、想方設法使客人滿意。作為相應的禮節，客人在宴會結束後要拜謝主人。

在宴飲時，地位較低者對地位尊貴者要避席伏，即離開座席食案屈伏於地上，如《漢書・田蚡傳》載，在丞相田蚡的婚宴上，來賓均為主人「避席伏」。

秦漢時期，人們在酒宴上，晚輩常對長輩敬酒祝壽，稱之「為壽」。據《漢書・高帝紀上》顏師古註：「凡言為壽，謂進爵於尊者，而獻無疆之壽。」《後漢書・明帝紀》李賢注與顏注相近，稱「壽者人之所欲，故卑下奉觴進酒，皆言上壽」。近人段仲熙先生考證「為壽」之禮是先秦時期宴飲活動中應酬之禮「醻禮」的遺跡。[3]這些看法大致是不錯的，如劉邦曾在酒宴上「奉玉卮為太上皇壽」[4]。王邑父事婁護，在宴會上對婁護稱：「賤子上壽」[5]。不過，秦漢人「為壽」時，並不限於晚輩對長輩，參加宴會的平輩、主人和客人之間彼此均可「為壽」，如漢武帝時，丞相田蚡舉行宴會，主人田蚡和客人竇嬰先後「上壽」。秦漢時，人們上壽的語言不併限於說祝對方「益壽」「延年」「長樂未央」之類的吉語，往往還涉及稱頌對方的品德和能力。上壽者在說完上壽語後，要飲盡自己杯中之酒。有時，在上壽時還伴隨著送禮。

❷ · 佐酒習俗的流行

秦漢時期，人們宴飲時還經常有一些娛樂助興活動以佐酒，如酒令、投壺、博

1　歐陽詢：《藝文類聚》卷三九，上海古籍出版社，1982年。
2　陳壽：《三國志・吳書・趙達傳》，中華書局，1959年。
3　段仲熙：《說醻》，《文史》第3輯，中華書局，1963年。
4　班固：《漢書・高帝紀下》，中華書局，1982年。
5　班固：《漢書・遊俠傳》，中華書局，1982年。

弈、吟詠、歌舞等。考古中，屢有秦漢酒令酒具出土，如西安漢城出土了22件酒令銅器，器的一面有「驕餐」二字，另一面有「自飲」二字。漢代酒令的具體使用方式尚不可詳知。「投壺」是一項古老的宴飲助興活動，秦漢時期仍很流行。所投之壺，壺口小，頸長而直。河南濟源漢墓出土的投壺高26.6釐米，矢的長度在18-26釐米之間。投壺的方式是投者持矢投入壺中，未中者罰酒。南陽畫像石中有二人持四矢投壺的場面，壺內有二矢，壺左放一酒樽，上有一勺。壺的兩側有二人席地跪坐，執矢投壺。其中，一人似為輸酒而醉，被攙扶離席。[1]

載歌載舞是秦漢的社會時尚，以歌舞侑（yòu，在筵席旁助興，勸人吃喝）酒是當時重要的酒俗內容之一。歌舞多在酒酣之際進行。如張衡《兩京賦》稱：「促中堂之陝（xiá，古同『狹』）坐，羽觴行而無算。秘舞更奏，妙材騁伎。妖蠱豔夫夏姬，美聲暢於虞氏。……振朱屐於盤樽，奮長袖之颯纚（lí，通『纚』，長而下垂貌）」[2]。張衡《舞賦》寫道：「音樂陳兮旨酒施」，「於是飲者皆醉，日亦既昃（zè）。美人興而將舞，乃修容而改服。」[3]

在酒宴上，不僅有歌女舞伎的歌聲舞姿，而且也有宴會參加者所表演的歌舞。宴會參加者所表演的歌舞最能體現當時的社會風尚，它既可以是自娛性的自舞自賞，也可以是他娛性的歌舞參與。前者是飲酒人在酒酣耳熱的儘興所為，如漢高祖在為「商山四皓」舉行的宴會結束時對戚夫人說：「為我楚舞，我為若楚歌」[4]。又如楊惲《報孫會宗書》曰：「歲時伏臘，烹羊魚羔，鬥酒自勞。」「奴婢歌者數人，酒後耳熱，仰天附缶而歌呼烏烏」，「是日也，拂衣而喜，奮袖低卬，頓足起舞」。

他娛性的歌舞參與，在漢武帝時期還發展成為宴會中的程序化禮儀，即「以舞相屬」。這是正式酒宴場合中的固定程序，一般在酒宴高潮時進行。其程序為：主人先行起舞，舞罷，再屬（zhǔ，連續）一位來賓起舞，客人舞畢，再以舞屬另一位

1　閃修山等：《南陽漢代畫像石刻》圖12，上海人民美術出版社，1981年。
2　蕭統：《文選》卷二，四庫備要本，中華書局，1977年。
3　歐陽詢：《藝文類聚》卷一〇，上海古籍出版社，1982年。
4　班固：《漢書·張良傳》，中華書局，1982年。

▶圖3-6　西漢雲紋玉觥

來賓，如此循環。河南出土的對舞男俑，一人兩臂張開，衣袖上甩，身體斜仰，正撒步後退；另一人則彬彬有禮地舉袖叉腰，上步欲舞。[1]這對舞男俑的舞姿，生動地再現了秦漢時期酒宴「以舞相屬」的場景。

秦漢「以舞相屬」所表演的舞蹈，其中必須有身體旋轉的動作。在宴會上，不舞或舞而不旋都是對他人的失禮行為，不僅破壞宴會的氣氛，而且產生矛盾。如在竇嬰舉行的宴會上，灌夫起舞「屬」丞相田蚡，「蚡不起，夫徙坐，語侵之」[2]。

秦漢之際盛行的「以舞相屬」習俗，在魏晉尚能看到若干餘波，魏晉以後便消失了。

四、材質多樣的各式酒器

秦漢時期，酒器的最基本種類是樽、勺、杯、杯爐。其中，樽為盛酒器，亦可溫酒，勺為挹酒器，杯為飲酒器，杯爐為溫酒器。

飲酒器的「杯」最具時代特徵。秦漢時，人們所用的杯多為橢圓形的耳杯。小杯可容一升（漢制，約合今201毫升），大杯可容三升，甚至四升。耳杯多由漆、木、銅製成。代表秦漢酒器製作技術最高成就的是漆耳杯。漆耳杯又稱「文杯」，

1　彭松：《中國舞蹈史》，文化藝術出版社，1984年。
2　班固：《漢書·灌夫傳》，中華書局，1962年。

多為夾紵（zhù，苧麻纖維織成的布）胎，橢圓形口，平底圈足。杯內髹（xiū，塗漆）朱漆，杯外髹黑色底漆、朱漆花紋。文杯的價格不菲，《鹽鐵論・散不足》說：「一文杯得銅杯十」，文杯是當時備受崇尚的華麗酒器。比較高級的漆耳杯還以金銀鑲嵌，稱為「扣（kòu，金飾器口）器」，扣器多用金銀等貴重材料製成，工藝複雜，耗工費力，故《鹽鐵論・散不足》言：「器械雕琢，財用之蠹（dù，蛀蟲，引申以喻侵蝕或消耗國家財富的人或事）也，……故一杯惓用百人之力。」考古發現的有銘文的扣器，所記參與製造者的官吏工匠往往很多，如工長、素工、供工、畫工、髹工、汨（xún）工（刻銘文的工種）、清工、漆工、黃塗工、銅釦工、造工、承掾護工、卒吏、令吏、嗇夫、佐之卷，一器之上往往列名十幾人，而不獲列名者，又不知多少，「一杯惓用百人之力」當非妄言。當時，最高級的漆耳杯就是這種配以鎏金銅耳、白銀口沿的彩繪扣器漆杯，當時人稱為「銀口黃耳」。一九八一年五月，在陝西興平的一座西漢墓中，出土有漆耳杯六套，每套包括一件漆耳杯和一個銅支座。漆耳杯的有機物胎體已朽，但上面的金屬配件還在。這些配件包括：耳杯上的口沿銀圈和銅耳。[1]

▲圖3-7　西漢「君幸酒」漆耳杯與杯盒

1　杜金鵬等：《中國古代酒具》，上海文化出版社，1995年。

▶圖3-8　西漢漆布小卮

秦漢時期常用的飲酒器還有「卮」（zhī）。卮呈直筒狀，單把，往往有蓋，形如今日的搪瓷杯。過去常把出土文物中的卮誤稱為奩（梳妝器具），後來鄭振鐸先生為其正名為「卮」。卮在秦漢文獻中常見，《史記‧項羽本紀》載，鴻門宴上，項羽賜給樊噲酒，用的便是卮；《漢書‧高帝紀》載：「上奉玉卮為太上皇壽」。卮的容量有大有小，小的可容二升（約合今天的400餘毫升）。但最大的卮可容一斗，鴻門宴上項羽賜給樊噲酒用的即是大號的「斗卮」。

秦漢的卮除銅卮、玉卮外，還有漆卮。在河南沁陽縣官莊北崗三號秦墓中曾出土一件彩繪鳳紋漆卮，該漆卮通高14.9釐米，口徑10釐米，現存於河南省駐馬店市文物管理委員會。卮作為酒器，至漢代以後便罕見了。

秦漢時期的溫酒器「杯爐」也極具時代特徵。在黃河中游地區的陝西興平、鹹陽，山西渾源等地均出土有西漢時期的青銅杯爐。杯爐由三部分組成。其上為青銅耳杯，用於盛酒；中間主體部分為青銅炭爐，爐的口沿上有四個支釘，用於嵌置銅耳杯，爐身的鏤孔可散煙拔火，爐身上還銲接有曲柄和足，爐底鏤成火箅子，用於通氧助燃，並隨時從這裡清除炭灰；最下部分為底盤，是專門接盛灰渣的。整個杯爐作為溫酒器，設計科學，使用方便、衛生。

第四節　飲食習俗的豐富與發展

一、三餐制的確立

　　舊石器時代以前，人們靠漁獵、採集為生，對什麼時間吃飯並沒有形成一種制度。不管是什麼時候，只要獵捕和採集到食物，便可食用。從新石器時代起，中國開始進入農耕社會，人們為種植穀物開始有了正常的作息制度，所謂日出而作，日落而息。與人們的這種生產活動相適應，人們普遍實行一日兩餐制。商代甲骨文中有「大食」「小食」的記載，「大食」的時間在上午7-9時，「小食」的時間在下午15-17時。在食量上，大凡早餐吃得多些，以便於一天的勞作，故稱為「大食」；至於下午的飯，因為不久太陽就要西下，天色漸黑，無法再去田間勞動，不必吃得多，故稱為「小食」。這種早飯吃得多的習慣，也是常見的農業社會現象。

　　秦漢時期，隨著農業生產力水平的較大發展，人們從一日兩餐逐漸改為一日三餐。一日三餐制的習俗，在戰國時代的社會上層中已經出現了，《戰國策·齊策》中有「士三食不得饜（吃不飽之意），而君鵝鶩有餘食」的記載。[1]說明戰國時期寄食於貴族門下的士主要是實行一日三餐的。當然，一日三餐的習俗並不普及，絕大多數民眾仍是一日兩餐，《孟子·滕文公上》載：「賢者與民並耕而食，饔飧而治」。宋代朱熹《注》曰：「饔飧，熟食也。朝曰饔，夕曰飧。」[2]說明戰國時期從事耕作的下層百姓實行的是一日兩餐制。秦代的普通民眾仍以一日兩餐為主，據《睡虎地秦墓竹簡》中的《傳食律》和《倉律》所示，在秦朝，一般吏人、僕役、罪徒都是早晚各一餐。

　　漢代是中國三餐制習俗確立的關鍵時期。漢代初年，一日兩餐與一日三餐制並行，但後者已經得到社會的廣泛認可，並得以逐漸推廣。漢代以後，包括黃河中游

1　劉向：《戰國策·齊策四·管燕得罪齊王》，上海古籍出版社，1985年。
2　朱熹：《四書章句集注》，上海古籍出版社、安徽教育出版社，2001年。

地區的中國大部分區域，都主要實行早、午、晚三餐制了，古稱「三食」，這是被人們普遍承認的規範飲食制度，既利於生活，也利於生產。

漢代三餐飯的具體時間是怎樣安排呢？《論語・鄉黨》中孔子稱：「不時，不食」，即不到該吃飯的時候不吃飯。鄭玄《注》曰：「不時，非朝、夕、日中時」。鄭玄是以漢代人的飲食習慣來註解孔子這句話的，這說明漢代已初步形成了一日三餐的飲食習俗。

第一頓飯為「朝食」（亦稱早食），時間在天色微明以後，成書於西漢的《禮記・內則》論及未冠筓者事親之禮：「男女未冠筓者……昧爽而朝，問：『何食飲矣？』若已食則退，若未食，則佐長者視具。」未成年的男女，在天色微明以後，就要去向父母請安，問候飲食。如果父母已用畢早餐，即可告退，如未進食，就在一旁侍奉，等候差遣。可見，早餐一般是在天色微明時就開始了。

第二頓飯為「晝食」，漢人又稱餉（shǎng）食，也就是中午之食。《說文解字》曰：「餉，晝食也。」清人段玉裁說：「此猶朝曰饔，夕曰飧也，晝食曰餉，俗譌為日西食曰餉，見《廣韻》。」今人張舜徽先生《說文解字約注》認為：「許（慎）云晝食，謂中午之食也。晝字從畫省，從日，言一日之中，以此為界也。今湖湘間猶謂上午為上晝，下午為下晝，則晝食為午食明矣。《太平御覽》卷八百四十九引《說

▶圖3-9　西漢長樂食宮銅壺

文》作『中食也』，謂日中之食也，猶今語稱中餐也。」可見，中食一般是在正午時刻。

第三頓飯為「餔食」，也稱飧食。即晚餐。《說文解字》云：「飧，餔也。」而釋「餔」則說：「申時食也。」申時一般是在下午15──17時之間。古人習慣早睡早起，所以第三餐飯的時間安排比現代人的晚飯時間要早一些。餔時正是吃飯的時候，這在《史記》中也有印證，《史記·呂太后本紀》云：「日餔時，遂擊產。」當時周勃等人誅滅諸呂，正是利用這個吃晚飯的時機，猝不及防地給諸呂以突然襲擊，才擊潰了呂產的禁衛軍。

一日三餐制在漢代雖然得到普遍的實行，但兩餐制並沒有退出歷史舞台，許多地方還存在根據季節的不同和生產的需要而採用兩餐制，有些窮苦人家也常年採用兩餐制。與普通百姓一日三餐或一日兩餐不同，漢代皇帝的飲食多為一日四餐制，班固《白虎通義·禮樂》載，天子「平旦食，少陽之始也；晝食，太陽之始也；晡食，少陰之始也；暮食，太陰之始也。」原因是帝王的夜生活時間長，需要晚上加餐。可見，飲食餐數的實行情況主要因飲食者身分地位的不同而異。

▲圖3-10　《夫婦宴飲圖》，河南洛陽東漢墓壁畫

二、分食制的傳承

從發掘的黃河中游地區漢墓壁畫、畫像石和畫像磚上，經常可以看到人們席地而坐，一人一案的宴飲場面。例如在河南密縣打虎亭1號漢墓內畫像石上的飲宴圖，宴會大廳帷幔高掛，富麗堂皇。主人席地坐在方形大帳內，其面前設一長方形大案，案上有一大托盤，托盤內放滿杯盤。主人席位的兩側各有一排賓客席，已有三位客人就座，有的在互相交談，幾個侍者正在其他案前做準備工作。可見，秦漢時期仍沿襲分食制。

低矮的食案是與人們席地而坐的習慣相適應的。據王仁湘先生考證，食案「從戰國到漢代的墓葬中，出土了不少實物，以木料製成的為多，常常飾有漂亮的漆繪圖案。漢代承送食物還使用一種案盤，或圓或方，有實物出土，也有畫像石描繪出的圖像。承托食物的盤如果加上三足或四足，便是案，正如顏師古《急就篇》注所說：『無足曰盤，有足曰案，所以陳舉食也』。」[1]

文獻中也有不少材料證實這種分食方式。《史記‧項羽本紀》中的鴻門宴，表露出當時實行的是分食制，在宴會上，項王、項伯、範增、沛公、張良五人，一人一案。《漢書‧外戚傳》載許後「朝皇太后於長樂宮，親奉案上食」，說明食案是很輕的，一般只限一人使用，所以連女子都舉得起。漢代文獻中還有席地而食的描述，如《史記‧田叔列傳》褚先生補曰：「主家（平陽）令兩人（田仁與任安）與騎奴同席而食，此二子拔刀列斷席而別坐。主家皆怪而惡之，莫敢呵。」以上文獻都說明，漢代人們都是坐在席上飲食，席前設案，這與先秦時期並無二致。

分食制在秦漢時期得以傳承，使用食案進食是一個重要原因。「雖不能絕對地說是一個小小的食案阻礙了進食方式的改變，但如果食案沒有改變，飲食方式也不可能會有大的改變。歷史告訴我們，飲食方式的改變，確實是由高桌大椅的出現而完成的，這就是中國古代由分食制向合食——會食制轉變的一個重要契機」[1]。

1　王仁湘：《飲食與中國文化》，人民出版社，1993年。

除此之外，漢代烹飪技藝的發展大體上與這種小木案作為擺放食品的器物是相適應的，看饌品種雖然已在逐漸增多，但還不像後世那樣用「食前方丈」（見元代王實甫《西廂記》、清代洪升《長生殿》）來形容，小木案基本上可以擺放一般酒席上應有的看饌，兩者之間的矛盾並不十分突出，因而分食制還有存在的空間。

三、飲食禮儀的完善

秦漢時期，黃河中游地區在飲食禮俗上形成了一套細緻入微的行為規範，主要表現在以下兩個方面：

❶・以東向為尊的宴席座次禮儀

一般而言，只要不是在堂室結構的室中，而是在一些普通的房子裡或軍帳中，宴席座次是以東向（坐西面東）為尊。以東向為尊的禮俗起源於先秦。秦漢時期，以東向為尊在史籍中多有記載，如《史記・項羽本紀》中所記項羽在軍帳中宴請劉邦時，其宴席座次為：「項王、項伯東向坐。亞父南向坐，亞父者，范增也。沛公北向坐，張良西向侍。」這裡項羽和他的叔父項伯坐西面東，是最尊貴的座位。其次是南向，坐著謀士范增。再次是北向坐著客人劉邦。最後是西向東坐，因張良地位最低，所以這個位置就安排給了張良，叫侍坐，即侍從陪客。鴻門宴上座次是主客顛倒，反映了項羽的自尊自大和對劉邦的輕侮。又如《史記・武安侯列傳》載：田蚡「嘗召客飲，坐其兄蓋侯南鄉，自坐東鄉」。田蚡認為自己是丞相，不可因為哥哥在場而不講禮數，否則就會屈辱丞相之尊。再如《史記・周勃世家》亦云：「勃不好文學，每召諸生說士，東鄉坐而責之。」周勃自居東向，很不客氣地跟儒生們談話。

但若在堂上宴客時，就不是以東向為尊了，一般以南向為尊，其次為西向，再次為東向，最後為北向。席上最重要的是上座，必須待上座者入席後，其餘的人方可入坐落座，否則為失禮。這種以宴席座位次序來顯示尊卑高下的禮俗，普及到社

會各個階層，一直傳承到近現代。

❷·尊讓潔敬的進食禮儀[1]

首先，在擺放菜餚上，帶骨的菜餚放在左邊，切的純肉放在右邊。飯食靠著人的左手方，羹湯放在靠右手方。細切的和燒烤的肉類放遠些，醋和醬類放在近處。薑蔥等作料放在旁邊，酒漿等飲料和羹湯放在同一方向，如果另要陳設乾肉、牛脯等物，則彎的在左，挺直的在右。上魚肴時，如果是燒魚，以魚尾向著賓客；冬天魚肚向著賓客的右方，夏天魚脊向著賓客右方。上五味調和的菜餚時，要用右手握持，而左手托捧。

其次，在用飯過程中，如果和別人一起吃飯，不可只顧自己吃飯，飯前要檢查手的清潔，不要用手團飯糰，不要把多餘的飯放回食器中，不要喝得滿嘴淋漓，不要吃得噴噴作響，不要啃骨頭，不要把咬過的魚肉又放回盤碗裡，不要把肉骨頭扔予狗。不要專據食物，也不要簸揚熱飯。不要落得滿桌是飯，流得滿桌是湯。

湯裡面有菜時，就得用筷子來夾，如果沒有菜，則只用湯匙。吃蒸黍飯要用手而不用箸，不要大口囫圇地喝湯，也不要當著主人的面調和菜湯，不要當眾剔牙齒，也不要喝醃漬的肉醬。如果有客人在調和菜湯，主人要道歉，說烹調得不好；如果客人喝到醬類食品，主人也要道歉，說備辦的食物不夠。對於濕軟的肉可以用牙齒咬斷，乾肉就須用手分食。吃炙肉不要撮作一把來嚼。

吃飯完畢，客人應起身向前收拾桌上盛著醃漬物的碟子交給旁邊伺候的人，主人跟著起身，請客人不要勞動，然後客人再坐下。

與尊長一起吃飯時，應先替尊長嘗飯，再請尊長動口，而後自己動口。要小口地吃，快點吞下，咀嚼要快，不要把飯留在頰間，以便隨時準備回答尊長的問話。

秦漢時期形成的這些繁瑣禮節，其宗旨是培養人們「尊讓潔敬」[2]的精神，它要

1　此部分根據《禮記》中的《曲禮》《少儀》《玉藻》等篇記載寫成。由於《禮記》是儒家經典，相傳為漢代戴聖編纂，所以它所體現的進食禮儀帶有一定的漢代色彩，也為後世歷代統治者所遵循。

2　《禮記·鄉飲酒禮》，十三經注疏本，中華書局，1980年。

求社會上不同階層的人們都要遵循一定的禮儀去從事飲食活動，以保證上下有禮，達到貴賤不相逾的目的。從秦漢時期黃河中游地區出土的畫像石、畫像磚、帛畫、壁畫上所常見到的宴飲圖來看，這套飲食禮儀似被黃河中游地區的人們普遍遵循。同時，這套飲食禮儀也對整個中國古代社會產生過極大的影響。

四、日趨成熟的節日飲食習俗

節日飲食習俗，是中華民族飲食文化的一份珍貴遺產，它集中、強烈地反映出中國文化的內容和色彩，是中國先民在長期社會活動中，適應生產、生活的需要和欲求而創造出來的。秦漢時期，中國許多節日開始形成並走向成熟，比較重要的節日有春節、元宵節、寒食節、端午節和重陽節等。

❶ · 旦日、元旦飲食習俗

秦漢至清末春節稱旦日、元旦等。春節的濫觴非常古老，早在遠古時期，便傳承著以立春日前後為時間坐標，以春耕為主題的農事節慶活動。這一系列的節慶活動不僅構成了後世元旦節慶的雛形框架，而且它的民俗功能和構成因子也一直遺存至今。秦漢是由立春節慶向現代春節大年節的過渡時期，它表現為兩個演進過程：其一為節慶日期由以立春為中心，逐漸過渡到以正月初一為中心；其二為單一形態的立春農事節慶逐漸過渡到復合形態的新年節慶。由此產生了一系列以除疫、延壽為目的的飲食習俗，如飲椒柏酒、吃膠牙餳（táng）等。

「椒柏酒」是用椒花、柏葉浸泡的酒。椒酒原是先秦時期楚人享神的酒醴，到了漢代，「椒」又與壽神之一的北斗星神掛上了鉤，據東漢崔寔《四民月令》載：「椒是玉衡星精，服之令人身輕能（耐）老，柏是仙藥。」人們相信元旦飲椒柏酒可以使人在新年裡身體健康，百疾皆除，延年益壽。當時人們飲椒柏酒還傳承著從年輩最小的家族成員開始，最後才由年輩最高的家族長輩飲酒的俗規。

「膠牙餳」是麥芽製成的一種飴糖，古漢語中「膠」有牢固的意思，據《荊楚

歲時記》記載，膠牙即固牙，俗傳吃了這種糖之後，可以使牙齒牢固，不脫落。可見，元旦吃「膠牙餳」和飲椒柏酒一樣，寓吉祥之意，表達了人們對新年美好生活的嚮往。

大約自漢代起，元旦大吃大喝已成風氣，據《漢官儀》和《後漢書‧禮儀志》等書記載，每年元旦，群臣都要給皇帝朝賀，稱為「正朝」，皇帝便大擺筵席款待群臣，君臣飲宴歡度佳節。有時，皇帝也借飲宴之機考察臣僚學問，一些阿諛奉承之輩也趁機在皇帝面前吹牛拍馬。《後漢書》記載：大經學家戴憑為侍中時，正旦朝賀，皇帝為百官賜宴，並令群臣通經史者在飲宴時互相考辯詰難，如有解釋經義不通者，奪席，讓座給通者。戴憑以他淵博的經學知識，連連獲勝，連坐五十餘席，當時京師中傳為佳話：「解經不窮戴侍中。」由此可見，當時御宴也還有一些學術性與趣味性。

❷‧上元節形成，飲食習俗尚未形成

正月十五為元宵節，又稱上元節。元，上元，正月十五；宵，夜。元宵賞燈起源於漢代。對其起源形式，有著不同的說法。第一種說法是，漢武帝採納方士謬忌的奏請，在甘泉宮設立「泰一神祀」，從正月十五黃昏開始，通宵達旦地在燈火中祭祀，從此形成這天夜裡張燈結綵的習俗。第二種說法是，漢末道教的重要支派五斗米道，創天、地、水「三官」說。正月十五是「三官」下降之日，三官各有所

▶圖3-11 西漢金質爐灶模型

好，天官好樂、地官好人、水官好燈，因此，此日要縱樂點燈，人們結伴夜遊。第三種說法是，上元節是漢明帝時由西域傳入的，如宋人高承《事物紀原》云：「西域十二月三十日乃漢正月望日，彼地謂之大神變，故漢明帝令人燒燈表佛。」

這些說法都有一定的道理，一個成熟節日的形成，多是融匯了一些不同種類的原型因子。可以認為，上元節是多種文化和習俗復合而成的。正月十五燈火輝煌的活動，既有祭太（泰）一神的舊俗，又有燃燈禮佛的虔誠，形成了一個獨具風采的傳統節日。由於上元節剛剛形成，其節日飲食的獨特性尚未表現出來。漢代上元節還未出現後世元宵之類獨特的節日食品。

❸ · 寒食節飲食習俗

寒食節的時間是在清明節之前的一兩日，從先秦以迄隋唐，寒食節均為一大節日，寒食節有禁火冷食習俗。寒食節的形成有兩個源頭，一是周代仲春之末的禁火習俗；二是春秋時晉國故地山西一帶祭奠介子推的習俗。曹操《明罰令》和晉人陸翽《鄴中記》皆云寒食斷火起因於祭介子推。其禮儀以晉國故地今山西一帶最為隆重。秦漢時期，該地區人民寒食禁火時間竟長達一個月之久。《後漢書‧周舉傳》載：「太原一郡，舊俗以介子推禁骸，有龍忌之禁，至其亡月，咸言神靈不樂舉火。由是士民每冬中輒（zhé，總是）一月寒食，莫敢煙爨（cuàn，燒火做飯），老小不堪，歲多死者。」

鑒於此，太原太守周舉曾嚴禁過寒食節。周舉是東漢安帝時期的人，周舉離開後，這裡的寒食之風很快又恢復了。漢末曹操鑒於此，曾下令革除寒食禁火一月的舊俗，此後寒食三日才相沿成俗，這三日是冬至後的第104至106日。

秦漢時期，寒食節令食品還比較簡單，多為糗，即炒熟的麥、粟、米粉之類。食用時，加水調成糊狀，也可直接食用。由於糗製作簡單，比較粗糙，不適合社會上層和節日喜慶的需要，魏晉以後慢慢出現了錫大麥粥、寒具（又稱饊子）等節日美食。

❹·端午節飲食習俗

農曆五月初五為端午節，其起源很早。先秦時，人們就認為五月是個惡月，重五之日更是惡日，所以後世端午節要進行一系列的闢邪、祛疫活動，這說明構成端午節的一些事象及因子，在先秦時就已存在。秦漢時期是端午節初步形成的階段，其節日飲食多具有除疫、闢邪的寓意，如飲菖蒲酒等。端午節最主要的節令食品粽子相傳始於漢代。魏晉南北朝時期人們又將端午吃粽子與祭屈原聯繫起來，後世圍繞著粽子這一食品，便衍生了一系列有關的食俗與禁忌。

❺·重陽節飲食習俗

農曆九月九日為重陽節，重陽節起源甚早，定型於漢代，據《西京雜記》載：「戚夫人侍兒賈佩蘭，後出為扶風人段儒妻，說在宮內時……九月九日佩茱萸，食蓬餌，飲菊花酒，令人長壽。菊花舒時，並採莖葉，雜黍米釀之，至來年九月九日始熟，就飲焉，故謂之菊花酒。」由此可知，西漢初年，宮中即有過重陽節之俗，而且要佩茱萸，食蓬餌（即重陽糕），飲菊花酒。

第四章 魏晉南北朝時期

魏晉南北朝時期是中國封建社會歷史上大動盪、大分裂持續時間最長的時期。這一時期，中國社會經濟在不斷破壞和重建中艱難地向前發展，在黃河中游地區，游牧民族的牧業經濟同傳統的農業經濟互相融合，大量胡食、胡飲與當地漢族飲食互相影響，出現了許多風味各異的名饌佳餚。加之這一時期社會經濟、文化的發展，使魏晉南北朝時期的飲食文化較之前代有了一些新變化，呈現出一些新的特色。具體表現為：在食材上，糧食品種和數量增加，肉類生產結構有了一定的變化，蔬菜栽培技術日趨成熟，瓜果種植技術獲得一定發展。在食物加工與烹飪上，糧食加工工具有了較大改進，主食烹飪水平逐漸提高，菜餚烹飪方法廣泛交融，筵席與宴會場面更加宏大。在飲品文化上，酒文化得到了快速發展，乳及乳製品得到了較快普及，茶飲在北方開始出現。社會飲食風俗方面，出現分食制向合食制轉變的趨勢，士族對飲食經驗的總結使食譜大量出現，漢傳佛教戒葷食素的飲食習俗開始形成，道教則流行少食辟穀和少食葷腥多食氣的飲食習俗。在魏晉南北朝時期飲食文化交流的基礎之上，才綻開了後世唐宋飲食文化的絢麗花朵。可以說，在中國飲食文化史上，魏晉南北朝時期的飲食文化起到了承前啟後的作用。

第一節　食物原料生產的發展

一、糧食品種和數量的增加

魏晉南北朝時期，黃河中游地區固有的農業經濟和西北少數民族的游牧經濟融合的完成，使農業生產繼續發展，精耕細作的旱地農業技術日臻成熟，糧食作物的品種和數量都有所增加，其中粟、麥為黃河中游地區的主糧。

❶·粟、麥為主要的糧食作物

在魏晉南北朝時期，粟是黃河中游地區最主要的糧食作物。《齊民要術·種穀》載：「穀，稷也，名粟。穀者，五穀之總名，非指謂粟也。然今人專以稷為穀，望

俗名之耳。」說明魏晉以來，粟在五穀中的地位上升，以致人們把粟和穀的概念等同起來。這一時期粟的品種很多。晉人郭義恭《廣志》記有12個品種，《齊民要術》則記有48個品種，其中有早熟、耐旱的，晚熟、耐水的，還有穗毛較長的等不同品種。因為粟是這一時期農業生產最主要的糧食作物，所以收成的好壞足以影響國計民生，甚至政權的穩定。加之粟具有耐儲藏的優點，被國家規定為標準的食糧，用以衡量租稅的多少。如北魏前期實行的九品混通制規定，每戶納租粟20石。其後孝文帝實行的均田制規定，一對夫婦交租粟2石。

魏晉南北朝時期，在黃河中游地區種植的與粟相近的穀類作物還有粱、黍、稷等。粱，是粟中一個特別好的品種，有「粱是好粟」的說法。《齊民要術》中並未將粟和粱絕對分開，常常把粱歸入粟類，基本上凡可種粟的地方都可種粱。河南雍丘（今河南杞縣）出產的粱在魏晉時期特別出名，「雍丘之粱」與「新城之粳」同是這一時期糧食名品的代表。

黍、稷的種植條件和粟粱幾乎完全相同，它們對生荒地的適應能力更強。這一時期黃河中游地區戰亂不斷，大片土地荒蕪，故在恢復生產時往往先種黍、稷，待土地熟化後再種植其他農作物。由於這個緣故，在當時黃河中游地區的糧食作物中，黍、稷所占的比重還是很大的。

由於石轉磨等加工工具的進步，麥由粒食轉為麵食，口感大大改善，這就促使麥的地位逐漸提高。魏晉南北朝時期，麥是黃河中游地區僅次於粟的主糧。麥的品種很多，最重要的是小麥。河南是魏晉南北朝時期該地區的主要植麥區。河南的洛陽是曹魏、西晉、北魏等政權的國都，以洛陽為中心的伊洛河谷，土壤氣候都比較適宜麥子的種植，這些政權都很重視京師周圍的農業生產，種植有大面積的小麥。河南的其他地方種麥也較多。河南中部的鄭縣當時出產一種赤小麥，《齊民要術·大小麥》引《廣志》曰：「赤小麥，赤而肥，出鄭縣。語曰：『湖（今湖南靈寶縣西）豬肉，鄭稀熟。』」「鄭稀熟」即指這種鄭縣赤小麥。

關中及其他可以引水灌溉的地區是這一時期黃河中游地區的又一重要產麥區。

這一時期關中還出現了以麥田為標誌的地名，如麥田山、麥田泉、麥田城等。[1]這類地名的出現，反映了關中植麥的悠久和普遍。這一時期的關中安定地區還出產一種聞名全國的小麥，叫「噎鳩之麥」，顧名思義，是說麥粒大而飽滿，鳩鳥吞食容易被噎。誇張的命名，傳神地描述出這種小麥的特點。南朝梁人吳筠《餅說》認為作餅的最佳原料中就有這種安定「噎鳩之麥」，並且認為這種麥最好用洛陽董德之磨來加工成麵粉。

黃河中游的其他地區由於受氣候和水資源的限制，麥子的種植面積和產量遠不如粟類作物。

❷ · 水稻的生產呈下滑之勢

受戰亂的影響，魏晉南北朝時期，黃河中游地區的農田水利設施遭到了破壞，水稻的生產呈嚴重下滑之勢，這與當時南方長江中下游地區水稻生產的突飛猛進形成鮮明對比。然而，在社會的短暫安定之時，在水源充足的地方人們還是喜歡種植產量較高的水稻。《齊民要術·水稻》中記載有13種粳稻、11種糯稻，多是北方品種。粳（亦寫作「秔」）稻對氣候、土壤的適應性強，口感較好，受到人們的廣泛歡迎。黃河中游地區氣溫較低，耐低溫的粳稻是主要的稻種。洛陽新城粳稻是這一時期比較著名的品種，文人雅士對此多有吟詠，如三國時袁准道有「新城之粳，濡滑通芬」；桓彥林《七設》有「新城之秔」，「既滑且香」；晉袁准《抬公子》中有「新城白粳」，「濡蜎通芳」等佳句。糯米性甚黏，可用來做飯及製作糕餳等其他食品，但更多的時候是用來釀酒。《齊民要術·造神麴並酒》載：「作糯米酒，一斗麴，殺米一石八斗」。

❸ · 大豆在副食中的地位逐漸上升

魏晉南北朝時期，在黃河中游地區大豆作為主糧的地位不斷下降，而在副食中的地位逐漸上升。主要原因是粟、麥等主糧的產量有很大的提高，特別是小麥種植

1　酈道元著，陳橋驛校正：《水經注校正·河水二》，中華書局，2007年。

面積迅速擴大，可以為人們提供足夠的主食。而大豆富含蛋白質，更適合作副食。當然，大豆由主糧轉化為副食是一個緩慢的過程，這一轉化在魏晉南北朝時期遠未完成。

大豆作主食，一是粒食，即整粒蒸煮或熱炒，可作為簡便的軍糧，一些官員士大夫為顯示清高儉樸也常粒食；二是磨碎做豆粥。豆粥又稱豆羹、豆糜。由於豆粥製作簡單、成本低廉，且味道鮮美、營養豐富，當時上至達官貴族，下至平民百姓都喜歡吃豆粥。如西晉宰相張華就很喜歡食用豆粥，還專門寫過《豆羹賦》一文。

二、肉類生產結構的變化

魏晉南北朝時期，由於戰亂給社會經濟造成了嚴重破壞，這一時期黃河中游地區的農牧業生產下滑，人民生活水平下降，肉食在飲食生活中的比重並未出現明顯的提高。西北遊牧民族大量內遷至黃河中游地區，他們以肉食為主的飲食習慣強烈地衝擊著黃河中游地區以穀物為主的傳統飲食方式。北魏統一北方以後，隨著大規模戰亂的停止，農業生產的恢復，迎來了胡漢民族大融合的高潮，內遷至黃河中游地區的游牧民族，在優秀的農業文明的薰陶之下逐漸被同化，變游牧為農業生產，成為農業民族的一員。他們的飲食方式也日益漢化，不再以肉食為主，吃糧食菜蔬成為日常必須。

❶·養豬業的萎縮

養豬是農耕文明的家庭副業。養豬在中國歷史悠久，豬肉一直是漢民族最主要的肉食。同漢代發達的養豬業相比，魏晉南北朝時期由於農業經濟遭到巨大的破壞，養豬業整體上呈萎縮態勢。

魏晉南北朝時期，黃河中游地區的養豬有兩種方式。一是放牧養豬。牧豬主要在沼澤水邊進行。《齊民要術》卷六《養豬》載：「豬性甚便水生之草，耙耬水藻等令近岸，豬則食之，皆肥。」這種牧豬方式利用沼澤水邊的天然野生飼料養豬，投

資少而效益高。牧豬的時間在春夏野草生長旺盛的時候。深秋後，水草停止生長，養豬則採用第二種方式——圈養。一些小農只養一頭或幾頭豬，則終年採用圈養方式，每日從地裡割草，再添加其他飼料餵養。這樣可以免去放養時需專人照看的麻煩，圈養還有利於催肥。魏晉南北朝時期，圈養餵豬逐漸為普通農戶所採用。

魏晉南北朝時期的養豬技術，在前代的基礎上有了系統的總結，《齊民要術》卷六《養豬》具體反映了這些技術成果。如豬仔飼養，應用煮過的穀物，冬季時還要用微火給剛出生的豬仔取暖以防凍死；小豬飼養，應在飼料中加入穀豆類精飼料以催肥，小豬與大豬應分開飼養，以免小豬搶不到食；大豬催肥應用小舍圈養，以限制其活動，提高飼料轉化率。

❷．養羊業的上升

魏晉南北朝時期，黃河中游地區因戰亂造成了大片土地荒蕪，游牧民族內遷時帶來大批牛羊，荒蕪的土地上可供放牧，而採用休耕製出現的休耕土地，也可用於放牧，養羊業開始進入繁榮期。北魏統一北方後，隨著農業生產的恢復和發展，大規模牧羊減少，而農戶小規模的養羊繼續發展，使養羊業在總體上仍保持上升趨勢。

這一時期，相對於其他區域，黃河中游地區的養羊業比較發達，規模也較大。如北魏爾朱榮，秀容（今山西原平）人，在其父爾朱新主事時，家族興旺富有，「牛羊駝馬，色別為群，谷量而已」[1]。所牧養的牛羊駝馬數量太多，只能以山谷為單位來計算。「朝廷每有征討，輒獻私馬，兼備資糧。」這一時期，除內遷到黃河中游地區的游牧民族大規模牧羊外，本地的漢人家庭亦農亦牧的也不少，如并州王象「少孤特，為人僕隸，年十七八，見使牧羊而讀私書，因被棰楚」[2]；北魏人崔鴻《前趙錄》載：李景少貧，「見養叔父，常使牧羊」[3]。這些都屬於家庭小規模牧羊，但

1　魏收：《魏書·爾朱榮傳》，中華書局，1974年。
2　陳壽：《三國志·魏書·楊俊傳》，中華書局，1959年。
3　李昉：《太平御覽》卷八三三，中華書局，1960年。

由於是遍地開花，羊只總數並不少。事實上，羊的總量比豬的總量要大。在各種肉食中，羊肉取代豬肉高居首位。

魏晉南北朝時期，統治北方的多是西北遊牧民族，由於本身牧羊的傳統，對養羊比較重視。北齊時，政府還用羊來獎勵人口生育，規定「生兩男者，賞羊五口」[1]。這一時期的養羊技術也已經十分成熟了，《齊民要術・養羊》中對羊的放牧時間、放牧方法、冬季舍飼、圍柵積茭餵養等都有詳細的介紹和分析，是這一時期養羊經驗的歸納和總結。

❸・家禽飼養的普及

魏晉南北朝時期，黃河中游地區的家禽飼養以蛋雞為主。普通農戶幾乎家家都要養幾隻雞，一方面自用，一方面可作為重要的收入來源。如《晉書・隙詵（shēn）傳》載，母亡家貧，無以下葬，乃「養雞種蒜」，三年後「得馬八匹，輿柩至冢，負土成墳」。這一時期的養雞技術也取得了一定的進步，培養出鬍髯、五指、金骹、反翅等新品種。新的優良雞種的出現既是養雞業繁榮的結果，又為養雞業的進一步發展創造了條件。《齊民要術・養雞》記述了當時雞種選育和肉雞、蛋雞飼養的經驗與方法，如雞種選育，要求選擇秋天桑落時下的蛋，因為這個時期的蛋孵出來的雞，「形小，淺毛，腳細短者是也，守窠少聲，善育雛子」；雞雛飼養，要求「二十日內，無令出窠，飼以燥飯」；肉雞飼養，要求「別作牆匡，蒸小麥飼之，三七日便肥大矣」；蛋雞飼養，要求「唯多與穀，令竟冬肥盛」，這樣可使「一雞生百餘卵」。

❹・漁業生產的進步

黃河中游地區不是水鄉，但在有水源的地方，人們對捕撈業和養殖漁業都很重視。《齊民要術》卷六《養魚》，介紹了魚塘建設、魚種選擇、自然孵化、密集輪捕等方面的知識，並認為只能放養鯉魚，「所以養鯉者，鯉不相食，易長又貴也」。黃

1　《北史・邢邵傳》，中華書局，1974年。

河中游地區的淡水魚種主要有鯉、鯽、魴、青、草、鱸等。北魏時期，洛水鯉魚和伊水魴魚以肉鮮味美名滿朝野，尤其是在京師洛陽城中，更是達官貴人餐桌上的美味，一時價格居高不下。《洛陽伽藍記》卷三《城南》載：「洛鯉伊魴，貴如牛羊」。說明那些吃慣了牛羊肉的北方游牧民族，也逐漸對食魚產生濃厚興趣，使得魚價上漲，體現出這一時期內遷至黃河中游地區的游牧民族對漢族飲食文化的吸收，這是胡漢民族融合的一個具體表現。

三、日趨成熟的蔬菜栽培技術

蔬菜是人們日常飲食中不可或缺的食物原料。魏晉南北朝時期，能夠在黃河中游地區栽培的蔬菜有葵、蔓菁、韭、茄子、菘、薹苔、苴（苴蕒菜）、胡瓜（黃瓜）、菜瓜、蒜、蔥、胡荽、瓠（葫蘆）、芋等30多種，其中有些是從前代繼承下來的，有些是這一時期新選育、改良的，有些是從野生蔬菜剛剛馴化過來的，還有些則是從其他區域或國外引進的。

這一時期蔬菜栽培技術已經非常成熟了，人們普遍注意園田整治、肥水管理，講究複種和套種，以提高土地利用率。最能體現這一時期蔬菜栽培技術進步的是韭菜的栽培。

魏晉南北朝時期，韭菜在黃河中游地區廣泛種植。韭菜在春夏兩季產量很高，它是魏晉南北朝時期下層貧窮百姓日常食用的蔬菜，故當時春夏常食韭菜還被看成貧窮的象徵。這一時期，黃河中游地區的韭菜栽培取得了很大成就，主要表現在出現了溫室種植韭菜和對種植技術的全面總結上。由於韭菜屬於時令性蔬菜，季節性強，對氣溫要求高，初春種植的韭菜，一兩個月後便可陸續割食了。入夏以後，韭菜變老，吃起來口感要差得多。黃河中游地區，寒冷的冬季是吃不到自然生長的韭菜的。西晉人石崇在冬季宴客所用的韭菜乃是麥苗充數，拌以韭菜根榨出的汁液而

已。[1]但到北齊時，已經有人開始在冬季用溫室栽培韭菜了，雖然「歲費萬金」，卻使後宮嬪妃「寒月盡食韭芽」。[2]

韭菜種植技術在這一時期得到了全面的總結，《齊民要術》中有《種韭》專篇，從選種、育種到整地、播種管理、收剪等都有詳細介紹，這是韭菜種植髮達的標誌。

四、瓜果種植技術的發展

魏晉南北朝時期，種瓜技術獲得一定的發展，例如在種子選育方面，注意到用「本母子」瓜（指每年成熟最早的瓜，其種子再種，同樣成熟得早）的種子留種。《齊民要術·種瓜》載：「『本母子』者，瓜生數葉便結子，子復早熟。用中輩瓜子者，蔓長二三尺然後結子。用後輩子者，蔓長足然後結子，子亦晚熟」。取子的時候，還應該「截去兩頭，止取中央子」，這樣就能保證所選的種子營養充分，發育良好。

魏晉南北朝時期，果樹嫁接技術日臻成熟，並逐漸推廣，有力地促進了果樹栽培的進一步發展。這一時期黃河中游地區比較重要的水果有桃、梨、棗、李和葡萄等，其中葡萄種植面積的擴大尤其令人矚目。

❶·桃

桃樹在中國分布廣泛，史籍記載這一時期的桃有白桃、侯桃、勾鼻桃、襄桃等。其中，勾鼻桃單果重達二斤，後趙石虎的鄴都宮苑中曾有種植；白桃和侯桃，栽培於魏晉兩朝的洛陽皇家園林華林園裡。華林園中還有從西域崑崙山移植而來的王母桃，該桃又稱仙人桃，名氣很大，當時有「王母甘桃，食之解勞」的俗語。[3]這

1　房玄齡：《晉書·石崇傳》，中華書局，1974年。
2　李昉：《太平御覽》卷九七六，中華書局，1960年。
3　段成式：《酉陽雜俎》續集卷一〇，四部叢刊本，上海書店，1985年。

種桃「其色赤，表裡照徹，得霜即熟」[1]。這一時期的人們非常喜歡吃桃，西晉傅玄《桃賦》言：「既甘且脆，入口消流」。除生吃外，人們還用桃作原料製成一些其他食品。

❷ · 梨

魏晉南北朝時期，黃河中游地區梨的品種很多，比較有名的梨有新豐箭谷梨（產於陝西臨潼）、陽城梨（產於河南登封）、睢陽梨（產於河南商丘）、北邙張公夏梨（產於河南洛陽）、含消梨（產於河南洛陽）等。徐堅《初學記‧果木部‧梨》載：「《廣志》曰：『洛陽北邙張公夏梨，海內唯有一樹。有常山真定，山陽巨野梨，梁國睢陽梨，齊郡臨淄梨，鉅鹿槁梨，上黨樟梨，小而甘。新豐箭谷梨，關以西梨，多供御。廣都梨，重六斤，數人分食之。』」《太平御覽‧卷九六九‧果部‧梨》載：「楊炫之《洛陽伽藍記》曰：『勸學裡報德寺有園，珍果出焉。有含消梨，重六斤。禁苑所無也。從樹投地盡散為水焉。』」

❸ · 棗

棗主要產於北方，黃河中游地區是中國重要的產棗區。魏晉南北朝時期，棗對於普通百姓的日常生活意義重大。棗營養豐富，可以曬製成乾棗儲存，以備饑荒。北魏政府推行均田制時，曾強令農民種植棗樹，每戶不得少於五株，否則收回土地，反映出政府對以棗充糧用於救荒的重視。魏晉南北朝時期，山西棗以個大味美而著名。其中安邑棗（產於今山西運城、夏縣一帶）漢代以來一直是朝廷貢品，有御棗之稱，魏文帝曹丕曾言南方的龍眼荔枝酸澀不如中原地區的棗，更「莫言安邑御棗」了。[2]與安邑相鄰的猗氏（今山西臨猗）也以棗出名，郭璞《爾雅注》載：「今河東猗氏縣出大棗，子如雞卵」。

河南名棗集中在洛陽的皇家園林中，西晉洛陽「華林園棗樹六十二株，王母棗

1　楊衒之著，楊勇校箋：《洛陽伽藍記校箋》卷一，中華書局，2006年。

2　歐陽詢：《藝文類聚》卷八七，上海古籍出版社，1982年；李昉，《太平御覽》卷九六五，中華書局，1960年。

十四株」[1]，這種棗很可能是原生於西北地區的品種；《洛陽伽藍記》卷一載：北魏洛陽百果園中，「有仙人棗，長五寸，把之兩頭俱出，核細如針，霜降乃熟，食之甚美」。其他見諸文獻的黃河中游地區有名的棗還有河內汲郡（今河南汲縣）棗、洛陽夏百棗、梁園（今河南商丘）夫人棗等。

❹·李子

作為水果，李子的地位不如桃、梨、棗那麼高，但李子的品種多，產量高，顏色美麗，口味獨特，深受人們的歡迎。晉人傅玄《李賦》言：「即變洽熟，五色有章，種別類分，或朱或黃。甘酸得適，美逾蜜房。浮彩點駁，赤者如丹。入口流濺，逸味難原。見之則心悅，含之則神安。」這一時期，黃河中游地區比較有名的李子有朱李、安陽李等。

❺·葡萄

魏晉南北朝時期，大批來自西部的少數民族移居黃河中游地區，使之與西域的交往更加方便、更加頻繁。在這種背景下，葡萄栽培技術在黃河中游地區得到了初步推廣。

魏晉時期，黃河中游地區的人們對葡萄和葡萄酒的認識已相當深入了。魏文帝曹丕曾對群臣言：「中國珍果甚多，且復為說蒲萄。……醉酒宿醒，掩露而食，甘而不餉，脆而不酸，冷而不寒，味長汁多，除煩解酲（yuàn，膩）。又釀以為酒，甘於麴蘖，善醉而易醒，道之固以流涎嚥唾，況親食之耶！即他方之果，寧有匹之者？」[2]魏晉許多官僚士大夫都吟詠過葡萄。如鍾會、左思、應禎、傅玄等。但魏晉時期的葡萄還多種植於皇家園苑中，並沒有進入普通百姓的生活之中，還未進行生產性種植。

葡萄進行大規模的生產性種植和進入普通百姓的生活之中是從北魏開始的。洛

1　歐陽詢：《藝文類聚》卷八七引《晉宮閣名》，上海古籍出版社，1982年。
2　李昉：《太平御覽》卷九七二，中華書局，1960年。

陽、長安、鄴是當時黃河中游地區乃至整個中國的葡萄種植中心。葡萄種植面積的擴大，使葡萄栽培技術得以提高，當時人們已開始總結這些技術了，如《齊民要術》卷四中詳細記載了葡萄越冬和保鮮技術，還介紹了葡萄乾的製作方法。

第二節　食物加工與烹飪的進步

魏晉南北朝時期，黃河中游地區的食物加工與烹飪技術在前代的基礎上有了進一步發展，總結烹飪和食療方面的著述成批湧現。見於《隋書・經籍志》中的烹飪文獻有《崔氏食經》4卷、《食經》14卷、《食饌次第法》1卷、《四時御食經》1卷、《馬琬食經》3卷、《會稽郡造海味法》1卷。食療文獻有《膳羞養療》20卷、《論服餌》1卷、《老子禁食經》1卷等。但以上文獻都已佚失，難以考證。現存的有賈思勰的《齊民要術》、虞悰的《食珍錄》，這些書記載了許多肴饌的烹製方法。食譜、食療專著的大量出現，反映了魏晉南北朝時期的食物加工與烹飪水平有了較大的提高。

一、糧食加工工具的改進

魏晉南北朝時期，黃河中游地區的糧食加工工具有了不少改進，糧食加工技術也獲得了較大提高，為這一時期主食烹飪水平的提高奠定了基礎。

❶·米穀加工工具的廣泛使用

對米穀的加工主要是脫殼，魏晉南北朝時期，米穀脫殼工具有杵臼、碓（duì）臼、碾等。

古老的杵臼在魏晉南北朝時期仍廣泛使用。但用杵臼加工米穀勞動強度大、效率低，人們一直在尋求新的工具。魏晉時期，已經出現了較先進的碓臼，但只侷限

於在官僚和世家大族的莊園裡使用。到了南北朝時期，碓臼才得到迅速推廣。

最初的碓臼形式是踐碓，它利用槓桿原理，用足踏代替手執的杵臼操作，減輕了舂米、穀的勞動強度，提高了勞動效率。北魏時，有些官員在轄區「令一家之中自立一碓」[1]，促進了踐碓的普及。

比踐碓先進的還有使用畜力、水力代替人力的畜力碓和水碓。晉陸翽（huì）《鄴中記》載：後趙石虎時「有舂車木人，及作行碓於車上，車動則木人踏碓舂，行十里成米一斛」。可見畜力碓利用畜力作動力，通過傳動裝置帶動碓臼舂米。當時最先進的舂米工具當屬使用水力的連機水碓。洛陽是魏晉南北朝時期北方的政治、經濟、文化中心，許多達官富豪都在洛陽建立有水碓，如西晉時，石崇在洛陽有「水碓三十餘區」[2]。司徒王戎，「既貴且富，區宅、僮牧、膏田、水碓之屬，洛下無比」[3]。碓臼的廣泛使用，極大地提高了米穀的加工能力和加工水平，對改善黃河中游地區人們的飲食生活有著重要作用。

碾，也是這一時期黃河中游地區重要的米穀脫殼工具，它主要用於粟、黍、稷等穀物的脫殼，使用十分廣泛。北魏崔亮曾在雍州（治所長安，今陝西西安西北）「教民為碾。及為僕射，奏於張方橋東堰谷水，造水碾磨數十區，其利十倍，國用便之」[4]。但用碾脫殼同時會將穀物碾碎，碾在這一點上不如杵臼。後來碾逐漸由脫殼工具演變為碾碎工具，用於碾碎麥穀。[5]

除脫殼工具之外，這一時期的米穀加工工具還有將米穀與糠殼分離的簸扇工具，如簸箕、揚扇、扇車等。北魏時黃河中游地區還出現了用水作動力的簸扇機械，據《洛陽伽藍記》卷三載：洛陽景明寺有三池，「碾磑（wèi，石磨）舂簸皆用水功」。

1　魏收：《魏書‧高佑傳》，中華書局，1947年。

2　房玄齡：《晉書‧石苞傳》，中華書局，1974年。

3　劉義慶：《世說新語‧儉嗇》，中華書局，2004年。

4　魏收：《魏書‧崔亮傳》，中華書局，1974年。

5　魏晉南北朝時人們仍食用麥飯。做麥飯一般用碾碎的麥子。

❷ · 麵粉加工工具的較大改進

麵粉加工工具主要有粉碎麥子的磨和篩麵用的羅。

這一時期，黃河中游地區的磨有了重大發展，主要表現在連磨和水磨的使用推廣上。西晉杜預曾製作連機八磨。這是一種使用畜力的機械磨，磨麵效率很高。它中間建立一個大輪軸，通過齒輪齧合連接八部石磨，牛轉動輪軸時，八部石磨便轉動起來。

比較先進的磨還有使用水力的水磨，它是南朝祖沖之發明的。北魏崔亮曾在長安、洛陽提倡製造和使用水磨。[1]除連磨和水磨外，這一時期黃河中游地區人們經常使用的還有用人力和畜力轉動的單磨。人力磨多為小磨，用來加工少量麵粉。畜力磨多為大磨，加工的麵粉較多。此外晉代陸翽《鄴中記》還記載，後趙石虎有一種磨車，置石磨於車上，行十里輒磨麥一斛。

這一時期，羅也有很大地改進，從而使麵粉加工達到了一個新水平。特別是細羅的使用，使人們獲得了精良的麵粉。晉代束晳《餅賦》中提到「重羅之麵，塵飛雪白」。這裡的「重羅」，指的是用細羅多次篩過。有了精良的麵粉，人們才能製作出美味的麵食，也才能真正認識到麥子的食用價值。因此，魏晉南北朝時期，磨、羅麵粉加工工具的發展對黃河中游地區麵食的推廣具有重大意義。

二、主食烹飪水平的逐漸提高

魏晉南北朝時期，糧食加工技術的進步和飲食文化在黃河中游地區的交流，特別是胡漢飲食文化的交流，促使這一時期該地區主食烹飪水平的提高。

❶ · 飯的品種不斷豐富

魏晉南北朝時期，黃河中游地區飯的烹飪方式沒有太多的改進，但飯的品種增

1　魏收：《魏書・崔亮傳》，中華書局，1974年。

加不少，主要有粟米飯、麥飯、稻米飯、蔬飯、豆飯和棗飯等。

粟米飯。粟米飯簡稱粟飯，為魏晉南北朝時期黃河中游地區普通百姓的日常主食。曹魏時，魏文帝曹丕的母親卞太后常食粟飯，「太后左右，菜食粟飯，無魚肉，其儉如此」[1]。皇室貴族常食魚肉，而粟飯是大眾百姓的食物，故卞太后吃粟飯是節儉的表現。

麥飯。麥飯是將麥粒像粟米那樣蒸煮的飯。魏晉以前，製麵技術尚未完全成熟，人們常吃麥飯。魏晉南北朝時期，雖然麵粉加工技術有了重大進步，但由於傳統習慣和節約糧食的需要（麥子加工成麵粉要出15%的麥麩），麥飯仍然是黃河中游地區人們常吃的飯食。《魏書・盧義僖傳》載，盧義僖「性清儉，不營財利，雖居顯位，每至睏乏，麥飯蔬食，忻然甘之」。麥飯的地位可能比粟飯還要低，貧窮人家多食麥飯。當時還有一種麥飯䬳（bǎn，用麥麵或米粉等做的餅），係用碎麥蒸煮而成。由於是碎麥，蒸煮以後成為一團，切開成餅狀，即為麥飯䬳。

稻米飯。稻米飯又稱白米飯或米飯，是魏晉南北朝時期的高級飯食。黃河中游地區稻米產量較少，稻米飯更顯得珍貴，更以新城粳稻米聞名天下。魏文帝《與朝臣書》：「江表惟長沙名有好米，何得比新城粳稻邪？上風炊之，五里聞香。」連皇帝對這種米飯都稱讚不已。

蔬飯。蔬飯又稱蔬菜飯，是將蔬菜剁碎混合在米裡烹製成的飯。在主糧不足的情況下，窮苦百姓為填飽肚子，多以菜充飯，烹煮蔬飯。由於蔬飯是下層百姓的日常飯食，一些官員為表示清廉也常食蔬飯。

豆飯。豆飯是用大豆和赤小豆為主烹飪的飯，比較粗糲，當時亦是下層百姓的日常飯食。

棗飯。棗飯，以棗名飯，顧名思義是加入棗的飯。棗和豆一樣都是魏晉南北朝時期黃河中游地區重要的食物原料，人們的常用飯食。

1　陳壽：《三國志・魏書・后妃傳》裴注引王沈《魏書》，中華書局，1974年。

❷ · 粥

魏晉南北朝時期，粥在黃河中游地區人們的飲食生活中占有重要地位。做粥所用的原料主要有粟、黍、稷、稻和麥等糧食，豆類含澱粉較少，不能單獨成粥，需要同米麥配合才可以。煮豆不易軟爛，如西晉石崇家待客時則預先多做些熟豆末，客至則在稻米粥中加入熟豆末，則豆粥立就。[1]為了增加風味，做粥時還可以添加一些果品蔬菜等。

由於用同樣數量的米煮出來的粥比蒸出來的飯要多得多，因此普通百姓為了節省糧食，平時多舉家食粥，災荒年月更是如此。政府救荒，也常常開設粥場施粥。如北魏景明初年豫州鬧饑荒，刺史薛真度「日別出州倉米五十斛為粥，救其甚者」[2]。韋胐為北魏雍州（今陝西西安）主簿時，「時屬歲儉，胐以家粟造粥，以飼飢人，所活甚眾」[3]。

魏晉南北朝時期，黃河中游地區寒食節有食粥的習俗，上至王公大臣，下至黎民百姓莫不如此。據陸翽《鄴中記》載并州（今山西一帶）之俗，「冬至一百五日為介子推斷火，冷食三日，作乾粥，是今日糗」[4]。達官貴人所食的寒食粥中往往加入杏仁、糖等以調節口味，如北齊王元景所食寒食麥粥，「加之以糖，彌覺香冷」[5]。

丁憂守喪期間，為了表示哀戚，在飲食上孝子要茹素，多以粥為日常之食。如北周時皇甫遐，「遭母喪，乃廬於墓側，……食粥枕塊，櫛風沐雨，形容枯悴，家人不識」[6]。由於麥粥位低價廉，守喪食粥多用麥粥。且不論孝子的行為是否全都發自內心，但風尚如此，孝子守喪期間，麥粥成為孝子哀戚的象徵。

由於粥是流質、半流質的食物，易於消化吸收，尤其適宜老人、小孩和病人食

1　劉義慶：《世說新語·汰侈》，中華書局，2004年。
2　魏收：《魏書·薛真度傳》，中華書局，1974年。
3　魏收：《魏書·韋閬傳附》，中華書局，1974年。
4　李昉：《太平御覽》卷八五九，中華書局，1960年。
5　李昉：《太平御覽》卷八五九引《時鏡新書》，中華書局，1960年。
6　令狐德棻：《周書·孝義傳》，中華書局，1971年。

用。

❸·餅

魏晉南北朝時期，隨著黃河中游地區麥類產量的提高，麵粉加工技術的進步，特別是麵食發酵技術更加成熟，使麵食在人們飲食生活中的地位日益提高。《齊民要術》中記載的麵粉發酵方法為：「麵一石。白米七八升，作粥，以白酒六七升酵中，著火上。酒魚眼沸，絞去滓，以和麵。麵起可作。」這是一種用酒發酵的方法，十分符合現代科學原理。由於掌握了發酵技術，這一時期的各種餅食迅速發展，蒸、煮、烤、烙、油炸等烹飪方式應有盡有，品種豐富多樣。當時的麵食品種大致可分為蒸餅、湯餅、胡餅、燒餅、髓餅、乳餅、膏環等。

蒸餅。蒸製的麵食都稱為蒸餅。這一時期，蒸餅的製作技術已經非常成熟了，能夠恰到好處地掌握發酵火候。經過發酵處理的熟蒸餅，其體積比蒸熟前大許多，且鬆軟可口，很受人們歡迎。魏晉南北朝時期，喜食蒸餅的達官貴人可謂史不絕書。西晉何曾「蒸餅上不坼作十字不食」[1]，製作上面僅裂開一個十字的蒸餅，若用實心麵團，確非易事。要求對麵團的發酵度、發酵時間、蒸製的火候大小、用火時間的長短都要準確掌握。後趙時，「石虎好食蒸餅，常以乾棗、胡桃瓤為心，蒸之使坼裂方食。」[2]如若把果肉、菜蔬放入發酵麵團中進行蒸製，蒸餅便逐漸變化成為後世的各種包子。

魏晉南北朝時期，蒸餅類中有一種食品稱之謂「饅頭」。饅頭相傳為諸葛亮所發明，但於史無證。[3]當時的饅頭與如今的饅頭是有區別的：一是當時的饅頭都有餡，且為牛、羊、豬等肉餡；二是個頭很大，與人頭相似；三是多在三春之際製作，用於祭祀。後世饅頭個頭變小、無餡，成為人們的日常食品，但直到宋代時，饅頭仍是有餡的。

1　房玄齡：《晉書·何曾傳》，中華書局，1974年。
2　李昉：《太平御覽》卷八六〇引《趙錄》，中華書局，1960年。
3　姚偉鈞等：《國食》，長江文藝出版社，2001年。

湯餅。水煮的麵食統稱湯餅，如索餅、煮餅、水溲餅、水引餅、餺（bó）飥（tuo）等。索餅、水引餅就像現在的麵條，煮餅類似現在的鹵煮火燒，餺飥為麵片湯之類的麵食。曹魏時，宮廷之中已有湯餅，據《世說新語·容止》記載，何晏面色非常白，魏明帝懷疑他敷了粉，時值盛夏，就把他叫進宮中，「與熱湯餅」，讓何晏出汗，以驗其是否天生面白。

胡餅。胡餅又稱胡麻餅。胡麻即芝麻，因這種餅需用爐子烤製，故後世又稱芝麻燒餅。後趙時，「石勒諱胡，胡物皆改名。胡餅曰摶爐，石虎改曰麻餅」[1]。

燒餅。當時的燒餅為一種有肉餡的發麵餅，與今天的燒餅不同。今天的燒餅類似當時的胡餅。《齊民要術·餅法》：「作燒餅法：麵一斗，羊肉二斤，蔥白一合，豉汁及鹽，熬令熟，炙之。麵當令起。」從記載上看，這是一種發麵肉餡餅。《魏書·胡叟傳》載，胡叟到富貴人家赴宴，經常帶一個布口袋，「飲啖醉飽，便盛餘肉餅以付螟蛉（míng líng，一種綠色小蟲，這裡指胡叟之子）」。胡叟可謂開後世食品打包之先河。從這則故事中，我們也可看出燒餅是當時有錢人家設宴請客的常備食品。

髓餅。是用動物骨髓油、蜂蜜和麵粉發酵製成的薄餅。製作時，把餅坯放入胡餅爐中一次性烤熟。此餅肥美，可久貯，有後世麵包的一些特點。

截餅。截餅是用牛奶或羊奶加蜜調水和麵，製成薄餅坯，下油鍋炸成。這種餅質量頗佳，據《齊民要術·餅法》云：「細環餅截餅：（環餅一名寒具，截餅一名蠍子）皆須以蜜調水溲麵，若無蜜，煮棗取汁，牛羊脂膏亦得，用牛羊乳亦好，令餅美脆。截餅純用乳溲者，入口即碎脆如凌雪。」截餅是晉代以後才出現的新品種，是胡漢飲食文化交流的結晶。

豚皮餅。豚皮餅類似澄粉皮。其製法為：用熱湯和麵，稀如薄粥。大鍋中燒開水，開水中放一小圓薄銅缽子，用小勺舀粉粥於圓銅缽內，用手指撥動圓缽子使之旋轉。把粉粥勻稱地分布於缽的四周壁上。缽極熱，燙粉粥成熟餅，取出。再舀粉

1　李昉：《太平御覽》卷八六〇引《趙錄》，中華書局，1960年。

中國飲食文化史　黃河中游地區卷

114

粥入缽，待再熟，再取出，此餅放入冷開水中，如同豬肉皮一樣柔韌，食時澆麻油和其他調味品。此餅相傳是漢人為紀念屈原所作，後為宮中之食。

三、烹飪方法的廣泛交融

魏晉南北朝時期，各民族不同的飲食習慣和菜餚烹飪方法在黃河中游地區廣泛交融：從西域及西北地區來的人帶來了胡羹、胡炮、烤肉、涮肉等食物的製法；從東南來的人帶來了叉烤、臘味等製法；從南方沿海地區來的人傳入了烤鵝、魚生等製法；西南滇蜀人帶來了紅油魚香等飲食珍品。這些風味各異的菜餚極大地提高了這一時期黃河中游地區菜餚烹飪的水平。

魏晉南北朝時期，黃河中游地區基本的烹飪方法有烤（用於加工各種炙）、膾（用刀薄切，用於加工魚）、煮（用水加工各種羹湯）、蒸、脯（用於乾製肉類）、鮓（zhǎ，用於發酵加工魚）、菹（用於醃漬肉蔬）等。下面擇要介紹當時的食珍：

❶‧蒸豚

即蒸小豬，這是魏晉宮廷的席上珍品。其製法為：取肥小豬一頭，治淨，煮半熟，放到豆豉汁中浸漬。生秫米粱粟之黏者一升不加水，放到濃汁中浸漬至發黃色，煮成飯，再用豆豉汁灑在飯上。細切生薑橘皮各一升，三寸長蔥白四升，橘葉一升，同小豬、秫米飯一起，放到甑中，密封好，蒸兩三頓飯時間，再用熟豬油三升加豉汁一升，灑在豬上，蒸豚就做好了。

❷‧胡炮肉

取一歲肥白羊，現殺現切，精肉和脂肪都切成細絲，下入豆豉，加鹽、蔥白、薑、花椒、蓽茇、胡椒（漢代傳入中國）調味。將羊肚（胃）洗淨翻過來，把切好的羊肉裝到肚中，以滿為度，縫合好，在凹坑中生火，燒紅火坑。移卻灰火，把羊肚放在火坑中，再蓋上灰火，起火燃燒，約燒煮一頓米飯的時間便熟了。其肚香美異常。

❸・胡羹

西漢張騫通西域以後，中亞飲食之法漸漸傳入中土。胡羹即是其中之一，魏晉南北朝時在宮廷中十分流行。胡羹的製法是：羊肋六斤，加羊肉四斤，水四升，煮熟，把肋骨抽掉，切肉成塊，加蔥頭一斤，芫荽一兩，並安石榴汁數合調味即成。安石榴是安息石榴的簡稱，是從伊朗傳入。

❹・蓴羹

《世說新語》記載，晉代著名文學家陸機有次去拜訪王武子，即晉武帝的女婿。王武子指著面前擺的鮮羊奶酥，問陸機：「你的故鄉江南有什麼比得上這個的？」陸機回答道：「千里蓴羹，未下鹽豉」。陸機把蓴菜羹與羊酪酥相提並論，足見此羹之珍美。賈思勰《齊民要術》中也認為：作羹用的配菜，蓴為第一。

農曆四月份蓴菜生莖而未長出葉子，叫做雉尾蓴，是蓴菜中最肥美的。用魚膾配上這時的蓴菜做羹，其味更是鮮美。經過陸機的提倡，這道羹在晉代上層貴族中很快流行起來。

❺・駝蹄羹

中國食駱駝歷史很久，駝峰、駝乳皆入饌。三國時曹操的愛子曹植曾不惜千金，製作一味「七寶駝蹄羹」，甚受魏晉皇室喜愛。宋人蘇東坡曾賦詩：「臘糟紅糝寄駝蹄」，寫的即是糟駝蹄。惜乎魏晉以後，七寶駝蹄羹之法失傳多年，七寶，估計是七味配料。所幸明代食譜中有「駝蹄羹」之製法，現錄之如下：將鮮駝蹄用沸水燙去毛、去爪甲、去污垢老皮。治淨，用鹽醃一宿。再用開水退去鹹味，用慢火煮至爛熟。湯汁稠濃成羹，加調味品供食。

❻・跳丸炙

這是古代《食經》中的一道名菜。把羊肉、豬肉各十斤切成細肉絲。加入生薑三升、橘皮五葉、藏（醃）瓜二升、蔥白五升，合搗，使成彈丸大小，另外用五斤羊肉做肉羹湯，下入丸炙煮成肉丸子。這就是我國早期的肉丸子。

❼ · 五味脯

該脯在**魏晉皇室**中深受歡迎。做五味脯一般在農曆二月和九、十月間，牛、羊、獐、鹿、豬肉都可以做，可以切成條子，也可以切成長片，但要順著肉紋切。把肉上骨頭捶碎煮成骨汁，撇去浮沫，放入豆豉煮至色足味調；撈出濾去滓，下鹽，即為肉脯半成品。切細蔥白搗成鮮漿汁，加上花椒末、橘皮末和生薑末，將半成品肉脯浸入鮮漿汁中，用手搓揉，使其入味。片脯浸三個晝夜取出，條脯需嘗一下是否入味，再決定何時取出。取出後用細繩穿掛在屋北簷下陰乾。條脯到半乾半濕時，反覆用手捏緊實。脯製成後放到寬敞清潔的庫中，用紙袋籠裹懸掛好，冬天做，夏天吃。

❽ · 鱧魚脯

鱧魚俗稱烏魚。其製法是，先作極鹹的調味湯，湯中多下生薑、花椒末，灌滿魚口浸漬入味，用竹枝穿眼十個一串，魚口向上，掛在屋北簷下，至來年二三月即成。把魚腹中五臟生剖出來，加酸醋浸漬，吃起來其味雋美。魚用草裹起來，塗泥封好，放入鍋灰中煨熟。吃時去掉泥草，用皮布裹起來，用木槌捶松魚肉，其肉潔白如雪，鮮味無與倫比。

❾ · 魚鮓

魚鮓是中國古代一種具有特殊風味的傳統佳餚，魏晉南北朝時宮中尤為盛行。魚鮓是怎樣製成的呢？現在史料中記載製作魚鮓之法有七八種之多，比較權威的是《齊民要術》中的說法。其書載：作魚鮓的時間一年四季都可，但以春秋兩季最合適。因為冬季氣候寒冷，不易發酵；夏季天氣太熱，容易生蛆。

魚鮓的正統原料是鯉魚。魚越大越好，以瘦為佳。肥魚雖好，但不耐久。凡長到一尺半以上、皮骨變硬、不宜作鱠的魚，都可以作鮓。其製法是，取新鮮鯉魚，先去鱗，再切成二寸長、一寸寬、五分厚的小塊，每塊都得帶皮。之所以要將魚塊切得這麼小，是因為如果魚塊過大，則外部發酵過度，酸烈難吃，而靠近骨頭的部分卻還生而有腥氣，塊小則發酵比較均勻。切好的魚塊可以隨手扔到盛水的盆中浸

著。切完後，再換清水洗淨，取出控淨水放在盤裡，撒上鹽，盛在簍中，放在平整的石板上，榨盡水。炙一片嘗嘗鹹淡。接著將粳米煮熟當作糝，連同茱萸、橘皮、好酒等原料在盆裡調勻。取一個乾淨的甕，把魚擺在甕裡，一層魚、一層糝，裝滿為止。把甕用竹葉和菰葉或蘆葉密封好，放置若干天，使其發酵，產生新的滋味。食用時，最好用手撕，若用刀切則有腥味。

由此可見，魚鮓屬於生食的菜餚，是經過多道工藝加工而成的。

四、筵席與宴會場面更加宏大

筵席又名宴席、筵宴、燕飲，是人們為著某種社交目的，精心編排整套的菜品，並以聚餐的形式分享。故被人們視為「菜品的組合藝術」，它是烹調工藝的集中反映、名菜美點的匯展櫥窗和飲食文明的表現形式。

中國的筵席源遠流長，變化萬千，至魏晉南北朝時又出現了一些新的特點，表現為筵席場面更加宏大，禮儀複雜、菜餚豐富。晉人傅玄《朝會賦》、張華《宴會歌》等，都真實地反映了當時貴族們奢華的宴會生活。

魏晉南北朝時期，皇室宮廷宴會又有了進一步的發展。如元旦向皇帝朝賀之禮，皇帝大宴群臣，繼漢代以後發展尤為顯著。曹植《元會》詩中描寫曹魏時元旦朝賀宴會道：「初歲元祚，吉日惟良。乃為佳會，宴此高堂。尊卑列敘，典而有章。衣裳鮮潔，黼黻（fǔfú，古代禮服上繡的半青半黑的花紋）玄黃。清酤盈爵，中坐騰光⋯⋯」

朝賀赴御宴的文武百官個個「衣裳鮮潔，黼黻玄黃」，高貴的禮服上繡著黑白相間的斧形花紋和黑青相間的亞形紋飾，潔淨鮮豔。宴會上珍膳雜沓，圓圓方方的盤、簋食器中幾乎滿得溢出來。向上看，上邊宮殿雕樑畫棟。向下看，下邊宴席百官軒昂，真是君臣一堂，在「歡笑盡娛，樂哉未央」！

晉代元旦朝賀皇帝時，皇帝要給百官增祿，每人賜醪酒二升。晉人傅玄有詩描述晉朝元旦朝賀時，成群的嬪妃宮女和在巍巍寶座上的聖明皇帝，都穿著元旦朝

服，氣宇軒昂。傅玄在《元日朝會賦》中對此描述得十分生動具體，他先述元旦宴會上系「考夏後之遺訓，綜殷周之典制，采秦漢之舊儀。」所以要特別隆重，在夜半就要開始迎新歲日出，華燈好似火樹銀花，熾若「百枝之煌煌」。俯視燈火像一條燭龍照耀四方。然後宮門大開，皇帝坐在太極正殿，朝賀的人「俟次而入，濟濟洋洋，肅肅習習，就位重列。」而皇帝盛服坐於帳前，憑玉几案，面南而受群臣朝賀。

朝賀以後，管弦齊奏，歌聲悠揚，頌聲溢耳。接著盛宴開始。西晉大臣張華撰有《宴會歌》記述了這種盛況：「亹亹（wěi，勤勉不倦之意）我皇，配天垂光。留精日昃，經覽無方。聽朝有暇，延命眾臣。冠蓋雲集，樽俎星陳。肴蒸多品，八珍代變。羽爵無算，究樂極宴。歌者流聲，舞者投袂。動容有節，絲竹並設。宣暢四體，繁手趣摯。歡足發和，酣不忘禮。好樂無荒，翼翼濟濟。」反映了當時宴會的盛大場面和豐富的飲食。

據韓養民、郭興文《中國古代節日風俗》說：「南北朝時，不論節儉也好，奢侈也好，國力強盛也罷，瀕臨衰亡也罷，每遇元旦朝會，統治者們無不大肆鋪張。有的聊以自慰，歌舞昇平，有的預祝新年國運亨通」。

第三節　飲品文化的逐漸豐富

魏晉南北朝時期黃河中游地區的飲料主要有酒、乳、茶等。這一時期的釀酒技術，特別是糧食酒的釀造技術獲得了較大進步，酒文化獲得快速發展。飲乳食酪的胡風一度流行，特別是北朝時期，乳及各種乳製品在黃河中游地區得到了較快普及，反映出這一時期北方游牧民族的飲食文化對黃河中游地區的影響。這一時期，流行於南方的茶，逐漸為黃河中游地區的人們所接受，為唐宋茶文化的繁榮奠定了初步基礎。

◀圖4-1　北魏銅鎏金童子葡萄紋高足杯，山西大同出土

一、酒文化的快速發展

魏晉南北朝時期，黃河中游地區的釀酒技術更加成熟。酒在人們的生活中具有更廣闊的文化意義和社會意義。

❶ · 釀酒技術的進步

魏晉南北朝時期，黃河中游地區的酒類沿襲前代，仍以糧食釀造的穀物酒為主。在釀造技術上，人們已經開始定量地把握酒麴發酵和根據麴勢投料的規律。這一時期黃河中游地區出現了一些有影響的穀物酒，如河南南陽的九醞春酒，陝西的秦州春酒，河東的桑落酒、頤白酒、鶴觴酒等。除糧食酒外，還有椒柏酒、縹醪酒、松醪酒、葡萄酒等。

❷ · 常禁常開的酒禁

魏晉南北朝時，政府對酒常禁常開。酒禁的原因很多，最主要的是經濟原因。中國古代的酒以穀物酒為主，釀酒需要消耗大量糧食。魏晉南北朝時北方戰亂不止，天災人禍頻繁，常使糧食大幅歉收。在饑荒之時，政府多實行酒禁。如《北齊書‧武成帝本紀》載：「河清四年（西元565年）二月壬申，以年穀不登，禁釀酒」。豐收年景也有禁酒的，如北魏太安四年（西元458年），「是時年穀屢登，士民多因

酒致酗訟，或議主政。帝惡其若此，故一切禁之，釀、酤飲皆斬之。」[1]這主要為了維護社會安定而禁酒的。

魏晉南北朝時期，酒禁常開的原因多出自政治上的考慮，因為酒在人們的飲食生活中占有特殊地位，社會需求強烈，長期禁酒不得人心。如北魏獻文帝即位後，一改先帝嚴屬禁酒的政策，酒禁一開，深得人心。開禁有時也因為有經濟上的需要，因為酒的消費量很大，國家可以從中獲取巨額稅收，經濟利益的誘惑也是不可抗拒的，尤其是國家財政不足時更是如此，如北齊武平六年（西元576年），「以軍國資用不足，……開酒禁。」[2]

❸·借酒遁世的酒風

魏晉南北朝時期政局動盪不安，許多士人奉行亂世則隱的信條，借酒遁世，酒成了聊以自保、發洩的一種工具和盾牌。宋人竇蘋《酒譜·亂德文》載：「晉文王欲為武帝求婚於阮籍，醉不得言者六十日，乃止。」阮籍憑藉著醉酒達到了免於陷身政治爭鬥之中的目的。這時人們的飲酒乃是醉翁之意不在酒，在乎遁世與避禍，故宋人葉夢得《石林詩話》云：「晉人多言飲酒，有至於沈醉者，此未必意真在於酒。蓋時方艱難，人各懼禍，惟托於醉，可以粗遠世故。」

魏晉南北朝時期人們賦予酒以更多的內涵，使飲酒在成為生理和精神雙重需要的同時，其娛樂和文化功能也得到更大的擴展。歌舞佐飲、藝伎陪酒、賦詩飲酒等成為比較流行的飲酒習俗，使飲酒成為以酒為中心的綜合性文化活動。

二、乳及乳製品的較快普及

一方水土養一方人。以乳為食的習俗主要產生於中國古代以大漠為中心的區域（東到遼河，西達蔥嶺，南界長城，北至貝加爾湖），這裡草原遼闊，土壤和氣候均

1　魏收：《魏書·刑罰志》，中華書局，1974年。
2　李百藥：《北齊書·後主本紀》，中華書局，1972年。

不適於糧食生產，而適於畜牧業，生活在這裡的匈奴、烏桓、鮮卑、柔然、突厥等民族，自古過著游牧食肉飲酪（發酵乳）的生活。

在西北遊牧民族尚未大規模內遷的曹魏、西晉時期，黃河中游地區的人們很少食用乳及乳製品，只有少數貴族官僚才有機會吃到。《世說新語‧捷悟》載：「人餉魏武一杯酪，魏武啖少許，蓋頭上題『合』字以示眾。眾莫能解。次至楊修，修便啖，曰：『公教人啖一口也，復何疑！』」魏文帝曹丕曾將甘酪賜給鍾繇。[1]《晉太康起居注》載：「尚書令荀勗羸毀，賜奶酪，太官隨日給之。」[2]這些材料都說明當時黃河中游地區乳製品十分希罕和珍貴，只有帝王級的人物才得以享受，一些大官僚都不能經常吃到。物以稀為貴，人們視以酪為代表的乳製品為美味。

十六國北朝時期，大批西北遊牧民族內遷至黃河中游地區，不少游牧民族在這裡建立了政權，藉助於游牧民族強大的政治、軍事實力，使黃河中游地區的畜牧業有所發展，乳和各種乳製品開始成為人們經常性的食品。飲乳食酪的飲食方式在黃河中游地區得到了較快普及，使貴族和一般民眾的飲食結構發生很大改變。如《魏書‧卷九四‧閹官傳》載，王琚（自云本太原人）年老時「常飲牛乳，色如處子」，活到了九十多歲。乳製品不僅成為人們的日常飲食，甚至還起到了救荒作用，北魏神瑞二年（西元415年）平城（今山西大同）發生饑荒，明元帝拓跋嗣一度打算遷都於鄴，崔浩進言：「至春草生，奶酪將出，兼有菜果，足接來秋。若得中熟，事則濟矣。」[3]皇帝接受了他的建議，沒有遷都。奶酪同菜果、糧食相提並論，說明奶酪已是飲食中的重要組成部分，既不希罕，也不珍貴了。

這一時期，南方的人們食用乳製品較少，對奶酪等懷有一種偏見，但一旦他們移居到流行飲乳食酪的黃河中游地區之後，也會入鄉隨俗，大啖奶酪。北魏尚書令王肅，原為南齊秘書丞，入降北魏之初，「不食羊肉及酪漿等物，常飯鯽魚羹，渴

1　李昉：《太平御覽》卷八五八，中華書局，1960年。
2　李昉：《太平御覽》卷八五八，中華書局，1960年。
3　魏收：《魏書‧崔浩傳》，中華書局，1974年。

▶圖4-2　北齊黃釉人物扁瓷壺

飲茗汁。」但數年之後，就「食羊肉酪粥甚多」了[1]。北魏鮮卑貴族對飲酪頗為自豪，還因此看不起茗茶，「號茗飲為酪奴」。有意思的是，與現代畜牧業以牛乳生產為主、羊乳極少的情況不同，當時黃河中游地區除牛乳外，羊乳和馬乳占相當比例。羊乳還是當時加工酪酥的主要原料。[2]

　　飲乳食酪風氣的盛行，與人們對乳及乳製品的營養價值的逐漸認識也不無關係。早在東漢時，劉熙《釋名・釋飲食》就載：「酪，澤也，乳作汁，所使人肥澤也。」除奶酪外，魏晉南北朝時期的乳類深加工製品還有乳腐（乾酪）、酥（酥油）和醍（tí）醐（hú）等。這一時期的佛家在解釋佛經時曾打比方說：猶如從牛出乳，從乳出酪，從酪出酥，從生酥出熟酥，從熟酥出醍醐。魏晉南北朝時期的一些農學著作和食譜中，如賈思勰的《齊民要術》、崔浩的《食經》、虞悰的《食珍錄》等，對乳製品的營養價值均有明確的認識，並收錄了用乳品加工的點心、麵、餅、粥菜餡，如玉露圍、乳釀魚、酥冷白寒其、牛乳粥等，表明乳製品已登上了漢族民眾的餐桌。

1　楊衒之著，楊勇校箋：《洛陽伽藍記校箋・城南》，中華書局，2006年。

2　這可以從《齊民要術》將酪酥加工方法置於《養羊》篇看出。《世說新語・言語》載有陸機與王武子關於北方羊酪和南方蓴羹孰為天下美味的爭論。《洛陽伽藍記》中將「羊肉酪漿」連稱，似乎亦暗示酪漿是羊奶酪漿。王利華：《中古華北飲食文化的變遷》，中國社會科學出版社，2000年。

三、茶飲開始為北人所接受

茶與咖啡、可可並列為當今世界最流行的三大非酒精類飲料，茶在中國飲食文化生活中的重要地位，唯有酒可與之一比高下。中國有悠久的種茶、飲茶歷史，這一方面為人類提供了最普遍和最受人歡迎的飲料；另一方面也奉獻給世界豐富多彩的飲茶文化，這門文化的創立應追溯到三國魏晉南北朝時期。中國茶文化的起源、傳播和衍化，折射出中國文化和社會生活眾多方面的歷史演變。

中國是茶的故鄉，茶樹的原產地和原始分布中心位於中國的西南地區。陸羽《茶經》載：「茶者，南方之嘉木也。」一些古代文獻也記載茶樹起源於中國四川省及其周圍地區。從古生物學觀點來看，茶樹是山茶屬中較原始的一種，據有關專家研究，茶樹的起源距今已有數萬年之久。從古代地理氣候來看，雲南、貴州等少數民族地區的氣候非常適宜茶樹生長。這些地區存在較多的野生喬木大茶樹，葉生結構等都較原始。一九六一年在雲南勐（měng）海大黑山原始森林中，發現了一株目前最大的茶樹，樹高32.12米，胸徑1.03米。另外，在貴州晴隆縣筍家菁曾發現茶子化石一塊，有三粒茶籽。

中國對茶葉的開發利用可能始於史前時代，它是古老巴蜀文化的特殊成就之一。西漢時，西南地區飲茶已蔚然成風，西漢辭賦家王褒在成都所寫的《僮約》中，有「烹茶盡具」「武都買茶（荼）」等句，說明茶已成為當地日常生活的重要飲料，而且已作為商品在市場上廣為流通。魏晉南北朝時期飲茶逐漸傳播到長江下游各地，成為南方常見的一種習俗。

飲茶不是從黃河中游地區本土起源的一種飲食習慣，它是南方文化發展的產物，黃河中游地區人們飲茶始於魏晉南北朝時期，是這一時期經濟、文化不斷交流與融合的產物。該地區早在秦漢之際就已耳聞南方人有飲茶之俗了。《爾雅·釋木》言：「檟，苦荼」，「檟」與「苦荼」正是源於巴蜀地區茶的古名。西漢時期，隨著巴蜀與黃河中游地區之間經濟文化的交流，特別是由於一批文化名人的流移活動及其著作的流傳，巴蜀茶飲之事日益傳聞於黃河中游地區。南北朝時期，一些南方人

士由於各種原因來到黃河中游地區，他們中有不少人有飲茶的習慣，由此茶飲逐漸傳入。楊衒之《洛陽伽藍記・卷三・城南》載：

（王）肅初入國，不食羊肉及酪漿等物，常飯鯽魚羹，渴飲茗汁。京師士子道肅一飲一斗，號為「漏卮」。經數年已後，肅與高祖殿會，食羊肉酪粥甚多。高祖怪之，謂肅曰：「卿（或作即）中國之味也，羊肉何如魚羹？茗飲何如酪漿？」肅對曰：「羊者是陸產之最，魚者乃水族之長，所好不同，並各稱珍。以味言之，甚是優劣：羊比齊、魯大邦，魚比邾、莒小國，唯茗不中，與酪作奴。」高祖大笑……彭城王謂肅曰：「卿不重齊、魯大邦，而愛邾、莒小國。」肅對曰：「鄉曲所美，不得不好。」彭城王重謂曰：「卿明日顧我，為卿設邾、莒之食，亦有酪奴。」因此復號茗飲為「酪奴」。時給事中劉縞慕肅之風，專習茗飲，彭城王謂縞曰：「卿不慕王侯八珍，好蒼頭水厄。海上有逐臭之夫，里內有學顰之婦，以卿言之，即是也。」其彭城王家有吳奴，以此言戲之。自是朝貴宴會雖設茗飲，皆恥不復食，唯江表殘民遠來降者好之。後蕭衍子西豐侯蕭正德歸降時，元義欲為之設茗，先問：「卿於水厄多少？」正德不曉義意，答曰：「下官生於水鄉，而立身以來，未遭陽侯之難。」元義與舉坐之客皆笑焉。

這則史料表明，至遲在北魏時期，茶飲已傳入黃河中游地區。在當時的朝廷及貴族的宴會上常設茗飲，以茶待客在社會上層中開始出現。不過，黃河中游地區的本地人，尤其是社會上層對飲茶還抱有一種鄙視和排斥態度。雖然如此，魏晉南北朝時期，黃河中游地區的人們對茶飲畢竟由聲聞漸進為開始接受，這就為以後唐宋時期茶飲在該地區的流行奠定了初步基礎。

第四節　社會飲食風習

一、分食制向合食制轉變的趨勢

魏晉南北朝時期，黃河中游地區基本上承襲秦漢食制，實行一日三餐制。分食的傳統繼續得到保持，但由於受北方游牧民族生活器具和烹飪方式的影響，當地漢族的食制慢慢發生演化，出現了由分食制向合食制轉變的趨勢。

在游牧民族的生活器具中，胡床的廣泛使用對傳統分食制的改變起了重要作用。胡床俗稱馬扎，類似於摺疊椅而無靠背。早在東漢後期，胡床就傳入了中原，並深受漢靈帝的喜愛。魏晉南北朝時期，胡床的使用已十分普遍了。據《晉書‧五行志》記載，包括黃河中游地區的北方，「泰始之後，中國（即中原）相尚用胡床、貊（mò，古書上說的一種野獸）盤，及為羌煮貊炙，貴人富室，必蓄其器，古享嘉會，皆以為先」。胡床使傳統漢式跪坐一變而為垂足坐，坐姿的升高，開始呼喚與之相適應的、具有一定高度的家具，高桌大案的出現和使用應運而生。將多份食物放在高桌大案上，幾個人一起進食，為合食制的實行創造了條件。

魏晉南北朝時期，胡食的烹飪方式對黃河中游地區由分食制向合食制的轉變也起到了積極的促進作用。羌煮貊炙的胡食烹飪，有時很難迅速地把食物分成一人一

◀圖4-3　西晉青瓷獸形尊

份，所以大家一起同吃一種食物也是自然而然之事。《齊民要術·炙法》中介紹有「炙豚法」，將整隻乳豬用柞（zuò）木穿起來炙烤，邊烤邊塗抹酒和油。烤好的乳豬需要立即食用，否則一涼就不好吃了。可以想見，大家一同操刀割食剛剛烤好的乳豬，氣氛熱烈，正是後世合食的先聲。從史籍中我們也可以看到，當時黃河中游地區的先民採用合食進餐。《魏書·楊援傳》載：「吾兄弟若在家，必同盤而食。」同盤吃飯，應是合食。《北史·崔瞻傳》載，崔瞻「在御史台，恆宅中送食，備盡珍羞，別室獨餐，處之自若。有一河東人士姓裴，……自攜匕箸，恣情飲啖」。姓裴的人只帶匕箸去吃崔瞻的飯菜，二人應是同盤而食了。魏晉南北朝時期，黃河中游地區雖然已經出現了合食的現象，但作為一項制度的合食制在這一時期尚未形成。合食還應是當時人們在日常飲食中偶爾為之。可以說，魏晉南北朝時期雖然已經出現了分食制向合食制轉變的趨勢，但仍是一個以分食製為主的時代。

二、士族對飲饌經驗的總結

魏晉南北朝時期是士族門閥勢力得到充分發展的一個時代，他們在政治上、經濟上和學術上的壟斷地位，在飲食生活中也得到充分的體現。黃河中游地區是這一時期北方高門大族的集中居住區之一，比較出名的士族有太原郭氏、河東柳氏等。士族對經濟的絕對壟斷使他們有條件和可能在飲食上精益求精，盡情地追求美味佳餚，這一階層的奢侈本性，又把口腹之慾推向了極致，達到了窮極奢侈的地步。西晉建國後，奢侈之風漸盛，據《晉書》記載，太傅何曾「食日萬錢，猶曰無下箸處」，其子何劭有過之而無不及，「食必盡四方珍異，一日之供以錢二萬為限」，比其父增加了一倍。尚書任愷，每一頓飯就用錢一萬，每天還要用專車往外運吃不了的剩菜。北魏時，入主中原的鮮卑貴族在飲食上更加奢華，絲毫不遜於漢族士族。高陽王元雍「嗜口味，厚自奉養，一食必以數萬錢為限，海陸珍羞，方丈於前」[1]。

---

1 楊衒之著，楊勇校箋：《洛陽伽藍記校箋》卷三，中華書局，2006年。

極盡奢華的士族飲食，客觀上推動了黃河中游地區這一時期飲食文化的發展，推動了飲饌水平和烹飪技藝的提高。

魏晉南北朝時期，士族推動飲食文化的發展體現在三個方面：一是作為美食家不僅品嚐，還動口品評；二是作為實踐家越俎代庖、反覆操作實踐，改善口味，提高烹調技藝；三是作為理論家總結經驗、著書立說。[1]士族憑藉對學術文化的壟斷地位，作為理論家總結、研究飲饌經驗，撰寫「食經」等飲食學著作，直接推動了中國古代飲食文化思想與烹飪理論在這一時期走向成熟。

魏晉南北朝時期，士族撰寫的飲食學著作主要有何曾的《食疏》、嵇康的《養生論》、崔浩的《食經》和虞悰的《食珍錄》。其中崔浩的《食經》是北方高門士族飲食學的代表作。崔浩歷經北魏道武、明元、太武三帝，其家族是名聲赫赫的清河（今山東武城）崔氏，其母盧氏為範陽（今河北涿州）盧湛的孫女。崔浩《食經》原為九篇，由崔浩之母盧氏口述，崔浩執筆記錄。崔浩母親去世後，崔浩進入北魏統治集團，崔浩對《食經》重新加以整理並作序。此書在《隋書·經籍志》《舊唐書·經籍志》《新唐書·藝文志》中均有記錄。至宋初時，此書仍然存在，可惜後世失傳，現存於世的只有保存在《魏書·崔浩傳》裡的《食經敘》。

崔浩《食經》的內容主要是崔浩的母親和「諸母諸姑」平日飲饌實踐的產物。由於「范陽盧氏、太原郭氏、河東柳氏，皆浩之姻親」[2]，因而《食經》不僅僅是清河崔氏與范陽盧氏烹飪心得的總結，也包括黃河中游地區的太原郭氏、河東柳氏這些高門士族烹飪經驗的總結。崔浩《食經》包括了從日常飲食到宴會、祭祀等各類菜餚的烹飪技藝以及其他食品製作的全部內容，反映了十六國至北魏前期黃河中游地區士族飲食生活的面貌。崔浩的《食經》儘管已經失傳，但賈思勰《齊民要術》中曾大量引用《食經》的資料，可惜的是賈思勰沒有指出是哪位作者的《食經》。有學者認為《齊民要術》所引《食經》很可能就是崔浩的《食經》。崔浩的《食經》

儘管已經失傳，但它是由一位士族官僚和大學者寫成的記述北方世家大族飲饌經驗的著作，因此在魏晉南北朝飲食史上占有特殊的重要地位。

三、漢傳佛教飲食習俗的形成

在中華文化漫長的發展歷程中，吸納過多種來源於異國他邦的宗教文化。尤以自東漢傳入中國的佛教對中華文化的影響最大。魏晉南北朝是佛教在中國影響日益擴大、勢力蒸蒸日上的時期。

佛教在中國的傳播路線是由西至東，由北至南，由中原至周邊而行的。魏晉南北朝時期，佛教傳入較早的黃河中游地區，勢力極盛。後趙重用佛教名僧佛圖澄，前秦苻堅重用釋道安，後秦姚興重用鳩摩羅什，南燕慕容德重用僧朗，這些名僧都可以參決國家大事。北朝時，除太武帝拓跋燾和周武帝宇文邕兩度毀佛外，其他帝王都大力提倡佛教，佛寺一度有三萬所，遍布於黃河中游地區，佛教僧尼達二百多萬人。這一時期，黃河中游地區的佛教勢力比長江中下游區域的佛教勢力還要更強盛一些。從楊衒之《洛陽伽藍記》的有關描述中，人們可以看到北朝佛教盛行的狀況。

然而，以忌食酒肉、提倡素食、喜好飲茶為特徵的漢傳佛教的飲食習俗卻首先是在江南形成的，這些飲食習俗逐漸為黃河中游地區的僧尼所接受，從而鞏固了中國漢傳佛教的飲食習俗。這一時期，佛教飲食習俗主要有以下幾個方面的內容：

❶ ·斷酒禁肉，終身吃素

東漢佛教傳入中國時，其戒律中並沒有不許吃肉這一條。僧徒託缽化緣，沿門求食，遇肉吃肉，遇素吃素，只要吃的是「三淨肉」即可（不自己殺生、不叫他人殺生和未親眼看見殺生的肉稱為「三淨肉」）。魏晉南北朝時期，中國漢族僧人信奉的主要是大乘佛教，而大乘佛教經典中卻有反對食肉，反對飲酒，反對吃五辛的條文。他們認為，「酒為放逸之門」，「肉是斷大慈之種」，飲酒吃肉將帶來種種罪過，

背逆佛教「五戒」。這一時期譯出的《楞伽》《楞嚴》《涅槃經·四相品》等經文，都提倡「不結惡果，先種善因」「戒殺放生」「素食清淨」等思想，這與中國儒家的「仁」「孝」等思想頗為契合，因而深得統治者的推崇。南朝梁武帝蕭衍，以帝王之尊崇奉佛教，他認為斷禁肉葷是佛家必須遵從的善良行為，為此他下了《斷酒肉文》詔。梁武帝「日止一食，膳無鮮腴，惟豆羹糲食而已⋯⋯不飲酒」[1]。在梁武帝的影響之下，中國漢傳佛教開始形成斷酒禁肉的素食戒律。這一戒律促使中國素菜製作日趨精湛和食素的普及，佛寺素菜逐漸成為中國素菜的主流和精華，中國素菜清鮮淡雅、擅烹蔬菽，工藝考究、以素托葷，歷史悠久、影響深遠。

❷·佛教飲茶習俗

佛教傳入中國後，茶葉這種提神醒腦、消除疲勞的飲料便受到廣大僧徒的歡迎。佛教徒飲茶的歷史可追溯到東晉，飲茶的最初目的是為了坐禪修行。《晉書·藝術傳》載，僧徒單道開在後趙都城鄴城昭德寺內坐禪修行，他不畏寒暑，盡夜不臥，「日服鎮守藥數丸，大如梧子，藥有松蜜、薑桂、茯苓之氣，時復飲茶蘇一二升而已。自云能療目疾，就療者頗驗。」[2]除幫助坐禪外，茶還有幫助消化、令人清心寡慾等功能，因此，喝茶成為佛教徒飲食生活中不可缺少之事，從某種意義上說，甚至比吃飯還重要。魏晉南北朝時期，南方茶飲的逐漸流行和黃河中游地區茶飲的始習，都與佛教有密切關係，僧徒的飲茶習俗又促進了茶文化的發展。

❸·佛教飲食禮俗

寺廟進食一般在齋堂進行，且以擊磬或敲鐘來召集僧徒用飯。在餐制上，奉行「過午不食」的規定，實行一日兩餐制，早餐食粥，午餐食飯。只有病號才可以午後加一餐，稱為藥食。進餐時，實行分食制，吃同樣的飯菜，每人一份。進食前，還要按規定念供，以所食供養諸佛菩薩，為施主回報，為眾生發願。

1 　姚思廉：《梁書·武帝本紀》，中華書局，1973年。

2 　茶蘇是一種將茶和薑、桂、橘、棗等香料一同煮成的飲料。姚偉鈞：《中國傳統飲食禮俗研究》，華中師範大學出版社，1999年。

中國飲食文化史　黃河中游地區卷

四、追求長生成仙的道教飲食習俗

道教是中國土生土長的宗教。史學界和道教界一般都認為道教形成於東漢順帝（西元126-144年）時期。東漢末年，原始道教獲得了較大發展，主要流行於下層百姓之中，還被張角、張陵等人作為發動百姓與統治階層鬥爭的一種工具。晉代以後，原始道教開始分化，在葛洪、寇謙之等人的改革下，道教開始走向貴族化。這時的道教強調生存意識，注重對生命的尊重，以追求長生為其主要宗旨。圍繞著這個宗旨，道教逐漸形成了一套有別於其他宗教信仰的食俗，其主要表現為少食辟穀和少食葷腥多食氣兩個方面。

❶ · 少食辟穀

辟穀亦稱斷穀、絕穀、休糧、卻粒等，是一種配合氣練、嚴格控制穀米類食物攝入量的養生手段。道教之所以提倡辟穀，是因為道教認為人體中有三蟲，亦名三屍，是慾望產生的根源，是毒害人體的邪魔。三屍在人體中是靠穀氣生存的，如果不食五穀，斷其穀氣，那麼三屍在人體中就不能生存了，人體內也就消滅了邪魔。所以，要想益壽長生，便必須辟穀。

道教主張少食，進行辟穀時要循序漸進，進而達到辟穀的境地。辟穀之術由來已久，據說源於神農時的雨師赤松子。兩漢之時就有不少道人行辟穀之術。魏晉時期，辟穀之術尤為盛行，其方法有100多種。在這些方法中，多以其他食物代替穀物，這些食物主要有大棗、茯苓、巨勝（芝麻）、蜂蜜、石芝、木芝、草芝、肉芝、菌芝等。這些食物多含有大量的人體所需的微量元素、鹼性物質和增強人體生理功能、促進細胞新陳代謝的物質，在人體發育正常的情況下，常食這些食物，確有頤養延齡之功。但現代科學表明，要使身體健康，就得注重營養，不能使飲食單調，只吃某一類食物。

❷ · 少食葷腥多食氣

道教在飲食上還主張「少食葷腥多食氣」，認為人秉天地之氣而生，氣存人存，

應保持人體「氣」的清新潔淨，而葷腥最能敗壞清淨之氣，故道教忌食魚肉葷腥與蔥蒜韭等辛辣刺激的食物，主張「餐朝霞之沆瀣，吸玄黃之醇精，飲則玉醴金漿，食則翠芝朱英，居則瑤堂瑰室，行則逍遙太清。」如此才能延年益壽。[1]

魏晉南北朝時期，道教的貴族化使它脫離了普通百姓，進行辟穀和飲露餐玉也多為既富且貴的上層統治者所為，所以對當時平民百姓的生活影響不大。這一時期形成的道教信仰食俗，既有一定的科學內容，如主張節食、淡味、素食，反對暴食、厚味、葷食等，但也有許多迷信和無知的糟粕，這些精華和糟粕在道教追求長生的目的下得到了統一，對後世上層統治者產生了較大的影響。

1　葛洪：《抱朴子・內篇》卷三《對俗》，諸子集成本，中華書局，1986年。

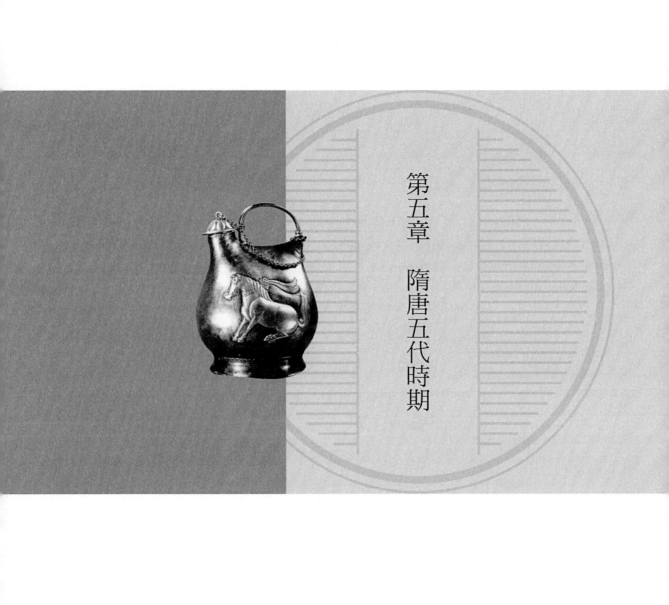

第五章　隋唐五代時期

隋唐五代時期，黃河中游地區飲食文化在各個方面都呈現出繁榮景象，飲食文化表現出從未有過的多彩風格。在食材上，糧食、肉類、蔬菜、瓜果的生產結構都發生了較大變化。在菜餚烹飪上，菜餚烹飪技術逐漸完善，菜餚烹飪原料日益擴展，開始出現了象形花色菜和食品雕刻。在飲食養生和食療上，飲食養生學和飲食治療學日益發展成熟。在酒文化上，酒類生產有了較大的進步，飲酒之風盛極一時，酒肆經營空前繁榮，飲酒器具出現革新。在茶文化上，飲茶之風開始在黃河中游地區盛行，蒸青餅茶成為人們飲用的主要茶類，茶聖陸羽提倡的「三沸煮茶法」成為主流的烹茶方式，茶肆業初步形成，茶具迅速發展成為系列。在飲食習俗上，合食制得到初步確立，節日飲食習俗逐漸豐富，生日、婚嫁等人生禮儀食俗得到了發展，公私宴飲名目繁多。

這一局面出現的原因是多方面的。第一，隋唐五代時期，尤其唐代安史之亂以前，社會安定，政治清明，國力強盛，四鄰友好，農業、手工業和商業都達到了超越前代的水平，這為黃河中游地區飲食文化的繁榮創造了基本條件；第二，隋唐五代時期，黃河中游地區是中國的政治、文化中心，這種地位使宮廷皇族、官僚士人、富商大賈等社會上層人物集中於此，這些階層既有錢又有閒，他們多追求美食佳飲，為這一時期飲食文化的繁榮提供了強大的動力；第三，得益於當時的飲食文化交流，特別是胡漢飲食文化交流。從漢代開始的胡漢飲食文化交流在唐代出現高潮，大量胡食、胡飲流向內地，得到內地廣大漢族人民的喜愛，當時「貴人御饌，盡供胡食」[1]。酒家與胡姬成為當時黃河中游地區飲食文化的一個重要特徵。域外文化使者們帶來的各地飲食文化，如一股股清流，匯進了中國這個海洋。除此之外，南北方飲食文化交流也極大地豐富了黃河中游地區的飲食文化。如飲茶之風的流行就是南北方飲食文化交流的結晶；第四，這一時期黃河中游地區飲食文化的繁榮也是繼承和發展前代飲食文化的結果。

隋唐五代時期的飲食文化，尤其是唐代的飲食文化，由於其高度發展，迄今仍

1　劉昫等：《舊唐書・輿服志》，中華書局，1975年。

在世界各國享有崇高的聲譽，在國外唐人街上的飲食店中，以唐名菜，以唐名果（點心），乃至名目繁多的仿唐菜點比比皆是，唐代的飲食文化已為世界各國人民共同享用。

第一節　食物原料生產結構的變化

隋唐五代時期黃河中游地區的食物原料同前代一樣，大致可分為糧食、肉類、蔬菜和瓜果四類，但在結構上發生了重大變化。在主食方面，小麥和水稻迅速崛起，占據了主食的主要地位，傳統的粟類糧食退居次位。大豆則成為了副食。肉食生產總量進一步擴大，羊和雞的地位提高，豬的飼養增多，狗肉已退出了主要肉食的行列。蔬菜和瓜果的生產有了很大的發展。

一、糧食生產結構的變革

隋唐五代時期，黃河中游地區的主食結構同前代相比，發生了很大的變化，以小麥為主的麥類作物地位上升，已經與粟類作物並駕齊驅，並顯示出領先的趨勢；隨著隋唐統一局面的出現，水稻生產逐漸恢復並有所發展；大豆逐漸退出主食行列，豆製品作為副食的主要品種出現在人們的餐桌上。

❶·小麥地位的上升

隨著生產力水平的提高，耕作技術的進步，粟麥一年兩熟輪作的複種制在黃河中游地區逐漸普及，麥類作物的種植面積不斷擴大。同時麵粉加工工具和加工技術不斷進步，麵食烹飪技術不斷提高，以麥為原料的面製品在人們的飲食生活中所占比重迅速增加。

這一時期，黃河中游地區的小麥主要種植於以洛陽為中心的中原地區和以長安

為中心的關中地區。在唐代中後期，在中原和關中地區的麥類種植已經居於主導地位，粟類則退居次席。

❷ · 粟類糧食地位的下降

這一時期，粟類糧食作物的種植面積仍很大，仍是黃河中游地區人們的重要食糧，特別是在不適宜種植麥稻的山西、陝北更是如此。據《新五代史 · 晉本紀》記載，後唐清泰三年（西元936年）五月，河東節度使石敬瑭準備起兵，其資本之一是「太原地險而粟多」，可知粟類仍占主導地位，是徵收儲存的常備糧食。在關中地區，粟類糧食的種植依然相當可觀，京兆府的紫秆粟還是進獻朝廷的貢品。河南一帶，由於這一時期麥稻種植普遍而發達，粟類作物的種植大為減少，但仍保持一定規模。據《元和郡縣圖志》記載，河南道的陳州（今河南淮陽）生產的粟在開元年間為進奉皇帝的貢賦。但總的說來，這一時期黃河中游地區的粟類糧食的種植面積和總產量都有所減少，粟類糧食的地位穩中有降。

❸ · 水稻種植的恢復和發展

隋唐時期，特別是安史之亂以前的唐代前期，在大一統的局面下，社會安定，政治開明，經濟發展，黃河中游地區的水稻種植迅速恢復，在生產規模和稻穀產量方面都達到前所未有的水平。關中是隋唐兩代京師所在地，政府特別注意這一地區的經營。唐初，國家在關中設「渠堰使」和「稻田判官」，整修恢復了白渠、成國渠、升源渠等前代舊渠，並興建了一批新的灌溉工程，為關中水稻大規模種植準備了條件。

河南的洛陽、汝穎和開封一帶土地肥沃，河流較多，灌溉便利，種植水稻的條件優越，是當時北方水稻的重要產地。在唐初安定的政治局面下，這裡的水稻生產恢復很快，總產量在關中之上。唐玄宗時，河南水利建設達到高潮，水稻種植得到有力地推廣，宰相張九齡還曾被任命為「河南開稻田使」。

山西水稻種植較少，在沿河一帶也有零星分布，《隋書 · 楊尚希傳》載，隋文帝時楊尚希在蒲州「甚有惠政，復引潀（fén，泉水）水，立堤防，開稻田數千頃」。

晉陽縣也在隋開皇六年（西元586年）「引晉水溉稻田，周回四十一里」[1]。

❹·大豆由主食向副食轉化

隋唐五代時期，大豆完成了由主食向副食轉化的過程。這種轉化是魏晉以來長期發展的結果，其前提和原因主要有三個方面：第一，這一時期麥粟稻等主要糧食作物產量迅速增加，已經能夠滿足人們飲食生活的需要；第二，大豆雖然營養豐富，但粒食口感較差，烹製成豆糜口感亦不佳，無法同其他糧食相比，不適宜作主食；第三，豆醬、豆豉是人們飲食生活中不可缺少的調味品，特別是豆腐的發明，為大豆在副食方面的應用開闢了廣闊天地，大豆更適合作副食。大豆雖然逐漸轉化為副食，但因其應用廣泛，需求量大，總產量不但沒有降低，而且還有所提高。就中國人的飲食結構來說，大豆堪稱副食之王，大豆轉化為副食是中國人飲食生活史上的大事。這一時期，黃河中游地區的大豆主要種植在關中地區，關中的陝州和蒲州出產的豆豉味道濃郁，質量上乘，保存期長，且兼具醫療功能，在全國享有盛譽。唐代孫思邈《千金食治》和陳藏器《本草拾遺》均有介紹。

二、肉類生產結構的調整

隋唐五代時期，特別是唐代，黃河中游地區的畜牧業比較發達，畜禽飼養技術也有了較大發展，畜禽肉食生產總量有了明顯提高，肉類食品不足的狀況有了較大改觀。當然，這主要是在上層社會。除了家畜、家禽之外，魚類和野味也是這一時期人們重要的肉食來源。值得注意的是，這一時期乳酪的消費量也有所增加。

❶·羊豬等家畜是肉食的主要來源

這一時期，作為肉食來源的家畜主要是羊和豬。黃河中游地區的養羊業很發達，唐代還在同州（今陝西大荔）沙苑設立專門的養羊機構沙苑監，牧養各地送來

1　李吉甫：《元和郡縣圖志》卷一三《河東道二》，中華書局，1983年。

的羊，以供宴會和祭祀所用，並選育出著名的優良品種同州羊（又名苦泉羊、沙苑羊）。《元和郡縣圖志》載，關內道同州朝邑縣有苦泉，「在縣西北三十里許原下，其水鹹苦，羊飲之，肥而美。今於泉側置羊牧，故諺云：『苦泉羊，洛水漿』。」這一時期羊肉在肉食中的地位上升，文人筆下「羊羹」與「美酒」常連在一起，說明羊肉普遍被人們視為美味。

僅次於羊肉的是豬肉，當時除了一家一戶零散飼養外，國家也設置專門機構養豬，《新唐書·盧杞傳》載，盧杞曾為虢（guó）州（今河南靈寶）刺史，其間曾向德宗上奏說：「虢有官豕三千為民患。」一個州的官辦養豬場存欄三千頭豬，說明規模確實不小。

牛肉也是當時的重要肉食，食用非常廣泛，烹牛食肉為不少詩人津津樂道。但牛作為家畜主要用於耕種，政府多禁止屠牛，以保護生產，只有死牛才能售賣。狗肉在風光了幾個世紀之後，在這一時期已退出了主要肉食的行列。狗肉在中古時期地位下降的原因尚待進一步探究。[1]

牛羊等家畜除提供肉外，還生產乳。以乳為原料，可將其加工成酪、酥、醍醐、乳腐。其中，酪、酥、醍醐都是流質的，而乳腐即今天的奶豆腐。[2]隋唐時期，黃河中游地區的乳酪生產和消費有所增加。人們除將乳酪用作飲料外，更多地將其作為配料製作各種食品。如隋代謝諷《食經》中的「貼乳花面英」「加乳腐」和「添酥冷白寒具」；唐代韋巨源《燒尾宴食單》中的「單籠金乳酥」「乳釀魚」等。唐人馮贄《雲仙雜記》中有「調羊酪造含風鮓」的記載。唐末五代人王定保《唐摭言》記載：「賜銀餅餤（tán），食之甚美，皆乳酪膏腴之所為也。」這一時期的乳製品加工技術也不斷進步，一些地區的乳製品也被列為貢品。據《新唐書·地理志》記載，朔方郡土貢酥，其地在今陝西靖邊縣，所貢酥為乳漿。

1　王利華：《中古華北飲食文化的變遷》，中國社會科學出版社，2000年。
2　劉樸兵：《「乳腐」考》，《中國歷史文物》，2005年第5期。

中國飲食文化史　黃河中游地區卷

❷ · 養雞成為小戶家庭的重要副業

隋唐五代時期，黃河中游地區人們飼養的家禽主要為雞、鴨、鵝三類，其中雞是禽肉的主要來源，遠遠多於鴨、鵝。因為養雞成本較低，可以蛋肉兼得，所以一家一戶的零散飼養很普遍，是小戶家庭的重要家庭副業。這一時期，雞肉一直是人們非常喜愛而又常食的肉食。人們對雞的認識進一步深化，陶穀《清異錄》載，陳留人郝輪在別墅養雞數百隻，無論製作什麼羹都用雞肉，並稱雞為「羹本」。儘管當時人們還沒有現代化學分析知識，但雞肉使湯味道鮮美已為人們所認識，所以稱雞為「羹本」具有一定的道理。如果說羊羹美酒充滿貴族氣息的話，那麼村酒雞黍則洋溢著田園之樂了。孟浩然《過故人山莊》云：「故人具雞黍，邀我至田家」，反映出這方面的信息。唐代盛行鬥雞之風，這種社會風尚也從一個側面反映出養雞業的發展。這一時期還培育出一批優良雞種，其中就有著名的烏雞，《唐本草》稱「烏雞補中」，反映出當時人們對雞的食療養生價值的認識。

❸ · 淡水漁業獲得了長足的進步

這一時期的淡水漁業得到了長足的進步，主要表現在魚種的採集和培養方面。由於唐代皇帝姓李，李為國姓。鯉——李同音，要求避諱，因此有不得捕食鯉魚的禁令，宋代方勺《泊宅編》載：「唐律禁食鯉，違者杖六十」。由於鯉魚是主要的食用魚類，這種禁令對養漁業有一定影響，人們只能改養其他魚類，這在客觀上對多品種養魚起了促進作用。這一時期人們很喜歡吃魚，「鞏洛之鱒」還被人們列為難得的美味。[1]除直接熱烹或膾食魚鮮外，人們還喜歡把鮮魚加工成魚鮓，消費量很大。

❹ · 野味仍是人們重要的肉食來源

隋唐五代時期，黃河中游地區的生態環境尚好，各種野生動物比較多，故各種野味也是人們改善飲食的選擇。當然，社會上層比普通百姓能更多地享用它們。這

1　段成式：《酉陽雜俎》前集卷七，四部叢刊本，上海書店，1985年。

一時期人們常捕食的野味主要有鹿、熊、兔、鵪鶉等。鹿是狩獵的主要對象，加之當時已有人工飼養鹿的鹿場，所以鹿較之其他野生動物相對要多一些。《太平廣記》卷二三四引《盧氏雜說》載：「玄宗命射生官射鮮鹿，取血煎鹿腸，食之，謂之『熱洛河』，賜安祿山及哥舒翰。」隋唐對熊的食用有增無減，但因為這種動物難於捕獵，其食用僅限於皇親貴族，像韋巨源由四品官升至三品官時，向唐中宗進獻的「燒尾宴」上就有「分裝蒸臘熊」。至於平民百姓，常食到的野生動物多是兔、鵪鶉等小野味。

三、蔬菜生產結構的優化

隋唐五代時期，黃河中游地區的蔬菜種類進一步優化，優良品種得到廣泛種植，引進的品種已經馴化，新開發的品種為人們普遍認可。在栽培技術方面最突出的是「促成栽培」（即溫室、溫泉栽培）取得巨大成績。

❶ · 蔬菜種植品種的增多

據韓鄂《四時纂要》記載，隋唐時期的蔬菜品種主要有：瓜（甜瓜）、冬瓜、瓠、越瓜、茄、芋、葵、蔓菁、蒜、薤、蔥、韭、蜀芥、蕓薹、胡荽、蘭香、荏、蓼、姜、蘘（ráng）荷、苜蓿、藕、薺子、小蒜、菌、百合、枸杞、萵苣、薯蕷（yù）、術、黃菁、決明、牛膝、牛蒡等，共35種。同時期其他文獻記載的蔬菜還有白菜、芹菜、菠菜、蘧苣（qúqǐ）、茭白、菱角、芡實、蓴菜等。

在這些蔬菜中，從國外引進的蔬菜、水生蔬菜和食用菌的人工栽培最具特色，如萵苣和菠菜。萵苣原產於西亞，隋代時引入中國。據《清異錄》載：「萵國使者來漢，隋人求得菜種，酬之甚厚，故因名千金菜，即萵苣也。」菠菜原名菠薐（léng），原產泥婆羅國（地在今尼泊爾境內），唐初引入中國。據《新唐書·西域列傳》載：「貞觀二十一年，（泥婆羅）遣使入獻菠薐、酢菜、渾提蔥。」

水生蔬菜中的茭白、藕、菱角、芡實、蓴菜等，在這一時期為更多的人所認識。

值得一提的是，這一時期中國開始了食用菌香菇的人工栽培。韓鄂《四時纂要》載：「種菌子，取爛構木及葉，於地埋之，常以泔澆令濕，兩三日即生。又法：畦中下爛糞，取構木可長六七尺，截斷捶碎，如種菜法，於畦中勻布，土蓋。水澆，長令潤。如初有小菌子，仰杷推之，明旦又出，亦推之。三度後出者甚大，即收食之。」這是我國古代關於香菇人工栽培敘述得最為詳細而具體的辦法。「這種方法與現代鋸屑栽培食用菌的方法基本相同。食用菌的人工栽培成功，為人們的大量食用提供了可靠的保證。不能不說這是唐代在中國飲食烹調長河中的又一貢獻。」[1]

❷ · 蔬菜「促成栽培」技術的進步

黃河中游地區四季分明，冬季較長，蔬菜生產的季節性很強，要想在非生長季節吃新鮮蔬菜不是一件容易的事情。魏晉南北朝時，雖有些人利用溫室在冬季種植韭菜，但屬於個別現象，無規模可言。這一時期，黃河中游地區的蔬菜促成栽培技術得到了較大的發展。在唐代時，人們利用長安附近的溫泉等地熱資源栽培蔬菜，根據需要促其成熟。據《新唐書‧百官志》載，百官中有溫泉湯監，「掌湯池、宮禁……以備供奉。……凡近湯所潤瓜蔬，先時而熟，以薦陵廟。」可見這種促成栽培蔬菜的規模是相當大的，還需要設置專門的官員來管理。除利用溫泉進行促成栽培，溫室蔬菜栽培也有了一定的發展，當然用這些方法栽培的蔬菜只有皇室貴族才能夠享用得到。

四、瓜果生產結構的變化

❶ · 果品

隋唐五代時期，政府非常重視果樹的種植，黃河中游地區的果品生產得到了較快的發展，主要表現有二：一是梨、李、桃、杏、柰、櫻桃、棗、柿、栗等傳統果

1　王子輝：《中國飲食文化研究》，陝西人民出版社，1997年。

樹繼續種植,並得到進一步的推廣;二是一些域外果樹新品種如中亞諸國的金桃、銀桃、西亞的波斯棗等相繼被引進到黃河中游地區,使果品的種類更加多姿多彩,人們的飲食生活更加豐富。

這一時期特別值得一提的是葡萄種植得到了迅速地推廣,對於豐富人們的飲食生活具有重要意義。葡萄自漢代從西域引進後,在黃河中游地區就開始種植了,但唐代以前葡萄多種植於皇家苑囿中,民間葡萄種植較少,沒有形成規模。葡萄的品種也不斷退化。隋唐的大一統和強盛的國力,使引進葡萄良種並普遍推廣成為可能。唐太宗貞觀十三年(西元639年),唐軍破高昌,高昌的葡萄良種馬乳葡萄遂引進中土。到七世紀末,在長安禁苑的兩座葡萄園中,大致還可以辨認出這些葡萄的後代。[1]在民間,葡萄開始得到大規模的種植,山西太原一帶的葡萄種植面積最大,成為當時葡萄種植和葡萄酒生產的重要基地。這一時期,許多文人在詩文作品中常常提到葡萄。如劉禹錫、韓愈等著名詩人都寫有《葡萄歌》,詩中對葡萄的栽種、管理、收穫、加工有細緻的描寫,反映了當時葡萄種植已十分普遍。

❷ · 瓜

隋唐五代時期,瓜果並稱。瓜既是蔬菜又是水果,一些可生食的瓜種往往被視為果品。這一時期,傳統的東陵瓜等優良品種仍在繼續種植,杜甫在詩作中就多次提到東陵瓜,如「青門種瓜人,舊日東陵侯。」「青門瓜地新凍裂」「豈傍青門學種瓜」等。人們還不斷地培育新的優良瓜種,如河南洛陽的「御蟬香」和開封的「淀腳綃」等,這兩種瓜在陶穀《清異錄》卷上都有記載,其中「御蟬香」是唐武宗御封的瓜品,「洛南,會昌中,瓜圃結五六實,長幾尺,而極大者類蛾綠,其上皺文酷似蟬形。圃中人連蔓移土檻貢,上命之曰『御蟬香』『挹腰綠』。」又「夷門(河南開封)瓜品中淀腳綃夾鶉,其色香味可魁本類矣」。

1   謝弗著,吳玉貴譯:《唐代的外來文明》,中國社會科學出版社,1995。

第二節　菜餚烹飪水平的提高

隋唐五代時期，黃河中游地區的主食烹飪與前代相比變化不大，而副食烹飪水平卻有了較大提高。各種名菜佳餚爭奇鬥豔，極大地豐富了人們的餐桌。這一時期，副食烹飪水平的提高主要表現在以下三個方面：

一、菜餚烹飪技術的完善

隋唐五代時期，黃河中游地區的副食烹飪技術獲得了較大發展，傳統的煮、烤、膾等烹飪技術已爐火純青，新興的炒菜技術也日益成熟，名菜佳餚爭奇鬥豔。

❶·傳統的煮、烤、膾等烹飪技術的發展

煮。煮主要用於加工各種羹類菜餚。隋唐五代時期，黃河中游地區的羹類菜餚品種很多，根據用料可分為菜羹、肉羹和魚羹等，當時人們烹製羹類菜餚時特別講究調味。突出表現在人們對具有食療養生羹品的開發上，這類羹品多用動物「雜碎」或中草藥製成，唐代咎（zǎn）殷《食醫心鑑》一書中記載了許多這樣的羹，如水牛肉羹、羊肺羹、豬心羹、豬腎羹、豬肝羹、烏雌雞羹、青頭鴨羹、雞腸菜羹、小豆葉羹、車前葉羹、扁竹葉羹等。《明皇雜錄》還記載了一則有關食療羹療效的故事。唐玄宗時戶部員外郎鄭平鬢髮皆白，一次食用了皇上賜給的甘露羹後，一夜之間白髮盡黑，這固然有誇大的成分，但這種羹具有明顯療效則是可以肯定的。食療養生羹品的開發為中國飲食文化增添了新的內容。

烤。烤主要用於加工各種炙類菜餚。這一時期，黃河中游地區的烤烹技術得到了長足的發展，主要表現在：第一，用火更加講究。《隋書·王劭傳》記載：「今溫酒及炙肉，用石炭、柴火、竹火、草火、麻荄火，氣味各不同。」說明當時烤炙肉類非常講究用火，既講究火候，也講究根據肉類的不同品種和要求選擇使用不同的燃料。這種認識是長期實踐經驗的總結，這種烹飪水平也為前代所望塵莫及。第

二，一些新的炙烤方法出現，例如「間接炙烤法」。當時的京都名菜「渾羊歿忽」就是用間接炙烤法製成的。《太平廣記》引《盧氏雜說》云：「見京都人說，兩軍每行從進食，及其宴設，多食雞鵝之類，就中愛食子鵝。鵝每隻價值二三千，每有設，據人數取鵝，燖（xún，用開水燙）去毛，及去五臟，釀以肉及糯米飯，五味調和。先取羊一口，亦燖剝，去腸胃，置鵝於羊中，縫合炙之。羊肉若熟，便堪去卻羊，取鵝渾食之，謂之『渾羊歿忽』。」第三，同前代相比，這一時期，炙烤類菜餚的品種更趨於多樣化。如《清異錄》中有「無心炙」「逍遙炙」，謝諷《食經》中有「龍鬚炙」「乾炙滿天星」，韋巨源《食單》中有「金鈴炙」「光明蝦炙」「昇平炙」，咎殷《食醫心鑑》中有「野豬肉炙」「鰻鱺（lí，黑裡帶黃的顏色）魚炙」「鴛鴦炙」「炙鴝鵒（qúyù，俗稱『八哥兒』）」等。

膾。古人把魚或肉切細而成的菜叫膾。隋唐五代時期，黃河中游地區的食膾之風很盛行，特別是唐代食膾飲酒成為社會的一種時尚，唐代詩人為我們留下了許多食膾的精美詩句。膾的烹飪技術也得到了一定的發展。主要表現有二：

一是人們對於適合做膾的魚種有了更為深入的認識。晉代張翰的「蓴鱸之思」流傳後，人們一直認為鱸魚是做膾的最佳選擇。唐代時，這種看法有了改變，陽曄《膳夫經手錄》認為：「膾莫先於鯽魚，鯿、魴、鯛、鱸次之」，這是在長期飲食實踐中得出的結論。咎殷《食醫心鑑》中有「鯽魚膾方」，認為鯽魚膾可治產後赤白痢、臍肚痛和不下食。這是當時人們的科學認識水平在飲食方面提高的表現。

二是乾膾製作與保鮮技術的發明。這一時期，人們除普遍食用鮮膾外，還發明了一種製作「乾膾」的方法。加工乾膾要用鮮魚，邊切邊曬，曬乾後密封貯存。食用時開封取出，用清水浸泡後就可以食用了。乾膾可保存兩個月左右，食用時接近鮮膾的口感。乾膾一般用海魚中的鮸（miǎn）魚（頭長而尖，口大，牙銳），鱸魚也可以做乾膾。隋唐時期最負盛名的是「金齏（jī）玉膾」，就是用松江鱸魚製成的，江南人原名為「松江鱸乾膾」，據《隋唐嘉話》載，隋煬（yáng）帝品嚐後說：「金齏玉膾，東南佳味也。」這道菜在唐代宮廷宴席上經常出現。乾膾製作與保鮮技術的發明，在一定程度上可使人們食用魚膾不再受時間和地域的限制，這一時期江

南沿海地區製作的乾膾大量運往黃河中游地區，對於豐富魚類資源相對不足的黃河中游地區人們的飲食生活具有重要意義。

❷‧新興炒菜技術的日益成熟

至遲南北朝時，黃河中游地區就已出現了「炒煎」的烹飪方法。但隋唐以前，「炒」在菜餚烹飪中的地位還很低，對炒法的記載也甚少。炒這一烹飪技法在隋唐以前未被人們重視的原因，主要在於這項技術還不成熟，特別是與植物油等較好的傳熱媒介尚未大量出現有關。

隋唐五代時期，黃河中游地區的植物油食用得到了迅速普及。段成式《酉陽雜俎》載：「京宣平坊，有官人夜歸入曲，有賣油者張帽驅驢，馱桶不避。……裡有沽其油者月餘，怪其油好而賤」，說明唐代已經有人專門以賣油為生了。該書又載：「齊暾（tūn）樹，出波斯國，……子似楊桃，五月熟。西域人壓為油以煮餅果，如中國之用巨勝也。」巨勝即黑芝麻。這則史料說明，至唐代時芝麻油在中國使用已十分普遍了。日本僧人圓仁《入唐求法巡禮行記》中談到，唐文宗開成年間（西元836-840年），他在曲陽縣「遇五台山金閣寺僧義深等往深州求油歸山，五十頭驢馱麻油去」，足見當時植物油的消費量之大。《雲仙雜記》還有「唐世風俗，貴重葫蘆醬、桃花醋、照水油」的記載，「照水油」肯定是植物油，因為動物油常溫下呈固態，是照不出什麼的。「植物油被普遍用於烹製菜餚，這是我國烹飪史上的一個重大飛躍，不可等閒視之。」[1]

這一時期，植物油食用的普及為新興炒菜技術的日益成熟提供了更好的傳熱媒介，使炒菜在菜餚中所占的比重逐漸提高，「炒」也日益成為中國菜餚加工的最主要的方式，深刻影響了人們的飲食生活。「炒」作為一種烹飪法，其加工對象極為廣泛，無論是肉、蛋，還是果蔬都可以用此法烹飪，極大地擴展了烹飪原料的範圍。

1　王子輝：《中國飲食文化研究》，陝西人民出版社，1997年。

炒菜多為大火急炒，炒之前多要求對原料進行刀工處理，切成片、塊、丁、粒等，刀法隨著炒菜的繁榮而發展，唐代時就出現了專門論述刀工技藝的《斫膾書》。

用「炒」法做菜，加工時間短，燃料消耗少，所烹飪出來的菜餚營養成分流失較少。炒菜的發明和普及，使普通百姓有了日常佐餐下飯的菜餚。炒菜可葷可素，也可以葷素合炒，二三兩肉配上較多的蔬菜就可做成一個菜。而烤、煮、炸等烹飪方法對於二三兩肉則很難加工，即便是加菜的肉羹、肉湯的煮制也非少量的肉所能完成。「炒」發明之後，之所以很快為大家所接受，並發展成為獨占鰲頭、花樣繁多的烹調方法，還由於它適應了中國人「五穀為養，五果為助，五畜為益，五菜為充」[1]的飲食結構，而菜肉齊備的炒菜正好適應了這種飲食習俗而光大起來。

二、菜餚烹飪原料的擴展

隋唐五代時期，黃河中游地區菜餚烹飪原料的擴展，不僅僅表現在製作菜餚所用的肉蔬瓜果的種類增多上，更重要的是豬羊牛雞等普通家畜、家禽的內臟、血、頭、腳、尾、皮等「雜碎」更多地受到人們的重視，被烹製成各種美味佳餚。

動物「雜碎」入饌歷史較早，但以往人們所重視的動物「雜碎」多是些珍奇野味的「雜碎」，如熊掌、豹胎、駝峰、猩唇之類。中國最早有史籍可考的用普通家畜、家禽「雜碎」製成的菜餚出現在周代。[2]《禮記・內則》所記周代「八珍」中，有一味佳餚名「肝膋」。它的具體製作方法是：用一大片腸間脂肪（即網油）包好新鮮的狗肝，然後放在火上炙烤，烤到外面的脂肪乾焦即成。有意思的是，後世百姓往往用「龍肝鳳髓」來形容上層統治者的美食。「龍肝」即是這種燒烤的狗肝，因其是供天子所食的肝，故稱為「龍肝」。周天子所用的「五齏」中，有一味「脾析」。據王仁湘先生考證，就是切碎了的牛百葉（牛胃）。[3]但隋唐以前人們對普通

1　不著撰人，王冰註：《重廣補註黃帝內經素問・髒氣法時論篇》，四部叢刊本，上海書店，1989年。
2　劉樸兵：《中國雜碎史略》，《中國飲食文化基金會會訊》（臺北），2004年第3期。
3　王仁湘：《飲食與中國文化》，人民出版社，1993年。

家畜、家禽「雜碎」的利用，僅限於頭、腳、尾、皮等「硬雜碎」和「軟雜碎」（內臟）中的心、肝、胃，而腸、腎、肺、脾等很少被人們做成菜餚。這與隋唐以前的烹飪技術還不十分發達有關。頭、腳、尾、皮等「硬雜碎」和「軟雜碎」中的心肝胃等味道鮮美，異味較輕，而腸、腎、肺、脾等或油膩肥厚，或腥臊乾枯、異味較重。隋唐以前的烹飪方法主要是烤、蒸、煮，這些烹飪方法製作異味較輕的「硬雜碎」和心、肝、胃尚可，但對於油膩肥厚的大小腸和腥臊乾枯、異味較重的腎、肺、脾，烤、蒸、煮的烹飪方法則顯得力不從心。

隋唐五代時期，由於中國烹飪技術獲得了突飛猛進的發展，傳統的煮、烤、蒸等烹飪技術已爐火純青，新興的炒菜技術也日益成熟。於是唐人就有了「物無不堪吃，唯在火候，善均五味」[1]的思想，意識到只要火候和調味適當，就能化解動物五臟六腑中的腥臊異味，使之成為珍饌。正是烹飪技術的完善，才能使腸、腎、肺、脾等更多的雜碎成為色香味形俱佳的美味，而受到越來越多的人喜愛。隋唐以前，很少見到用腸、腎、肺、脾等做成的美食。隋唐以後，這種情況發生了根本的變化，出現了大量的以腸、腎、肺、脾為原料的佳餚。可以說，中國的雜碎肴饌在隋唐以後獲得突飛猛進的發展不是偶然的，正是中國烹飪技術完善的結果。

各種「雜碎」菜餚受到社會上層的歡迎，成為這一時期雜碎肴饌發展的突出表現。當時社會上層嗜食雜碎者到處可見，如《雲仙雜記》記載：「王縉飲酒，非鴨肝豬肚，箸輒不舉。」《太平廣記》引《報應記》記載，徐可范「嗜驢，⋯⋯取其腸胃為饌。」同書引《前定錄》記載，楊豫主郵務時曾「啖驢腸數臠（luán）」。甚至達官貴人進獻給皇帝的膳食中亦有不少雜碎食品，陶穀《清異錄》所記唐代宰相韋巨源「燒尾宴」中的雜碎食品有：「通花軟牛腸」（用羊骨髓作拌料的牛肉香腸）、「鳳凰胎」（用魚胰臟蒸成的雞蛋羹）、「羊皮花絲」（拌羊肚絲、肚絲切成一尺長）、「格食」（羊肉、羊腸拌豆粉煎烤而成）、「蕃體間縷寶相肝」（裝成寶相花的冷肝拼盤，拼堆成七層為限）。一些帝王也非常熱衷於吃腸胃做成的肴饌，《太平廣記》引

1　段成式：《酉陽雜俎》前集卷七，四部叢刊本，上海書店，1985年。

《盧氏雜說》云：「玄宗命射生官射鮮鹿，取血煎鹿腸，食之，謂之『熱洛河』，賜安祿山及哥舒翰。」

這一時期，各種「雜碎」也開始用於食療、食補。唐代咎殷《食醫心鑑》中列有釀豬肚、羊肺羹、豬肝丸、炮豬肝、豬肝羹、豬腎羹等名目，它們「不但烹製精巧，口味爽美，而且可以食補身體，治療疾病，是唐人烹飪技藝與養生保健的完美結合」[1]。

三、象形花色菜的出現和食品雕刻的發展

象形花色菜的出現和食品雕刻的發展是這一時期烹飪水平提高的又一重要表現。

❶·象形花色菜的出現

象形花色菜的出現與冷盤菜的發展有密切關係。秦漢南北朝時期，作為政治、文化中心的黃河中游地區就出現了較多的冷盤菜，如各種膾、鮓、菹、醬等。隋唐五代時期冷盤菜的繼續增多，終於使中國宴席的菜餚組合形式發生了新變化，「即冷葷菜上席於熱菜之前似從這一時期而開始的」[2]。這種先上冷菜後上熱菜的宴席菜餚組合形式，又反過來促進了冷葷菜製作水平的提高。

最能代表隋唐五代時期冷菜製作成就的是當時的象形花色菜。象形花色菜大約起源於隋代，當時叫做「看食」，到了唐代，既能觀賞又可食用的拼盤得以問世，並正式登上宴席，唐代詩人王維晚年所居的輞川別墅有21勝景，後來，唐代一位法名梵正的比丘尼，竟用醬肉、肉乾、魚鮓、醬瓜之類的冷食，將這21景在食盤上拼製出來。陶穀《清異錄》記其事云：「比丘尼梵正庖製精巧，用鮓、臞、膾、脯、醃、醬、瓜、蔬，黃赤雜色，鬥成景物，若坐及二十人，則人裝一景，合成輞川圖

---

1   王賽時：《唐代飲食》，齊魯書社，2003年。

2   王子輝：《中國飲食文化研究》，陝西人民出版社，1997年。

中國飲食文化史 ▓ 黃河中游地區卷

148

小樣。」《紫桃軒雜綴》亦載:「唐有靜尼,出奇思以盤飣,簇成山水,每器占輞川圖中一景,人多愛玩,不忍食。」飣,舊指堆疊器皿中的蔬菜果品麵點等「看食」,一般作祭品或陳列,而不食用。不過,比丘尼梵正所製作的輞川圖小樣,與前代的「看食」不同,「不忍食」說明是可以吃的,而且製作此菜的目的也是讓人吃的。比丘尼梵正的這一傑作,不僅包括改刀、烹製、拼擺等多方面的技藝,而且涉及淵博的文化修養,可以說開繪畫、雕塑藝術與烹飪技藝巧妙結合的象形花色菜之先河。

❷ · 食品雕刻的發展

隋唐五代時期的食品雕刻工藝也有了進一步的發展。首先,食品雕刻的範圍得到了進一步擴大。「如果說,魏晉南北朝時期僅限於手畫卵、雕蛋的較小範圍,隋唐五代時已擴大到飯、糕和菜餚方面。」[1]韋巨源《燒尾宴食單》中的「玉露團」,註明是「雕酥」,也就是說「玉露團」是在酥酪上進行雕刻的。「御黃王母飯」,註明是「編鏤卵脂蓋飯面」,可見「御黃王母飯」是在雞蛋和脂油上進行雕刻的。其次,食品雕刻技藝已經達到相當高的藝術水平。較能反映這一時期食品雕刻技藝水平的是「鏤雞子」。「鏤雞子」源於寒食節食用煮雞蛋這一習俗,有好事者,在雞蛋上雕刻各種花樣圖案並染上色彩,以增加雞蛋的外觀美感,久之,形成了一種傳統習俗,這就是「鏤雞子」。「鏤雞子」雖在魏晉時就已經出現,但它的普及卻是在唐代。《太平廣記》引《前定錄》載,唐長安風俗就有「寒食將至,何為鏤雞子食也」的記述。駱賓王《鏤雞子》一詩云:「幸遇清明節,欣逢舊練人。刻花爭臉態,寫月競眉新。暈罷空餘月,詩成並道春。誰知懷玉者,含響未吟晨。」詩人把善為鏤雞子的人稱為「練人」,以示其熟練技能。元稹《寒食夜》也有「紅染桃花雪壓梨,玲瓏雞子鬥贏時」的句子。從這些詩中我們得知,當時人們把雞蛋雕成人臉形狀,並在腮上染上紅暈,光彩照人。人們還要把鏤刻成形的雞蛋拿出來相互比試,爭巧鬥藝,這種習俗當時稱為「鬥雞子」。這一時期寒食期間「鏤雞子」「鬥雞子」習俗,

1   王子輝:《中國飲食文化研究》,陝西人民出版社,1997年。

金屑泉　藥家瀨　柳浪　臨湖亭　北垞　鹿柴　宮槐陌　茱萸沜　木蘭柴　斤竹嶺　文杏館

◀圖5-1　《輞川別墅圖》局部

說明當時食品雕刻已深入到普通百姓的飲饌生活之中了。

第三節　日益成熟的飲食養生和食療

　　利用飲食養生和治療各種疾病是中國飲食文化的重要內容，也是古代中醫的一項優秀傳統，這一傳統至少可以上溯到先秦時期。《山海經》裡就記載有不少藥用食品，但唐代以前的飲食療法侷限於狹隘經驗，在實際應用上尚未引起普遍重視。[1] 唐代，隨著醫學理論水平的提高，社會大眾對養生的普遍關注，飲食養生的理論和實踐都達到了前所未有的水平。唐代的食療著作大量湧現，食療在理論上逐步提高，在實踐中廣泛應用到臨床治療之中。食療學作為中醫學的一個重要分支日益成熟。

1　陳偉明：《唐宋飲食文化初探》，中國商業出版社，1993年。

▶圖5-2　《千金方》內頁書影

一、飲食養生學的發展

（一）醫學家對飲食養生經驗的總結

唐代，醫學家們普遍認識到飲食對養生保健的重要作用，大醫學家孫思邈稱：「安身之本，必資於食……不知食宜者，不足以存生也。」[1]唐代醫學家們對前代流傳下來的飲食養生經驗進行了全面總結，使中國古代的飲食養生術更為全面、系統。在孫思邈的《千金要方》與孟詵、張鼎的《食療本草》等唐代醫書中都有豐富的飲食養生內容，主要包括以下幾個方面：

❶・合理膳食

人體要維持健康，必須吸收各方面的營養。早在漢代，《黃帝內經》中便提出了「五穀為養，五果為助，五畜為益，五菜為充」的理想膳食結構。孫思邈在《千金要方・食治》的「序論」中也引用了這一段話，並具體發揮了這一觀點，他將食

1　孫思邈：《備急千金要方》卷二六《食治・序論第一》，人民衛生出版社，1955年。

物分為果實、蔬菜、穀米、鳥獸四大類，詳細介紹了當時156種日常食物的性味、營養和功效。這說明孫思邈非常重視建立合理的膳食結構，主張營養平衡，合理搭配。

❷·平衡食味

孫思邈《千金要方·食治·序論》云：「五味入於口也，各有所走，各有所病。」具體而言，「酸走筋，多食酸令人癃（lóng）」；「鹹走血，多食鹹令人渴」；「辛走氣，多食辛令人慍心」；「苦走骨，多食苦令人變嘔」；「甘走肉，多食甘令人噁心」；「多食酸則皮槁而毛夭，多食苦則筋急而爪枯，多食甘則骨痛而髮落，多食辛則肉胝而唇褰（qiān），多食鹹則脈凝泣而色變」。因此，人們在日常的飲食中，就要根據人體狀況和四季變化來調配五味，使之平衡，不可偏嗜。

❸·明察食性

中醫藥理學認為，每種食物都有一定的食性，或寒，或熱，或溫，或涼，或平，或有毒，或無毒等。不同食性的食物對人體養生的效果亦不相同。有些可以常食，如「味甘，平，濇（sè）」的櫻桃，「調中益氣，可多食，令人好顏色，美志性」；有些不可多食，如「味甘，微酸，寒，濇，有毒」的梨，「除客熱氣，止心煩，不可多食，令人寒中」[1]。

不同食性之間的食物，有的相宜，有的相剋。如果食用了食性相剋的食物，就會有損身體健康。為了避免食性相剋，損害身體健康，唐代醫學家提出了「食不欲雜」的養生原則，「雜則或有所犯。有所犯者，或有所傷。或當時雖無災苦，積久為人作患」[2]。

一些病死、自死動物或與常品有異的食物，其食性發生了變化，往往有毒，是

1　孫思邈：《備急千金要方》卷二六《食治·果實第二》，人民衛生出版社，1955年。
2　孫思邈：《備急千金要方》卷二六《食治·果實第二》，人民衛生出版社，1955年。

不可食用的。如「烏牛自死北首者，食其肉害人」[1]。食物製作方法不同，食物的食性亦有可能發生變化。如乾棗，「生者食之過多，令人腹脹。蒸煮食之，補腸胃，肥中益氣」[2]。

❹ · 飲食有節

唐代以前，人們已經開始意識到飲食無節將會損害身體健康。唐代的孫思邈對節制飲食的論述更加全面詳細，告誡人們飲食要有節制，不可過量飲食，不要過於追求美味。「是以善養性者，先飢而食，先渴而飲，食慾數而少，不欲頓而多，則難消也。常欲令如飽中飢，飢中飽耳。蓋飽則傷肺，飢則傷氣」[3]。告誡人們珍饈美味要少吃，平日飲食也不可過飽。即使是有益健康的食物也不能一下吃得太多，「乳酪酥等常食之，令人有筋力膽乾，肌體潤澤。卒多食之，亦令臚脹洩利，漸漸自已」[4]。孫思邈還用具體實例說明不節飲食的危害，強調「廚膳勿使脯肉豐盈，常令儉約為佳」[5]。

❺ · 因人而膳

不同的人體，其素質、體質、性格類型不同，飲食的嗜好也不盡相同。即使是同一個人，一生中的各個不同時期，其體質和氣血盛衰也有所變化。因此，在具體的飲食養生實踐中，要充分考慮到體質強弱之殊，男女老少之異，即因人而膳。孕婦也要遵守許多食忌，否則既不利於己也不利於將來出生的子女。唐代的不少醫書在介紹各種食物時，對其利忌的人群多有註明，如菠菜，「冷，微毒。利五藏，通腸胃熱，解酒毒。服丹石人食之佳」[6]。

---

1 孫思邈：《備急千金要方》卷二六《食治·鳥獸第五》引《神農黃帝食禁》，人民衛生出版社，1955年。
2 孟詵、張鼎撰，謝海洲輯：《食療本草》卷上《乾棗》，人民衛生出版社，1984年。
3 孫思邈：《備急千金要方》卷二七《養性·道林養性第二》，人民衛生出版社，1955年。
4 孫思邈：《備急千金要方》卷二六《食治·序論第一》，人民衛生出版社，1955年。
5 孫思邈：《備急千金要方》卷二七《養性·道林養性第二》，人民衛生出版社，1955年。
6 孟詵、張鼎撰，謝海洲等輯：《食療本草》卷下《菠薐》，人民衛生出版社，1984年。

因時而膳有兩方面的含義：其一，對人體而言，四時的氣候變化，如春溫、夏熱、秋燥、冬寒，均會對人體的生理活動產生重要影響。因此，在飲食養生的過程中，要根據時令氣候的變化對飲食作出相應的調整。否則將不利於養生，甚至會致病。孫思邈告誡人們：「從夏至秋分忌食肥濃，然熱月人自好冷食，更與肥濃，兼食果菜無節，極遂逐冷眠臥，冷水洗浴，五味更相剋賊，雖欲無病不可得也」[1]；其二，對食物而言，不少食物都有其最佳的食用時令，如「二月三月宜食韭，大益人心」[2]。進食違時之物同樣不利於養生，以肉類為例，孫思邈在《千金食治·鳥獸》中列舉了一些違時進食的例子，如：正月食虎豹狸肉，二月食兔肉，二月庚寅日食魚，三月三日食鳥獸五臟，四月食暴雞肉、蛇肉、鱔魚，五月食馬肉、麞肉，六月食羊肉、雁肉、鶩肉，八月食雞肉、雉肉、豬肺，九月食犬肉，十月食豬肉，十一月食鼠肉、燕肉、螺螄、螃蟹，十一月、十二月食蝦蚌著甲之物，十二月食牛肉、蟹鱉，均會傷人神氣或致病。受當時科技水平的限制，這些禁忌可能帶有一定的侷限性，但「因時而膳」的思想是十分有益的。

❼ · 因地而膳

中國地域遼闊，各地的自然環境不同，生活習慣有異。不同地域的人們進食同一樣食物可能會產生不同的效果，例如菠菜，「北人食肉麵則平，南人食魚鱉水米即冷。不可多食，冷大小腸。久食令人腳弱不能行」[3]。人們進食不同地域出產的食物，養生效果亦會有所不同，如羊的食用就有南北之別，「南方羊都不與鹽食之，多在山中吃野草，或食毒草。若北羊，一二年間亦不可食，食必病生爾。為其來南地食毒草故也。若南地人食之，即不憂也。今將北羊於南地養三年之後，猶亦不中食，何況於南羊能堪食乎？蓋土地各然也」[4]。因此，在人們的飲食養生過程中，要

1　孫思邈：《備急千金要方》卷二十《膀胱腑方·霍亂第六》，人民衛生出版社，1955年。
2　孫思邈：《備急千金要方》卷二六《食治·菜蔬第三》，人民衛生出版社，1955年。
3　孟詵、張鼎撰，謝海洲等輯：《食療本草》卷下《菠薐》，人民衛生出版社，1984年。
4　孟詵、張鼎撰，謝海洲等輯：《食療本草》卷中《羊》，人民衛生出版社，1984年。

充分考慮到不同地域出產的食物對飲食養生形成的不同效果，做到因地而膳。

❽‧講究飲食衛生

孫思邈在《千金要方‧養性》中說：「食當熟嚼，使米脂入腹，勿使酒脂入腸。人之當食，須去煩惱，如食五味必不得暴嗔，多令人神驚，夜夢飛揚。每食不用重肉，喜生百病。常以少食肉，多食飯及少菰菜，並勿食生菜、生米、小豆、陳臭物，勿飲濁酒。……食畢當漱口數過，令人牙齒不敗，口香」。這些論述涉及飲食衛生和精神衛生兩方面，都是很有科學道理的。熟食多嚼可減輕胃腸負擔，又能促進消化液分泌，有利於消化。煩惱之時進食會影響消化液分泌和腸胃的正常功能，不利於食物消化吸收。過飽與多食肉者不易消化，對胃腸不利。食物不潔或變質使人生病，甚至有性命之憂。這是有關飲食衛生的第一次全面論述。

❾‧不可過度飲酒

唐代酒風甚烈，許多酒徒都染有酒癖。長期過度飲酒極不利於養生，唐代孫思邈告誡人們：「飲酒不欲使多，多則速吐之為佳。勿令至醉。即終身百病不除。久飲酒者，腐爛腸胃，漬髓蒸筋，傷神損壽」[1]。孫思邈還具體解釋了人們飲酒致病的主要原因：「然則大寒凝海，而酒不凍，明其酒性酷熱，物無以加。脯灸鹽鹹，此味酒客躭嗜不離其口，三觴之後製不由己，飲啖（dàn，意思同『啖』）無度，咀嚼鮓醬，不擇酸鹹，積年長夜酣興不解，遂使三膲猛熱，五臟乾燥，木石猶且焦栝，在人何能不渴」[2]。孫思邈提醒人們，「醉不可以當風，向陽令人發強。又不可當風臥，不可令人扇之，皆即得病也。醉不可露臥及臥黍穰中，發癩瘡。醉不可強食，或發癰疽（yōngjū，毒瘡，多而廣的叫癰，深的叫疽），或發痔，或生瘡。醉飽不可以走車馬及跳躑，醉不可以接房。醉飽交接，小者面䵟咳嗽，大者傷絕臟脈損命」[3]。

1　孫思邈：《備急千金要方》卷二七《養性‧道林養性》，人民衛生出版社，1955年。
2　孫思邈：《備急千金要方》卷二一《消渴》，人民衛生出版社，1955年。
3　孫思邈：《備急千金要方》卷二七《養性‧道林養性》，人民衛生出版社，1955年。

（二）道教的「服食養生」及其影響

唐代是中國道教發展的繁榮時期，李唐統治者自認為是道家始祖老子的後人，採取尊崇道教的政策，將道教置於佛教之上，道教信仰在唐朝盛極一時。由於道教以追求長生不老為主要宗旨，尤其注重「服食養生」，道教的盛行使其服食養生主張有了更大的生存空間。道教的服食養生主張主要有二：一是服食丹藥，二是辟穀。它們對唐代社會（尤其是社會上層）產生了較大影響。

❶·服食丹藥

道教主張服食丹藥以求長生成仙。唐代時，社會上層服食丹藥之風甚盛，在唐代皇帝中，唐太宗、唐高宗、唐玄宗、唐憲宗、唐穆宗、唐敬宗、唐武宗、唐宣宗都曾服食過丹藥。唐代官僚貴族服食丹藥者更是不勝枚舉，如唐初功臣尉遲敬德「末年篤信仙方，飛煉金石，服食雲母粉，……不與外人交通，凡十六年」[1]。唐代的文人士大夫深受道家思想的影響，求仙服食成為一代風尚，王勃、盧照鄰、陳子昂、李端、王昌齡、孟浩然、孟郊、陸潛夫、儲光羲、許渾、劉言史、陸龜蒙、杜荀鶴、曹鄴風、徐凝想、於鵠、祝元膺、柳宗元、劉禹錫、韋應物、項斯、王轂、司空曙、盧仝、顏真卿、李頎、吳融、鄭居中、王明府、張蠙、李位、李德裕、陸希聲、劉商、翁承贊、杜甫、李白等人多有求仙服食的經歷。在社會上層服食求仙的影響下，唐代的平民百姓也有服食者，如自唐德宗貞元年間（西元785-805年）以後，長安民眾「侈於服食」[2]。

❷·少食辟穀

在飲食上，道教還主張通過「少食辟穀」和「少食葷腥多食氣」，達到養生長壽的目的。道教徒的辟穀少食習俗對當時人們的飲食養生也產生了較大的影響，人們津津樂道那些因辟穀而長壽的人們，據孫思邈《千金翼方·辟穀》記載，東海有

1　劉昫等：《舊唐書·尉遲敬德傳》，中華書局，1975年。

2　李肇：《唐國史補》卷下《敍風俗所侈》，上海古籍出版社，1979年。

中國飲食文化史　　黃河中游地區卷

一個服食雲母的賣鹽女子，「其女子年三百歲，貌同笄女，常自負一籠鹽，重五百餘斤。」《舊唐書·隱逸傳》記載，趙州人潘師正隱居嵩山逍遙谷二十餘年，「但服松葉飲水而已」，唐高宗曾問他：「山中何所須？」答曰：「所須松樹清泉，山中不乏。」辟穀之術的流行也促進了唐代養生食品的開發，如唐代的「茯苓酥」，就是利用茯苓、松脂、生天門冬、牛酥、白蜜、蠟混合煉製而成的。[1]

二、食療學的確立

（一）食療著作的大量湧現

唐代出現了多部有關食療的專著，如孫思邈《千金要方·食治》《千金翼方·養老食療》，孟詵、張鼎《食療本草》，咎殷《食醫心鑑》等。這些著作論述了通過飲食治療疾病的一般理論及飲食治療的基本方法等，奠定了中國食療學的基礎。

❶ ·孫思邈《千金要方·食治》《千金翼方·養老食療》

孫思邈《備急千金要方》簡稱《千金藥方》《千金方》，共30卷，其中的第二十六卷專論「食治」，人們通常把這一卷稱為《千金食治》。《千金食治》包括序論和果實、菜蔬、穀米、鳥獸（附蟲魚）等5篇。序論篇精闢地論述了藥與食的關係，食療養生的原理和方法。其餘4篇共收入食物155種，計有果實29種，菜蔬58種、穀米27種、鳥獸蟲魚40種。在每種食物的下面列出它們的性味、損益、服食禁忌及主治疾病，有的還記述了它們的食用方法。《千金食治》所闡發的食治重於藥治的思想對中國食療養生學的發展產生了重大而深遠的影響。在孫思邈的另一部著作《千金翼方·養性》一章中有《養老食療》一文，在《千金翼方·退居》中有《飲食》一文，《養老食療》和《飲食》這兩篇文章可視為孫思邈對《千金食治》的補

1　孫思邈：《備急千金要方》卷二七《養性·服食法》，人民衛生出版社，1955年。

充。

❷．孟詵、張鼎《食療本草》

孟詵、張鼎《食療本草》，原為三卷，載有食療方劑227個，但早已散佚。由於該書的許多內容散見於其他一些唐宋醫學文獻中，如北宋唐慎微的《重修政和證類備用本草》、日本丹波康賴的《醫心方》（西元984年著）等，特別是一九〇七年英國人斯坦因在敦煌莫高窟中發現抄於後唐時期（約西元934年）《食療本草》的殘卷。近代許多學者對此書進行了多方輯佚，出版了比較完備的輯本，如謝海洲等的《食療本草》（人民衛生出版社，1984年版）、鄭金生的《食療本草譯註》（上海古籍出版社，1992年版）等。《食療本草》集藥用食品於一書，在每種食品名下均註明性味、服食方法和宜忌。與孫思邈的《千金食治》相比，該書更適於實際應用，這主要體現在該書大量收載當時的食療、食忌經驗和記有眾多食療方劑上。

❸．咎殷《食醫心鑑》

咎殷《食醫心鑑》，原為兩卷，宋代後該書即已散佚。近代學者羅振玉游歷日本時，曾得到《食醫心鑑》的一個輯本，該輯本是日本人從高麗《醫方類聚》中輯

◄圖5-3　《食療本草》殘卷書影

得的，共一卷。《食醫心鑑》與以前的食療類著作最大的不同在於：它不是以食物為分類標準的，而是按病症分類，在論述每類病症後，具體介紹相關的食療方劑。在方劑中，先說明療效，再列舉食物和藥物的名稱和用量，並介紹製作和服用方法。因此，咎殷的《食醫心鑑》比以前的食療類著作更便於實際應用，從而將中國古代的食療養生學推向了一個新的發展階段。

（二）食療學的主要成就

❶·「食療為先」原則的確立

「食療為先」的原則最早是由孫思邈在《千金要方·食治》中提出的，他認為：「夫為醫者，當須先洞曉病源，知其所犯，以食治之，食療不癒，然後命藥。」明確提出治病首先以飲食治療，飲食治療不成，再以藥物治療，把飲食治療放在首位。為什麼要以食療為先呢？這是由於「藥性剛烈，猶若御兵，兵之猛暴，豈容妄發。發用乖宜，損傷處眾，藥之投疾，殊濫亦然」；「藥勢偏有所助，令人臟氣不平，易受外患」。孫思邈明確了藥物性有偏頗，只宜救急的基本醫學原理，在肯定「救疾之速，必憑於藥」的同時，告誡人們「人體平和，惟須好將養，勿妄服藥」。與藥性偏頗不同，食性平和，「是故食能排邪而安臟腑，悅神爽志，以資血氣。若能用食平痾、釋情、遣疾者，可謂良工」[1]。

「食療為先」原則的提出對於中國食療學的形成具有重大的指導意義，它突破了傳統「藥食同源」「藥食同用」認識水平的侷限，克服了以往僅把食療作為治病的輔助手段，擺正了食療與藥療的主次關係，使食療處於應有的地位，為古代中醫食療學科的體系化奠定了科學的理論基礎。[2]

1　孫思邈：《備急千金要方》卷二六《食治·序論》，人民衛生出版社，1955年。
2　陳偉明：《唐宋飲食文化初探》，中國商業出版社，1993年。

❷·食療食物的增多

唐代以前，用於食療的食物種類較少，不利於飲食治療學的發展深化。至唐代，食物品種在臨床治療應用上不斷增加，成為唐代飲食療法超越前代的顯著標誌之一。唐代食療食物種類增多的原因與唐代的飲食文化交流不無關係。在新增的這些食療食物中，有不少是隋唐時期剛從西域引進中土的，如蘿菜、菠菜、萵苣、胡荽等蔬菜，以及香料、藥物兼於一身的西域「香藥」；也有不少是唐代始從南方輸入中原的，如各種魚類和藻類。對這些新近輸入的食物，唐代醫藥學家們對其性味、醫療功能的瞭解逐漸增多，開始把它們運用到食療當中。除了把新輸入的食物品種納入食療範圍之外，受時人重視動物內臟（「雜碎」）的影響，唐代的食療也大量應用各種動物內臟。

❸·食療形式的多樣化

唐代以前，食療的形式比較單調，唐代時，食療形式開始多樣化。就具體方法而言，唐代的飲食療法已經相當成熟，如有湯酒、漿、飲、乳、羹，以及餅、點心、菜餚等很多品種。

在眾多用於食療的飲食品種中，以流質的羹、粥、湯最為普遍。這是由於羹、粥、湯易於消化吸收，食用它們可以減輕食療病人的腸胃負擔。同時，也可以為病人補充大量的水分。其他形式的食療飲食，大多烹製得十分軟爛，在口味上也以清淡為主。食物軟爛、清淡，易於病人消化吸收。在服用食療飲食時，多於空腹趁熱食用。之所以如此，也是出於易於消化吸收的緣故，這樣做可以充分發揮食物的食療作用。

和藥物治療相似，利用飲食治療時一般也要忌食生冷油膩等食物，如「（驢）脂和烏梅為丸，治多年癧。未發時服三十丸。又，頭中一切風，以毛一斤炒令黃，投一鬥酒中，漬三日，空心細細飲，使醉。以覆臥取汗。明日更依前服。忌陳倉米、麥麵等」[1]。

1　孟詵、張鼎撰，謝海洲等輯：《食療本草》卷中《驢》，人民衛生出版社，1984年。

在唐代的食療飲食中，有不少是加入了藥物的「藥膳」。如「雲母粉半大兩，研作粉，煮白粥調，空腹食之」，以治小兒赤白痢及水痢。[1]「藥膳」合藥、食於一體，它既是藥劑，又是食劑，使病人在進食的同時又進了藥。除藥膳外，唐代還有不少用於療疾的藥酒。由於藥膳、藥酒中加入了藥物，所以藥膳、藥酒的療效較快，如《獨異志》載：「（唐）太宗苦氣痢，諸治不效，即下詔問殿庭左右有能治者，重賞之。寶藏曾困其疾，即具疏以乳煎蓽撥方，上服之立瘥。……其方每服用牛乳半升、蓽撥三錢匕，同煎減半，空腹頓服」[2]。服用藥膳、藥酒時，其食忌也應和服藥一樣，以免食性與藥性相剋，降低了藥效，甚至中毒加重病情，危及生命。

❹ · 食療功能的進一步開發

利用飲食治療疾病，優點在於毒副作用小，治根治本，但也普遍存在著療效較慢、療程較長等缺點，所以食療針對的對象主要是各種慢性疾病，這在各種食療方劑中很容易看出這一特點。

除主要治療各種慢性疾病之外，配合藥物進行輔助治療也是飲食治療的重要內容之一，如「凡人忽遇風發，身心頓惡，或不能言。有如此者，當服大小續命湯，及西州續命排風越婢等湯，於無風處密室之中，日夜四五服，勿計劑數多少，亦勿慮虛，常使頭面手足腹背汗出不絕為佳。服湯之時，湯消即食粥，粥消即服湯，亦少與羊肉臛將補。若風大重者，相續五日五夜服湯不絕，即經二日停湯，以羹臛自補將息。四體若小差，即當停藥，漸漸將息。如其不差，當更服湯攻之，以差為度」[3]。

這裡的「風疾」是指因腦血管阻塞（血栓）所導致的某一器官功能的中斷或喪失，如肢體癱瘓、口歪眼斜面癱等。在唐代大醫學家孫思邈所開的這一醫方中，「大小續命湯」或「西州續命排風越婢湯」是治療風疾的藥劑，對於風疾病人的痙瘲發

1　唐慎微：《重修政和證類備用本草》卷三《雲母》引《食醫心鏡》，四部叢刊本，上海書店，1985年。

2　江瓘：《名醫類案》卷四《痢》，四庫全書本，商務印書館，2005年。

3　孫思邈：《備急千金要方》卷一《序例·服餌》，人民衛生出版社，1955年。

揮著主要作用，而粥和羊肉臛則是營養豐富、易於消化的食劑，它們不僅為病人提供了充足的營養，而且與作為藥劑的「湯」互相配合，對病人的痊癒發揮著重要的輔助作用。這是由於治療「風疾」一方面要服用消釋血栓的藥物，一方面要大量補充體液以加快血液循環，流質的湯臛中因含有大量的水分，「湯消即食粥」，保證了風疾病人在停「湯」之際，仍能得到大量的水分補充。

❺ · 食療的靈活運用

同飲食養生相似，唐人在飲食治療的過程中，已經開始具體、辯證、全面地觀察分析病情，靈活運用，因人而膳、因地而膳、因時而膳，充分發揮飲食治療的潛力。以孟詵、張鼎的《食療本草》為例，乳腐，「微寒。潤五臟，利大小便，益十三經脈。微動氣。細切如豆，麵拌，醋漿水煮二十餘沸，治赤白痢，小兒患，服之彌佳」[1]，這是強調因人而膳；「淮泗之間米多。京都、襄州土粳米亦香、堅實。又，諸處雖多，但充飢而已」[2]；棗，「蒸煮食之，補腸胃，肥中益氣。第一青州，次蒲州者好。諸處不堪入藥」[3]，這是強調因地而膳；鴝鵒肉，「主五痔，止血」：「又，食法：臘日採之，五味炙之，治老嗽。或作羹食之亦得；或搗為散，白蜜和丸並得。治上件病，取臘月臘日得者良，有效。非臘日得者不堪用」[4]，這是強調因時而膳。

第四節　繁盛一時的酒文化

隋唐五代時期，特別是隋唐兩代，農業的發展使糧食產量大幅度提高，官私糧

1　孟詵、張鼎撰，謝海洲輯：《食療本草》卷下《乳腐》，人民衛生出版社，1984年。
2　孟詵、張鼎撰，謝海洲輯：《食療本草》卷下《粳米》，人民衛生出版社，1984年。
3　孟詵、張鼎撰，謝海洲輯：《食療本草》卷上《乾棗》，人民衛生出版社，1984年。
4　孟詵、張鼎撰，謝海洲輯：《食療本草》卷中《鴝鵒肉》，人民衛生出版社，1984年。

倉儲備豐盈，為釀酒提供了充足的原料。這一時期，黃河中游地區的釀酒技術得到了進一步提高，酒的品種不斷增加，飲酒之風盛行不衰，從王公貴族到平民百姓，各個階層、各個行業，好酒之徒不絕於史，許多人終日沉飲不厭，幾乎以酒肆為家，在文人的詩文作品中多有反映。龐大的飲酒人群，巨大的酒資消費，使當時的酒肆生意興隆。這些都在不斷地豐富著酒文化的內涵。五代時期，由於社會經濟遭到嚴重的破壞，飲酒之風略減，但在統治階級上層則有變本加厲之勢。

一、酒類生產的進步

（一）釀酒技術的進步

隋唐五代時期，黃河中游地區的農業獲得了巨大發展，為釀酒提供了足夠的糧食原料，社會上飲酒之風盛行，無論是宮中、官府酒坊，還是酒肆、家庭，對傳統釀酒技術無不進行新的探索，這就促進了釀酒技術的進一步提高。主要表現在：

第一，出現了紅麴釀酒的跡象。紅麴是一種高效酒麴，它以大米為原料，接麴母培養而成，含有紅麴黴素和酵母菌等微生物，具有很強的糖化力和酒精發酵力。《全唐詩》載有褚載詩：「有興欲酤紅麴酒，無人同上翠旌樓」。「紅麴的發明，為傳統米酒昇華為黃酒提供了轉化條件。」[1]

第二，採用了石灰降酸工藝。穀物發酵成酒後，由於酒液內仍保留著大量的微生物，因而會導致酒液變酸。為解決這一難題，早在唐代人們就學會了利用石灰降酸的新工藝，這種工藝在釀酒發酵過程中的最後一天，往酒醪中加入適量的石灰，降低酒醪的酸度，從而避免了壓榨後出現酒酸的不理想後果。

第三，酒醸成後採用加熱處理工藝以防酒醅變酸。穀物發酵成酒，經過濾後即可飲用，這樣的酒稱為生酒或生醅。生酒中依然保留著許多微生物，會繼續發生酵

1　王賽時：《唐代飲食》，齊魯書社，2003年。

變反應，導致酒液變質發酸。這一時期的人們已掌握了生酒低溫加熱處理技術，以達到控製酒中微生物的繼續反應和消毒滅菌的雙重效果。唐人把低溫加熱處理生酒稱為「燒」，經過「燒」法處理的酒便為「燒酒」。這種「燒酒」與當今的蒸餾白酒有本質的區別。低溫加熱處理是中國古代釀酒技術的一大突破，使酒質不穩定的情況大為改觀。

（二）釀酒系統的完善

這一時期，黃河中游地區的釀酒生產者可分為中央宮釀、地方官釀、民間肆釀和家釀四大系統。

❶ · 供應國事的宮釀

負責中央宮釀的機構是「良醞署」，歸光祿寺管轄。宮釀技術設備先進，人員水平較高，釀酒一般不惜成本，採用重複釀造、反覆過濾的方法。所釀之酒多為上等醇美清酒，如隋唐的「玉薤酒」，唐代的「春暴酒」「秋清酒」「酴醾（túmí）酒」「桑落酒」等。良醞署所生產的酒主要供朝廷國事祭祀使用，同時也釀造一些特優酒，供皇帝日常飲用，稱為御酒。御酒也用於皇家宴會和賞賜大臣。

❷ · 羽翼未豐的官釀

唐代地方官釀實力並不雄厚，所生產的酒類產品也較為低劣。白居易任河南尹時，深感官營酒坊釀酒不佳，便親自參與改進釀酒工藝，他在《白氏長慶集·府酒五絕》中說：

「自慚到府來週歲，惠愛威棱一事無。

惟是改張官酒法，漸從濁水作醍醐。」

白居易以「濁水」來形容地方官釀酒，對其評價可謂甚低。唐代的地方官釀酒始終沒有得到廣大酒徒的認可。

❸ · 售賣牟利的肆釀

肆釀又稱「坊釀」，是民間酒肆或酒坊釀酒，以售賣牟利為目的。這一時期，黃河中游地區的酒肆業極為發達，酒肆只有釀得上等佳釀才能招攬酒客，因此，肆釀之中出現了許多名品。長安近郊的酒肆眾多，肆釀酒非常有名，如灞陵的「灞陵酒」，蝦蟆陵的「郎官清」「阿婆清」，新豐鎮的「新豐酒」等。唐代著名肆釀美酒莫如「杏花村」酒，杜牧《清明》詩云：「借問酒家何處有，牧童遙指杏花村。」名酒借名詩，名詩助名酒，二者相得益彰，千古流傳。

❹ · 自釀自用的家釀

家釀是私家釀酒，自釀自用。由於飲酒風氣盛行，酒已成為許多家庭日常生活所必備，從而使家庭釀酒特別興盛。這一時期，黃河中游地區出現了不少家釀美酒，如唐初小吏焦革家釀酒就曾蜚聲京都，詩人王績一向嗜酒，還為此辭去其他官職，專任焦革的頂頭上司。《全唐文》所記呂才《東皋子後序》記其事曰：「時太學有府史焦革，家善釀酒，冠絕當時。君（王績）苦求為太樂丞。……數月而焦革死。妻袁氏，時送美酒，歲餘袁又死。君嘆曰：『天乃不令吾飽美酒！』遂掛官歸田。」

（三）以米酒為主的三大酒類

隋唐五代時期，黃河中游地區生產的成品酒大致可分為米酒（穀物發酵酒）、果酒和配製酒三大類型，其中穀物發酵酒的產量最多，飲用範圍也最廣。

❶·以濁酒生產為主的米酒

這一時期的米酒按釀造方式又可分為濁酒和清酒。濁酒的特點是釀造時間短、成熟期快，酒度偏低，甜度偏高，酒液比較渾濁，其整體釀造工藝較為簡單；清酒的特點是釀造時間較長，酒度偏高，甜度稍低，酒液比較清澈，其整體釀造工藝比較複雜。

這一時期，米酒的生產以濁酒為主，其產量多於清酒。唐代文獻中還常見「白酒」一詞，此非以酒的顏色來命名，而是以釀酒的原料來命名的，是用白米釀製的米酒，或稱之「白醪」，這種白酒也是濁酒。這一時期，黃河中游地區名氣較大的米酒有長安的西市腔、蝦蟆陵的郎官清、阿婆清、新豐酒、陝西富平的石凍春、河中府蒲州（今山西永濟）的桑落酒、河東乾和酒、河南滎陽的土窟春等。

❷·廣受歡迎的新興葡萄酒

這一時期的果酒主要是葡萄酒。隋唐以前，黃河中游地區的葡萄酒非常少見，為西域所貢，多為宮廷貴族的奢侈品。唐朝開通西域後，飲用葡萄酒的風氣逐漸從邊疆向內地推進，尤其是唐代邊軍多飲葡萄酒，王翰《涼州詞》中就有「葡萄美酒夜光杯，欲飲琵琶馬上催」的句子。[1] 唐太宗時，葡萄酒的釀造方法開始從西域傳入內地，《冊府元龜》《南部新書》和《唐會要》等文獻都有記載，唐太宗時破高昌國，得其葡萄酒釀造方法，並加以改良，最後釀成了「芳香酷烈，味兼醍醐」的葡萄美酒。此後，山西一帶成為唐代葡萄的主要種植區和葡萄酒的主要生產基地。自中唐以後，這裡所產的葡萄酒屢屢成為詩人吟詠的對象，如劉禹錫曾寫有《蒲桃歌》云：

1　曹寅等編：《全唐詩》卷一五六，中華書局，1960年。

「有客汾陰至，臨堂瞪雙目。

　自言我晉人，種此如種玉。

　釀之成美酒，令人飲不足。」[1]

有唐一代，葡萄酒作為一種新興的酒類受到了人們的廣泛歡迎。

❸‧用於養生療疾的配製酒

　　這一時期的配製酒大多以米酒為酒基，串入動植物藥材或香料，採用浸泡、摻兌、蒸煮等方法加工而成的。也有少數配製酒是在米酒配製過程中，事先於酒麴或酒料中加入藥材香料，發酵成酒後形成的。隋唐五代時期的配製酒多為藥酒。隋代以前，飲用藥酒者還不太多，而到了隋唐五代時期，藥酒異軍突起，品種極多，僅孫思邈《千金方》就列有桂心酒、麻子酒、五加酒、雞糞酒、丹參酒、地黃酒、大豆酒等40多種藥酒。這一時期藥酒的發展歸功於釀酒業的發展和醫學的進步。除了用於治療疾病之外，人們還把藥酒當作保養身體和款待來賓的日常飲品，故這一時期藥酒的消費量一直呈上升趨勢。

　　除藥酒外，這一時期的配製酒還有用各種花卉配製的香料酒和用松脂、松節、松花、松葉、柏葉等配製的各種滋補養生酒。值得注意的是，隋唐時期，每逢佳節，人們喜歡專飲某一種或幾種特定的配製酒，如端午節飲艾酒和菖蒲酒，重陽節飲茱萸酒和菊花酒，元旦飲屠蘇酒、柏葉酒等。

二、盛極一時的飲酒之風

　　隋唐五代時期，黃河中游地區飲酒之風很盛，人們聚飲集會，講究主賓酬酢和巡酒節次，注重娛樂方式和勸飲。為增添酒席間的熱鬧氣氛，人們推出了一系列的佐飲活動，如傳杯唱觥，投骰行令，起舞拋球等，貫穿宴席始終，由此形成了熏染

1　劉禹錫：《劉禹錫集》卷三三，上海人民出版社，1975年。

一代的飲酒習俗。

❶·入席禮節更為寬鬆

這一時期，宴飲的入席禮節要比前代更為寬鬆。聚飲之時，人們並不十分注重身分與地位，不同階層的人們可以平等入座，相互敬勸。李肇《唐國史補》談及當時的飲俗時說：「衣冠有男女雜履舄（xì，鞋）者，有長幼同燈燭者，外府則立將校而坐婦人。」就是不同輩分的人也同樣可以坐在一起。傳統以東向為尊的觀念也被打破，人們不太過多講究入席的位置，但入席之際，賓主還會相互謙讓，以先坐為尊。

❷·敬酒獻酬更加自由

這一時期，按巡依次飲酒的習俗依然長盛不衰，敬酒獻酬之禮有了新的發展，變得更加自由，主賓之間或賓客之間都可以自由獻酬。如果某一座客向鄰座或他人敬酒，大都手捧杯盞，略為前伸，這就表示了獻酬的願望，俗稱此為「舉杯相屬」。當時人們舉酒相敬，還有一種「蘸甲」習俗，即敬酒時，用手指伸入杯中略蘸一下，彈出酒滴，以示敬意。用現代眼光來看，這種做法極不衛生，然而當時卻大為風行。

❸·聚飲常設維持秩序的「酒糾」

這一時期，人們一起飲酒娛樂，常指定或推選出主酒之人，當時稱之為「酒糾」，或稱為席糾、觥使等（秦漢時稱為酒吏）。酒糾共設有明府、律錄事、觥律事三職，各有職掌。每次聚飲，不一定三職全設，但無論如何，大型宴會總設有主酒之人。酒糾的設置是為了更好地維持酒場秩序，同時為了方便開展各種宴飲遊戲活動。

擔任酒糾必須熟知酒場中的各種規矩，對違犯宴席規矩的行為要進行訓罰。當時，凡在酒席上言語失序，行令輸誤，以及作假逃酒，都會受到酒糾的「制裁」。當時，酒糾還有象徵權力的酒籌、酒旗和酒纛（dào）三種器材，據皇甫崧（sōng，

同「嵩」)《醉鄉日月》一書「律錄事」記載，酒籌共10枚，酒旗1桿，酒纛1桿，具體用法為：「旗，所以指巡也；纛，所以指飲也；籌，所以指犯也。」即用酒旗指示巡酒之人，用酒纛指示違犯酒令被罰酒者，用酒籌記錄某人違犯酒令的次數，三犯則罰酒一杯。

擔任酒糾的人不僅有鬚眉男子，婦女也不少。這一時期，因社會風氣開放，婦女多參與宴飲活動，尤其是一些知名藝伎，才藝超人，熟知酒事，因此她們常擔任酒糾一職。

❹·酒令成為宴飲助興的主要娛樂形式

「酒令是唐朝人首先發明並付之實施的佐觴活動」[1]。酒令登入酒場後，很快就成為人們宴飲助興的主要娛樂形式，從文人到百姓無不選擇適合其活動的酒令來佐飲。隋唐五代時期的酒令已經形成系列，名目繁多，如骰盤、籠籌、牙籌、香球、莫走、鞍馬、送鈎、射覆等。現在雖然無法詳細地知道這些酒令的細節和遊戲規則，但從當時人們的詩文作品中可以看出其普及和受歡迎的程度。唐代酒令和唐詩對後世影響很大，在後世流行的各種酒令中，「唐詩酒籌」極具特點，其中的文化意蘊令人回味無窮。這套令籌，每籌取唐詩一句，並說明其飲法，幽默詼諧，如「人面桃花相映紅。面赤者飲。」其他如「名賢故事籌令」「飲中八仙籌令」「尋花籌令」等也較受人們的歡迎。

❺·飲酒賦詩盛行一時

飲酒賦詩，古亦有之。隋唐時期，詩歌創作極盛，因此這一時期飲酒賦詩這種宴飲形式盛極一時，其內容的深度和廣度遠非前代可比。這一時期，人們飲酒賦詩，通常是尋求一種文化意境。許多文人還有意召集詩酒之會，以酒勸客，以文會友，情調高雅，但席間有時也不免有顯耀文才甚至競爭比試的色彩。即席賦詩時，

---

1   王賽時：《唐代飲食》，齊魯書社，2003年。

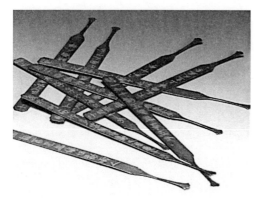

◀圖5-5　論語令籌

通常要限制時間，必須在短時間內揮筆而就，所謂「列筵邀酒伴，刻燭限詩成」[1]。為了進一步提高大家的興致，有時還會擺出獎品，首先寫出好詩的人將會奪取頭獎，杜甫詩「客醉揮金碗，詩成得繡袍」[2]，表現的就是這種情景。

❻·歌舞助興仍是重要的酒俗

音樂與舞蹈對宴會起著相當重要的調節作用，以歌舞助酒興仍是這一時期重要的酒俗。當時，人們在接風洗塵與送別餞行之類的宴飲活動中，主人經常請歌手為之唱歌，通過悠揚的歌聲來表達喜悅或留戀的心情。賓客也往往親自歌唱，以答謝主人的美意。當宴飲進入高潮時，人們還會以自我舞蹈的方式進行娛樂，連帝王都是如此，唐太宗就經常「酒酣起舞，以屬群臣，在位於是遍舞，盡日而罷」[3]。這種席間起舞是前代「以舞相屬」習俗的繼承。這種習俗在隋唐五代時期又有了一些新內容，有時是專門表示對某位貴賓的尊敬，正如李白《對酒醉題屈突明府廳》一詩所云：「山翁今已醉，舞袖為君開」[4]。

1　曹寅等編：《全唐詩·寒夜張明府宅宴》，中華書局，1960年。
2　曹寅等編：《全唐詩·崔駙馬山亭宴集》，中華書局，1960年。
3　劉昫：《舊唐書·高宗諸子傳》，中華書局，1975年。
4　曹寅等編：《全唐詩》卷一八二，中華書局，1960年。

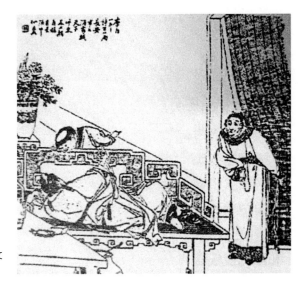

▶圖5-6 《酒仙李白醉酒圖》(《中國酒文化》,上海古籍出版社)

❼·女性陪酒成為一代時尚

這一時期,宴飲側重於勸酒娛樂而淡薄禮儀,因而人們聚飲時,多邀女性參加,男女雜坐,相互戲謔,情趣倍增。官員聚飲時,也可以各自攜帶自己相好的女子入席,《太平廣記》引《本事記》載,丞相李逢吉下達宴會通知,稱「某日皇城中堂前致宴,應朝賢寵嬖(bì),並請早赴境會」。應邀入席的女性大都是年輕貌美的藝伎,如李愿在洛中開宴,「時會中已飲酒,女伎百餘人,皆絕藝殊色」[1]。這些藝伎能歌善舞,才藝出眾,深得酒客喜歡。

由於女性陪酒活動的增多,當時社會上還出現了以陪酒為職業的「酒伎」。在兩京,從事陪酒職業的酒伎更多,唐孫棨《北里志》序云:「京中飲伎,籍屬教坊,凡朝士宴聚,須假諸曹署行牒,然後能至於他處。……其中諸伎,多能談吐。」同書又云:「比見東洛諸伎,體裁與諸州飲伎固不侔矣。」

---

1 李昉:《太平廣記》卷二七三引《唐闕史》,中華書局,1961年。

三、酒肆經營的空前繁榮及其特色

隋唐五代時期，特別是唐代，經濟空前繁榮，位於全國政治文化中心地位的黃河中游地區的飲食市場呈現一派生機，各類食肆、酒肆得到了空前的發展。尤其是酒肆更是異軍突起空前繁榮，成為這一時期飲食文化史上的重要現象。

酒肆是隋唐五代時期飲食行業中最為突出的門店，在黃河中游地區，從都城到鄉村僻野，各種大大小小的酒肆星羅棋布，呈現一片繁榮景象，這是前代所不曾有的。

隋唐的都城長安是當時飲食業最繁華的城市，其酒肆業也居全國之首，其中，東西兩市是長安酒肆較為集中的地方，長安的東門（俗稱青門）、華清宮外闕津陽門等交通要道一帶也是酒肆密集的地段，東門一帶還以胡姬酒家眾多聞名。唐朝中期以後，酒肆逐漸向長安的住宅區——坊裡蔓延，遂使大小酒肆遍布長安城內。

長安城外圍縣城，同樣設有多種類型的酒肆，形成長安酒肆業的外圍勢力，像灞陵、蝦蟆陵、新豐、渭城、馮翊、扶風等地都是酒肆高度密集區。其中，長安西郊的渭城，是通往西域和巴蜀的必經之地。唐人西送故人，多在渭城酒肆中進行，詩人留下了許多渭城酒肆餞別的名句。王維《渭城曲》云：

> 「渭城朝雨浥輕塵，客舍青青柳色新。
>
> 勸君更盡一杯酒，西出陽關無故人。」[1]

根據文獻記載，長安之外，河南的洛陽、陳州（今河南淮陽）、山西的并州（今山西太原）、澤州（今山西晉城）等通都大邑和州郡所在地都有酒肆。大中城市和州郡治所以下的縣邑和鄉村也有酒肆，只不過規模往往較小罷了。

與前代相比，隋唐時期黃河中游地區的酒肆具有一些新特點，鮮明地體現了隋唐盛世的時代特徵。

1　曹寅等編：《全唐詩》卷一二八，中華書局，1960年。

❶·多以年輕貌美的女子當壚售酒

隋唐酒肆的經營者，承襲前代傳統，常見婦女從事經營的情況，如《女仙傳》載：「女幾者，陳市上酒婦也，作酒常美」[1]。一般來說，妙齡女子對顧客的吸引力更大一些，如果人長得更漂亮，效果就會更佳，所以，以年輕貌美的女子當壚售酒是當時的普遍現象。

❷·胡人經營酒肆非常普遍

這一時期，尤其是唐代，由於中外經濟文化交流的空前發展，大批西域、中亞人來到中國內地，他們中不少是靠經營酒肆為生的。當時，人們把這些經營酒肆的胡人稱為「酒家胡」。「酒家胡」多在長安城內外開店經營，胡人婦女亦多在前台招待顧客，時人稱為「胡姬」，當壚的胡姬大多年輕美貌。唐詩中有不少歌詠胡姬的詩句。異國的情調，美麗的胡姬招來了無數的酒客。去酒家胡那裡飲酒，享受一下胡姬的服務，是當時詩人墨客非常喜歡和津津樂道的事情。

❸·中唐以後酒肆率先突破夜間不准經營的禁令

唐代前期的城市沿襲傳統的坊市管理制度，禁止店肆夜間營業。夜間賣酒被視為非法，要受到官府的糾察。隨著唐朝後期坊市制度開始崩潰，商業經營在打破空間限制的同時，也打破了時間的限制。到了唐朝後期及五代，夜市逐漸發展起來了。其中，酒肆經營在這方面更為突出，起到了帶頭和先鋒作用。晚唐詩歌對黃河中游地區的酒肆夜間經營也多有反映，如張籍《寄元員外》一詩云：「月明台上唯僧到，夜靜坊中有酒酤」[2]，王建《寄汴州令狐相公》一詩云：「水門向晚茶商閙，橋市通宵酒客行」[3]。

1　李昉：《太平廣記》卷五九三，中華書局，1961年。

2　曹寅等編：《全唐詩》卷三八五，中華書局，1960年。

3　曹寅等編：《全唐詩》卷三〇〇，中華書局，1960年。

❹ · 交易方式多樣化

除了現錢交易為主外，這一時期的酒肆還接受以物換酒；以物品抵押質酒；憑信用賒酒等。以物換酒，唐詩中屢有反映，最著名的要數李白的《將進酒》：「五花馬，千金裘，呼兒將出換美酒，與爾同銷萬古愁」[1]。以物質酒與以物換酒不同，前者只是以物作抵押，日後還可贖回；後者是以貨易貨。《太平廣記》卷二三七引《杜陽編》記載，公主的步輦夫曾把宮中錦衣質在了廣化坊的一個酒肆中。憑信用賒酒，古亦有之，唐詩中詩人也屢屢談到，如王績《過酒家五首》云：「來時長道貰，慚愧酒家胡」[2]。

❺ · 促銷服務方式多樣化

除了傳統的懸掛酒旗以招引酒客外，這一時期的酒肆經營中還出現了其他促銷方式，如買酒之前讓客人先免費品嚐用美貌酒伎以吸引飲徒等。

四、飲酒器具的變化革新

隋唐五代時期是中國酒具發生較大變化的時期。唐代中期以前，樽、勺（又寫作杓）、杯（盞）是最基本的酒具。其中，樽為盛酒器，唐詩中詠及酒樽者很多，如李白《行路難》云：「金樽清酒斗十千，玉盤珍饈直萬錢」，李白《將進酒》云：「人生得意須盡歡，莫使金樽空對月」。杜甫《對雪》云：「瓢棄樽無綠，爐存火似紅」，杜甫《客至》云：「盤餐市遠無兼味，樽酒家貧只舊醅」。白居易《李留守相公見過池上泛舟酒話及翰林舊事因成四韻以獻之》云：「引棹尋池岸，移樽就菊叢」。樽、勺相配，用於酒宴斟酒，在唐代中期以前是相當普遍的。

鐺，是溫酒器，它有柄、三足，有學者認為：「就考古資料推本溯源，唐代酒

1　曹寅等編：《全唐詩》卷一六二，中華書局，1960年。

2　曹寅等編：《全唐詩》卷三七，中華書局，1960年。

▶圖5-7　唐代鑲金牛首瑪瑙杯，
　　　　陝西西安窖藏出土

鐺應是漢晉以來的所謂鐎（jiāo）斗演變而來的」[1]。

　　勺，是挹酒、斟酒器，作用是從樽等盛酒器或溫酒器中挹酒斟注於杯中，唐李濟翁《資暇集》載：「元和初，酌酒猶用樽杓，所以丞相高公有『斗酌』之譽。雖數十人，一樽一杓，挹酒而散，了無遺滴。」酒勺在殷商時就已經出現了，唐代酒勺的柄大多如鸕鷀的頭頸，故稱為「鸕鷀杓」，李白《襄陽歌》云：「鸕鷀杓，鸚鵡杯，百年三萬六千日，一日須傾三百杯」。也有柄為直的酒杓，周昉《宮樂圖》中的酒杓就為長直柄酒杓。

　　杯（盞），則是基本的飲酒器，唐代的酒杯多為高足杯，形如碗，侈口（又稱廣口，其形狀一般為口沿外傾），腹垂鼓。圓口外侈圈足的酒盞也極為流行。豪飲者飲酒也有用酒海的，白居易《就花枝》曰：「就花枝，移酒海，今朝不醉明朝悔。」酒海為大號飲酒器，形似盆。西安何家村唐代窖藏中曾出土兩件金酒海，口徑28.6釐米，高6.5釐米。大概正是因為酒海容量甚大，所以人們往往誇豪飲者「海量」，其本義當指可以用酒海酣飲。

　　唐代後期，酒具發生了較大變化，主要是集盛酒與斟酒兩項功能於一身的「酒注」開始出現並大為流行，逐漸取代了傳統的樽、杓。李濟翁《資暇集》載，人們斟酒時，元和初年尚用樽杓，「居無何，稍用注子，其形若罌（罌，yīng，古代大腹

---

[1]　杜金鵬等：《中國古代酒具》，上海文化出版社，1995年。

◀圖5-8　唐代舞馬銜杯鎏金銀壺，
　　　　陝西西安南郊出土

小口的酒器），而蓋、嘴、柄皆具。太和九年（西元835年）後，中貴人惡其名同鄭注，乃去柄安系，若茗瓶而小異，目之曰偏提。」可見「注子」、「偏提」都是唐代後期出現的酒壺，其區別只在於注子有柄無系（提梁），偏提有系無柄。唐代的酒注與當時的茶壺（唐代稱茶瓶）在形制上基本相同，二者之間應為同源關係或源流關係。唐人往往把酒注叫酒瓶，如劉禹錫《同樂天和微之深春二十首》之十三云：「興酣樽易罄，連瀉酒瓶斜」；李商隱《假日》云：「素琴絃斷酒瓶空，倚坐欹眠日已中」。

　　酒注的出現又使溫酒器皿慢慢發生了變化，唐朝後期出現了與酒注相配的「注碗」。注碗的出現使溫酒的方法由此一新。以前，人們溫酒往往是把酒放入酒鐺之類的器皿中直接把酒煮熱。用注碗溫酒時，要先把盛有酒的酒注放入注碗中，然後往注碗中添加熱水，給酒間接加溫。用注碗間接溫酒比用酒鐺直接煮酒更利於操作，因為注碗內的熱水可以隨時更換，利於調節酒的溫度。同時，用注碗溫酒，又可起到保溫作用。用注碗間接溫酒雖有諸多優點，但由於注碗剛剛出現，唐代後期使用注碗間接溫酒還不普遍。宋金時期，人們才充分認識到注碗溫酒的諸多優點，才使得注碗廣為流行，取代酒鐺，成為主要的溫酒器。

▶圖5-9　後周時期的瓷注子、托盤和蓋，河南洛陽後周墓出土

第五節　初步興起的茶文化

隋唐五代時期，隨著茶葉的生產規模急遽擴大，加工技術迅速提高，飲茶之風也從江南擴大到黃河中游地區。先是社會上層以及士大夫階層的爭相品飲與傳播推動，最後茶飲終於走入北方的尋常百姓家，成為社會各階層人民日常生活不可或缺的一部分。在飲茶風尚普及的同時，「人們尤其是士人們改變瞭解渴式的粗放飲法，從採製、煎煮、品飲到與之相關的茶具、環境、水品、人品等都異常考究，有意識地把品茶作為一種能夠顯示高雅素養、寄託感情、表現自我的藝術活動去刻意追求、創造和鑑賞了，飲茶藝術走向藝術化，而文學藝術的各個門類也紛紛把飲茶作為自己的表現對象加以描述和品評，茶文化開始形成了。」[1]這一時期茶文化的形成還與佛教的發展、科舉制度的實行、詩風的大盛、貢茶的興起和中唐以後唐王朝的禁酒等因素有關，正是這些因素促使飲茶之風的盛行，形成了獨具魅力的茶文化。[2]

1　郭孟良：《中國茶史》，山西古籍出版社，2003年。
2　王玲：《中國茶文化》，中國書店，1992年。

一、飲茶之風在黃河中游地區的興起

隋唐五代時期，飲茶之風在黃河中游地區的普及，經歷了一個漸變發展的過程。楊曄《膳夫經手錄》載：「茶，古不聞食之，近晉、宋以降，吳人採其葉煮，是為茗粥。至開元、天寶之際，稍稍有茶，至德、大曆遂多，建中以後盛矣。」這大體反映了黃河中游地區飲茶的傳播情況。

隋代和初唐之際，飲茶之風仍侷限於東南、西南等地，黃河中游地區雖已有人飲茶，但還未形成風習。到了八世紀初，隨著國家的統一穩定，交通運輸的便捷，經濟文化的交流，飲茶之風開始向北方推進。黃河中游地區是國家的政治、文化中心，大量南方人來到該地區做官謀生，他們把飲茶之風帶到京師或其他地方，飲茶便先在達官貴人等社會上層流行。

飲茶之風另一個重要的傳播途徑是僧人。茶很早就與佛教結緣，魏晉南北朝時南方寺院僧人飲茶已很普遍，隨著禪宗大興並盛於北方，廣大北方迎來了飲茶的普及之風。八世紀中葉以後，飲茶之風在黃河中游地區廣泛傳播，茶葉開始作為貢品獻給朝廷，從皇室、官吏到文人墨客飲茶都比較普遍。

唐代後期，宮廷經常利用上貢名茶設置茶宴，並以茶賞賜臣下。建中三年（西元782年），唐德宗因兵變出走奉天，韓滉（huàng）在遣使運粟帛入關中的同時，沒有忘記「以夾練囊緘茶末，使步以進」[1]。則可知唐德宗平日嗜茶。

政府機構中，飲茶也極為流行。唐趙璘《因話錄・徵部》載：「御史台三院……三曰察院……兵察常主院中茶，茶必市蜀之佳者，貯於陶器，以防暑濕，御史躬親緘啓，故謂之『茶瓶廳』。」朝官辦公，還有一定的飲茶時間，並且御史還親自主持進行，真可謂飲茶成風了。

士大夫階層飲茶風氣之盛，更為典型。許多官吏、文人飲茶成癖，士人相聚，迎賓待客，多烹茶品茗，清談吟詩。唐詩之中不乏反映朋友之間不遠千里寄贈佳茗

1　王讜：《唐語林》卷六，上海古籍出版社，1978年。

中國飲食文化史　　黃河中游地區卷

的詩句。

隨著飲茶的風行，有關茶葉的專著和詩文也大量湧現，除陸羽《茶經》外，還有張又新《煎茶水記》、溫庭筠《採茶錄》、裴汶《茶述》等。至於茶詩就更多了。僅白居易一人就有20多首詠茶詩，晚唐詩人皮日休、陸龜蒙各有茶事十詠，互相唱和。這些專著和詩文，不僅是當時飲茶之風盛行的具體體現，對當時及後世茶文化的發展也起到了極大地推動作用。

佛教僧侶本是飲茶的有力推動者。晚唐以後，僧侶飲茶更加普遍，且把茶奉為長壽的秘藥。當時各寺院都有專門飲茶之所，稱茶寮、茶堂，遇節日盛典，還要舉行茶會。唐人封演《封氏聞見記》載：「學禪務於不寐，又不夕食，皆許其飲茶。人自懷挾，到處煮飲，從此轉相倣傚，遂成風俗。」可見，茶驅除困魔的功效，恰好為禪家所利用。而「天下名山僧占多」，名山又多產好茶，近水樓台，茶為禪用也是順理成章。但是，光有淵源還不夠，茶禪之所以能夠一味，還因為茶對禪宗而言，既是養生飲品，又是得悟途徑，更是體道法門。飲茶能清心寡慾、養氣頤神。養生、得悟、體道這三重境界，對禪宗來說幾乎是同時發生的，它悄悄地、自然而然地使兩個分別獨處的東西達到了合一，從而使中國文化傳統出現了一項嶄新的內容——茶禪一味。

平民百姓開始普遍飲茶是飲茶普及的重要標誌。唐代後期，黃河中游地區的平民百姓也開始飲茶。據楊曄《膳夫經手錄》言，江西的浮梁茶在黃河中游地區普通民眾中很受歡迎，「今關西、山西，閭閻村落皆吃之。累日不食猶得，不得一日無茶也」。蘄州茶、婺源茶等在河南、山西一帶也很暢銷，「人皆尚之」。可見，茶已經開始走入黃河中游地區的尋常百姓家，成為社會各階層人民日常生活不可或缺的一部分。

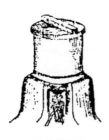

餅茶蒸茶灶

用於規範餅茶形狀的工具——規

攤晾茶餅用的工具——芘莉

封存餅茶的器具——育

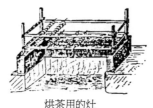

烘茶用的灶

搗茶用的杵、臼

▲圖5-10 唐代的製茶工具（《中國民俗史·
隋唐卷》，人民出版社）

二、茶的種類與來源

❶ · 以餅茶為主的四大茶類

　　按陸羽《茶經》卷下記載，當時的成品茶可分為粗茶、散茶、末茶和餅茶四類。這四類茶，只有原料老嫩、外形整碎和鬆緊之別，其製作方法基本相同，都屬於蒸青不發酵茶。「粗茶」是用梢枝老葉加工的或加工粗糙的茶；「散茶」是呈碎葉狀的散條形古老綠茶；「末茶」是經蒸舂加工成末，還沒有加以拍製的茶末；「餅茶」是這一時期成品茶的主要形式。餅茶的加工比較複雜而費工，按陸羽《茶經》卷上所言，唐時餅茶要經過採、蒸、搗、拍、焙、穿、封七道工序，即採來的茶要先用釜甑蒸熟，再用杵臼搗碎，並經拍打成形和焙乾，然後用竹籤將茶餅串起來，

封裝保存。按上述工序加工的餅茶雖然去掉了茶中的青草味，但美中不足的是茶的苦澀味仍然很重。所以後來出現了將蒸過的茶葉榨出茶汁再製成餅的加工方法。這種榨汁工藝，唐人稱之為「出膏」。陸羽《茶經》講述餅茶時說：「出膏者光，含膏者皺」，意為茶汁被壓出來的餅茶光滑，未被壓出來的就皺縮。餅茶便於貯藏和運輸，也有利於增進茶葉的醇厚度。為茶葉加工開闢了新天地，擴大了飲茶區域，培養了飲茶人群，提高了茶的地位，具有重大意義。

❷ · 來源於南方的貢茶和商品茶

隋唐五代時期，黃河中游地區宮廷所消費的茶是南方產茶區的貢茶。「唐代以前貢茶尚未制度化，至少說制度還很不完備。作為一種獨立的制度，當自唐代始。」[1]唐代貢茶制大抵始於唐玄宗天寶年間。據《新唐書‧地理志》載，當時主要貢茶地遍及5道17州府。名氣較大的貢茶有湖州顧諸紫筍、雅州蒙山石花等茶。通過各地上貢，皇室積累了大量的上等茶葉，元和十二年（西元817年）五月，內庫一次拿出30萬斤茶葉，足見朝廷存茶數量之多。這些貢茶，僅靠皇室成員自身肯定是消費不完的，它的流向有二：一是用於賞賜臣僚將士；二是為皇家變賣，仍投入流通領域，以緩解其財政危機。唐朝末年，財政困難，這種茶助國用的作用更為明顯。[2]

黃河中游地區普通百姓所消費的茶葉多是通過當地的茶市購得。當時販茶的商人很多，他們通過長途販運，滿足了各地對茶葉的需求。據唐封演《封氏聞見記》卷六所載，包括黃河中游地區在內的廣大北方，所消費的茶多由茶商從江淮販運而來，數量巨大，「舟車相繼，所在山積，色類甚多」。除江淮茶外，蜀茶的品種和質量也都非常好，也是黃河中游地區人們購買茶葉的優選所在。唐趙璘《因話錄》卷五《徵部》記載，當時的御史台察院，「兵察常主院中茶，茶必市蜀之佳者」。

1　郭孟良：《中國茶史》，山西古籍出版社，2003年。
2　郭孟良：《中國茶史》，山西古籍出版社，2003年。

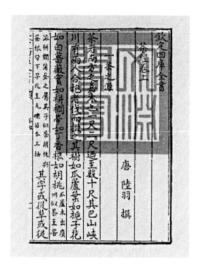

◀圖5-11 陸羽《茶經》內頁書影

三、「三沸煮茶法」成為主流的烹茶方式

隋唐以前，人們還多少保留著鮮葉煮飲的方式，前文所引楊曄《膳夫經手錄》所談「茶古不聞食之，近晉宋以降，吳人採其葉煮，是為茗粥。」將茶煮作粥飲是隋唐以前最普遍的烹飲方式，人們煮茶時如煮菜湯，茶葉沒有加工，也不講方法。

如果說隋唐以前的飲茶方式是「粥飲法」，那麼隋唐五代時期人們的飲茶方式就開始進入「末茶法」時期。「末茶法」的最大特點是人們飲用的多是餅茶、末茶等成品茶粉碎後的茶粉。「末茶法」的採用與茶葉加工技術的進步是分不開的，特別是與餅茶技術的成熟有密切關係。

陸羽在《茶經》中，介紹了一種後世稱之為「三沸煮茶法」的烹茶方式。這種烹茶方式是，在烹茶之前要先炙茶，把餅茶在存放時吸收的水分用緩火烘乾，使其變硬。餅茶炙熱後立即放入紙囊中，不使洩其香，待茶冷卻後，取出用茶碾加工成松黃一般的茶末，再經「羅合」羅成均勻細碎、光瑩如玉的茶粉備用。

烹茶時，先把水放入茶釜中燒至「如魚目，微有聲」的「一沸」程度。這時，往水中加入少許食鹽，以使茶湯去苦增甜，繼續燒水至「緣邊如湧泉連珠」的「二沸」程度。此時，先舀出一瓢水，隨即用竹夾攪動釜中之水，使沸度均勻，再取適

量的茶粉從當中投入，繼續輕輕攪動。不久，釜中之水猶如奔濤，浮出茶沫，即湯花。這時，把事先舀出的一瓢水徐徐倒入釜中，緩和熱度，使水中浮現出更多的湯花來。湯花可分為花、沫、餑三種，細而輕者為花，薄者為沫，厚者為餑。餑是茶的精華，要等到加入二沸時舀出水，煮之，方能與沉澱的茶粉形成厚而綿的茶餑。至餑生成，茶湯方為煮成。茶湯煮好後，把茶釜從風爐上取下，放於交床（承接茶具的小架子）之上，將茶按湯花分於茶碗之中，以供飲用。

唐人煮茶時不隨意加水。水多則味淡，按陸羽的說法，煮一升水可分五碗茶，「夫珍鮮馥烈者，其碗數三；其次者，碗數五」。前三碗為上等好茶，第四碗居中，第五碗最下。而飲用時要趁熱飲下，「如冷則菁英隨氣而竭」，且要連飲，「啜半而味寡」，湯色嫩綠，香味至美，入口微苦，過喉生津，即為好茶。[1]

除了居主流地位的「三沸煮茶法」外，當時社會上還流行著一種「以湯沃焉」，陸羽「謂之庵茶」，它類似於現代的沏茶、泡茶法。這種飲茶方式為陸羽所反對。以此種方法來泡當時的末茶、餅茶等成品茶粉碎後的茶末，其味道肯定會差些，因此被陸羽否定。不過，明清時，隨著茶葉加工技術的進步，餅茶被散葉茶所取代，「以湯沃焉」就可以沏出好茶。

受傳統「粥茶法」的影響，當時社會上還流行煮茶添加作料的習俗，所加作料有蔥、薑、棗、橘皮、茱萸、薄荷等，陸羽反對大加作料的飲茶方法，認為「斯溝渠間棄水耳」[1]。陸羽的反對意見，為後人飲用純茶提供了理論依據。但陸羽並不完全摒棄這種添加作料煮茶的方法，主張可往茶水中加少量的鹽，以去苦增甜。

四、茶肆業的初步形成

茶肆是以聚眾飲茶為主業的營業場所，同時也為人們提供休閒的環境，它是隨著唐代茶市的興旺、飲茶之風的盛行應運而生的。《封氏聞見記》卷六載的「自鄒、

1　陸羽：《茶經・六之飲》，叢書集成初編本，中華書局，2010年。

齊、滄、棣，漸至京邑，城市多開店鋪，煎茶賣之，不問道俗，投錢取飲」，便是當時包括黃河中游地區在內的廣大北方茶肆興起的史實記述，黃河中游地區各地城市和交通要道上多開設茶肆，供應茶水。隋唐都城長安有茶肆，如唐文宗太和九年（西元835年），宦官仇士良等發動兵變，宰相王涯等人從宮中「蒼惶步出，至永昌裡茶肆，為禁兵所擒」[1]。可見，茶肆已在居民區的裡坊中開設了。

都城外的州縣也開設有茶肆，日本僧人圓仁《入唐求法巡禮行記》卷二載：「九日，到鄭州……遂於土店裡任喫茶，語話多時」，這是州郡有茶肆的記錄。李肇《唐國史補》卷中載：「鞏縣陶者，多為瓷偶人，號陸鴻漸。買數十茶器，得一鴻漸。市人沽茗不利，輒灌注之。」說明當時黃河中游地區連縣城都有茶肆，而且數量不少，從祈求「沽茗」之利看，茶肆業內部的競爭還是比較激烈的。

由於茶肆的經營成本較低，故一般人家均能開設。甚至只要在路邊樹下臨時搭個茅草屋，便可售賣茶水。段成式《酉陽雜俎續集》卷二載：「貞元中，望苑驛西有百姓王申，手植榆於路傍成林，構茅屋數椽。夏月嘗饋漿水於行人，官者即延憩具茗，有兒年十三，每令伺客。」這種個體小攤位的售茶在當時應當更加普遍。

茶肆行業在唐代形成後，店主都供奉陸羽為行業神，凡是售茶場所，均可見到陸羽像。《因話錄》卷三載：「太子陸文學鴻漸名羽……性嗜茶，始創煎茶法，至今鬻茶之家，陶為其像，置於煬器（爐灶）之間，云宜茶足利。」茶肆經營者一開業，就注重供奉行業神，說明茶肆行業很快走向成熟，處於整體發展階段。

五、茶具迅速發展成為系列

隋唐以前，還沒有專門的茶器，人們煮茶、飲茶是借用日常的炊具和飲具進行的。隋唐五代時期，飲茶之風日盛一日，飲茶水平不斷提高，茶在人們日常生活中的地位越來越重要，在這種背景下，專門的茶具開始出現，並迅速發展成為系列。

1　劉昫：《舊唐書·王涯傳》，中華書局，1961年。

這一時期對茶具記載最為系統的是陸羽的《茶經》。他在《茶經·四之器》中，提到了28種煮茶和飲茶用具。他對這些用具的名稱、形狀、製作、用料、使用方法以及對茶湯品質的影響，都作了比較詳細的記述。這28種茶具可分為以下八類：

第一，生火用具。包括生火的風爐、儲炭的筥（竹筐）、碎炭的炭樹、夾炭的火夾和承接炭灰的灰承等5種；

第二，烤茶、碎茶、量茶用具。包括夾茶炙茶的夾、儲存炙茶的紙囊、碎茶的碾、掃茶末的拂末、篩茶的羅、儲茶的合、量茶末的則等6種（羅合算1種）。

第三，盛水、濾水和取水用具。包括盛生水的水方、漉水的漉水囊、取水的瓢和貯熱水的熟盂等4種。

第四，盛鹽、取鹽用具。包括盛鹽的鹺簋（cuóguǐ）和取鹽的揭2種。

第五，煮茶用具。包括煮水烹茶的釜、置放茶釜的交床和擊湯的竹夾等3種。

第六，飲茶用具，即飲茶的碗。

第七，清潔用具。包括洗刷器物的札、擦拭器物的巾、貯存洗滌餘水的滌方和彙集各種沉滓的滓方等4種。

第八，盛貯用具。包括貯碗的畚、烹茶時陳列茶具的具列、收貯茶具的都籃等3種。

隋唐五代時期，中國的製瓷技術已經相當成熟，大批物美價廉的瓷器進入人們的飲食生活，普通人飲茶時，多用瓷碗。選擇茶碗時，人們還注意到按瓷色和茶色的協調與否來選擇最佳的飲茶器，如陸羽《茶經·四之器》所言：「邢州瓷白，茶色紅；壽州瓷黃，茶色紫；洪州瓷褐，茶色黑，悉不宜茶」，類玉似冰的越州青瓷因盛茶水時，「茶色綠」而被陸羽評為最佳的飲茶器具。

值得一提的是，隋唐五代時期金銀飲食器皿很流行，豪門貴族更是以此為尚，甚至專門製作金銀茶具烹茶、飲茶。一九八七年在陝西扶風法門寺地宮中，發掘出一套唐僖宗御用的銀質鎏金烹茶用具。主要有：壺門高圈足座銀風爐（用於燒水）、系鏈銀火箸（用於夾炭）、金銀絲結條籠子（用於炙餅茶）、鎏金鏤空飛鴻毬路紋銀籠子（用於儲餅茶）、鎏金壺門座銀茶碾子（用於碾碎餅茶）、鎏金仙人駕鶴壺門座

銀茶羅子（用於羅茶末）、鎏金銀龜形茶盒（用於貯茶末）、摩羯紋蕾紐三足鹽台
（用於盛調茶之鹽）、鎏金人物畫銀罈子（用於放其他作料）、鎏金伎樂紋銀調達子
（用於調茶）、鎏金飛鴻紋銀匙（用於取茶），共計11種12件，這是迄今為止見到的
最高級別的古代茶具實物。這套茶具是唐僖宗乾符元年（西元874年）封存入法門寺
地宮，供奉佛祖釋迦牟尼真身佛骨的。其製作非常精美，已達到很高的工藝水平，
是當時飲茶風氣盛行的有力物證。這套茶具的主要種類，與陸羽《茶經》的記載基
本吻合，可見《茶經》的影響和價值。

第六節　飲食習俗的發展演變

一、合食制的初步確立

隋唐五代時期，黃河中游地區的飲食方式發生了巨大的變化，合食制（也稱會
食制）得到了初步確立。分食制向合食制的過渡，是隨著家具的變革，特別是胡床

▲圖5-12 唐代鎏金鏤空飛鴻毬路紋銀茶籠，　　　▲圖5-13 唐代壺門高圈足座鎏金銀風
　　　陝西西安法門寺地宮出土　　　　　　　　　　　　爐，陝西西安法門寺地宮出
　　　　　　　　　　　　　　　　　　　　　　　　　　土

▲圖5-14 《野宴圖》，唐代韋氏家族墓室壁畫

的傳入所引起的高桌大椅的出現而進行的。魏晉南北朝開始的家具新變化，到隋唐時期走向高潮。一方面表現在傳統的床榻几案的高度繼續增高，常見的有四高足或下設壺門的大床，案足增高；另一方面是新式的高足家具品種增多，椅子、桌子都已經開始使用，目前所知紀年明確的椅子樣式，見於一九五五年發現的西安唐玄宗時高力士的哥哥高元珪墓的墓室壁畫中，時間為唐天寶十五年（西元756年）。四足直立的桌子，也出現在敦煌的唐代壁畫中，人們在桌上切割食物。到五代時，這些新出現的家具日趨定型，在《韓熙載夜宴圖》中，可以看到各種桌、椅、屏風和大床等陳設室內，圖中人物完全擺脫了席地而食的舊俗。

桌椅出現以後，人們圍坐一桌進餐也就是自然之事了。這在唐代壁畫中也有不少反映，一九八七年六月，考古工作者在陝西長安縣南里王村發掘了一座唐代韋氏家族墓，墓室東壁繪有一幅宴飲圖，圖正中置一長方形大案桌，案桌上杯盤羅列，食物豐盛，有饅頭、蒸餅、胡麻餅、花色點心、肘子、酒等，案桌前置一荷葉形湯碗和勺子，供眾人使用，周圍有三條長凳，每條凳上坐三人，這幅圖表明分食已過渡到合食了。

▲圖5-15 《韓熙載夜宴圖》局部

　　以高桌大椅取代低矮的食案為代表的家具變革，是分食制向合食制轉變的主要原因。此外，也由於這一時期烹飪技藝有了長足的進步，原來的小食案已遠遠不能承擔一桌酒席上要擺放多種菜餚的需要，人們也在考慮用新的家具來取代它，這樣，桌子便應運而生了。但是，如果還像以往一人一案那樣而一人一桌的話，一方面一般家庭承受不了，另一方面也顯示不出宴會的氣氛，而圍桌共食的會食制正好適應了人們的需要。當然，一種新的飲食方式的出現，需要同傳統的飲食方式進行一段時期的磨合，逐步進化，並不是一下子就能普遍推廣開來的。所以，由分食制轉變為合食制，並不是隨著桌椅的出現而一蹴而就的，期間也還是有人堅持分食的，如在《韓熙載夜宴圖》中，就透露了有關信息。圖中的韓熙載盤膝坐在床上，幾位士大夫分坐在旁邊的靠背大椅上，他們的面前分別擺著幾個長方形的几案，每個几案上都放有一份完全相同的食物，是用八個盤盞盛著的果品和佳餚。碗邊還放著包括餐匙和筷子在內的一套進食具，互不混雜，這說明在唐代末年，合食製成為潮流後，分食的方式也並未完全消除。

　　此外，在有些場合，即便是圍桌而食，但食物還是一人一份，不是後世那種「津液交流」的合食制，而是有合食氣氛的分食制。合食制的普及是在宋代，這一

方面是因為宋代飲食市場十分繁榮，名菜佳餚不斷增多，一人一份的進食方式顯然不能適應人們嗜食多種菜餚風味的需要，圍桌合食就成了一種不可阻擋的潮流了。另一方面，圍桌共食同種飯菜的合食制也極大地滿足了中華民族「尚和」的文化心理。

分食也好，合食也好，都是與當時的社會文化發展相適應的。正如王仁湘先生所言：「分餐制是歷史的產物，會食制也是歷史的產物，那種實質為分餐的會食制也是歷史的產物。現在重新提倡分餐制，並不是歷史的倒退，現代分餐制總會包納許多現代的內容，古今不可等同視之。」[1]這確是一種客觀準確的評價。

二、節日飲食習俗的豐富

隋唐五代時期，節日多且成熟，不同節日對飲食有不同要求，從而形成了頗具特色的節日飲食習俗。這一時期黃河中游地區的節令食俗更加豐富多彩，現今許多食俗也是源於隋唐五代時期。

❶·元旦、立春食俗

元旦為中國重大傳統節日，歷代相承不衰，但在食俗上，各代都有不同的特點。魏晉以來，人們有元旦吃「五辛盤」的習俗。「五辛盤」是人們將大蒜、小蒜、韭菜、蕓薹和胡荽等五種辛香之物拼在一起的冷拼菜。元旦之際，寒盡春來，萬物復甦，正是易患感冒的時候，用五辛來疏通臟氣，發散表汗，對於預防流感無疑具有一定作用。食五辛盤反映了人們對新年健康的追求與寄託。

隋唐時期，人們還對五辛盤作了改進，增加了一些時令蔬菜匯為一盤，號為春盤，取其生發迎春之義，在元旦至立春期間食之。如唐代《四時寶鏡》言：「立春日春餅、生菜，號春盤。」《關中記》云：「唐人於立春日作春餅，以青蒿、黃韭、

1　王仁湘：《飲食與中國文化》，人民出版社，1993年。

蔞芽包之。」隨著時間的推移，春盤、春餅、春捲的名稱相繼更新，其製作也越來越精美了。

這一時期的宮廷元旦朝會更加宏大、莊重。元旦之日，皇帝不僅要受漢族百官朝賀，而且來自遠方的少數民族和附屬國的首領、使臣也奉禮恭賀。因此，朝堂大殿筵席紛陳，鐘鼓喧天，絲竹震耳，歌舞昇平，預祝新年國運亨通。

❷·上元節食俗

正月十五為上元節，觀燈是上元節最重要的活動，人們在晚上觀燈之時，喜食一種粉果和油䭔（duī）。油䭔又稱焦䭔。油䭔與後世的湯圓外形和餡料完全一樣，所以有人認為，油䭔實為炸元宵[1]，不過它是用麵製作的。圓圓的油䭔是上元夜空中又大又圓的月亮的象徵，上元吃油䭔和後世食元宵一樣，寓意家庭團圓。

❸·寒食節食俗

這一時期寒食節的節令食品，除傳統的寒具（饊子）外，還有煮雞蛋、鹽醋拌生菜之類。如唐代寒食節吃煮雞蛋就是必不可少的主食之一，更有好事者，在雞蛋上雕刻各種花紋圖案，並染上色彩，增加雞蛋的外觀美感，久而久之，形成了一種傳統習俗，這就是唐人所說的「鏤雞子」，然後，人們又把鏤刻成形的雞蛋拿出來相互比試，這就是當時流行的「鬥雞子」之俗，意在體現食品雕刻的技能。

這一時期，寒食節人們還有吃寒食粥的傳統習慣。傳統的寒食粥稱「餳粥」，是加杏酪、麥芽糖的粥，芳香甜美，營養價值較高。李商隱有詩云：「粥香餳白杏花天，省對流鶯坐綺筵。」正是對餳粥的讚美。隋唐五代時期，寒食粥中又出現了「楊花粥」「冬凌粥」等新的花色品種，據《雲仙雜記》卷一載：洛陽人家，寒食「煮楊花粥」；又據《清異錄》卷下載，飯店中還出賣專供寒食節用的「冬凌粥」。

唐代以後，寒食節的地位日趨式微，寒食節禁火風俗也逐漸消失，但是與這個節日有關的節令食品饊子，卻仍為人們所喜愛，千百年來，傳承不絕，並發展成為

1　王仁興：《中國年節食俗》，旅遊出版社，1987年。

款式繁多、風味各異的食品。

❹ · 端午節食俗

這一時期，端午節最重要的節食仍是粽子。唐代以前，粽子的品種極為單調，而到唐代，粽子已是市場上的美味食品了，且工藝更加精細，粽子的品種也多起來。端午節除食粽子外，人們還兼飲菖蒲酒、雄黃酒。

宮廷、官宦人家和平民百姓都要舉行宴會以示慶賀。唐代宮廷端午宴享時，皇帝都要對大臣有所賞賜，以示恩寵，最常賜之物就是粽子。這一天還要舉行一些娛樂活動，據《開元天寶遺事》載，宮中每到端午節，就造粉團、粽子置於盤中，再製作纖巧的小角弓，箭射盤中的粉團，射中者食之。因為粉團又小又滑膩，很難射中。這本是宮中遊戲，後來傳遍長安，射粉團、食粉團成了端午節的一種風俗。一般百姓家庭宴會，除了吃粽子、飲菖蒲酒外，還講究吃新鮮蔬菜，俗稱「嘗新」。

❺ · 中秋節食俗

八月十五，秋已過半，是為中秋。中秋節的淵源是先秦時期的秋祀和拜月習俗。中秋節成為一個氣氛隆重、情感色彩強烈的大節日，卻是在南北朝以後，節日的某些習俗形成也較遲，一般來說，中秋節成為節日大約始於唐代。中秋賞月之俗在唐代已十分盛行了。唐人在中秋賞月的同時，總要以酒食相伴，這樣，與月亮有關的食物也就發展起來，其中最具有中秋節特點的食俗是吃月餅。月餅在唐代已經出現，據《洛中見聞》載：唐僖宗在中秋吃月餅，味極美，他聽說新科進士開宴，便賜給他們吃。不過，唐代還沒有月餅這一名稱，月餅之名，始於宋代。此外，唐代中秋節還喜食「玩月羹」，一位名叫張手美的人，專賣四季小吃，每遇中秋就以玩月羹應市，它是以桂圓、蓮子、藕粉等精製而成。

❻ · 重陽節食俗

這一時期的重陽節飲食習俗變化不大，人們多食重陽糕、飲茱萸酒、菊花酒。與前代相比，重陽糕的名目多起來，據《唐六典》和唐《食譜》等書記載，唐代重

陽節有麻葛糕、米錦糕以及菊花糕，宋龐元英《文昌雜錄》中說：「唐時節物，九月九日則有茱萸、菊花酒糕。」重陽登高之俗在這一時期仍很盛行，人們在重陽登高時常舉行野宴。孫思邈《千金月令》載：「重陽之日，必以肴酒登高眺遠，為時宴之遊賞，以暢秋志。酒必采茱萸、甘菊以泛之，既醉而還。」可見，野宴已成為這一時期人們過重陽節的一項重要飲食活動。

三、人生禮儀食俗的發展

隋唐五代數百年，在人生禮儀方面也形成了許多獨具一格的飲食習俗和風尚。

❶·生日湯餅賀長壽成為習俗

在唐代，人們十分重視過生日，從皇帝到百姓都是如此。據《舊唐書·玄宗紀》載，開元十七年（西元729年），唐玄宗把他的生日（八月五日）定為千秋節。每年這天，他都要大宴百官於興慶宮花萼相輝樓，並令全國各州郡都飲酒宴樂，休假三日。一般平民每逢生辰雖無條件辦宴會，但都要用相應的食物表示祝壽。食物中，湯餅是不可少的。《猗覺寮雜記》卷上載：「唐人生日，多具湯餅，世所謂長壽麵者也。」《新唐書·王皇后傳》中，記有王皇后親自為唐玄宗作生日湯餅的事蹟。唐人生日吃湯餅的習俗，反映了人們長壽的願望。因為當時的湯餅為湯煮的長麵條，生日吃長麵條，表示祝賀長壽，所以人們又把生日這天吃的麵條稱為「長壽麵」。生日吃長麵條這一風俗至今在中國許多地區還在流行。

❷·飲食在婚嫁習俗中具有不可替代的作用

婚嫁喜慶雖在前代就已成俗，但隋唐五代時期更為人們所重視。在男家送給女家的彩禮中，必須要有名稱含義吉祥的食物，以表達對新婚夫婦的美好祝願。據段成式《酉陽雜俎》載，在婚娶之日，男家還要用粟三升填臼，新婦入門也要先拜豬枳及灶神，此俗說明新婚夫婦都須把飲食烹飪作為家庭的主要職責。這一時期，新婦入門三日時，要親自入廚做羹或湯餅，並且要把第一碗羹湯獻給男方父母，中唐

詩人王建《新嫁娘》云：「三日入廚下，洗手作羹湯。未諳姑食性，先遣小姑嘗」，描繪了一個新嫁娘做好了第一餐飯後，將要獻給公婆品嚐，卻不知道公婆的口味，故先讓小姑子品嚐一下。

四、公私宴飲名目繁多

隋唐五代時期，特別是唐代，經濟發展取得巨大成功，國力強盛，飲食文化高度發達，各種公私宴飲名目繁多，有些宴飲的規模可謂空前絕後，在飲食文化史上有重大影響。下面將幾種涉及面廣、特點突出、影響較大、有代表性的宴飲活動做一介紹。

❶·新科進士「曲江宴」

科舉制度肇始於隋，至唐代大盛，深為社會各階層所重視。科舉考試，金榜題名，從中央到地方都有一系列祝賀活動，是當時社會生活中的大事。圍繞科舉中第舉行的各種規模的宴飲有許多名目，其中最重要的是新科進士的「曲江宴」。

曲江是長安郊區風光勝地，在唐代，皇帝每年都要在這裡賜宴新科進士，當時規模龐大，人員眾多，是具有節日氣氛的重大宴飲活動。參加者有新科進士、負責考試的官員、王公大臣等，皇帝有時也親臨觀賞。在這一天，許多豪商富室、平民百姓以及長安仕女皆匯聚曲江，觀光遊覽，盛況空前。明代謝肇淛在《五雜俎》中描繪說：「至曲江大會，先牒教坊，奏請天子，御紫雲樓以觀。長安仕女，傾都縱觀，車馬填咽，公卿之家率以是日擇婿矣。」這種宴飲活動還為擇婿提供了機會。

曲江宴飲最初是為落榜舉子所設，有安慰宴的意思。唐中宗神龍年間，曲江宴變為新科進士宴。曲江宴時間一度由春天延長到仲夏，助長了新進士競相誇富的風氣。曲江宴一直延續到唐僖宗乾符年間，因黃巢起義軍進入長安此種宴飲才暫停，是唐代時間最長的游宴。後至五代，由政府出資重設；宋代亦興，後發展為聞喜宴、瓊林宴、恩榮宴等，直至清代末期逐漸消亡。

新科進士曲江宴的主角當然是那些金榜題名的進士，借宴飲之機拜謝考官，結識權貴，互相結交，並飲酒賦詩，顯示才華，因此它又是一種文化活動。唐代流傳下來的曲江游宴詩，在唐詩中占相當篇幅。

❷·官員陞遷「燒尾宴」

唐代官場盛行「燒尾宴」。所謂燒尾宴，即某人陞官時要宴請賓朋同僚，時人稱為燒尾宴。如果得任朝廷要職，還得宴請皇帝，也稱燒尾宴。據《新唐書·蘇瑰傳》載：「時（唐中宗時）大臣初拜官，獻食天子，名曰『燒尾』。」燒尾之意取自民間傳說的「鯉魚跳龍門」故事。傳說鯉魚跳過龍門才能成為真龍，但龍門水急，鯉魚無法跳過。如果真有鯉魚跳過龍門，必有天火燒掉其尾。榮升高官就如同鯉魚跳過龍門，故有此比喻。燒尾宴要精心籌備，從原料的選擇到菜餚的烹飪都極其講究，不僅追求名貴，而且花樣翻新，出奇制勝。唐韋巨源拜尚書令，曾宴請唐中宗，留下了著名的《燒尾宴食單》，五代陶穀曾經見過這個《燒尾宴食單》，並在他的著作《清異錄》中選錄了58種，俱是精美絕倫的佳餚。

❸·上巳「游宴」

這一時期，人們在每年三月三日上巳節這天有沿水游宴的習俗，在社會上層中，上巳游宴更為流行。

◀圖5-16　《宮樂圖》，唐代周昉繪

唐代皇帝每年上巳節這天都要在曲江園林大宴群臣，並成為一種制度，即稱為「上巳節曲江游宴」。宴飲時，皇家教坊和民間樂班紛紛獻藝，歌舞昇平。上巳節曲江游宴連綿不下百年，尤以開元、天寶年間最盛，這是唐代規模最大的游宴活動，也是古代祓禊（fúxì，古時一種除災求福的祭祀）風俗的演變和發展。杜甫《麗人行》一詩正是對此日唐玄宗與楊氏兄妹奢華筵席的真實寫照：

「三月三日天氣新，長安水邊多麗人。

……

紫駝之峰出翠釜，水晶之盤行素鱗。

犀箸厭飫久未下，鸞刀縷切空紛綸。

黃門飛鞚不動塵，御廚絡繹送八珍。」

不僅菜餚精美，而且餐具名貴，飲食水平極高。皇帝賜宴文武大臣於曲江時，還允許民間自行出資設宴，因此唐代上巳節曲江游宴規模不斷擴大，上至皇帝后妃、文武百官，下至士農工商、普通百姓，車馬人流如織如潮，一派盛世景象。安史之亂後，此宴才日益冷落。

除了都城長安的上巳節曲江游宴外，其他地方的人們在上巳節也往往效仿京師舉行遊宴活動。如唐文宗開成二年（西元837年）上巳節期間，河南尹李待階在洛濱舉行了一次大型遊船野宴，當時在洛陽的高官名流共15人應邀參加，兩岸觀者如潮，船中人員飲酒賦詩，各展才華，白居易《三月三日祓禊洛濱》、劉禹錫《三月三日與樂天及河南李尹奉陪裴令公泛洛禊飲，各賦十二韻》等詩就是在這次洛陽上巳游宴上賦的。這次洛濱游宴是僅次於長安曲江大宴的地方上巳游宴。

第七節　胡漢民族的飲食文化交流

從西漢到唐代長達1100餘年的漫長歲月中，胡漢民族飲食文化的交流與融合經

歷了曲折的發展過程，展現出一幅豐富多彩的圖景，奠定了中華民族傳統飲食生活模式的基礎，並對後世產生了深刻的影響，在中華民族飲食文化史上占有十分重要的地位，可以說，中華民族之所以有今天的物質文明，之所以有今天如此豐富的飲食品種，漢唐時期胡漢民族飲食文化的交流與融合在其中發揮了非常重要的作用。

一、飲食習俗的民族性

眾所周知，一個民族飲食生活習慣的形成，有其社會根源和歷史根源。中國古代社會民族眾多，由於各自的歷史背景、地理環境、社會文化及飲食原料的不同，各民族的飲食習慣有明顯的差異。大體而言，在漫長的舊石器時代，中國古代許多民族的生活來源，主要是依託漁獵和採集；到了新石器時代，農業開始發展，華夏族還兼營畜牧業，許多考古發掘都充分證實，這時華夏族已形成以農業為主、畜牧為輔的經濟文化類型。然而，有些氏族部落則沿著另一條路徑發展，原始農業停滯或衰頹，主要採取游牧或漁獵方式生存，東北、北方和西方的少數民族（歷史上將他們稱之為胡族），大都如此，但他們還是需要農業作為補充經濟，或逐步向農業過渡。考古學上大量新石器時代出土遺存和民族學上的大量材料，均可說明這一問題。如果說，農業從採集經濟發展而來，畜牧業與狩獵有密切關係，前者均源於後者，這是基本情況，是大體符合歷史實際的。即使在比較發達的農業經濟中，漁獵

◀圖5-17 《牛耕圖》（《古冢丹青──河西走廊魏晉墓葬畫》，甘肅教育出版社）

和畜牧仍然要占據相當地位。漢唐時期，胡族飲食逐漸向農業過渡，這一變化也說明了這一問題。

《禮記‧王制》中說：「中國戎夷，五方之民，皆有其性也，不可推移。東方曰夷，被髮文身，有不火食者矣。南方曰蠻，雕題交趾，有不火食者矣。西方曰戎，被髮衣皮，有不粒食者矣。北方曰狄，衣羽毛穴居，有不粒食者矣。中國、夷、蠻、戎、狄，皆有安居、和味、宜服、利用、備器。五方之民，言語不通，嗜欲不同。」從這段記載中可以清楚看出，生活在內地的華夏民族在飲食上有著區別於其他民族的特點，這些不同地區的飲食習俗都有鮮明的民族性和地區性，是一個民族的文化和共同心理素質的具體表現。同時，這段記載還反映了一個民族的飲食習俗，是植根於該民族的自然環境和飲食原料之中的，受一定的經濟狀況所制約。所以，每一民族飲食習俗的形成和發展，都與該民族的社會經濟和文化的發展程度分不開。

漢唐時期，中國逐漸形成為一個民族眾多的國家，由於同處於開放的多民族國家之中，這就為各民族飲食文化的交流與融合提供了便利。事實上，早在先秦時期，各民族就以華夏族為中心開展了飲食文化的交流，華夏族的穀物，常常供給北方和西北方的游牧民族，如燕國的魚鹽棗粟，素以東北少數民族所嚮往。

到了漢代，張騫出使西域，促進了內地與西域之間的飲食文化交流。西域的特產先後傳入內地，大大豐富了內地民族的飲食文化生活。另一方面，內地民族精美的肴饌和烹飪技藝，又為這些地區的人民所喜食和引進，各民族在相互交流的過程中，都在擇善而從，不斷完善自己，共同創造出中華民族的飲食文化。

二、農業、畜牧業與烹飪方法的交流

漢唐時期，西部和西北部少數民族在和漢族雜居中慢慢接受並習慣農業生產方式，開始過著定居的農業生活，因為農業生產的效益是高於畜牧業的。有學者估算，在唐代，一平方千米的土地可養活的人數是同樣面積的草場養活人數的10倍，

正如呂思勉《中國制度史》所云：「野蠻之人多好肉食，然後率改食植物者，實由人民眾多，禽獸不足之故。」[1]農業為人們提供穀食和家畜飼料，家畜飼料的需求在促進人們擴大穀物種植面積的同時，也就推動了農業的發展；畜牧業為人類提供了可靠的肉食來源，吃肉使得人類的體質增強，有充沛的精力去從事農業生產。

漢唐時期，內地的畜牧業有了更快的發展，這得益於胡漢民族的頻繁交流，究其具體原因，一是由於當時戰爭對畜牧的需求，二是當時胡族統治者鼓勵發展畜牧業的政策，三是胡族的內遷和戰爭的擄掠也使中原地區的牛羊數量大為增加。胡族在內附時往往帶來了大批牛羊，如《晉書》言匈奴族「（太康六年）率種落大小萬一千五百口，牛二萬二千頭，羊十萬五千口（歸化）」。[2]西北游牧民族進入中原後，帶來了畜牧技術和食肉習慣，促進了北方農業區養羊業的發展，還出現了一些優質羊種。這些變化也使得胡族和漢族傳統的飲食結構發生了重要變化，「食肉飲酪」開始成為漢唐時期整個北方和西北地區胡漢各族人民的共同飲食特色。

除肉類之外，蔬菜瓜果作為日常副食，也是漢唐時期胡漢民族進行交流的重要內容。漢唐時期，中原地區通過與西北少數民族交流，引入了一些果蔬品種。蔬菜有苜蓿、菠菜、蕓薹、胡瓜、胡豆、胡蒜、胡荽等，水果有葡萄、扁桃、西瓜、安石榴等，調味品則有胡椒、砂糖等。據有關文獻介紹，今天我們日常吃的蔬菜約有一六〇多種，每種之中，又各有許多不同品種，這比世界上任何國家的蔬菜品種都要多，在比較常見的百餘種蔬菜中，漢地原產和從域外引入的大約各占一半，這是中華民族在長期種菜實踐中不斷交流、改進、發展的結果，也是留給後世的寶貴生活財富。

與此同時，西域的烹飪方法也傳入中原，如乳酪、胡餅、羌煮貊炙、胡燒肉、胡羹、羊盤腸雌解法等胡族飲食品種相繼傳入中原地區。從漢代傳入的諸種胡族食品到魏晉南北朝時，已逐漸在黃河流域普及開來，受到廣大漢族人民的青睞。這其

1　呂思勉：《中國制度史》，上海教育出版社，1985年。
2　房玄齡：《晉書·匈奴傳》，中華書局，1974年。

中以「羌煮貊炙」的烹飪方法最為典型,「羌」和「貊」指代西北少數民族,「煮」和「炙」為烹飪方法。所謂「羌煮」即為煮或涮羊肉、鹿肉;「貊炙」類似於烤全羊,《釋名‧釋飲食》中說:「貊炙,全體炙之,各自以刀割,出於胡貊之為也」。正由於此,「羌煮貊炙」也就成為胡漢飲食文化交流的代名詞。

另一方面,漢族也不斷向西域、周邊少數民族輸出中原的飲食文明,這其中有產於中原的蔬菜、水果、茶葉,但更多的是食品製作方法。一九九二年在新疆吐魯番的唐墓中,就出土過一種梅花形帶餡點心,十分精緻,還出土了餃子,這些食品製作方法的傳入對提高西域少數民族的飲食文明產生了積極的作用。

三、交流促進了飲食文化的創新

一般而言,在長時期歷史發展進程中所形成的飲食習俗,具有相對的穩定性。它是一種民族特點。比起其他民族特點來,保持的時間要長久。但是,任何事物都是處在不斷發展變化之中的,變是絕對的,不變是相對的。飲食習俗也在緩慢、漸進的變化之中。一些飲食原料、烹飪方式因其不適合人們生活需要而逐漸被淘汰,而另一些新的飲食原料、烹飪方式的出現則逐漸被人們所接受。在這裡,新的飲食原料和烹飪方式就成為一種新變量,而新變量的出現既與社會經濟的發展相關,又與對外文化的交流相關,唐代的飲食文化就充分說明了這一點。

唐代外來飲食最多的是胡食,「胡食」是出自漢代的一種說法,指代當時自西域傳入的食品,胡食在漢魏通過絲綢之路傳入中國後,至唐最盛,據《新唐書‧輿服志》說「貴人御饌,盡供胡食」。唐代的胡食品種很多,麵食有餢飳(bù zhù,發麵餅)、饆饠(bìluó,一作「畢羅」)、胡餅等。「餢飳」是用油煎的麵餅,慧琳《一切經音義》中說:「此餅本是胡食,中國效之,微有改變,所以近代亦有此名。」「饆饠」一語源自波斯語,一般認為它是一種以麵粉作皮,包有餡心,經蒸或烤製成的食品。唐代長安有許多經營饆饠的食店,有蟹黃饆饠、羊腎饆饠等。「胡餅」即芝麻燒餅,中間夾以肉餡。賣胡餅的店攤十分普遍,據《資治通鑑‧玄宗紀》記載,

安史之亂，唐玄宗西逃至鹹陽集賢宮時，正值中午，「上猶未食，楊國忠自市胡餅以獻。」

西域的名酒及其製作方法也在唐代傳入中國，據《冊府元龜》卷九七〇記載，唐初就已將高昌的馬乳葡萄及其釀酒法引入長安，唐太宗親自監製，釀出八種色澤的葡萄酒，「芳辛酷烈，味兼緹盎。既頒賜群臣，京師始識其味」，並由此產生了許多歌詠葡萄酒的唐詩。唐代還從西域引進了蔗糖及其製糖工藝，使得中國古代飲食又平添了幾分甜蜜，其意義不亞於葡萄酒釀法的引進。

唐朝與域外飲食文化的交流，一時間激起了巨大反響，在長安和洛陽等地，人們的物質生活都崇尚西域風氣。飲食風味、服飾裝束都以西域各國為美，崇外成為一股不小的潮流。當時長安，胡人開的酒店也多，並有胡姬相陪，李白等文人學士常入這些酒店，唐詩中有不少詩篇提到這些酒店和胡姬。酒家胡與胡姬已成為唐代飲食文化的一個重要特徵。域外文化使者們帶來的各地飲食文化，如一股股清流，匯進了中國文化的海洋，正因為如此，唐代的飲食文化才能表現出以往任何一個歷史時期都沒有過的絢麗風采。飲食生活的開放，反過來也能促進社會的開放，當時長安就是世界文化的中心。

綜上所述，可以看出，胡漢民族長期的雜相錯居，在飲食生活中互相學習、互相吸收，並最終趨於融合，其最明顯的意義便是形成了中華民族飲食文化豐富多彩的特點。同時，胡漢民族的飲食文化交流與融合也不是簡單地照搬過程，而是結合了本民族的飲食特點對這些飲食文化加以改造。漢族接受胡族飲食時，往往滲進了漢族飲食文化的因素，如羊盤腸雌解法，用米、麵作配料作糝，以薑、桂、橘皮作香料去掉羶腥以適合漢人的口味。而漢人飲食在胡人那裡也被改頭換面，如北魏鮮卑等民族嗜食寒具、環餅等漢族食品，為適合本民族的飲食習慣而以牛奶、羊奶和麵，環餅也要加到酪漿裡面才肯食用。由此可見，儘管胡漢民族在飲食原料的使用上都在互相融合，但在製作方法上還是照顧到了本民族的飲食特點。這種吸收與改造極大地影響了唐代及其後世的飲食生活，使之在繼承發展的基礎上最終形成了包羅眾多民族特點的中華飲食文化體系。可以說，沒有漢唐時期的胡漢飲食交流，

中國後世的飲食文化將會蒼白得多，胡漢各族的飲食生活也將會單調得多。同時，漢唐時期胡漢民族飲食原料的交流與融合，對各民族經濟文化的發展都起到了積極的促進作用，這說明一個民族或國家文化的發展與進步，離不開兼收並蓄的開放政策，離不開經濟、文化的交流，而沒有交流的文化系統是沒有生命力的靜態系統，難以取得發展與進步。

第六章　宋元時期

宋元時期是中國各民族聯繫進一步加強、民族融合進一步深化的時期。北宋時期，黃河中游地區是政治、文化中心。契丹族建立的遼和党項族建立的西夏，在北方和西北方與北宋長期對峙；宋室南遷後，黃河中游地區成了女真族建立的金朝版圖的一部分，並在金朝後期成為金的政治、經濟、文化中心；金亡後，黃河中游地區成為蒙古族建立的元朝版圖的一部分，完全喪失了全國的中心地位。政治經濟形勢的變化、時代的發展、各民族之間的相互交流，使宋元時期黃河中游地區的飲食文化呈現出與前代不同的特徵。具體表現有：在食材方面，副食原料出現新變化，形成了貴羊賤豬的肉食風氣，水產品的消費量增多，引進了一些蔬菜瓜果新品種。在食物加工與烹飪方面，麵食品種得到細化，米食品種有了增加，菜餚加工與烹飪得到較大的發展。在飲食業方面，北宋東京的飲食業盛極一時，代表著宋元時期中國飲食業的最高成就，無論是上層的飲食店肆，還是下層的食攤、食販，都極其特色。在酒文化方面，榷酤制度日趨完善，酒俗豐富多彩，飲酒器具出現較大變革。在茶文化方面，茶葉生產以餅茶為主，點茶成為主要的飲茶方式，飲茶習俗日益豐富。

第一節　副食原料的新變化

同前代相比，宋元時期黃河中游地區的糧食生產與前代無太大變化，以旱地種植小麥、穀粟為主，在局部有水利灌溉條件的地方，如陝西的渭水流域，河南的唐（今河南泌陽）、鄧（今河南鄧州）、許（今河南許昌）、汝（今河南臨汝）四州和汴京附近，也種植一定面積的水稻。與前代相比，食物原料發生較大變化的是副食領域，主要表現有三個方面。

一、貴羊賤豬的肉食風氣

宋元時期，黃河中游地區人們食用的肉類中，以羊肉、豬肉最為重要。羊肉特別受到人們的喜愛，貴羊賤豬成為社會時尚。以北宋宮廷為例，宋神宗時，一年御廚支出「羊肉四十三萬四千四百六十三斤四兩，常支羊羔兒一十九口，豬肉四千一百三十一斤」[1]，可見羊肉的消費量之大。據孟元老《東京夢華錄》載，市場上以羊肉為原料的菜餚隨處可見。無怪乎蘇軾稱「十年京國厭肥羜（zhù，五個月大的小羊羔）」[2]。

北宋時期，黃河中游地區所消費的羊肉來源有二：一是購自陝西，「御廚歲費羊數萬口，市於陝西。」[3]；二是黃河中游地區本地飼養的羊。例如，為了滿足宮廷羊肉的巨大消費，北宋政府在河南中牟和洛陽水草豐美之地，設立放牧基地養羊，所養之羊由設在東京的「牛羊司」監管。牛羊司所飼之羊還要定期補充，「大中祥符三年（西元1010年）四月，詔牛羊司每年棧羊三萬三千隻，委監官揀少嫩者棧圈均兼供應，四月至十一月每支百口，給棧羊五十口，十二月至三月每支百口，給七十口」[4]。金元時，羊還被用作軍糧，例如金章宗承安元年（西元1196年）遣軍追敵，都說糧道不繼，不可行軍，完顏安國獻計：「人得一羊可食十餘日，不如驅羊以襲之便」[5]。

宋元政府對羊的屠殺還作出一些規定，例如出於繁殖羊隻的考慮，一般不允許屠殺羊羔和母羊。宋哲宗元祐六年（西元1091年），「詔祠祭，游幸毋用羔」[6]。元世祖至元二十八年（西元1291年）下旨：「休殺羊羔兒吃者，殺來的人棍底打一十七下，更要了他的羊羔兒者。」至元三十年（西元1293年）又下旨道：「今後母羊休殺

1　徐松輯：《宋會要輯稿》方域四之十，影印本，國立北平圖書館，民國二十五年十月（1936年）。
2　蘇軾：《東坡全集》卷二四《聞子由瘦》，四庫全書本，商務印書館，2005年。
3　李燾：《續資治通鑑長編》卷二一一，上海古籍出版社，1986年。
4　徐松輯：《宋會要輯稿》職官二一之一七，影印本，國立北平圖書館，民國二十五年十月（1936年）。
5　脫脫等：《金史·完顏安國傳》，中華書局，1975年。
6　脫脫等：《宋史·哲宗紀》，中華書局，1975年。

者」[1]。

宋元時期，黃河中游地區的人們喜愛羊肉是有深刻的歷史原因和現實原因的。首先，從歷史傳統上看，從晉室南遷後，北方多為游牧民族所統治，他們以食用羊肉為主的飲食習慣影響到中原的漢族居民；其次，從現實環境上看，北宋與遼和西夏等游牧民族對峙為鄰，各民族在飲食上互相交流、互相影響。通過榷（què，專賣）場貿易，北宋用絲、茶等商品從遼、西夏游牧民族手中換回大量的羊隻；第三，北宋宮廷的肉食消費，幾乎全是羊肉，這不僅是習慣，而且還上升到「祖宗家法」的高度。《續資治通鑑長編》卷四八○記載輔臣呂大防為宋哲宗講述祖宗家法時說：「飲食不貴異味，御廚止用羊肉，此皆祖宗家法，所以致太平者。」元代統治者本身就是游牧民族，他們喜食羊肉。從心理學上講，人們在衣、食、住、行等社會生活方面往往具有「趨上性」，模仿地位比自己高的人的生活習慣。地位最高的皇室宮廷的肉食消費以羊肉為主，這對人們的飲食消費無疑具有巨大的示範性和指導性；第四，這一時期信奉伊斯蘭教的「回回人」逐漸增加，元代時民間已有「回回遍天下」的說法。宋元時期的人們喜食羊肉，也體現了伊斯蘭飲食習俗對中國飲食文化產生的廣泛影響；第五，貴羊賤豬的中醫理論對當時的食羊之風起到了推動作用。前代和當時的中醫普遍認為羊肉具有滋補作用，如北宋時唐慎微《證類本草》卷十七云：「羊肉，味甘、大熱、無毒，主緩中，字乳餘疾及頭腦大風汗出，虛勞寒冷，補中益氣，安心止驚。」

豬肉在宋元時期黃河中游地區居民的肉食消費中僅次於羊肉。長期以來，中國醫學對豬肉的營養價值估計過低。梁代陶弘景《名醫別錄》和唐代孫思邈《千金方》均認為，久食豬肉容易得病。北宋時期，延續了這種觀念。《證類本草》卷十八云：「凡豬肉，味苦，主閉血脈，弱筋骨，虛人肌，不可久食，病人金瘡者尤甚。」元代忽思慧《飲膳正要》卷二《獸品》認為，豬肉「味苦，無毒，主閉血脈，弱筋骨，

1　《元典章》卷五七《刑部十九·禁屠殺》，影印元刻本，臺灣「故宮博物院」，民國六十一年（1972年）。

虛肥人，不可久食；動風患金瘡者尤甚」。中醫賤豬的理論對豬肉的食用有一定影響，如北宋大文豪蘇軾在黃州（今湖北黃岡）時，曾寫過一首《豬肉頌》，稱當地的豬肉「價賤如泥土，貴者不肯吃」。黃州雖然並不在黃河中游地區，但豬肉的價格遠遠低於羊肉則是北宋全國的一種普遍狀況。因此，豬肉是下層百姓的主要肉食品種之一。據孟元老《東京夢華錄·朱雀門外街巷》記載，北宋東京城內有一條小巷稱「殺豬巷」，是殺豬作坊的集中地。東京民間所宰殺的豬，往往由南薰門入城，「每日至晚，每群萬數」。《東京夢華錄》卷三《天曉諸人入市》載，市內「其殺豬羊作坊，每人擔豬羊及車子上市，動即百數」。由此可見，北宋時期豬肉在民間的消費是相當大的。

金代統治者對食豬肉的態度與宋元二朝不同，金朝的統治者為女真族人，他們起源於中國的東北區域，傳統上有養豬、牧豬的習慣，他們認為豬肉是上等美肴。《宣和乙巳奉使金國行程錄》記載金人待客時，「以極肥豬肉或脂，闊切大片，一小盤子虛裝架起，間插青蔥三數莖，名曰『肉盤子』，非大宴不設」[1]。

二、水產品消費量的增多

宋初，黃河中游地區的居民對水產品的消費量極少。一是因為黃河中游地區水域少，水產品產量有限。而輸入黃河中游地區的南方水產品極少，價格昂貴，人們消費不起。據陳師道《後山叢談》卷六載，宋仁宗時蛤蜊每枚千錢，連皇帝也感到太奢靡而拒食；二是因為黃河中游地區的居民多不知魚類等水產品的烹飪方法。葉夢得《避暑錄話》卷四載，宋初「京師無有能斫鱠（zhuókuài，切成魚片）者，以為珍味。梅堯臣家一老婢獨能為之」，故歐陽修等人想吃魚鱠時，便提魚前往梅家。即使在北宋中期，黃河中游地區的居民在水產品烹飪方面仍不太擅長，出現了

1　確庵、耐庵編：《靖康稗史箋證》，中華書局，1988年。

▶圖6-1　《賣魚圖》，山西洪洞（tóng）
元代廣勝寺後壁畫

不少笑話，如沈括《夢溪筆談》卷二四載：「慶曆（西元1041-1048年）中，群學士會於玉堂，使人置得生蛤蜊一簣（kuì，筐子），令饔人烹之。久且不至，客訝之，使人檢視，則曰：『煎之已焦黑，而尚未爛。』坐客莫不大笑。予嘗過親家設饌，有油煎法魚，鱗鬣（liè，指魚的鰭、尾、須等）虬然，無下箸處，主人則捧而橫齧，終不能咀嚼而罷。」

　　北宋中後期，黃河中游地區的居民對水產品的消費量逐漸增加，水產品在人們的肉食消費中也占一定比例。這種變化的出現是有其原因的。北宋中後期，生產安定，社會富庶，官僚、貴族、富商們手中聚集了大量錢財。他們吃膩了平常的羊豬肉，開始尋求異味，海鮮等高檔水產品開始擺上他們的餐桌。價格昂貴的高檔水產品不僅滿足了達官貴人們的口腹，而且也滿足了他們的虛榮心，給他們一次次展示地位、炫耀財富的機會。販運水產品的高額利潤吸引著大小商人，販運南方及山東、河北沿海水產品的商人逐漸增多，以致水產品價格下跌，然而更主要的原因是北宋中期以後大批滯留黃河中游地區的南方人。這些南方人吃不慣北方的豬、羊

肉，非常需要南方的海鮮和水產。這種需要引起了南方水產品更大規模的輸入，使得水產品價格大幅下降，水產品終於進入平常百姓家。南方水產品的輸入使黃河中游地區的食物品種更加豐富多彩，烹飪技術也從粗放變得精細。

水產品易於腐敗，為了長途運輸，人們除了把水產品進行乾製或醃製外，還採取了許多其他方法。如東京東華門何、吳二家所造的魚鮓（zhǎ，用鹽、紅麴等發酵醃製的魚塊），「十數臠（切成小塊的肉）作一把，號『把鮓』，著聞天下。文士有為賦詩，誇為珍味。其魚初自澶、滑河上斫造，以荊籠貯入京師」。又如賣魚時，人們為了使魚不死，「用淺抱桶，以柳葉間串清水中浸」[1]，用柳葉浸入清水中，利用柳葉的光合作用，減少水中二氧化碳含量，增加氧氣的含量，這是很科學的。

對水產品的巨大需求，不僅刺激了外地水產品的輸入，而且也刺激了黃河中游地區的水產品捕撈與養殖業的發展。北宋時期，黃河魚類產量較大。據《東京夢華錄》卷四《魚行》載：「冬月即黃河諸遠處客魚來，謂之『車魚』，每斤不上一百文。」北宋黃河魚類產量較大得益於唐朝的「鯉魚之禁」，唐朝皇帝姓李，因此禁止人們食用鯉魚[2]，這使黃河鯉魚得以休養生息數百年，數量眾多。北宋時，黃河中游地區有些地方產魚也不少，如東京附近所產鮮魚每日有數千擔入京[3]。甚至東京城內也有許多養魚的池苑，金明池就是其中較大的一個，所養之魚由官府專營。宋神宗時曾下詔：「金明池每遇傳宣打魚，今後只得本池兵士採打，不得更養百姓。」[4]

金代時，金與南宋隔淮河對峙，南方水產品不可能像北宋中後期那樣大量北運。儘管如此，水產品在人們的肉食中仍占一定比例。一些達官貴人還是常食魚蝦，如「參知政事魏子平嗜食魚，廚人養魚百餘頭，以給常膳」[5]。

元代時，黃河產魚量仍很大，河南歸德、鄧州等處的魚商，「俱係黃河間采捕

1 孟元老：《東京夢華錄》卷四《魚行》，文化藝術出版社，1998年。
2 方勺：《泊宅編》卷七載「《唐律》禁食鯉，違者杖六十」，中華書局，1983年。
3 孟元老：《東京夢華錄》卷四《魚行》，文化藝術出版社，1998年。
4 徐松輯：《宋會要輯稿・刑法二之三四》，影印本，國立北平圖書館，民國二十五年（1936年）。
5 元好問：《續夷堅志》卷四《魏相夢魚》，北京出版社、中華書局，1986年。

中國飲食文化史　▓　黃河中游地區卷

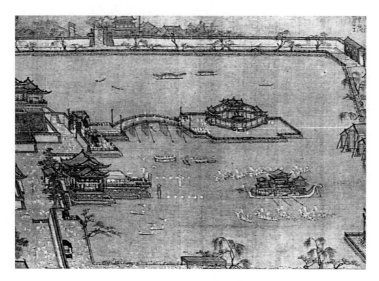

▲圖6-2　宋代《金明池奪標圖》中的開封金明池

收買魚貨」[1]。元代政府比較重視水產養殖，規定「近水之家，又許鑿池養魚並鵝鴨之數，及種蒔蓮藕、雞頭、菱角、蒲葦等，以助衣食」[2]，黃河中游地區有水源的地方也廣養魚蝦。

三、蔬菜瓜果新品種的引進

宋元時期從外地傳入黃河中游地區的蔬菜新品種有胡蘿蔔和回回蔥。明代李時珍說，胡蘿蔔「元代始自胡地來，氣味微似蘿蔔，故名」[3]。這種說法不一定正確，因為在南宋的方志中已提到胡蘿蔔。但胡蘿蔔確實是在元代時才在黃河中游地區廣泛傳播、種植，且很快在食用菜蔬中爭得一席之地的。回回蔥，這一名字始見於元代《析津志‧輯佚‧物產》，「其形如蒜，層疊若小精蔥，甚雅，味如蔥等，醃藏

1　官修：《元典章》卷二二《戶部八‧鹽課》，影印元刻本，臺灣「故宮博物院」，民國六十一年（1972年）。

2　脫脫等：《元史‧食貨志》，中華書局，1976年。

3　李時珍：《本草綱目》卷二六《菜部‧胡蘿蔔》，人民衛生出版社，2004年。

210

生食俱佳」。李時珍認為回回蔥就是前代的胡蔥，美國學者勞費爾在《中國伊朗編》中持有同樣看法。元代《飲膳正要》卷三《菜品》中繪有它的形狀，從圖像上看，似現在的洋蔥。

宋元時期，黃河中游地區所產瓜類除傳統的甜瓜之外，還有剛從外地引進的西瓜。西瓜原產北非沙漠地區，後傳入中亞。五代時，「契丹破回紇得此種以歸」。北宋時，西瓜是否已傳入黃河中游地區尚無定論。但金代時，西瓜在黃河中游地區已廣為種植了。洪皓《松漠紀聞》云：「西瓜形如扁蒲而圓，色極青翠，經歲則變黃，其脆類甜瓜，味甘脆，中有汁尤冷。」元代時，西瓜在北方「種者甚多，以供歲計」[1]。

第二節　食物加工與烹飪的完善

宋元時期黃河中游地區的食物品種、主副食結構都有了較大的發展與變化，食物加工、烹飪技術也有了很大提高。

一、麵食品種的細化

宋元時期黃河中游地區的麵食品種非常豐富，「凡以麵為食者，皆謂之餅。故火燒而食者呼為燒餅，水瀹而食者呼為湯餅，籠蒸而食者呼為蒸餅。而饅頭謂之籠餅」[2]。宋元時期黃河中游地區的麵食大致可分為烤炙、籠蒸、湯煮和油炸四類，各類麵食又可細化為許多品種。

❶·烤炙類

1　王禎：《農書》卷八《百穀譜三·西瓜》，四庫全書本，商務印書館，2005年。
2　黃朝英：《靖康緗素雜記》卷二《湯餅》，四庫全書本，商務印書館，2005年。

烤炙類麵食的主要品種有燒餅、煎餅、餺飥等。

燒餅。燒餅又稱胡餅，其使用的麵團有發酵、油酥、冷水調和等多種。有有餡的，也有無餡的；有葷的，也有素的；有甜的，也有鹹的；餅面上有粘芝麻的，也有不粘芝麻的；有手工製作的，也有用模子壓成各種花樣的。像北宋東京胡餅店出售的品種有「門油、菊花、寬焦、側厚、油碢（guō，鍋）、髓餅、新樣滿麻」[1]，夜市和食店還出售有豬胰胡餅、白肉胡餅、茸割肉胡餅等[2]，宮廷食用的有排炊羊胡餅[3]。元代有黑子兒燒餅、牛奶子燒餅[4]、白熟餅子、山藥胡餅、肉油餅、酥蜜餅等均係用爐烤製而成的[5]。

煎餅。煎餅是用麵糊薄攤油煎而成，比較講究的煎餅還要進行深加工，如佚名《居家必用事類全集・庚集・飲食類》中所記的「七寶卷煎餅」，是用攤好的薄煎餅

1　孟元老：《東京夢華錄》卷四《餅店》，文化藝術出版社，1998年。

2　孟元老：《東京夢華錄》卷三《馬行街鋪席》，卷四《食店》，卷二《飲食果子》，文化藝術出版社，1998年。

3　孟元老：《東京夢華錄》卷九《宰執親王宗室百官入內上壽》，文化藝術出版社，1998年。

4　忽思慧：《飲膳正要》卷一《聚珍異饌》，四部叢刊本，上海書店，1985年。

5　佚名：《居家必用事類全集》庚集「飲食類」，京都株式會社中文出版社，1984年。

包裹羊肉炒臊子、蘑菇、熟蝦肉等七種餡心，再經油煎而成；「金銀卷煎餅」是用鴨蛋（或雞蛋）清、鴨蛋（或雞蛋）黃加豆粉分別攤成，然後疊在一起，色呈黃白二色。

饆饠。饆饠一作「畢羅」，有人考證它為外包麵皮，內裝水果或肉類、作料，然後烤熟的一種食品。[1]

❷·籠蒸類

籠蒸類麵食的主要品種有蒸餅、饅頭、包子、酸餡（xiàn，餡，特指豆餡）、兜子等。

蒸餅和饅頭。北宋時，為避宋仁宗趙禎的名諱，人們把蒸餅改稱炊餅。《水滸傳》中武大郎所賣的即為炊餅。北宋東京的油餅店也出售有蒸餅、糖餅等，市場上還出售有宿蒸餅。這一時期還有籠餅，籠餅即饅頭。炊餅（蒸餅）和饅頭（籠餅）都是用蒸汽蒸熟的，二者是否為一物，國內學術界尚有分歧。筆者認為蒸餅起初的含義是蒸製的麵食，最初饅頭應是蒸餅中的一種，是有餡的蒸餅，後來饅頭獨樹一幟，從蒸餅中脫離出來，蒸餅專指無餡類蒸製麵食。這從元代《飲膳正要》卷一《聚珍異饌》中所記蒸餅的製作原料中可以考察：「白麵（十斤）、小油（一斤）、小椒（一兩，炒去汗）、茴香（一兩，炒），右件隔宿用酵子、鹽、鹼、溫水一同和麵，次日入麵接肥，再和成麵，每斤作二個，入籠內蒸。」

宋元時饅頭都是有餡的，個頭較大。北宋的「太學饅頭」很有名氣，阮葵生《茶餘客話》記載：「元豐初，神宗留心學校。一日令取學生所食以進。是日適用饅頭。神宗食之曰：『以此養士，可無愧矣』。」受到皇帝的讚美，太學饅頭因此名氣很大。太學生們往往帶一些回家贈送親友，也讓他們嘗嘗。元代饅頭的品種也很多，有葵花饅頭、平坐小饅頭、撚（rán）尖饅頭、毬漏饅頭等。[2]其中撚尖饅頭頂部呈開花狀。由於文獻的闕如，人們對其他饅頭的形狀已經弄不清楚了。這些饅頭的餡

1　夔明：《饆饠考》，《中國烹飪》，1988年第7期。
2　佚名：《居家必用事類全集》庚集「飲食類」，京都株式會社中文出版社，1984年。

料有素的，也有葷的。蘇東坡《約吳遠遊與姜群弼吃蕈（tán，菇類，食用菌）饅頭》一詩中有「天下風流筍餅餤，人間濟楚蕈饅頭」[1]，蕈饅頭為素餡；而上文提到的「太學饅頭」是用螃蟹肉製成的，岳珂《玉楮（chǔ）集》卷三中有一首《饅頭》詩，吟詠的正是太學饅頭，「幾年太學飽諸儒，餘技猶傳筍蕨廚。公子彭生紅縷肉，將軍鐵杖白蓮膚。」饅頭既有物美價廉為普通人所食的，如北宋東京市場上的「萬家饅頭」「孫好手饅頭」和羊肉小饅頭[2]，也有極其高級講究的，如北宋蔡京所命製作的「蟹黃饅頭」，價值竟「為錢一千三百餘緡（mín，一緡錢又稱一貫錢，共一千文）」[3]。

包子。包子這個名稱在五代時已出現，大量品種的出現卻在宋元時期。宋元時期的包子同現代的包子一樣，也是有餡的。它與饅頭的區別在於：饅頭較大而皮厚，包子較小而皮薄。北宋東京市場上出售有「諸色包子」，即各種品種的包子，最著名的有御街南州橋附近的「王樓山洞梅花包子」、御廊西的「鹿家包子」、州橋南「梅家包子」、鹿家的「鱔魚包子」。[4]元代著名的包子有用天花蕈為餡心主料的「天花包子」和用鯉魚或鱖（guì）魚為餡心主料的魚包子。

酸餡。酸餡是宋元時期特有的蒸製麵食，又名餕（jùn）餡（類似酸豆餡包子，皮厚，餡少）。歐陽修《歸田錄》卷二載：「京師食店賣酸餡者，皆大書牌榜於通衢。而俚俗昧於字法，轉酸從食，餡從臽。有滑稽子謂人曰：『彼家所賣餕饞餡（音俊叨），不知為何物也。』」這段話的意思為：京師開封的酸餡專賣店，都在店旁的大路邊立有出售酸餡的大字招牌。招牌上「酸餡」兩字卻寫作「餕餡」。之所以如此，是因為民間不清楚「酸餡」兩字的構字法，就把「酸」「醶」兩字的「酉」字旁換成「食」字旁，又「醶」字的「兼」換成了「臽」。這樣，原本為「酸醶」，現

1　查慎行：《蘇詩補註》卷四八，四庫全書本，商務印書館，2005年。

2　孟元老：《東京夢華錄》卷三《大內西右掖門外街巷》，卷三《大內前州橋東街巷》，卷八《是月巷陌雜賣》，文化藝術出版社，1988年。

3　曾敏行：《獨醒雜誌》卷九，四庫全書本，商務印書館，2005年。佚名：《東南紀聞》卷一，四庫全書本，商務印書館，2005年。

4　孟元老：《東京夢華錄》卷二《宣德樓前省府宮宇》《州橋夜市》，文化藝術出版社，1998年。

在卻寫成了「餕餡」，讀「俊叨」兩字的音。有一位善於說笑話的人說：「我不知道那家賣的『餕餡』到底是一種什麼食物！」

對於酸饀具體什麼形狀，今天的人們已不太清楚，《居家必用事類全集‧庚集‧飲食類》「酸饀」條記：「饅頭皮同，褶兒較粗」，可見酸饀外形上類似饅頭，只是外皮捏的褶兒較粗。周密《齊東野語》中有一則故事也說明了酸饀類似饅頭，章丞相招待一位高僧，食品有饅頭和酸饀。執事者粗心，把饅頭端給了僧人，把酸饀端給了丞相。章丞相一吃，知道不對，馬上予以調換，因為酸饀素餡，饅頭葷餡，給僧人應送酸饀才對。

兜子。兜子的名稱在五代時才出現，具體品種也是宋元時期豐富起來的。《東京夢華錄》中載有「決明兜子」「魚兜子」。元代的《居家必用事類全集》《飲膳正要》等書均記有兜子的詳細製法，是將綠豆粉皮鋪在盞中，再裝上餡料，用粉皮裹好餡料，然後蒸熟。兜子以餡心命名，如《居家必用事類全集》中的鵝兜子、荷蓮兜子等。

宋元時期黃河中游地區的其他籠蒸類麵食還有燒賣、經捲兒等。燒賣是宋元時期出現的新食品，宋話本《快嘴李翠蓮》中，李翠蓮在誇耀自己的烹飪手藝時說：「燒賣、匾食有何難，三湯兩割我也會。」經捲兒，是元代出現的麵食，《飲膳正要》卷一《聚珍異饌》「䭔（蒸）餅」條後注有：「經捲兒一同」，可知經捲兒同「䭔餅」一樣，是將發酵麵放入籠中蒸製而成的。

❸‧湯煮類

湯煮類麵食的主要品種有湯餅、餃子、餛飩、餑子、科斗等。

湯餅。湯餅為湯煮的麵食，餺飥、麵條等均包括在內。宋元時期黃河中游地區的湯餅有了長足的進步，它們大多以澆頭的精緻和湯的鮮美取勝，有些甚至是將原料摻在麵粉中製成的。北宋時的湯麵有生軟羊麵、桐皮麵、寄爐麵、插肉麵、大㸇（ào）麵、桐皮熟膾麵、菜麵等。[1] 元代的湯麵有水滑麵、索麵、經帶麵、托掌

1　孟元老：《東京夢華錄》卷四《食店》，文化藝術出版社，1998年。

麵、紅絲麵、翠縷麵等。[1]宋元時期還有類似今天撈麵的「冷陶」，冷陶的澆頭有素的，如蘇東坡製的「槐芽冷陶」；也有葷的，如北宋東京川飯店所售的「大小抹肉淘」[2]。餺飥原名不托、飳飥，漢唐時就已流行，為手搓麵片，宋元時人們繼續食用，當時社會上有「巧媳婦做不得無麵餺飥」的俗語。[3]比較有名的有山芋餺飥、玲瓏餺飥等。[4]

　　與湯餅相近的食品還有元代新出現的河漏、撥魚和回族食品「禿禿麻失」。「河漏」後來又稱餄餎（héle）、合落、活餎等，是將調製好的蕎麥麵團用工具壓成細條，直接漏入鍋內沸水中煮成的。王禎《農書》卷七《百穀譜二・蕎麥》載：「或作湯餅，謂之河漏，滑細如粉，亞於麥麵，風俗所尚，供為常食。」元代雜劇中有「糝子麵合落兒帶蔥韭」[5]，散曲中也提到「蕎麥麵的餄餎」[6]。「撥魚」是將調好的麵糊用匙或筷子撥入鍋內沸水中煮成的，因形狀似魚，故名。《居家必用事類全集・庚集・飲食類》中有山藥撥魚和玲瓏撥魚。回族食品「禿禿麻失」在《居家必用事類全集》《飲膳正要》等書中均有記載，「如水滑麵和圓小彈劑，冷水浸，手掌按作小薄餅兒，下鍋煮熟，撈出過汁煎炒酸肉，任意食之」。

　　餃子、餛飩。餃子在唐代已出現實物，但名稱到宋代方才出現，初叫「角子」，以後才稱餃子。《東京夢華錄》中載有水晶角兒、煎角子、雙下駝峰角子。《居家必用事類全集・庚集・飲食類》中有駝峰角兒、烙麵角兒、餲（shì）饠角兒等。餃子多以餡心、形狀、皮子的性質命名，如「水晶角兒」的外皮呈透明狀，似水晶瑩潤；「駝峰角兒」的外形似駝峰；「烙麵角兒」的外皮是用燙麵做成的。餛飩在北宋東京已有餛飩店，供應多種餛飩。

　　餛子。餛子在魏晉南北朝時就已經出現了，它是將一種如棋子大小的面塊蒸

1　佚名：《居家必用事類全集》庚集「飲食類」，京都株式會社中文出版社，1984年。

2　孟元老：《東京夢華錄》卷四《食店》，文化藝術出版社，1998年。

3　莊綽：《雞肋編》卷下，中華書局，1983年。

4　佚名：《居家必用事類全集》庚集「飲食類」，京都株式會社中文出版社，1984年。

5　楊景賢：《西遊記》第二本第六折，隋樹森：《元曲選外編》，中華書局，1959年。

6　佚名：《粉蝶兒・慳吝》，郭勳輯：《雍熙樂府》卷六，上海出版社、上海書店，1985年。

熟，然後湯煮撈出，澆上澆頭的一種麵食。餺子在宋元時期仍很流行。北宋東京開有「棋子」店（元以前餺子寫作「棋子」）。宋元時期餺子的品種也增多了，有玉饈子、米心饈子、雞頭粉雀舌餺子、水龍餺子等。元代的畏兀兒麵食「搠（shuò）羅脫因」和餺子類似，只不過前者是直接用麵團按成錢樣，用濃湯煮成而已。

科斗。陳元靚《歲時廣記》卷十一《科斗羹》引宋人昌原明《歲時雜記》載：「京人以綠豆粉為科斗羹。」孟元老《東京夢華錄》卷六《十六日》中也提到東京飲食市場上有「科頭（斗之誤）細粉」。類似科斗的麵食還有飥饉（gēda，疙瘩）。

❹ · 油炸類

包括黃河中游地區在內的廣大北方居民十分喜愛油炸食品，沈括《夢溪筆談》卷二十四《雜誌一》載：「今之北方人喜用麻油煎物，不問何物皆用油煎」。宋元時期主要的油炸類食品有饊子、焦䭔、油條、春捲等。

饊子。饊子又名環餅，即古之「寒具」，最初為寒食節節令食品，在宋元時已成為普通的市肆食品了。蘇軾詩稱「碧油煎出嫩黃深」[1]，可見其為油炸麵食，色澤嫩黃。當時東京大街小巷均有賣饊子的，吃的人也挺多。金代婚宴上往往要「進大軟脂、小軟脂，如中國寒具」[2]，可見金代的大小「軟脂」也為類似饊子的油炸食品。

焦䭔。焦䭔又名油䭔，是一種油炸的團形麵食。焦䭔歷史悠久，宋元時期已成為正月十五上元節通用的食品了。陳元靚《歲時廣記》卷十一《咬焦䭔》引昌原明《歲時雜記》載：「上元節食焦䭔……列街巷處處有之。」孟元老《東京夢華錄》卷六《十六日》亦載上元節前後，東京市民買賣焦䭔等食品，賣焦䭔的很多，「街巷處處有之」。

油條。油條最初在南宋時出現，初名「油炸檜（鬼）」，是街頭食販用麵團捏做秦檜夫婦，扭結而炸之得名的，反映了人們對奸臣秦檜的痛恨。元代時油條已為黃河中游地區各階層人們所喜愛。

1　莊綽：《雞肋編》卷上，中華書局，1983年。
2　宇文懋昭：《大金國志校正》卷三九《婚姻》，中華書局，1986年。

春捲。春捲是元代時出現的，當時叫「卷煎餅」，見於《居家必用事類全集·庚集·飲食類》中的「回回食品」，具體製法為「攤薄煎餅，以胡桃仁、松仁、桃仁、榛仁、嫩蓮肉、乾柿、熟藕、銀杏、熟栗、芭欖仁，已上除栗黃片切外，皆細切，用蜜糖霜和，加碎羊肉、薑末、鹽、蔥調和作餡，捲入煎餅，油炸焦。」這種「卷煎餅」的製法已經和後代「春捲」的製法相似了。

宋元時期有些麵食今天已不可考，不能斷定其烹製方法，如餶飿（gǔduò）兒、夾兒等，《東京夢華錄》中載有「細料餶飿兒」「旋切細料餶飿兒」「鵪鶉餶飿兒」。由於缺乏更多的文獻資料，人們已不清楚「餶飿」為何物了。《水滸傳》第一回在描寫洪太尉受到大的驚嚇後，身上「寒慄子比餶飿兒大小」，用餶飿兒來比喻寒慄子（雞皮疙瘩），說明餶飿兒為圓形的。「夾兒」又稱鋏兒、夾子、鉀（jiǎ）子，到底是什麼食品，目前尚不太清楚。北宋東京市場上出售有煎夾子、白肉夾麵子。從「夾」字的含義和這兩種夾子的名稱上考察，夾兒應是一種有餡的扁平狀麵食，其中有通過油煎製成的。

二、米食品種的增多

黃河中游地區的居民多以麵食為主食，但一些城鎮和植稻區的居民，特別是官員，也以大米為主食。大米主要用於煮飯、煮粥，還用來製作餈糕、團、粽之類。

❶·飯、粥

據《東京夢華錄》載，飯有羊飯、煎魚飯、生熟燒飯、隨飯、荷包白飯、社飯、水飯等。

宋元時期黃河中游地區的居民早餐多為粥，北宋東京「每日交五更……酒店多點燈燭沽賣，每份不過二十文，並粥飯點心」[1]。做粥除了用大米外，還有用粟、豆

1　孟元老：《東京夢華錄》卷三《天曉諸人入市》，文化藝術出版社，1998年。

的。北宋時粥的品種很多，如寒食吃的「冬凌粥」、十二月八日吃的「臘八粥」、豌豆大麥粥[1]、小米粥[2]、清晨待漏院前賣的「肝夾粉粥」等[3]。

吃粥可以節約糧食，元軍圍金朝南京（開封）時，軍中乏糧，「專造糜粥，國主親嘗」[4]。貧苦人家為節約糧食常常煮菽、粟雜糧為粥，用以果腹。元雜劇《東堂老勸破家子弟》描寫富家子弟揚州奴破產後，一家人住在窯中，飢寒交迫，無奈只好出門，想找舊相識尋些米來，熬粥湯吃。

粥由於熬得很軟、很爛，非常利於消化，因而也是老年人和富貴人家的保健養生食品。這樣的粥，常加入一些藥物或滋補品與米、穀同熬。北宋的《政和聖濟總錄》卷一八八至一九〇中詳細介紹了蓯蓉羊腎粥、商陸粥、生薑粥、補虛正氣粥、苦楝（liàn）根粥等133種藥粥。元代《飲膳正要》卷一《聚珍異饌》記有乞馬粥、湯粥、粱米粥、河西米湯粥等一般食用的粥，卷二《食療諸病》記有眾多食療粥品，有羊骨粥、羊背骨粥、豬腎粥、枸杞羊腎粥、鹿腎粥、山藥粥、酸棗粥、生地黃粥、蓽撥粥、良薑粥、吳茱萸粥、蓮子粥、雞頭粥、桃仁粥、馬齒菜粥、荊芥粥、麻子粥。這些粥中有不少在黃河中游地區的民間流行，如豬腎粥、蓽撥粥、良薑粥、蓮子粥、麻子粥等。

❷ · 糕、團、粽

除各種飯、粥外，以米為主要原料的食品還有各種糕、團、粽。

糕。宋元時期糕的品種繁多。北宋市場上有餈糕、黃糕糜（mí）、麥糕。每逢社日、重陽時節，人們還要食社糕、重陽糕。金代女真人結婚時進蜜糕，「人各一盤」[5]。元代時比較著名的糕有柿糕、高麗栗糕，這兩種糕均為女真食品，在北方民

1　蘇軾：《東坡全集》卷二二《過湯陰市得豌豆大麥粥示三兒子一首》，四庫全書本，商務印書館，2005年。
2　周輝：《清波別志》卷上，四庫全書本，商務印書館，2005年。
3　丁謂：《丁晉公談錄》，陶宗儀編：《說郛》卷十六下，上海古籍出版社，1988年。
4　宇文懋昭：《大金國志校正》卷二六《義宗皇帝》，中華書局，1986年。
5　宇文懋昭：《大金國志校正》卷三九《婚姻》，中華書局，1986年。

間廣泛流傳，也反映出民族之間飲食的互相交流與融合。

糰子和圓子。糰子和圓子多為米粉製品，因其名有「團圓」之意，比較吉利，因而常作為節令食品。一般來說，糰子的體積較大，莊綽《雞肋編》卷上載：「天長縣炒米為粉，和以為團，有大數升者，以胭脂染成花草之狀，謂之炒團。」引文中的天長縣即今天的安徽天長市，這裡所言的炒團並非是黃河中游地區的，但足以說明糰子的體積較大。北宋時糰子品種很多，有澄沙糰子、白團、五色水團、黃冷糰子、脂麻糰子等。「澄沙糰子」是先將赤豆煮爛，去皮控水，然後加油、糖，炒成澄沙，用澄沙作餡製成的。「脂麻糰子」估計是先把芝麻搗成泥狀，加糖作餡製成的。白團、五色水團、黃冷糰子應是以其顏色得名的。元代韓奕《易牙遺意》卷下記有瑪瑙團、水團、夾砂團。

元宵（湯圓）在宋元時期叫元子、圓子或浮圓子等，北宋東京市場上已有圓子，品種有小元兒、鵬沙元、冰雪冷元子等。有些糰子、圓子不是大米或米粉製成的，如前文提到的「瑪瑙團」，用料為砂糖、白麵、胡桃（核桃），具體製法為：「先用糖一斤半，水半盞和麵炒熟，次用糖二斤，水一盞溶開，入前面在鍋內再炒。候糖與麵做得丸子，拌胡桃肉，搜勻作劑。」

粽。粽子，「一名角黍」，宋時「市俗置米於新竹筒中，蒸食之」[1]，稱「裝筒」或筒粽，其中加棗、栗、胡桃等類，用於端午節。蘇軾《端午貼子》詞云：「翠筒初窣棟，薌黍復纏菰」，記述了端午節在宮中食筒粽的情景。

三、菜餚加工與烹飪的發展

宋元時期黃河中游地區的菜餚品種極其豐富，菜餚的加工與烹飪有了很大的發展，主要表現在三個方面：

1　高承：《事物紀原》卷九《粽》，四庫全書本，商務印書館，2005年。

（一）菜餚烹飪原料的擴展

宋元時期，黃河中游地區的菜餚烹飪原料比前代有了極大地擴展，前代不用或很少使用的一些食物原料，如動物的內臟、血、頭、腳、尾、皮等「雜碎」得到了廣泛利用，被烹製成各種美味佳餚。用動物內臟製作菜餚，在唐代已經出現，據李濟翁《資暇錄》記載：「元和（西元806-820年）中有奸僧鑑虛，以羊之六腑，特造一味，傳之於今。」到宋元時期，利用動物「雜碎」製作的菜餚越來越受到人們的歡迎。

據《東京夢華錄》記載，東京早市上有賣灌肺、炒肺的[1]；夜市上有賣麻腐雞皮、旋炙豬皮肉、豬臟、雞皮、腰腎、雞碎、抹臟、紅絲的[2]；大街小巷裡有賣羊頭、肚臟、煎肝臟、頭肚、腰子、白腸、麻飲雞皮的[3]；就連高檔飯店、酒店也備有用動物「雜碎」烹製的頭羹、炙烤腰子、石肚羹、鐃薑頭羹、血羹[4]等，以供人們選用。平常百姓家，社日所造社飯，除了用豬羊肉之外，也要用腰子、奶房、肚肺之類。[5]

元代的許多菜餚也是用動物「雜碎」製成的，如攢羊頭、帶花羊頭、豬頭薑豉、攢牛蹄、攢馬蹄、河西肺、炙羊腰、肝生、馬肚盤、鹽腸、紅絲等。[6]

宋元時期，烹飪原料的擴展還表現在這一時期瓜果開始進入菜餚。當時已經出現了由水果、堅果製作的菜餚，如煎西京雪梨等。[7]當然，宋元時期黃河中游地區的居民對瓜果仍以直接食用為主。有的則初步加工製成梨條、梨乾、梨肉、梨圈、桃

1　孟元老：《東京夢華錄》卷三《天曉諸人入市》，文化藝術出版社，1988年。
2　孟元老：《東京夢華錄》卷二《州橋夜市》，文化藝術出版社，1988年。
3　孟元老：《東京夢華錄》卷二《東角樓街巷》，卷三《馬行街鋪席》，卷三《諸色雜賣》，卷八《是月巷陌雜賣》，文化藝術出版社，1988年。
4　孟元老：《東京夢華錄》卷四《食店》，卷二《飲食果子》，文化藝術出版社，1988年。
5　孟元老：《東京夢華錄》卷八《秋社》，文化藝術出版社，1988年。
6　忽思慧：《飲膳正要》卷一《聚珍異饌》，四部叢刊本，上海書店，1985年。
7　孟元老：《東京夢華錄》卷二《飲食果子》，文化藝術出版社，1988年。

圈、棗圈、膠棗、林檎旋烏李、查條、查片、杏片、香藥脆梅等果乾[1]，這些果子菜人們多作為飲酒品茶的佐物或零食用。

（二）素菜開始成為一個獨立的菜系

宋元時期，黃河中游地區素菜的加工與烹飪有了很大發展，市場上開始出現了專賣素食的素分茶（素飯店），「如寺院齋食也」[2]。素菜開始成為一個獨立的菜系，大放異彩。宋元時期，促使素菜成為一個獨立菜系的因素很多。

第一，炒法的推廣普及為素菜的興起提供了契機。這是因為，「以葉、莖、漿果為主的蔬菜不宜用炸、烤法烹製，至於煮是可以的，但不調味、不加米屑的清湯蔬菜，則不是佐餐的美味」[3]。與其他烹飪方法相比，「炒」法在烹製各種蔬菜方面潛力最大，只有炒法出現後方能烹製出如此多的色香味形俱佳的蔬饌來。

第二，宋元時期的豆腐（及其豆製品）、麵筋製作技術日臻完善，並被引入菜餚，為素菜成為一個獨立的菜系提供了物質基礎。如果沒有豆腐、麵筋的加盟，並成為素菜的主要賦形原料，素菜僅靠蔬菜支撐門戶，那麼素菜的發展肯定會大打折扣的。

第三，宋元時期各種瓜果開始進入菜餚，擴大了素菜的原料來源，豐富了素菜的品種，促進了素菜的發展。

第四，宋代佛教的盛行為素食的興起提供了廣闊的空間。自南朝梁武帝開始，漢傳佛教形成了食素的傳統，宋代的佛教雖不如唐代那麼極盛一時，但「百足之蟲，死而不僵」，「從五代以來，在中原地區出現了相當數量的、長期持齋的信徒」[4]。

第五，宋代文人士大夫的飲食觀念也發生了變化，素菜漸被視為美味，宋代士

1　孟元老：《東京夢華錄》卷二《飲食果子》，卷七《池苑內縱關撲遊戲》，文化藝術出版社，1988年。

2　孟元老：《東京夢華錄》卷四《食店》，文化藝術出版社，1988年。

3　王學泰：《華夏飲食文化》，中華書局，1993年。

4　康樂：《素菜與中國佛教》，林富士主編：《禮俗與宗教》，中國大百科全書出版社，2005年。

▶圖6-4　宋代溫縣庖廚磚雕（《宋
　　　　遼西夏金社會生活史》，
　　　　中國社會科學出版社）

大夫幾乎沒有不讚美素食的，「士人多就禪剎素食」[1]。這不僅推動了素菜的發展，而且使素菜作為一種美味得到了整個社會的承認。

　　宋元時期還出現了素菜用葷菜命名的情況，如把「蒸葫蘆」稱為「素蒸鴨」。「玉灌肺」是用真粉、油餅、芝麻、柿子、核桃、蒔蘿六種素食品為原料，加「白糖（飴）、紅麴少許為末，拌和入甑蒸熟，切作肺樣」[2]。

　　宋元時期，代表素菜最高成就的是仿葷素菜，它們往往讓人真假難辨。人們用瓠（嫩葫蘆）與麩（麵筋）為原料製成的「假煎肉」，「瓠與麩不惟如肉，其味亦無辨者」[3]。據《東京夢華錄》卷二《飲食果子》記載，北宋東京市場上的仿葷素菜種類繁多，有假河豚、假元魚、假蛤蜊、假野狐、假炙獐等。這些仿葷素菜色香味形俱全，深受人們歡迎。就連吃慣了山珍海味的皇親貴戚、王公大臣們也要品嚐

1　呂希哲：《呂氏雜記》卷下，四庫全書本，商務印書館，2005年。

2　林洪：《山家清供》卷上，叢書集成初編本，中華書局，2010年。

3　林洪：《山家清供》卷下，叢書集成初編本，中華書局，2010年。

一二，北宋宰執親王宗室百官入皇宮大內給皇帝上壽時，所用的下酒菜餚中即有「假黿魚」「假沙（鯊）魚」等仿葷素菜。

（三）菜餚加工、烹飪技藝的提高

宋元時期，黃河中游地區的菜餚加工與烹飪技藝的提高表現在以下四個方面：

❶ · 廚事專業分工的精細

宋元時期，黃河中游地區廚事中的專業分工已非常明確，洗碗、洗菜、燒菜等都有專人負責，這在貴族家庭及大型飲食店肆中尤其如此。北宋著名奸相蔡京，其府第專設有「包子廚」，包子廚中專設的「縷蔥絲者」竟不能作包子[1]，足見廚事分工之細。

❷ · 烹飪方法的多樣化

當時，黃河中游地區比較常見的烹飪方法有煮、熬、蒸、炸、炒、煎、爆、炙、燒、燠、膾、臘、脯、鮓、菹等。其中以「煮」和「炒」最為流行。

煮，是一種非常古老的烹飪方式，主要用於加工各種羹類菜餚。宋元時期，羹菜繼續在黃河中游地區流行，人們非常喜歡食羹。據《東京夢華錄》記載，北宋市場上羹類品種很多，有百味羹、頭羹、新法鶴子羹、三脆羹、二色腰子、蝦蕈、雞蕈、渾砲（pào，炮）羹、群仙羹、金絲肚羹、石肚羹、血羹、粉羹、果十翹羹、石髓羹、饒虀頭羹等，這些羹有葷有素，以葷居多，多數物美價廉，像「其餘小酒店，亦賣下酒，如煎魚、鴨子、炒雞兔，煎燠肉、梅汁、血羹、粉羹之類。每分不過十五錢」[2]，十分便宜。當然，貴族和官僚們所食用的羹就極其精美，造價也極其昂貴。宰相蔡京喜歡吃鵪鶉，每食一羹即殺數百隻。元代的羹類也很多，忽思慧《飲膳正要》中記載有河豚羹、雜羹、葷素羹、葵菜羹、羊髓羹、白羊腎羹、羊肉

1　羅大經：《鶴林玉露》丙編卷六《縷蔥絲》，中華書局，1983年。
2　孟元老：《東京夢華錄》卷二《飲食果子》，文化藝術出版社，1998年。

▲圖6-5　宋代廚娘畫像磚拓圖，傳河南偃師出土

羹、椒麵羹、雞頭粉羹、鯽魚羹、猯（tuān，野豬）肉羹、青鴨羹、野雞羹、鵪鴿羹、驢頭羹、狐肉羹、熊肉羹、羊肚羹、葛粉羹、獺肝羹等。羹和粥一樣，由於食物煮的很爛，利於消化吸收，因而往往也是食療佳品。

宋元時期，黃河中游地區炒製菜餚的技術得到了快速發展，出現了大量以炒字命名的菜餚，如炒兔、生炒肺、炒蛤蜊、炒蟹、旋炒銀杏、炒羊等。[1]在炒的基礎上，人們又發明了煎、燠、爆等多種烹飪方法。

❸‧調味技術的進步

宋元時期，黃河中游地區的居民對食物的調味主要通過兩種方式：一是通過調味品調味。北宋時，這一地區的居民對調味品的使用已經十分普遍。人們在食品烹飪中往往利用酒、鹽、醬、醋、糖及蔥、蒜、生薑、薄荷等香料，使食品菜餚五味調和，形成鮮美可口、豐富多彩的複合味；二是通過加熱調味。食物原料中所含的芳香物質在常溫下不易釋放出來，在高溫加熱的情況下，其內部組織被破壞，芳香物質被釋放出來，故經過煎、炒、炸等高溫烹飪的食物能夠香氣四溢。

1　孟元老：《東京夢華錄》卷二《飲食果子》，卷四《食店》，文化藝術出版社，1998年。

❹ · 色彩搭配和食品造型技術的廣泛運用

宋元時期，黃河中游地區的居民在烹製食品菜餚時已注意到色彩的合理搭配與運用。《東京夢華錄》中就有赤白腰子、二色腰子、五色水團等多色彩食品。[1]這些食品的色彩調製各異，有的利用食物原料的天然色彩調製，有的利用食物色素調色，有的利用食物在加熱過程中的顏色變化來調製色彩。色彩悅目的肴饌，引起人們的食慾，提高了飲食的意趣。

食品菜餚的形狀之美，不僅能使人賞心悅目，增加食慾，而且能使人產生美的聯想、美的享受。因此，追求食品菜餚的形美，對於烹飪技藝的發展、提高，對進一步豐富飲食的花色品種都起著重大的推動作用。宋元時期，黃河中游地區食品菜餚的構形，大致上可以劃分為若干類型：其一，是以食物原料的自然形狀構成。如整雞、整鴨、魚蝦等，都具有令人喜愛的形狀。利用食物原料的自然形態烹製而成的菜餚，體現了原料本身的面貌特色，具有質樸的自然之美，顯得樸素大方；其二，是將食物原料根據需要加工成塊、片、條、絲、丁、粒、末等一般形狀與花式形狀；其三，是通過對食物原料進行裝配雕刻。這類食品菜餚屬於造型與雕刻相結合的具有藝術特徵的象形食品。其形狀或為人物，或為花果，或為動物。宋元時期，黃河中游地區的食品菜餚，其造型雕刻水平已經很高，如《東京夢華錄》卷二《東角樓街巷》載，東京市場上出售有「蜜煎雕花」。宋元時期黃河中游地區的這些工藝造型菜，構思新穎奇巧，形象優美高雅，既可觀賞，又可食用，對後世中國象形菜的發展方向產生了重要影響。

中國飲食文化史　黃河中游地區卷

1　孟元老：《東京夢華錄》卷二《東角樓街巷》、卷二《飲食果子》、卷八《端午》，文化藝術出版社，1998年。

第三節　蔚為時尚的宋代飲食養生和食療

宋代的飲食養生和食療取得了更大的成就。飲食養生的平民化傾向明顯，參與者多為士人平民，流行日常飲食養生。如果說唐代的飲食養生尚侷限於少數社會上層人士的話，那麼宋代的飲食養生則全面走向庶民大眾，成為全社會的一種時尚。宋代的食療也更為普及，「食療為先」的思想已成為各階層人們廣為信奉的一種普遍社會觀念。在食療配膳所採取的形式和服用方式上，宋代也比前代更加豐富。

一、走向大眾的飲食養生學

（一）宋代醫學家對飲食養生學的發展

宋代醫學家們對飲食在養生中的作用有了更為清楚的認識，如北宋陳直《養老奉親書・飲食調治》言：「主身者神，養氣者精，益精者氣，資氣者食。食者，生民之天，活人之本也。故飲食進則穀氣充，穀氣充則氣血勝，氣血勝則筋力強。」

與前代相比，宋代醫學家對飲食養生的論述更為深入，這突出表現在宋代對老人等「弱勢」群體飲食調養的關註上。對老人的飲食調養論述最為詳細的當數陳直的《養老奉親書》。陳直認為，之所以要對老人的飲食調養予以特別的關註，是因為老人的身體衰弱，比不得少年人，「若少年之人真元氣壯，或失於飢飽，食於生冷，以根本強盛未易為患。其高年之人真氣耗竭，五臟衰弱，全仰飲食以資氣血，若生冷無節，飢飽失宜，調停無度，動成疾患」。

老人身體衰弱，氣候的變化極易誘發各種疾病。陳直特別強調，老人的飲食調養一定要根據四季氣候的冷暖變化而有所改變。如「當春之時，其飲食之味，宜減酸益甘，以養脾氣。……惟酒不可過飲，春時人家多造冷饌米食等，不令下與。如

水團、兼粽，黏冷肥僻之物，多傷脾胃，難得消化，大不益老人」[1]；「其飲食之味，當夏之時，宜減苦、增辛，以養肺氣。……飲食溫軟，不令太飽，畏日長永，但時復進之。渴宜飲粟米溫飲、豆蔻熟水，生冷肥膩，尤宜減之。……若需要食瓜果之類，量虛實少為進之。緣老人思食之物，若有違阻，意便不樂。但隨意與之，才食之際，以方便之言解之。往往知味便休，不逆其意，自無所損。……細湯名茶，時為進之，晚涼方歸」[2]。

陳直所力倡的這些老人飲食調養主張超越了單純的飲食養生範疇，像子女親自為父母調製飲食，對於老人想吃但不利於老人養生的食物，子女並非簡單地拒絕，而是讓其少食，軟言承歡相勸，這些做法實際上是把老人的飲食調養同維持老人的心境愉悅結合起來，這些親情化的做法與飲食調養互相促進，更有利於老人的養生。同時，也包涵了「尊老」的飲食文化思想。

（二）飲食養生之風的盛行

❶ · 草木養生之法取代了金石養生之術

與唐代社會的飲食養生深受道教服食金石和辟穀的影響不同，宋代社會的飲食養生受到道教的影響較小。

道教在宋代的地位雖然不如唐代那麼高，但仍受到統治者的重視。北宋時，官府連續發起尊崇道教的運動。宋真宗時，創造了一個所謂趙家始祖趙元朗來擔任道教尊神，下詔封贈為「聖祖上靈高道九天司命保生天尊大帝」。宋徽宗曾延攬了大量的山林道士，甚至正式冊封自己為「教主道君皇帝」。但與唐代相比，宋代服食金石丹藥之風大減。在宋代皇帝中，沒有一位是因服食金石丹藥而喪命的。宋代的人們已普遍不再相信服食金石丹藥能夠長生成仙，服食者多從養生延年的角度出

1　陳直：《養老奉親書·春時攝養》，四庫全書本，商務印書館，2005年。
2　陳直：《養老奉親書·夏時攝養》，四庫全書本，商務印書館，2005年。

發，採用間接服食法。如孔平仲《談苑》卷一載：「高若訥能醫，以鐘乳飼牛，飲其乳。後患血痢卒，或云冷暖相薄使然。」這是先以藥餵牛，再取牛乳服食。

由於認識到服食金石丹藥無益於養生，宋代的服食養生家把養生的目光投向了草木，劉延世《孫公談圃》卷中云：「硫黃信有驗，殆不可多服。若陸生韭，葉柔脆可菹，則名為『草鐘乳』；水產之芡，其甘滑可食，則名為『水硫黃』。」朱弁《曲洧舊聞》卷四載：「藜有二種，紅心者俗呼為紅灰藋。古人食之多以為羹，所謂藜羹不糝是也。而今人少有食者，豈園蔬多品而不顧乎……仙方用之為秘藥，或入燒煉藥，多取紅心者，易名為鶴頂草」。利用草木製成的丹藥養生，具有見效快、毒副作用小等優點，受到了宋代服食養生者的廣泛歡迎。有學者還把宋代中草藥價格出現大幅度攀升的原因歸之於當時的草木養生之法取代了金石養生之術。[1]

❷·節制飲食、食粥養生等日常養生方法的流行

宋代時，對世俗大眾最具吸引力的養生方式開始轉向日常飲食養生。這種轉變可以從唐宋文人士大夫對日常飲食養生的不同態度上看出來。唐代的文人士大夫很少關注日常飲食養生，而宋代的許多文人士大夫對日常飲食養生則表現出極大的興趣。如蘇軾認為：「養生者，不過慎起居飲食，節聲色而已。節慎在未病之前，而服藥於已病之後。」[2]張耒稱：「大抵養性命，求安樂，亦無深遠難知之事，正在寢食之間耳。」[3]李之彥《東谷所見·藥石》稱：「吾輩宜何策，且宜於飲食、衣服上加謹。古人首重食醫，春多酸，夏多苦，秋多辛，冬多鹹，調以滑甘，平居必節飲食。飯後行三十步，不用開藥鋪。飲食之加謹者，此也。」

就具體的飲食養生方法而言，節制飲食尤其受到宋人的贊同。在宋代，實行節制飲食以養生的人們遍及社會各階層，特別是宋代的文人士大夫們更是視節制飲食

1　李肖：《論唐宋飲食文化的嬗變》，首都師範大學1999屆中國古代史專業博士學位論文。

2　蘇軾：《東坡志林》卷一《記三養》，中華書局，1981年。

3　張耒：《柯山集》卷四二《粥記贈邠老》，四庫全書本，商務印書館，2005年。

為養生秘訣。如蘇軾提倡「已飢方食，未飽先止」[1]。張耒云：「某見數老人，飲食至少，其說亦有理。內侍張茂則每食不過粗飯一盞許，濃膩之物絕不向口。老而安寧，年八十餘卒。茂每勸人必曰：『旦暮少食，無大飽。』王晢龍圖造食物必至精細，食不盡一器，食包子不過一二枚爾，年八十卒。臨老尤康強，精神不衰。王為予言：『食取補氣，不飢即已。飽生眾疾，至用藥物消化，尤傷和也。』劉元秘監食物尤薄，僅飽即止，亦年八十而卒。劉監尤喜飲酒，每飲酒更不食物，啖少果實而已。循州蘇侍郎，每見某即勸令節食，言食少則即臟氣流通而少疾。蘇公貶瘴鄉累年，近六十而傳聞亦康健無疾，蓋得其力也。蘇公飲酒而不飲藥，每與客食，未飽公已舍匕箸。」[2]張端義甚至說：「人有不節醉飽，不謹寒暑，孰謂人為萬物之靈。」[3]這都是主張少食及不吃肥膩的例子。

食粥養生也受到了宋代文人士大夫們的高度重視。張耒《粥記贈邠老》云：「張安定每晨起，食粥一大碗，空腹胃虛，穀氣便作，所補不細，又極柔膩，與腸腑相得，最為飲食之良。妙齊和尚說山中僧，每將旦一粥，甚係利害，如或不食，則終日覺臟腑燥渴，蓋能暢胃氣，生津液也。今勸人每日食粥，以為養生之要，必大笑。」[4]「後又見東坡一帖云：夜坐飢甚，吳子野勸食白粥。云能推陳致新，利膈養胃。僧家五更食粥，良有以也。粥既快美，粥後一覺尤不可說」[5]。

除節制飲食和食粥外，宋代文人士大夫還熱衷於其他的飲食養生方式。如王辟之《澠水燕談錄》卷八《事志》載：「今并、代間士人多以長松參甘草、山藥為湯」，認為「服之益人，兼解諸蟲毒」。即使飲水，宋代士人亦多講究，蘇軾謂：「時雨降，多置器廣庭中，所得甘滑不可名，以瀹茶煮藥，皆美而有益，正爾食之不輟，可以長生。其次井泉甘冷者，皆良藥也」[6]。一些宋代士人在日常飲食小節上

1 蘇軾：《東坡志林》卷一《養生說》，中華書局，1981年。
2 張杲：《醫說》卷七《勿過食》引張太史《明道雜記》，四庫全書本，商務印書館，2005年。
3 張端義：《貴耳集》卷下，四庫全書本，商務印書館，2005年。
4 張耒：《柯山集》卷四二，四庫全書本，商務印書館，2005年。
5 費袞：《梁溪漫志》卷九《張文潛粥記》，四庫全書本，商務印書館，2005年。
6 蘇軾：《東坡志林》卷一《論雨井水》，中華書局，1981年。

也很注意養生保健，如胡瑗判國子監時，經常教導學生：「食飽未可據案，或久坐，皆於氣血有傷，當習射投壺游息焉」[1]。

除文人士大夫之外，宋代的普通民眾也並非與日常飲食養生無緣，具有養生保健功能的各種湯飲在宋代的盛行，並成為各地待客的通用飲料，從一個側面反映出宋代社會對飲食養生的廣泛參與。

二、日益深入人心的食療學

（一）「食療為先」思想的廣泛傳播

宋代時，食療為先的思想更加深入人心，得到了越來越多的認同。

❶‧醫藥學界對「食療為先」原則的繼承和發揚

「食療為先」的治療原則首先在醫藥學界得到了繼承和發揚，成書於宋太宗淳化三年（西元992年）的王懷隱《太平聖惠方‧食治》載：「安人之本，必資於食；救疾之道，乃憑於藥，故攝生者先須洞曉病源，知其所犯，以食治之，食療不癒，然後命藥」。陳直《養老奉親書‧飲食調治》稱：「若有疾患，且先詳食醫之法，審其症狀以食療之，食療未癒，然後命藥，貴不傷其臟腑也」；「其水陸之物為飲食者，不啻千品，其五色、五味、冷熱、補瀉之性，亦皆稟於陰陽五行，與藥無殊……人若能知其食性調而用之，則倍勝於藥也。緣老人之性，皆厭於藥而喜於食，以食治疾，勝於用藥。況是老人之疾，慎於吐利，尤宜食以治之。凡老人有患，宜先以食治，食治未癒，然後命藥，此養老人之大法也。是以善治病者，不如善慎疾；善治藥者，不如善治食」[2]。

除強調有病先以食治外，宋代醫藥學家們還普遍強調飲食輔助治療的價值。如

1　朱熹：《五朝名臣言行錄》卷十，四庫備要本，商務印書館，2003年。
2　陳直：《養老奉親書‧食治養老序》，四庫全書本，商務印書館，2005年。

王懷隱《太平聖惠方‧食治》稱：「（產後）若飲食失節，冷熱乘理，血氣虛損，因此成疾。藥餌不和，更增諸病。令宜以飲食調治，庶為良矣。」陳直《養老奉親書‧醫藥扶持》亦言：「若身有宿疾，或時發動，則隨其疾狀，用中和湯藥順三朝五日，自然無事。然後調停飲食，依食醫之法，隨食性變饌治之，此最為良也。」

❷‧文人士大夫對「食療為先」思想的接受

在宋代，不僅具有專門醫學知識的醫生們信奉「食療為先」的治療原則，就連普通的文人士大夫也接受了「食療為先」的思想，黃庭堅《士大夫食時五觀》云：「五穀五蔬以養人，魚肉以養老。形苦者，飢渴為主病，四百四病為客病，故須食為醫藥，以自扶持。是故，知足者舉箸常如服藥。」可以說，黃庭堅對食療的這種看法代表了宋代文人士大夫的普遍觀念。

如果說「食療為先」的思想在唐代尚侷限於醫藥學界的話，宋代時它已在文人士大夫中廣為流傳，並通過他們向其他階層的人們進行廣泛、深入的傳播，隨著越來越多人們的認同，「食療為先」已成為各階層人們廣為信奉的一種普遍的社會觀念。其結果是，在食療應用的普及程度上，宋代遠遠超過了前代。

◀圖6-6　《後宮奉食圖》，山西洪洞元代廣勝寺壁畫

在宋代文獻中，上至帝王將相，下至平民百姓都有利用飲食治療的記載。如趙溍《養痾漫筆》載：「孝宗嘗患痢，眾醫不效，德壽憂之，過宮偶見小藥肆，遣中使詢之，曰：『汝能治痢否？』對曰：『專科。』遂宣之。至請，問得病之由。語以食湖蟹多，故致此疾。遂令診脈，曰：『此冷痢也。其法用新採藕節細研，以熱酒調服。』如其法，杵細酒調，數服即愈。德壽大喜，就以杵藥金杵臼賜之。」這是宋代皇帝食療的例子。

彭乘《墨客揮犀》卷八載：「王文正太尉氣羸多病，真宗面賜藥酒一瓶，令空腹飲之，可以和氣血、辟外邪。文正飲之，大覺安健。因對稱謝，上曰：『此蘇合香酒也。每一斗酒以蘇合香丸一兩同煮，極能調五臟、卻腹中諸疾。每冒寒，夙興則飲一杯。』因各出數榼賜近臣，自此臣庶之家皆效為之。」這是宋代王公大臣食療的例子。

趙葵《行營雜錄》載：「松陽縣民有被毆，經縣驗傷。翌日引驗，了無瘢痕。宰怪（guài）而詰之，乃仇家使人要歸，飲以熟麻油酒，臥之，火燒地上，覺而疼腫盡消。」這是宋代普通百姓食療的例子。

（二）食療方法的繼承和發展

宋代的食療方法在繼承前代的基礎上又有了進一步發展。宋代不少醫藥文獻都載有食療方面的內容，如王懷隱《太平聖惠方·食治》中記載了28種疾病的治療方法，像糖尿病患者宜飲牛乳，水腫病患者要吃鯉魚粥等；宋徽宗趙佶《聖濟總錄·食治門》中記載有30種治療各種疾病的食治方法。北宋陳直《養老奉親書》對老人的食療提出了許多重要的、富有創新意義的見解，在「食治老人諸疾方」中，陳直共收錄養老益氣、眼目、耳聾耳鳴、五勞七傷、虛損羸瘦、脾胃氣弱、瀉痢、渴熱、水氣、喘嗽、腳氣、腰腳疼痛、諸淋、噎塞、冷氣、諸痔、諸風等17種老年病症的食療方劑162個。

❶ · 大量採用動物內臟（「雜碎」）或普通食物作為食療配膳

同唐代一樣，宋代亦大量採用動物內臟（「雜碎」）作為食療配膳。以陳直《養老奉親書‧食治老人諸疾方》為例，所用到的動物「雜碎」有：白羊頭蹄、白羊頭、水牛頭、烏驢頭、兔頭、鹿頭、豬頤、大羊尾骨、大羊脊骨、白羊脊骨、羊脊䐃（yín）肉、羊髓、鹿髓、鯉魚腦髓、水牛皮、豬肚、獖（fén，閹割）豬肚、羊肝、青羊肝、豬肝、獖豬肝、烏雞肝、豬腎、鹿腎、羊腎、豬脾、羊血、豬肪脂、野駝脂、雁脂、烏雞脂等。

與唐代不同的是，宋代的食療配膳常取普通食物為之，特別側重於食物本身所具有的醫療作用，藥物配伍較少或不用，可謂名副其實的食療，為以前飲食療法的療效所難及。如「治胸腹虛冷，下痢赤白」的鯽魚粥，以「鯽魚四兩切作鱠，粳米三合，右以米和鱠作粥，入鹽椒蔥白，隨性食之」；「治小便多數，瘦損無力，宜食羊肺羹方。羊肺一具細切，右入醬醋五味，作羹食之」[1]；柳葉韭，「韭菜嫩者，用薑絲、醬油、滴醋拌食，能利小水，治淋病」[2]。

❷ · 食療飲食品種的豐富

宋代食療的飲食品種也比唐代更為豐富，如林洪《山家清供》一書所列的食療方劑，「就有諸如飯、粥、麵、淘、索餅、餺飥、餛飩、糕、餅、脯、煎、菜、羹、酒、茶等多種食療的形式與方法」[3]。陳直《養老奉親書‧食治老人諸疾方》中的食療飲食品種有：粥、索餅、餺飥、餛飩、飯、餅子、煎餅、煮菜、炙菜、蒸菜、煨果、熟膾、生膾、羹、臛、乳、煎、飲、湯、汁、茶、酒、散等。它們中既有各種主食，又有多種菜餚，還有茶、酒、乳、湯等，基本涵蓋了宋代日常食品、飲品的種類。

從各種食品、飲品出現的次數來看，宋代食療最經常採用的形式是粥羹（含

1　王懷隱：《太平聖惠方》卷九六《食治》，人民衛生出版社，1958年。

2　林洪：《山家清供》卷上，叢書集成初編本，中華書局，2010年。

3　陳偉明：《唐宋飲食文化初探》，中國商業出版社，1993年。

矐），其次是湯飲，這說明宋代食療的形式與唐代相比變化並不太大。同唐代一樣，宋代其他形式的食療飲食也以煮製為主，多製作得十分軟爛，利於病人的消化吸收。這些都表明了宋代全面繼承了唐代的食療形式。

❸·食療服用方式的擴展

同唐代一樣，服用食療飲食時，宋代也多以空腹趁熱食用為主，如「食治老人耳聾不差鯉魚腦髓粥方。鯉魚腦髓（二兩）、粳米三合。右，煮粥以五味調和，空腹食之」[1]。

在前代的基礎上，宋人還探索出不少其他更為有效的食療服用方式。如陳直《養老奉親書·食治老人諸疾方》載：「食治老人五淋、秘澀、小便莖痛、膈悶不利蒲桃漿方。蒲桃汁（一升）、白蜜（三合）、藕汁（一升）。右相和，微火溫，三沸即止。空心服五合，食後服五合，常以服之殊效」。這是空心與食後相配合的服用方式；「食治老人痔病、下血不止、日加羸瘦無力、鴝鴿散方。鴝鴿（五隻，治洗令淨，曝令乾）。右搗為散，空心以白粥飲服。二方寸匕，日二服最驗。亦可炙食任性。」這是與粥一起服用的方式。宋人趙溍《養痾漫筆》載：「治嗽方甚多，余得一方，甚簡。但用香櫞去核，薄切作細片，以時酒同入砂瓶內，煮令熟爛，自昏至五更為度，用蜜拌勻，當睡中喚起，用匙挑服，甚效。」這是夜間服用的方式。

宋代還發明了兩種食療飲食先後配合的食療方法，陳直《養老奉親書·食治老人諸疾方》載：「治老人大虛羸困，極宜服煎豬肪方。豬肪（不中水者半斤）。右入蔥白一莖於銚內，煎令蔥黃即止，候冷暖如身體，空腹頻服之，令盡。暖蓋覆臥至日晡，後乃白粥調糜，過三日後宜服羊肝羹。羊肝羹方，羊肝（一具，去筋膜，細切）、羊脊膂肉（二條，細切）、曲末（半兩）、枸杞根（五斤，剉，以水一斗五升，煮取四升，去滓）。右用枸杞汁煮前羊肝等，令爛，入豉一小盞，蔥白七莖，切，以五味調和作羹，空腹食之。後三日，慎食如上法。」這是先服「豬肪方」，後服「羊肝羹方」的配合療法。

---

1 陳直：《養老奉親書·食治老人諸疾方》，四庫全書本，商務印書館，2005年。

▲圖6-7　北宋張擇端的《清明上河圖》局部

❹・對因人、因地、因時而膳的繼承

宋代也繼承了唐代食療因人、因地、因時而膳的傳統。以陳直《養老奉新書》為例，此書是一本專為老年人所寫的食療專著，書中所載的不少食療方劑也考慮到了地域、季節等因素對食療效果的影響，如「食治老人膈上風熱、頭目赤痛、目赤暗暗竹葉粥方。竹葉（五十片洗淨），石膏（三兩），沙糖（一兩），浙粳米（三合），右以水三大盞，煎石膏等二味，取二盞去滓，澄清，用煮粥，熟入沙糖食之」；「食治老人上氣急喘息不得、坐臥不安豬頤酒方。豬頤（三具細切）、青州棗（三十枚），右以酒三升浸之，若秋冬三五日，春夏一二日。密封，頭以布絞去滓，空心溫任性漸服之，極驗。切忌鹹熱」。

上面兩則食療方劑中的「浙粳米」「青州棗」，就是具體考慮到了不同地域所產食物的質地、性味的差異。其中，「浙粳米」性溫，與北方所產性涼的粳米不同（賈銘《飲食須知》載：北粳涼，南粳溫）。後則食療方劑中的「秋冬三五日，春夏一二日」，則具體考慮到了季節因素對食療效果的影響。

第四節　盛極一時的北宋東京飲食業

東京開封府是北宋的政治、文化中心，它的飲食業極其繁榮，代表了宋元時期中國飲食業的最高成就。東京飲食業的上層為大大小小的固定店肆，它們主要有酒肆、茶坊和食店；東京飲食業的下層為半固定的食攤和流動的食販。

一、飲食業的新變化

北宋是中國古代飲食業大發展的時期，這一時期飲食業極度繁榮，食品銷售業也出現了一些前所未有的新變化。

首先，隨著坊市制度的崩潰，食品銷售突破了「市」的地域限制。食店開始同民居官署交相混雜，甚至莊重威嚴的御街兩旁，大內禁門之外，也是飲食店肆林立，這是前代難以想像的；城門市井、巷陌路口、汴河沿岸、橋頭渡口等熱鬧繁華之處擠滿了半固定的食攤；車推肩挑手提的流動食販們則走街串巷推銷著自己的食品。所有這一切都方便了人們就餐，改變了一些人家的生活習慣，「市井經紀之家，往往只於市店旋置飲食，不置家蔬」[1]。

其次，隨著傳統「日中為市，日落散市」制度的打破，早市、夜市開始出現。在早市、夜市上以飲食業經營為主，這就使飲食業在經營時間上的上下延長，甚至全天候經營，使因「公私榮干」而錯過飯時的人們不至於餓肚子。東京「夜市直至三更盡，才五更又復開張。如耍鬧去處，通曉不絕。尋常四梢遠靜去處，夜市亦有燋酸䑹、豬胰、胡餅、和菜餅、獾兒、野狐肉、果木翹羹、灌腸、香糖果子之類。冬月雖大風雪陰雨，亦有夜市：剗（dié）子薑豉、抹髒、紅絲水晶膾、煎肝臟、蛤蜊、螃蟹、胡桃、澤州餳、奇豆、鵝梨、石榴、查子、𥖀（wēnpo）、瓷糕、糰子、

1　孟元老：《東京夢華錄》卷三《馬行街鋪席》，文化藝術出版社，1998年。

◀圖6-8　孫羊正店

鹽豉湯之類。至三更方有提瓶賣茶者蓋都人公私榮干，夜深方歸也」[1]。

　　最後，食品銷售業內部開始出現僱傭關係。北宋時期，隨著商品經濟的繁榮，市場上出現了許多出賣勞動力的雇工。在這些雇工中有一部分是直接服務於人們的飲食生活的，如幫人打水、舂米、荷大斧斫柴、替人殺雞等。宋人劉斧編的《青瑣高議》後集卷三載，宋仁宗慶曆年間（西元1041-1048年），東京城內有個叫馬吉的，以殺雞為業，每替人殺一隻雞得佣錢十文。雇工們不僅提供計時、計量的家政飲食服務，而且也走入了食店之中。北宋以前，食店規模較小，多以家庭為單位經營。北宋時，食店的規模越來越大，需要的人手越來越多，家庭成員已不能滿足需要，雇工開始走入規模較大的食店中。雇工依靠出賣勞動力為生，他們與店主之間是一種勞動力與貨幣交換的關係，即僱傭關係。北宋食品銷售業內部的這種僱傭關係，一般沒有附加強制條件。雇工「一有差錯，坐客白之主人，必加叱罵，或罰工價，甚者逐之」[2]。飲食業內部出現僱傭關係，表明北宋飲食業的多種經營特色已經超越了簡單商品生產水平，「其給社會經濟帶來了新的活力因素，有助於以後資本

1　孟元老：《東京夢華錄》卷三《馬行街鋪席》，文化藝術出版社，1998年。
2　孟元老：《東京夢華錄》卷四《食店》，文化藝術出版社，1998年。

中國飲食文化史　■　黃河中游地區卷

主義生產關係萌芽的發生發展」[1]。

北宋時，社會上還出現了承辦宴會酒席的業務。《東京夢華錄·卷四·筵會假賃》載：「凡民間吉凶筵會，椅桌陳設，器皿合盤，酒簷動使之類，自有茶酒司管賃。吃食下酒，自有廚司。以至托盤、下請書、安排坐次、尊前執事、歌說勸酒，謂之『白席人』。總謂之『四司人』。欲就園館亭榭寺院游賞命客之類，舉意便辦，亦各有地分，承攬排備，自有則例，亦不敢過越取錢。雖百十分，廳館整肅，主人只出錢而已，不用費力。」

二、飲食店肆的經營特色

北宋時期，中原地區的飲食店肆主要有酒肆、茶坊和食店。這些飲食店肆雖然規模大小各異，但卻有一些共同的經營特色：

❶ · 講究特色經營

這在規模較大的飲食店肆中表現得更為明顯。

第一，在建築設計上，各飲食店肆風格不盡相同。例如，東京七十二家酒樓正店，有的正店「前有樓子，後有台，都人謂之『台上』」[2]；有的正店「三層相高。五樓相向，各有飛橋欄檻，明暗相通」：有的正店「入其門，一直主廊約百餘步，南北天井兩廊皆小閣（gé，同閣，小房間）子」，[3]類似今天酒店內的雅間，使酒客飲酒互不干擾；還有些正店具有園林宅院風格，這從它們的名稱上可以看出，如中山園子正店、蠻王園子正店、朱宅園子正店、邵宅園子正店、張宅園子正店、方宅園子正店、姜宅園子正店、梁宅園子正店、郭小齊園子正店、楊皇后園子正店等。這些園子正店環境清幽，憑其廊廡掩映、花竹扶疏的風景取勝，吸引了不少人去飲

1　陳偉明：《唐宋飲食文化初探》，中國商業出版社，1993年。

2　孟元老：《東京夢華錄》卷二《宣德樓前省府宮宇》，文化藝術出版社，1998年。

3　孟元老：《東京夢華錄》卷二《酒樓》，文化藝術出版社，1998年。

酒。宋話本《金明池吳清逢愛愛》中幾個少年到酒樓飲酒，就要尋個「花竹扶疏」的去處。

第二，銷售特色飲料、食品。北宋時期，中原地區的不少飲食店肆以特色飲料、食品來吸引客人。酒肆是人們飲酒的場所，有上等佳釀是當時酒店得以生存的重要條件。東京正店都釀有自己的名酒，一些店肆名酒足可以與宮廷大內的御酒相媲美。也有一些酒肆「賣貴細下酒，迎接中貴飲食」[1]，以美肴佳饌吸引顧客，如東京的第一白廚、州西安州巷張秀、保康門李慶家、東雞兒巷郭廚、鄭皇后宅後宋廚、曹門磚筒李家、寺東骰子李家、黃胖家等。還有些酒肆，如東京州橋炭張家、乳酪張家，不賣「下酒」（下酒菜），只以一色好酒、好醃藏菜蔬來吸引飲徒。

食店更是以經營特色食品來吸引食客。當時出現了一些以重點經營某一種食品而馳名的食店，如北宋東京以經營餅馳名的有御街州橋附近的曹婆婆肉餅店、朱雀門外武成王廟前的海州張家胡餅店、皇建院前鄭家胡餅店；以經營饅頭聞名的有尚書省西門外的萬家饅頭店，其饅頭質量「在京第一」[2]，此外，還有州橋西的孫好手饅頭店；以經營包子馳名的有御街州橋的王樓山洞梅花包子店、御廊西側的鹿家包子店；以經營瓠羹聞名的有東角樓街巷的徐家瓠羹店、尚書省西門外的史家瓠羹店、州橋西的賈家瓠羹店等。

北宋時期在中原地區還出現了不少經營地方風味食品的食店。這些食店可分為三類：北食店、南食店和川飯店。其中，北食店供應有熬物、巴子，南食店供應有魚兜子、桐皮熟膾麵、煎魚飯，川飯店供應有插肉麵、大燠麵、大小抹肉淘、煎燠肉、雜煎事件、生熟燒飯等地方特色食品。為了滿足僧侶和吃齋信佛的人們的需要，還有專門經營素食的「素分茶」。

第三，各飲食店肆在經營方式上也是各顯其能，講究特色。例如，東京州東里仁和酒店、新門裡會仙樓正店，「常有百十分廳館」[3]，以規模宏大吸引顧客；東京

▶圖6-9　酒旗

的任店有「濃妝妓女數百，聚於主廊槏（xiàn，廊下）面上，以待酒客呼喚，望之宛若神仙」，以色情服務來吸引酒徒；白礬樓酒店，在「初開數日，每先到者賞金旗」[1]，採用先到者有賞的辦法吸引顧客。還有些飲食店肆努力提高自己的文化品位，牆上往往掛有名家書畫，或備有文房四寶，專闢一牆供騷人墨客在酒酣耳熱詩興大發之際揮毫潑墨。

❷ · 飲食店肆多兼營他業

一些酒樓正店不僅是豪華的超級大酒店，還是大型的造酒作坊和美酒批發店。中小飲食店肆，由於資本較少，為了賺取更多的錢財，在經營上往往比較靈活，兼營他業。例如，東京有些中小酒肆，除賣酒和下酒菜餚外，還兼賣「粥飯點心」[2]。一些茶坊也廣開財源，或兼營澡堂，或兼營旅店，甚至與色情業互相滲透，被稱為「花茶坊」。處於鄉村和交通要道上的店肆，在經營上更具有綜合性，不僅賣酒菜食物，還提供住宿，集酒店、飯店、客店於一體。

1　孟元老：《東京夢華錄》卷二《酒樓》，文化藝術出版社，1998年。
2　孟元老：《東京夢華錄》卷三《天曉諸人入市》，文化藝術出版社，1998年。

❸ · 擁有一套行之有效的管理制度

飲食店肆內部人員分工明確，對顧客服務周到，對出現失誤的員工視情況進行處罰，是北宋時期中原飲食店肆管理制度上的一個顯著特點。如東京食店，其工作人員分工明確，專司掌勺做菜的稱「鐺頭」，服務人員稱「行菜」。「鐺頭」和「行菜」都經過專門訓練，技術高超。「鐺頭」能燒製「或熱或冷，或溫或整，或絕冷、精澆、臕（lǔ，鹵）澆之類」的各種菜餚。「行菜」不僅要熟記本店所有飯菜名稱和客人們各自所點的飯菜，在上飯菜時，還能夠「左手杈三碗、右臂自手至肩馱疊約二十碗，散下盡合各人呼索，不容差錯」。食店對食客服務周到，客人一到，「行菜」手執箸紙，遍詢問坐客所需，報與「鐺頭」。如果客人食量較小，食店還能夠變通，提供「單羹」，即半份服務。若「行菜」服務不周，得罪了客人，「坐客白之主人，必加叱罵，或罰工價，甚者逐之」[1]。

❹ · 店內講究裝飾，門首及其附近多設有標誌物

為了吸引顧客，許多飲食店肆注重店內的裝飾，像東京的酒樓多是窗明几淨，珠簾繡額，燈燭晃耀，往往還裝飾有只有皇家貴冑才可以享用的藻井。有些飲食店肆為了吸引文人士大夫，非常講究文化品位，牆上往往掛有名家書畫。吳自牧《夢粱錄·茶肆》載，「汴京熟食店，張掛名畫，所以勾引觀者，留連食客。」不少文人士大夫也樂於光顧這些飲食店肆，歐陽修《歸田錄》卷一載，李庶幾文思敏速，曾經與舉子在餅店作賦，「以一餅熟成一韻者為勝」。就連一些小的飲食店肆也要盡量收拾得乾淨素雅，以吸引顧客。王明清《摭青雜說》載：「京師礬樓畔，有一小茶肆，甚瀟灑清潔，皆一品器皿，椅桌皆濟楚，故賣茶極盛。」

許多飲食店肆還在門首及其附近設有標誌物。這些標誌物或為招牌旗幟，或為綵樓歡門，或為杈子栀燈。這些標誌物一方面起到說明飲食店肆的名稱、種類、經營特色的作用；一方面使飲食店肆非常醒目，吸引過往行人前來消費。

1　孟元老：《東京夢華錄》卷四《食店》，文化藝術出版社，1998年。

▶圖6-10 《閘口盤車圖》中的歡門（《宋代
市民生活》，中國社會出版社）

懸掛招牌旗幟是一般店肆常用的手段。招牌一般為木板所製，上書店肆名稱或類型。與後世招牌匾額多懸掛店門上方不同，當時的招牌多樹立於店門一側，北宋畫家張擇端《清明上河圖》中就有多個諸如「孫羊正店」「正店」「腳店」的招牌。旗幟多用於酒肆茶坊。其中酒旗又稱酒望、望子，「無小無大，一尺之布可縫，或素或青，十室之邑必有」[1]。多懸掛於酒肆附近，有的還上書「酒」字。如宋人俞成《螢雪叢說》載，宋徽宗時畫院「嘗試『竹鎖橋邊賣酒家』，人皆可以形容，無不向酒家上著工夫，唯一善畫，但於橋頭竹外掛一酒帘，書『酒』字而已，便見酒家在竹內也」。在《清明上河圖》中亦繪有上書「新酒」或「小酒」的酒旗。北宋時，酒肆放下酒旗則意味著酒已賣完，不再營業，《東京夢華錄》卷八《中秋》載：「中秋節前，諸店皆賣新酒……市人爭飲，至午未間，家家無酒，拽下望子。」

北宋東京飲食店肆的標誌物值得一提的是綵樓歡門。綵樓歡門具有後世店肆的門面裝潢性質，當時規模較大的飲食店肆門首一般都扎縛綵樓歡門。最吸引人的當

1　竇蘋：《酒譜》內篇《酒之事》，四庫全書本，商務印書館，2005年。

屬酒樓正店扎縛的綵樓歡門。《東京夢華錄》卷二《酒樓》載，「凡京師酒店，門首皆縛綵樓歡門」，「九橋門街市酒店，綵樓相對，繡旆（pèi，旌旗）相招，掩翳（yì，遮蓋）天日」。遇到節日時，酒樓更是極盡裝飾之能事。在八月中秋佳節前，「諸店皆賣新酒，重新結絡門面綵樓花頭，畫竿醉仙錦旆」[1]；九月重陽節菊花盛開時，「酒家皆以菊花縛成洞戶」[2]。《清明上河圖》中繪有綵樓歡門達七處，有六處為酒樓，其中，孫羊正店的綵樓歡門高兩層，裝潢華麗，氣勢非凡。一些食店所結的綵樓歡門也氣勢非凡，《東京夢華錄》卷四《食店》載，東京瓠羹店「門前以枋木及花樣杏（qǐ）結縛如山棚，上掛成邊豬羊，相間三二十邊。近裡門面窗戶，皆朱綠裝飾，謂之『歡門』」。

有的大型酒肆，還在門首排設杈子及梔子燈等標誌物，對此吳自牧解釋道：「酒肆門首，排設杈子及梔子燈等，蓋因五代時郭高祖游幸汴京，茶樓酒肆俱如此裝飾，故至今店家傚傚成俗也。」[3]

三、食攤、食販的經營特色

除了固定的飲食店肆外，北宋東京還有眾多半固定的食攤和車推肩挑手提、走街串巷的流動食販。他們是食品銷售業的下層。由於本小利微，他們往往無力同固定的飲食店肆競爭，而是以下層百姓為經營對象，形成了一套不同於固定店肆的經營特色。

❶·以經營各種熟食小吃、果品和涼飲為主

盛夏六月，東京食攤賣「大小米水飯、炙肉、乾脯、萵苣筍、芥辣瓜兒、義塘甜瓜、衛州白桃、南京金桃、水鵝梨、金杏、小瑤李子、紅菱、沙角兒、藥木

1　孟元老：《東京夢華錄》卷八《中秋》，文化藝術出版社，1998年。
2　孟元老：《東京夢華錄》卷八《重陽》，文化藝術出版社，1998年。
3　吳自牧：《夢粱錄》卷一六《酒肆》，文化藝術出版社，1998年。

瓜、水木瓜、冰雪、涼水荔枝膏，皆用青布傘當街列床凳堆垛」[1]。車推肩挑手提的流動食販們到「後街或空閒處、團轉蓋局屋、向背聚裡」等社會下層居住的偏僻之處，「每日賣蒸梨棗、黃糕麋、宿蒸餅、發牙豆之類」[2]。一些小孩子，「挾白磁缸子賣辣菜。又有托小盤賣乾果子，乃旋炒銀杏、栗子、河北鴨梨……蝦具之類」[3]。

❷・注意利用廉價原料來降低成本

畜禽的頭、爪、皮、尾和內臟等「雜碎」，鶉、兔等各種小野味，螃蟹、螺絲、蛤蜊等水產品都用來加工成食物出售。故食攤和食販出售的食品，價格一般都很便宜，像「血羹、粉羹之類。每分不過十五錢」[4]。

❸・注重廣告宣傳

食攤和食販非常注重廣告宣傳自己的食物，以招徠食客，促進銷售。當時，食攤和食販常用的廣告宣傳方式有三種：

第一種是吆喝叫賣。吆喝叫賣起源很早，到北宋時這種古老的宣傳促銷形式又有所發展，突出表現在商販叫賣不同貨物時，所採用的聲調各異。《東京夢華錄・天曉諸人入市》載：「趁早賣藥及飲食者，吟叫百端。」高承《事物紀原・吟叫》云：「京師凡賣一物，必有聲韻，其吟哦俱不同。故市人採取聲調，間以詞章，以為戲樂也。」藝人們還把食販出售各種果子的不同吆喝聲編成戲進行演出，稱為「叫果子」。北宋東京食販的叫賣聲奇巧悅耳，食販們的吆喝越是奇異，越能引起人們的注意，生意越是好做。莊綽《雞肋編》卷上載：「京師凡賣熟食者，必為詭異標表語言，然後收售益廣。當有貨環餅者，不言何物，但長嘆曰：『虧便虧我也！』謂價廉不稱耳。紹聖（西元1094-1098年）中，昭慈被廢，居瑤華宮，而其人每至宮

1　孟元老：《東京夢華錄》卷八《是月巷陌雜賣》，文化藝術出版社，1998年。
2　孟元老：《東京夢華錄》卷三《諸色雜賣》，文化藝術出版社，1998年。
3　孟元老：《東京夢華錄》卷二《飲食果子》，文化藝術出版社，1998年。
4　孟元老：《東京夢華錄》卷二《飲食果子》，文化藝術出版社，1998年。

◀圖6-11 《九流百家街市圖》，元代壁畫

前，必置擔太息大言。遂為開封府捕而究之，無他，猶斷杖一百罪，自是改曰：『待我放下歇則個』。人莫不笑之，而買者增多。」

第二種是利用各種器具吹打。吆喝叫賣，既費力氣，聲音又傳之不遠。於是有些食販就拿起了各種器具來吹打，來吸引人們的注意。《東京夢華錄‧十六日》提到賣焦䭔的食販，「以竹架子出青傘上，裝綴梅紅縷金小燈籠子，架子前後亦設燈籠，敲鼓應拍，團團轉走，謂之『打旋羅』，街巷處處有之」。同書卷三《諸色雜賣》也提到賣散糖果子的小販，「動鼓樂於空閒，就坊巷引小兒婦女觀看」。

第三種是利用旗幟和招牌。在攤位或車擔上懸掛特種旗幟和招牌，使人一看便知所售是何種食品。張擇端《清明上河圖》中，繪有二十多個攤位，其中一個攤位上方掛有「飲子」招牌。

❹‧重視食品衛生

食品衛生關係到人們的身體健康，因此食攤和食販銷售食物時，都很講究衣著器具整潔、食品衛生。《東京夢華錄‧民俗》載，北宋東京城內，「凡百所賣飲食

中國飲食文化史　　黃河中游地區卷

246

之人，裝鮮淨盤合器皿，車簷動使奇巧可愛，食味和羹不敢草略。⋯⋯稍似懈怠，眾所不容。」就連賣辣菜的「小兒子」，也要穿得乾乾淨淨，「著白虔布衫，青花手巾」，挾著潔淨的「白磁缸子」進行叫賣[1]。

相比較而言，食攤比食販具有更大的資本。食攤採取半固定的經營形式，食販採取流動的經營形式。因此，食攤和食販雖同屬於飲食業的下層，但在經營上他們也顯示出各自的獨特之處。半固定的食攤常常設在熱鬧人多的地方，如城門市井、巷陌路口、汴河沿岸、橋頭渡口等。當時很多食攤在橋上爭占地盤，以致常常引起橋道堵塞，阻礙車馬往來，宋仁宗還曾專門下詔，禁止百姓在橋上設攤販賣。新興的早市和夜市更是熱鬧繁華之地，食攤往往到早市和夜市上趕場，方便食客。流動的食販，由於資本微小，它們一般不到繁華的街巷同食攤競爭，多去「後街或空閒處團轉蓋房屋，向背聚居」等社會下層居住的偏僻之處進行貨賣。有些食販還提供上門服務，「每日入宅舍宮院前，則有就門賣羊肉、頭肚、腰子、白腸、鶉兔、魚蝦、退毛雞鴨、蛤蜊、螃蟹⋯⋯香藥果子」等[2]。有些食販去酒肆推銷「果實蘿蔔之類，不問酒客買與不買，散與坐客，然後得錢」[3]。

四、東京飲食業對南宋臨安的影響

北宋被金人滅亡後，宋高宗以臨安（今浙江杭州）為行宮（皇帝行幸所在）重建宋政權。東京飲食業的一些經營者輾轉來到臨安，重新開張。因此，北宋東京飲食業對臨安飲食業也產生了深遠的影響。

南宋初年臨安的飲食店肆多由南渡的東京人開設，耐得翁《都城紀勝・食店》云：「都城食店，多是舊京師人開張。」宋孝宗淳熙五年（西元1178年）二月初一日，「太上宣索市食，如李婆婆雜菜羹、賀四酪面、髒三豬胰、胡餅、戈家甜食等

1　孟元老：《東京夢華錄》卷二《飲食果子》，文化藝術出版社，1998年。
2　孟元老：《東京夢華錄》卷三《諸色雜賣》，文化藝術出版社，1998年。
3　孟元老：《東京夢華錄》卷二《飲食果子》，文化藝術出版社，1998年。

數種。太上笑謂史浩曰：『此皆京師舊人』。」[1]宋孝宗淳熙六年（西元1179年）三月十六日，太上皇趙構遊覽西湖，「時有賣魚羹人宋五嫂對御自稱：『東京人氏，隨駕到此。』」[2]

南遷的中原人還把東京傳統的烹飪技藝帶到了臨安，周煇《清波別志》卷二載：「自過江來，或有思京饌者，命傚傚製造，終不如意。今臨安所貨節物，皆用東都遺風，名色自若，而日趨苟簡，圖易售故也。」

從裝潢陳設到經營管理，臨安的飲食店肆幾乎全面移植了北宋汴京的傳統，使兩地飲食店肆的面貌極其相似。如北宋汴京的酒樓門首「皆縛綵樓歡門」[3]，而南宋臨安的酒肆也是「店門首彩畫歡門」。臨安中瓦子前三元樓酒肆，「入其門，一直主廊，約一二十步，分南北兩廊，皆濟楚閣兒，穩便坐席，向晚燈燭熒煌，上下相照，濃妝妓女數十，聚於主廊欄面上，以待酒客呼喚，望之宛如神仙」[4]。該酒肆的這種經營布局簡直和北宋東京任店一模一樣，只不過是規模稍小而已。[5]「杭城食店，多是效學京師人，開張亦效御廚體式，貴官家品件」[6]。「其門首，以枋木及花樣沓結縛如山棚，上掛半邊豬羊，一帶近裡門面窗牖（yǒu），皆朱綠五彩裝飾，謂之『歡門』。每店各有廳院，東西廊廡，稱呼坐次。客至坐定，則一過賣執箸遍問坐客。杭人侈甚，百端呼索取覆。或熱，或冷，或溫，或絕冷，精澆爊燒，呼客隨意索喚。各卓或三樣皆不同名，行菜得之。走迎廚局前，從頭唱念，報與當局者，謂之『鐺頭』，又曰『著案』。訖行菜，行菜詣灶頭拓盤前去，從頭散下，盡合諸客呼索，指揮不致錯誤。」[7]臨安食店的門面裝潢及待客、經營管理方式和北宋汴京的瓠羹店又是何其相似！

1　周密：《武林舊事》卷七，浙江人民出版社，1984年。
2　周密：《武林舊事》卷七，浙江人民出版社，1984年。
3　孟元老撰，伊永文箋註：《東京夢華錄箋註》卷二《酒樓》，文化藝術出版社，1998年。
4　吳自牧：《夢粱錄》卷十六《酒肆》，文化藝術出版社，1998年。
5　三元樓酒肆僅及東京任店的十分之一，據孟元老《東京夢華錄·酒樓》記載，任店的主廊約百餘步，供酒客呼喚的濃妝妓女多達數百個。
6　吳自牧：《夢粱錄》卷十六《分茶酒店》，文化藝術出版社，1998年。
7　吳自牧：《夢粱錄》卷十六《麵食店》，文化藝術出版社，1998年。

在飲食店肆的室內陳設上，「汴京熟食店，張掛名畫，所以勾引觀者，留連食客。今杭城茶肆亦如之，插四時花，掛名人畫，裝點店面」[1]。北宋汴京食販非常重視食具的整潔衛生，這種傳統也被南宋臨安食販所繼承，吳自牧《夢粱錄》卷十三《天曉諸人出市》載：「和寧門紅杈子前買賣細色異品菜蔬，諸般嘎飯，及酒醋時新果子，進納海鮮品件等物，填塞街市，吟叫百端，如汴京氣象，殊可人意。」同書卷十八《民俗》亦載：「杭城風俗，凡百貨賣飲食之人，多是裝飾車蓋擔兒，盤盒器皿新潔精巧，以炫耀人耳目。蓋效學汴京氣象。」

第五節　轉折革新的酒文化

宋元時期，黃河中游地區飲酒之風盛行。北宋朱翼中《北山酒經》云：「酒之於世也……上自縉紳，下逮閭裡，詩人墨客，樵夫漁人，無一可以缺此。」這一時期，黃河中游地區酒的生產、銷售、酒俗和酒器等方面都有了發展。

一、日趨完善的榷酤制度

宋金時期酒可分為米酒、果酒和配製酒三類。米酒又稱煮酒，它以穀物為原料，以自然發酵釀製而成，酒精度數不高。米酒是當時黃河中游居民飲用最多的酒；果酒是以各種瓜果為原料釀製而成的，包括葡萄酒、梨酒、棗酒、葚子酒等；配製酒多是滋補性的藥酒，如菊花酒、蝮蛇酒、地黃酒、麝香酒、羊羔酒等。元代時蒸餾白酒（燒酒）開始出現並日益受到人們的喜愛。宋元時期的各政權沿襲前代的榷酤制度，對酒的生產和銷售嚴格管理。在榷酤制度實施的過程中，又創新出壟斷酒麴生產的榷曲制度和壟斷酒類生產榷酒制度，使中國古代的榷酤制度進一步完

1　吳自牧：《夢粱錄》卷十六《茶肆》，文化藝術出版社，1998年。

◀圖6-12 「白礬樓」復原圖

善起來。

❶·北宋對榷酤制度的完善

北宋時期，政府嚴格控製酒的生產，在黃河中游地區實行榷麴、榷酒等形式的酒類專賣制度。

榷麴，是對酒類的間接專賣，是通過壟斷酒麴的生產和銷售來攫取利潤的。北宋榷麴制度實行的範圍主要是「四京」——東京開封府（今河南開封）、西京河南府（今河南洛陽）、南京應天府（今河南商丘）、北京大名府（今河北大名）。「四京」榷麴，意味著並非任何人都可以購買官麴釀酒，有資格購麴釀酒的只有兩類人：一是正戶酒店（即正店）；二是宗室、戚里和品官。

正店釀酒用於出售，釀酒量很大。宋神宗熙寧七年（西元1074年），「在京酒戶，歲用糯三十萬石」[1]，據李春棠先生估計，可釀酒四千萬斤上下。[2] 僅東京白礬樓一家就「歲市官麴五萬（斤）」[3]，足見正店釀酒量之大。有上等佳釀是當時酒店得以生存的一個重要條件，因此正店都釀有自己的名酒，如白礬樓的眉壽、和旨，

1　脫脫等：《宋史·食貨志》，中華書局，1985年。

2　李春棠：《從宋代酒店茶坊看商品經濟發展》，《湖南師院學報》，1984年第3期。

3　徐松輯：《宋會要輯稿》食貨二〇之五，國立北平圖書館，1936年。

遇仙樓的玉液，仁和樓的瓊漿，任店的仙醪，高陽店的流霞等。這些店肆名酒足可以與宮廷大內的御酒相媲美。據文瑩《玉壺清話》卷一載，宋真宗一次大宴群臣於太清樓，問城中「壚沽（chángū，賣酒之處，酒店）尤佳者何處？」中貴人（宦官）回答：南仁和店。宋真宗便命人買酒來嘗，嘗過後，「亦頗愛」。

在北宋時期，宗室、戚里、品官有資格買麴釀酒，但所釀之酒只能供自家飲用，不得沽賣。蘇轍《欒城集・卷四六・論禁宮酒札子》言：「臣竊見有司近以在京酒戶虧失元額，改定宗室、外戚之家賣酒禁約，大率從重。謹按嘉祐（西元1056-1063年）舊法，親事官等賣酒四瓶以上，並從違制斷遣刺配五百里外，本城其餘以次定罪，皇親臨時取旨仍許人告捉，兩瓶以上賞錢十貫止。」

北宋「四京」之外的州縣城鎮及其附近區域（州城二十里，縣鎮十里），實行榷酒制度。榷酒是酒類的直接專賣。北宋政府在「諸州城內皆置務釀酒」[1]，由各地酒務直接壟斷酒的生產與銷售，禁止私人釀造沽賣。不少地方官酒務釀製的酒也很著名，如滑州的冰堂、鄭州的金泉、衛州的柏泉、相州的銀光、汝州的揀米等。陸游曾誇讚：「承平時，滑州冰堂酒天下第一，方務德家有其法」[2]。

在遠離城鎮的廣大鄉村，政府又實行榷麴制度，允許農家自釀自飲。農家釀酒的時間多集中在豐收之後。宋代的許多田園詩反映了這種情況，如呂南公《初釀》云：

「歲稔穀價卑，家家有新釀。

　諸鄰皆屢醉，吾舍只空盎。」[3]

又如李綱《田家》四首之二云：

「場圃事方畢，稻粱成已勤。

　兒童自逐逐，雞犬亦歡歡。

　……

1　脫脫等：《宋史・食貨志》，中華書局，1985年。

2　陸游：《老學庵筆記》卷二，中華書局，1979年。

3　呂南公：《灌園集》卷一，四庫全書本，商務印書館，2005年。

田夫樂歲稔，鬥酒共醼醼。」[1]

農家釀酒的方法極為簡便，與現今自製醪糟差不多，這種方法釀製出來的酒，酒味淡薄，這在詩歌中也屢有反映，如「官沽味濃村酒薄」[2]，「家釀再投猶恨薄」[3]。

北宋政府之所以在不同區域實行不同形式的酒類專賣制度，目的是為了攫取更多的酒利。北宋「四京」的人口眾多，酒類的消費量極大。如果榷酒，政府不僅在生產上不能滿足需要，在酒的銷售上也需要大量人手，這無疑會增加酒的生產成本。故不如榷麴，既簡便可行，又能獲得巨額利潤。據專家估算，北宋政府榷麴的利潤率高達600%[4]，令人咋舌。故當時的人們就已經指出榷麴為「雖不榷（指榷酤）亦榷也」[5]。同時，「四京」集中了大量的官僚、貴族等特權階層，如果實行榷酒，讓他們出錢買酒，勢必會引起他們的不滿，動搖統治基礎。榷麴制度從這一意義上說，也是北宋王室推恩於臣僚，保障特權階層利益的措施。各地州縣城鎮，人口較集中，同時規模又不甚大，官方酒務不僅在生產上能滿足消費，亦能控制銷售。生產、銷售互相銜接，能根據市場銷售調節生產，保證釀酒原料、勞力的最佳配置，獲得最大利潤。故在各地州縣城鎮實行榷酒制度。而在廣大鄉村，人們分散居住，農民大多貧困，酒的消費量不大。實行榷酤勢必會在酒的運輸、銷售網點等問題上費盡周折，得不償失。故在廣大鄉村實行榷麴是政府的最佳選擇。

❷・金代對榷酤制度的繼承

金初，受遼、宋影響實行榷酤制度，在京城中都府（今北京）設麴院製麴，在各地設官酒務。只有官酒務才有權釀酒、賣酒，即使宗室也不得私釀。金世宗大定三年（西元1163年），「詔宗室私釀者，從轉運司鞠（jǔ，審問）治」，「雖權要家亦

1　李綱：《梁溪集》卷五，四庫全書本，商務印書館，2005年。
2　歐陽修：《文忠集》卷四《食糟民》，四庫全書本，商務印書館，2005年。
3　蘇轍：《欒城集》卷三《冬至雪》二首之一，四庫全書本，商務印書館，2005年。
4　李華瑞、張景芝：《宋代榷麴、特許酒戶和萬戶酒制度簡論》，《河北大學學報》，1990年第3期。
5　方勺：《泊宅編》卷二，中華書局，1983年。

許搜索。奴婢犯禁，杖其主百」。大定二十七年（西元1187年），「改收麴課，而聽民酤」，由榷酒轉向榷麴，除官酒務可以釀酒外，民間也可以購買官麴釀酒。同時在南京路新息、虞城等七處試行「除稅課外，願自承課賣酒」，即試點之地民間也可以出錢承包酒的釀造經營。[1]

❸ · 元代對榷酤制度的調整

元代仍沿襲前代實行榷酤制度，在黃河中游地區有權釀酒的為酒戶。酒戶由官府所設的槽房管理，所造之酒由官府榷賣。元政府多次下令嚴禁私造酒麴，如元太宗甲午年（西元1234年），「頒酒、麴、醋貨條禁，私造者依條治罪」[2]。元世祖至元二十二年（西元1285年）正月、二月、二十四（西元1287年）四月都曾嚴申酒禁。二十五年（西元1288年）三月，「欽奉聖旨條畫內一款，犯私酒麴者，科徒二年、決杖七十，財產一半沒官，於官內一半付告人充償」。在鄉村元政府允許農民釀酒自飲，但如果出售則需交納酒稅，「其造發賣而不稅者是與匿稅無異」。

對於葡萄酒，元政府認為葡萄酒漿「雖以酒為名，其實不用米麴，難同釀造白酒一體辦課」，因此允許民間自由釀造。[3]河東區域生產的葡萄酒數量較大，質量上乘，長期作為貢品入貢京師，元世祖中統二年（西元1161年），「敕平陽路安邑縣蒲萄酒自今毋貢」[4]。但「毋貢」的命令並未真正執行，依舊入貢，於是成宗元貞二年（西元1296年）又「罷太原、平陽路釀進蒲萄酒」[5]。

二、豐富多彩的酒俗

宋元時期，黃河中游地區人們飲酒非常普遍，皇帝恩賜、出征慶功、祭祀安

1　脫脫等：《金史·食貨四》，中華書局，1975年。
2　宋濂等：《元史·食貨二》，中華書局，1976年。
3　官修：《元典章》卷二二《酒課》，臺灣「故宮博物院」，1972年。
4　宋濂等：《元史·世祖紀》，中華書局，1976年。
5　宋濂等：《元史·成宗紀》，中華書局，1976年。

▲圖6-13 《獻酒圖》，陝西蒲城
元墓壁畫

葬、男婚女嫁、喜慶豐收、聚朋會友、佳節娛樂等許多場合都要飲酒，飲酒方式五花八門，有所謂囚飲、巢飲、鱉飲、了飲、鶴飲、鬼飲、牛飲，又有對飲、豪飲、夜飲、晨飲、轟飲、劇飲、痛飲、晝夜酣飲等名目。「鬼飲者，夜不燒燭；了飲者，飲次輒歌哭泣而飲；囚飲者，露頭圍坐；鱉飲者，以毛席自裹其身，伸頭出飲，畢復縮之；鶴飲者，一杯復登樹，下再飲耳。」[1]飲酒習俗也日益豐富多彩。宋金時期溫酒習俗有了新發展，但到了元代溫酒之風便衰落了；酒令向文字令方向發展；勸酒和女伎助酒的習俗在前代基礎上繼續流行。

❶·溫酒之風的衰落

元代之前，中國人飲用的酒是酒精度數較低的發酵酒。發酵酒往往有許多細菌，生吞這樣的酒漿會令身體不適，所以人們在飲酒前，要把酒預先加熱，稱之為溫酒。陶宗儀《南村輟耕錄》卷七載，宋朝一官員，「求一容貌才藝兼全之妾。經旬餘，未能愜意。忽有吳奴者至，姿色固美，問其藝，則曰：『能溫酒。』左右皆失

1　張舜民：《畫墁錄》，四庫全書本，商務印書館，2005年。

笑。」可見當時的人們幾乎人人都會溫酒，否則大家聽到奚奴說自己有溫酒技藝時就不會失笑了。

元朝時，蒸餾酒開始盛行。蒸餾酒是經過加熱殺菌處理、酒精度數較高的白酒，人們飲用時一般不再預先加熱，而是直接飲用，這樣流行已久的溫酒習俗便慢慢衰落了。但溫酒習俗並非消失得乾乾淨淨，後世屢可看到溫酒的遺風。明朝唐寅《陶穀贈詞圖》中繪有將酒壺浸入爐上之水銚內溫酒的情景；清代曹雪芹《紅樓夢》第八回薛寶釵對賈寶玉說：「酒性最熱，若熱吃下去，發散的就快；若冷吃下去，便凝結在內，以五臟去暖它，豈不受害！」

❷·酒令向文字令方向發展

宋元文字令的盛行與這一時期文人群體的迅速壯大密切相關。宋代時，統治者吸取了中唐以後武人跋扈的歷史教訓，採用重文輕武的政策，加大科舉取士的力度，每科錄取常十倍於唐代，大大刺激了文化教育事業，使文人群體日益擴大，整個社會的文化水平有了較大提高，人們進行文字遊戲的技巧也比較嫻熟，酒酣耳熱之際宋人也為後人留下了不少高水平的文字令。文字令需要的是才思敏捷和口齒清晰地吐字講談，而不是如狂似癲地大呼小叫，因此行文字令時酒客顯得謙和、隨意和文雅。

❸·勸酒習俗的傳承

飲酒時，主人都希望客人酒喝好、酒喝足，為顯示好客之道，主人對客人都要進行勸酒，這種習俗由來已久。西晉石崇在宴客時令美人勸酒，若客人不把酒喝乾，便令軍士將美人行斬。宋元時期，勸酒之風繼續在黃河中游地區盛行。北宋不少詩人寫有勸酒的詩詞佳句，如歐陽修的「盞到莫辭頻舉手」「我歌君當和，我酌君勿辭」[1]；黃庭堅的「杯行到手莫留殘，不道月斜人散」等[2]。對於不勝酒力者，飲

1　歐陽修：《文忠集》卷八《小飲坐中贈別祖擇之赴陝府》、卷九《奉答原甫九月八日過會飲之作》，四庫全書本，商務印書館，2005年。
2　黃庭堅：《西江月‧勸酒》，胡山源編：《古今酒事》，上海書店，1987年。

酒是一種負擔。這時，面對勸酒，則有人強飲之，有人拒絕之。邵伯溫《邵氏聞見錄》卷十載，一次包公宴請司馬光與王安石，「（包）公舉酒相勸，某（指司馬光）素不喜酒，亦強飲，介甫終席不飲，包公不能強也」。

大多數人勸酒並無惡意，無非是想讓客人多飲盡歡，但也有惡意勸酒以觀醉態者。劉祁《歸潛志》卷六載，金朝將領赫舍哩雅爾呼達喜歡凌侮使者，「凡朝廷遣使者來，必以酒食困之，或辭不飲，因併（bìng，並，連，一起）食不給，使餓而去」。

❹·女伎助酒的盛行

以女伎助酒之風在宋元時期很是盛行。北宋時官營酒庫用女伎賣酒，稱為「設法」賣酒。王栐《燕翼貽謀錄》卷三對此有詳細的描述：「新法既行，悉歸於公，上散青苗錢於設廳，而置酒肆於譙門，民持錢而出者，誘之使飲，十費其二三矣。又恐其不顧也，則命娼女坐肆作樂以蠱惑之。」一些著名酒肆大量僱傭女伎助酒，「更有街坊婦人，腰繫青花布手巾，綰危髻，為酒客換湯斟酒，俗謂之『焌（qū）糟』……又有下等妓女，不呼自來，筵前歌唱，臨時以些小錢物贈之而去，謂之『札客』，亦謂之『打酒坐』。」[1]

宋元時期人們飲酒非常講究環境的選擇，良辰美景、歌舞音樂都是酒徒們極力追求的。特別是以能歌善舞的女伎助酒，更是社會的時尚。貴族士大夫們更喜歡以美女佐酒，以增其樂。《宋史·王韶傳》載，一次王韶宴客，「出家姬奏樂，客張績醉挽一姬，不前，將擁之。姬泣以告，韶徐曰：『本出汝曹娛客，而令失歡如此！』命酌大杯罰之，談笑如故。」北宋時，還出現了「軟盤酒」的飲酒方式。所謂「軟盤酒」，是一種更高雅的女伎助酒形式，飲宴時不擺放桌子，而讓女伎們手捧酒餚果食以助飲酒。彭乘《墨客揮犀》卷八載，宋真宗時，東京一青年財主以「軟盤酒」的方式宴請石曼卿，「一伎酌酒以進，酒罷樂作；群伎執果殽者萃立於前。食罷則

1　孟元老：《東京夢華錄》卷二《酒樓》《飲食果子》，文化藝術出版社，1998年。

▶圖6-14 宋代《安雅堂觥律》書影

分列其左右，京師人謂之軟盤」。品美酒佳釀，觀人面桃花，在輕歌曼舞中，使飲酒者得到美的享受，無怪乎許多文人士大夫都樂於此道。金朝時翰林王從之甚至達到「無花不飲」的地步。[1]

　　不過宋元時期也有一些貴族士大夫品位不高，席間以玩弄婦女為樂。這一時期一些飲客喜用「金蓮杯」即為反映。陶宗儀《南村輟耕錄》卷二三載：「楊鐵崖耽好聲色，每於筵間見歌兒舞女有纏足纖小者，則脫其鞋，載盞以行酒，謂之金蓮杯。」可見所謂「金蓮杯」，實際上是舞女穿的鞋子，故又名「鞋杯」「雙鳧杯」。不少好色之徒樂此不疲，喝得酩酊大醉。這等娛樂也為當時許多人不齒，元代倪瓚認為「鞋杯」污穢，「每見之，輒大怒，避席去」。元代陶宗儀對此也「怪其可厭」[2]。

1　劉祁：《歸潛志》卷九，四庫全書本，中華書局，1980年。
2　陶宗儀：《南村輟耕錄》卷二三，中華書局，1997年。

三、飲酒器具的變革

（一）酒具種類的新變化

宋元時期，黃河中游地區的酒具主要有盛酒的經瓶、斟酒的酒注（酒壺）、溫酒的注碗和飲酒的酒盞。

❶·盛酒的經瓶

宋元時期是中國古代商品經濟較為發達的時期，隨著造酒技術的不斷進步和酒產量的逐步增加，越來越多的名酒佳釀成為商品進入市場。傳統的盛酒器皿如酒甕、酒樽、酒罈，由於體大笨重越來越難以適應酒類大量流通的需要。經瓶因盛酒量小（在1-3升之間），易於攜帶，非常適於酒類流通的需要，因而宋元時期，經瓶備受人們青睞，廣為使用。經瓶的大量使用反過來促進了酒的流通，它使宋元時期許多名酒得以運往外地，從而擴大了影響，提高了聲譽，這也是宋元時期名酒眾多的原因之一。

經瓶是宋代開始出現的酒瓶，它的樣式一般為小口、細短頸、豐肩、修腹、平底，高約40釐米，整個瓶形顯得修長，由於南北為經，「經」可以訓為「修長」，因此當時的人們把這種身形修長的酒瓶稱之為「經瓶」。在考古發掘中常有宋元經瓶出土，最著名的有北宋登封窯的「醉翁圖經瓶」和磁州窯的「纏枝牡丹經瓶」[1]。在宋元時期的墓室壁畫中也多有經瓶的描繪，如河南禹縣白沙1號宋墓壁畫「開芳宴」中，桌下繪有一個放在瓶架上的經瓶[2]。白沙1號宋墓壁畫中還繪有一幅男僕雙手捧持經瓶圖，榜書「畫上崔大郎酒」[3]。又如，河南鄭州南關外宋墓墓室西壁用磚雕出一桌二椅，桌下也有一經瓶。[4]山西長治李村溝金墓南壁西側龕內壁畫「酒具圖」中

---

1 「醉翁圖經瓶」與「纏枝牡丹經瓶」現藏上海博物館。參見杜金鵬等編：《中國古代酒具》，上海文化出版社，1995年。

2 宿白：《白沙宋墓》，文物出版社，1957年。

3 宿白：《白沙宋墓》，文物出版社，1957年。

4 河南省文化局文物工作隊一隊：《鄭州南關外北宋磚室墓》，《文物考古資料》，1958年第5期。

▶圖6-15 《醉翁圖》經瓶手繪圖
（《中國古代酒具》，上海文化出版社）

亦繪有經瓶。[1]

　　經瓶在北宋時又被稱為「京瓶」。袁文《甕牖閒評》卷六云：「今人盛酒大瓶謂之京瓶，乃用京師『京』字，意謂此瓶出京師，誤也。『京』字當用經籍之『經』字。晉安人以瓦壺小頸、環口、修腹，受一斗，可以盛酒者，名曰經，則知經瓶者，當用此『經』字也。」可見京瓶之稱，系當時人們不理解經瓶之意的誤用，同時也反映了京師是當時各種瓶裝名酒的聚集之地，酒瓶的使用很多。宋神宗時，每次做道場齋醮（jiào），人們喝光酒後，留下大量空瓶，派人去「勾收空瓶，動經月餘」[2]。足見北宋京師所用酒瓶數量之多，也難怪當時的人們誤把「經瓶」當作「京瓶」了。

　　經瓶的樣式隨著時間的推移也在發生著變化，為了更利於裝酒而不使酒潑出來，瓶的口部變小，並且加上了瓶蓋，瓶的肩部變得寬廣，腹部變得瘦削，整個瓶形呈橄欖狀，如在山西文水北峪口元墓東北壁繪有一幅「男侍進酒圖」，圖中桌上有一橄欖狀經瓶。[3]元代以後，經瓶被稱為「梅瓶」。

1　王秀生：《山西長治李村溝壁畫墓清理》，《考古》，1965年第7期。

2　徐松輯：《宋會要輯稿》職官二一之三，國立北平圖書館，1936年。

3　山西省文管會、山西考古所：《山西文水北峪口的一座古墓》，《考古》，1961年第3期。

北宋時期，經瓶的大量使用並不意味著其他盛酒器如酒甕、酒樽、酒罈的消失，而是使盛酒器有了一些分工。大型的盛酒器如酒甕、酒罈之類，多用在造酒作坊和酒肆中。經瓶因其輕便而在酒的運輸、銷售中大量使用。當然，人們大量運酒時也有用酒甕、酒桶的，如《東京夢華錄》卷三《般載雜賣》載，北宋東京酒店正戶運送散酒的器具為平頭車和梢桶，「梢桶如長水桶，面安罨（yè）口，每梢三斗許」。人們到酒肆沽酒，除了買瓶裝酒外，也習慣帶一酒葫蘆去買散裝酒。這在北宋時期的繪畫和話本小說中多有反映，如前文提到的「醉翁圖經瓶」，圖中醉翁肩上背的就是一酒葫蘆。

❷·斟酒的酒注

酒注又稱酒壺，唐朝中後期開始出現。酒注後世又稱酒壺。用酒注斟酒比樽杓斟酒方便，所以酒注出現後，廣為流行，其形狀也變得多姿多彩。在出土的唐代酒注中，多半是大盤口、短頸、鼓腹，酒注的注嘴較短，顯得古樸，而北宋時的酒注注身增高，注嘴和注柄伸長，酒注多顯得灑脫、輕盈、別緻。

◀圖6-16 宋代影青刻花注子注碗

❸ · 溫酒的注碗

宋金時期，人們已廣泛認識到注碗溫酒的諸多優點，注碗在黃河中游地區廣為流行，取代了酒鐺成為主要的溫酒器。在河南禹縣白沙2號宋墓壁畫、河南洛陽澗西宋墓磚刻、河南宣陽北宋畫像石棺前檔圖案中，均繪有與酒注相配的注碗。在出土的宋代文物中，酒注與注碗二者也往往相配，把酒注置於注碗之中。

元代時，人們開始普遍飲用酒精度數較高的蒸餾白酒，溫酒之風日衰，因而溫酒的注碗便喪失了存在的價值，慢慢在人們的生活中消失了，這也正是元代出土的許多酒注沒有配注碗的原因。注碗的消失，使酒注在外形設計上更加自由，不受約束。用酒注斟酒固然很方便，但用樽勺亦不礙宴飲，因而宋元時期，樽、勺並未退出人們的生活，用樽勺飲酒的情景還是常常可以見到，如在山西長治李村金墓南壁西側龕內壁畫「酒具圖」[1]和山西文水北峪口元墓東北壁壁畫「男侍進酒圖」中均繪有樽勺，而沒有酒注。[2]

❹ · 飲酒的酒盞

酒盞亦稱酒杯，是宋元時期人們最基本的飲酒器具。北宋時期的酒盞和茶盞在形制上基本相同。在出土的一些北宋圈足瓷盞中，形制雖然相同，但有的盞心印「酒」字，有的盞心卻印「茶」字。宋金時的酒盞往往與盞托相配。這是由於當時的人們有溫酒習俗，喝的是熱酒，而酒盞又無可供把持的柄、耳、足，很容易燙手，所以需要有一個承托物，這個承托物即是盞托。當時的盞托有兩種：一是酒台；二是酒盤。

酒台與酒盞相配謂之「台盞」。宋初的酒台較低，如《韓熙載夜宴圖》中所繪酒台。北宋中後期的酒台較高，承酒盞的盞台遠遠高出盤子的口沿，如河南白沙2號宋墓壁畫所繪的酒台、河南洛陽澗西115號宋墓出土的酒台和山西忻縣北宋墓出土的銅酒台等。元代時隨著飲用蒸餾白酒之風的盛行，酒台逐漸消失了。

1　王秀生：《山西長治李村溝壁畫墓清理》，《考古》，1965年第7期。
2　山西省文管會、山西考古所：《山西文水北峪口的一座古墓》，《考古》，1961年第3期。

酒盤與酒盞相配謂之「盤盞」。宋高憐（zào）《高齋漫錄》云：「歐公作王文正墓碑，其子仲儀諫議送金酒盤盞十副、注子二把，作潤筆資。」在鄭州南關外宋墓墓室西壁磚雕上也繪有盤盞。在前文提到的鄭州南關外宋墓墓室西壁磚雕上、山西長治李村溝金墓墓室南壁西龕內繪的「酒具圖」和山西文水北峪口元墓東北壁「男侍進酒圖」中，均繪有盤盞。盤盞與台盞的命運不同，元代以後，人們雖不再使用酒台了，但酒盤卻繼續流行。酒盤之所以得以繼續流行，應歸功於它美觀、輕便、實用。

（二）金銀酒具為社會所崇尚

宋元時期，黃河中游地區的酒具多為價廉易製的陶瓷製品，但金銀酒具也不少，並為社會所崇尚。《東京夢華錄·卷四·會仙酒樓》載：「大抵都人風俗奢侈，度量稍寬，凡酒店中不問何人，止兩人對坐飲酒，亦須用注碗一副，盤盞兩副，果菜碟各五片，水菜碗三五隻，即銀近百兩矣。」同書卷五《民俗》又載：「其正酒店戶，見腳店三兩次打酒，便敢借與三五百兩銀器。以至貧下人家，就店呼酒，亦用銀器供送。有連夜飲者，次日取之。諸妓館只就店呼酒而已，銀器供送，亦復如是。」

金銀酒器之所以在飲食店肆中廣為使用，一方面，金銀酒器能提高飲食店肆的規格檔次，使其顯得雍容華貴；另一方面，金銀酒器遇毒而變色，有檢驗毒酒的功能，使飲酒之人在飲食店肆飲酒更有安全感。

金國婚宴時，「飲客佳酒，則以金銀器貯之，其次以瓦器。列於前，以百數，賓退則分餉焉。男女異行而坐，先以烏金銀杯酌飲」[1]。在考古發掘中亦多次出土宋元時期的金銀酒器。

1　洪皓：《松漠紀聞》卷一，四庫全書本，商務印書館，2005年。

第六節　登峰造極的餅茶文化

　　宋元時期是中國飲茶史上的重要時期。黃河中游地區雖然不產茶葉，但宋元時期這一地區的飲茶之風卻很興盛。北宋蔡絛（tāo）的《鐵圍山叢談》卷六云：「茶之尚，蓋自唐人始，至本朝為盛。而本朝又至佑陵（指宋徽宗）時益窮極新出而無以加矣。」北宋茶葉的「採擇之精、製作之工、品第之勝、烹點之妙，莫不鹹造其極」[1]。北宋時，茶開始成為黃河中游地區人們日常生活不可缺少的東西，「夫茶之為民用等於米鹽，不可一日以無」[2]。北宋滅亡後，黃河中游地區成為金朝的統治區域，飲茶之風在金朝各階層中都很盛行，「上下競啜，農民尤甚，市井茶肆相屬」[3]。據《金史·食貨志》記載，金宣宗元光二年（西元1223年）「河南、陝西凡五十餘郡，郡日食茶率二十袋，袋直銀二兩，是一歲之中妄費民銀三十餘萬也」。金代的飲茶之風甚至影響到國計民生，以至金代統治者屢次下令禁止民間飲茶。「……遂命七品以上官，其家方許食茶，仍不得賣及饋獻。不得留者，以斤兩立罪賞。」元代飲茶之風更加普及，王禎《農書·百穀譜十》「茶」條載：「夫茶，靈草也。種之則利博，飲之則神清。上至王公貴人之所尚，下而小夫賤隸之所不可闕。誠生民日用之所資，國家課利之助也。」從這段話中，我們可以看出元代飲茶之風的盛況。元雜劇常有「早晨起來七件事，柴米油鹽醬醋茶」的唱詞，說明茶在元代家庭飲食生活中有著不可缺少的地位。

1　趙佶：《大觀茶論》，陳祖槼、朱自振編：《中國茶葉歷史資料選輯》，農業出版社，1981年。

2　王安石：《臨川集》卷七〇《議茶法》，四庫全書本，商務印書館，2005年。

3　脫脫等：《金史·食貨四志》，中華書局，1975年。

一、茶葉來源和類別的演變

❶ · 茶葉從南方產茶區以榷茶的形式輸入

黃河中游地區的大多數地區是不產茶葉的，這一地區所消費的茶葉來自秦嶺淮河以南的產茶區。北宋在東南區域和川陝區域先後實行榷茶制度。北宋榷茶的基本特徵是：官府首先嚴密控制茶葉生產，幾乎完全壟斷茶葉資源，然後高價把茶葉批發給商人，再由商人轉運到各地銷售。東南區域榷茶實行至宋仁宗嘉祐四年（西元1059年）之前，川陝區域榷茶開始於宋神宗熙寧七年（西元1074年）之後。北宋時期黃河中游地區的陝西和汴京等大中城鎮是茶葉的重要銷售市場。

陝西茶葉市場的茶葉主要來自四川，在這裡宋政府同西北少數民族進行茶馬交易。川茶是從成都府北行，經綿州、劍州、利州至興州、興元府進入陝西的。運輸的辦法起初是沿途設搬茶鋪，由當地廂軍充役，在人煙稀少難以置鋪的地方，就雇百姓以牲口馱運。蜀道自古艱險，因此川茶入陝在當時極為困難，在沉重的勞役下，「其鋪兵遞馬皆增於舊，又卒亡馬死相尋」[1]，出現「搬運不逮，糜（mí，浪費）費步乘，堆積日久，風雨損爛，棄置道左，同於糞壤」的嚴重情形。[2] 宋哲宗元祐（西元1086-1094年）之後，川茶搬運制度有了很大改進，在成都府設排岸司，在興州長舉縣設裝卸庫，兩地之間設有多處轉搬庫。

運往汴京等大中城鎮的茶主要來自東南產茶區，主要是靠經濟實力雄厚的大商人進行長途販運。北宋政府在各產茶區和交通要地設六個榷貨務和十三個山場，專管茶的生產和貿易。規定茶農採茶加工以後，要把茶全部賣給政府，交榷貨務或山場。商人販茶時，要先向榷貨務交納錢帛，由榷貨務按款給付茶引（提茶憑證），茶商憑茶引到指定的山場和榷貨務領茶進行販運。

北宋滅亡後，黃河中游地區併入金朝的版圖，該區域所需茶葉「自宋人歲供之

1　李燾：《續資治通鑑長編》卷二九四，上海古籍出版社，1986年。
2　李燾：《續資治通鑑長編》卷二八四，上海古籍出版社，1986年。

中國飲食文化史　黃河中游地區卷

外，皆貿易於宋界之榷場」[1]，即主要來自與南宋的貿易。元朝統一全國後繼續實行榷茶制度，讓商人買引販茶，並在包括黃河中游地區的北方非產茶區徵收茶稅。

❷‧餅茶生產技術的重大革新

從製作方法上看，宋元時期的茶可分草茶、末茶和餅茶三類。「草茶」又稱茗茶、葉茶，實際上就是現在通用的散條形茶葉，宋元時期的草茶是通過「蒸青」的方法製成的。「末茶」是草茶的繼續加工品，是將蒸過的茶葉搗碎製成的茶末。草茶和末茶在當時又合稱散茶。「餅茶」又稱團茶、餅片茶，是將末茶繼續加工，壓製成餅即成。由於「餅茶多以珍膏油其面」[2]，所以這種茶的表面光滑如臘，又被稱為臘茶或臘面茶。北宋時期的茶葉生產以餅茶為主，最有名的餅茶是建州建安的北苑茶，為北宋的貢茶。

北宋的餅茶製作技術比前代有了不少改進與發展。就碎茶而言，唐朝主要用杵臼手工操作。北宋時，杵臼普遍改為碾，有的地方還用水磨加工茶葉。水磨用於茶葉加工，是茶葉加工工具的重大革新，它極大地提高了勞動生產率，降低了茶葉的生產成本，使茶葉的質量更有了保證[3]。黃河中游地區是北宋最早使用水磨加工茶葉的區域，《宋史‧食貨志》載：「元豐（西元1078-1085年）中修置水磨，止於在京及開封府界諸縣，未始行於外路。及紹聖（西元1094-1098年）復置；其後遂於京西鄭、滑、穎昌府、河北澶州皆行之。」「四年（西元1097年），於長葛等處京、索、溟（yì）水河增修磨二百六十餘所。」再如拍製工藝，北宋的餅茶在「飾面」上有了突出發展。特別是貢茶，茶面上龍騰鳳翔，栩栩如生。生產餅茶的工藝複雜，製作極精，特別是北宋北苑焙所所制的大小「龍團」更是追精求細，當時就有「黃金易求，龍團難得」的說法。宋徽宗大觀年間（西元1107-1110年）所制的貢茶，「每胯

1　脫脫等：《金史‧食貨志》，中華書局，1975年。

2　蔡襄：《茶錄》，叢書集成初編本，中華書局，1985年。

3　周荔：《宋代的茶葉生產》，《歷史研究》，1985年第6期。

計工價近三十千」[1]。這些極品茶只供極少數統治者享用，普通百姓難得一見。由於餅茶走向極品化道路，脫離了大眾消費。物極必反，到了宋朝後期，餅茶的主導地位便被散茶取代。元朝時，餅茶雖仍保留，但數量已大大減少，「此品惟充貢獻，民間罕見之」[2]。

宋代散茶主要產區是淮南、荊湖歸州（湖北秭歸）等處。元朝由於統治時間較短，茶葉生產情況基本上和宋朝差不多。

二、以點茶為主的飲茶方式

宋元時期的飲茶方式有煎茶和點茶兩種，但後者更為流行，是當時主要的飲茶方式。

❶·煎茶的傳承

煎茶又分煎茶末和煎茶芽兩種。

煎茶末，創自於唐代的陸羽，唐代人飲茶多用這種方式。到了宋元時期，煎煮茶末的飲茶方式在黃河中游地區逐漸衰落，但還是有一些文人士大夫為懷古計，偶一為之。

煎茶芽，是把散條形茶葉放入沸水中煎煮的一種飲茶方式，這和明以後的開水泡茶不同。北宋時，人們發明了通過蒸青製作草茶的方法，飲用草茶時，不碾成碎末，全葉烹煮，不用鹽薑調味，重視茶葉原有的香味。到了元代，煎茶芽這種飲茶方式就愈來愈普及了。

❷·點茶的創新

宋元時期，黃河中游地區最為流行的飲茶方式為點茶。點茶始於晚唐五代，唐

1　姚寬：《西溪叢語》卷上，中華書局，1993年。
2　王禎：《農書》卷十《百穀譜十·茶》，四庫全書本，商務印書館，2005年。

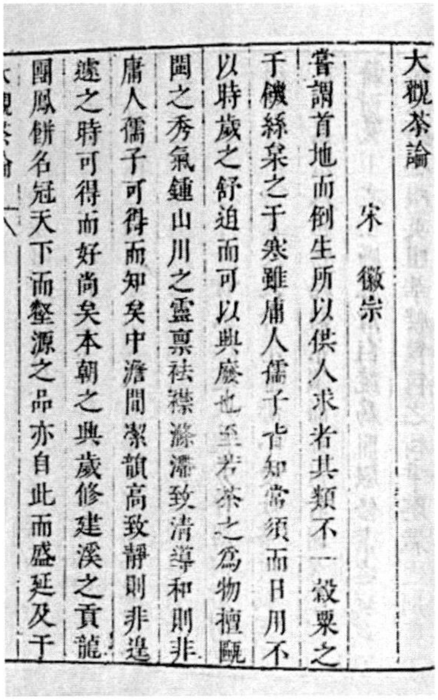

大觀茶論

宋 徽宗

嘗謂首地而倒生所以供人求者其類不一穀粟之于饑絲枲之于寒雖庸人孺子皆知常須而日用不以時歲之舒迫而可以興廢也至若茶之為物擅甌閩之秀氣鍾山川之靈稟祛襟滌滯致清導和則非庸人孺子可得而知矣中澹閒潔韻高致靜則非遑遽之時可得而好尚矣本朝之興歲修建溪之貢龍團鳳餅名冠天下而壑源之品亦自此而盛延及于

▸圖6-17 宋代趙佶的《大觀茶論》書影

末蘇廙（yì）的《十六湯品》所敘製茶湯的方法即為「點茶」法。點茶與煎茶不同的是水沸時不再將茶末投入水中，而是事先將茶末置於茶盞中「調膏」，待水沸後將水注入茶盞內，同時用竹片製成的茶筅（xiǎn）擊拂茶盞中的茶，邊點邊攪，令茶沫泛起。

點茶時茶和水的比例要適當，蔡襄《茶錄》中說，「茶少湯多，則雲腳散；湯少茶多，則粥面聚」。「雲腳散」是指茶與水分散，未做到水乳交融，茶的表面未形成白色的茶沫，或形成的茶沫較少不能持久；「粥面聚」是指茶湯表面濃稠如粥，難以形成茶沫。點茶的關鍵在於用茶筅擊拂茶盞中的茶，使茶與水均勻地混合，成為乳狀茶液，茶的表面形成白色茶沫布滿盞面，茶沫多而持久方為點茶成功。

宋徽宗趙佶《大觀茶論》把點茶注水的過程分為七步，分別稱第一湯至第七湯。對每一湯的擊拂都作了細緻的描述。其中第一湯為點茶成功的關鍵，要做到茶量適中，調膏後注水要環盞而注，水勢要細而緩，一手輕輕攪動茶膏，腕指環動，上下攪透，使茶面的湯花「疏星皎月粲然而生」；第二湯沿湯面四周注水，使湯花泛出光澤；第三湯仍沿湯面四周注水，擊拂要輕而勻，使湯花形成「粟文蟹眼」；

第四湯注水要少，擊拂要大要慢，使茶面上生起雲霧；第五湯注水稍多，擊拂要勻，使茶面如霜如雪，使茶色完全顯露；第六湯只點在湯花鬱結之處，使之均勻；第七湯視茶稀稠決定是否加水。如果稀稠正好，則停止加水，這時湯花倍生，緊緊地附在茶盞的邊緣，久而不散，稱為「咬盞」，說明點茶已成功了。

三、飲茶習俗的豐富

❶ ·鬥茶之風的盛行

宋元時期黃河中游地區十分盛行鬥茶。上至帝王將相，下至黎民百姓都樂於此道。鬥茶始於唐朝，最初只流行於茶葉產地，目的是比賽茶葉的質量。北宋范仲淹《鬥茶歌》中云：「北苑將期獻天子，林下雄豪先鬥美。鼎磨雲外首先銅，瓶攜江上中泠水。黃金碾畔綠塵飛，紫玉甌心雪濤起。鬥茶味兮輕醍醐，鬥茶香兮薄蘭芷。其間品第胡能欺，十目視而十手指。勝若登仙不可攀，輸同降將無窮恥。」詩中把鬥茶的原因和現場情景都描述得十分清楚。鬥茶後來從製茶者走向賣茶者，走向市

▲圖6-18 元代趙孟頫的《鬥茶圖》

▶圖6-19 宋代《鬥茶圖》

井百姓。宋人劉松年《茗園賭市圖》便描寫了市井鬥茶的情景。圖中有老人，有婦女，有兒童，也有挑夫販夫。民間鬥茶既起，文人學士也不甘落後，書齋、亭園也成了鬥茶的場所，最後連宋徽宗趙佶也加入了鬥茶行列，親自與群臣鬥茶，非把大家鬥敗才痛快。到了元代，鬥茶仍很盛行，元代著名畫家趙孟頫《鬥茶圖》描寫了民間鬥茶的情況。

　　鬥茶使用的是片茶，除了有高超的點茶技藝外，茶、水、器都十分考究，四者缺一不可。鬥茶最後決定勝負的是茶湯的顏色與湯花。湯色主要由茶質決定，也與水質有關。茶湯以純白為上，青白、灰白次之，黃白乃至泛紅為下。湯花主要由點茶的技藝決定，以白者為上，其次看「水痕」（茶沫與水離散的痕跡）出現的早晚，以水痕先退者為負，持久者為勝。

　　❷·神奇幻化的「茶百戲」

　　宋代人飲茶到了出神入化的地步，當時社會上下流行一種泡茶遊戲叫「茶百戲」，也叫「分茶」，從帝王到庶民無不鍾愛，宋徽宗更是遊戲高手。玩「茶百戲」時，先碾茶為末，再注之以湯，以筅擊拂，使茶乳幻變成圖形或字跡。「近世有下湯運匕別施妙訣，使湯紋水脈成物象者，禽獸、蟲魚、花草之屬，纖巧如畫，但須

269

臾即就散滅。此茶之變也，時人謂之茶百戲」[1]。玩「茶百戲」的高手甚至能在茶面上點成文字，聯字成詩。據北宋陶穀《清異錄》卷下載：「沙門福全，生於金鄉，長於茶海，能注湯幻茶成一句詩，並點四甌，共一絕句，泛乎湯表。小小物類，唾手辦耳。」真是匪夷所思，神乎其神，令人難以想像。

❸·添加料物的風氣

宋元時期，飲茶時有加鹽、薑、香藥等作料的風氣，此風在黃河中游地區的中下層居民中更是如此。因為茶葉產自南方，黃河中游地區的中下層居民不容易得到茶葉，一旦得到茶葉，又以為茶葉味道不好，所以愛在茶葉裡放入許多調料煎點。正如蘇轍所云：「又不見北方俚人茗飲無不有，鹽酪椒薑誇滿口」[2]。北宋蘇軾《和蔣夔寄茶》一詩中記，蔣夔寄給蘇軾「紫金百餅費萬錢」的上等好茶，蘇軾引為奇貨，覺得「吟哦烹噍兩奇絕」「只恐偷乞煩封纏」，不料「老妻稚子不知愛，一半已入薑鹽煎」[3]。北宋話本《快嘴李翠蓮》中所煎的「阿婆茶」，裡面加了「兩個初煨黃栗子，半抄新炒白芝麻。江南橄欖連皮核，塞北胡桃去殼柤（jiá，莢）。」王鞏《甲申雜記》載，仁宗時「出七寶茶以賜考官」。梅堯臣有詩詠其事云：

「七物甘香雜蕊茶，浮花泛綠亂為霞。

　啜之始覺君恩重，休作尋常一等誇。」[4]

可見七寶茶是加了多種料物製作的香茶。元代忽思慧《飲膳正要》卷二《諸般湯飲》載有「香茶」的配方：「白茶（一袋）、龍腦成片者（二錢）、百藥煎（半錢）、麝香（二錢），同研細，用香粳米熬成粥，和成劑，印作餅」，顯然，這是一種用多種藥物作料配製而成的茶。

1　陶穀：《清異錄·飲食部分》，中國商業出版社，1985年。
2　蘇轍：《欒城集》卷四《和子瞻煎茶》，四庫全書本，商務印書館，2005年。
3　蘇軾：《蘇軾集》卷七，國際文化出版公司，1997年。
4　朱東潤：《梅堯臣集編年校注》卷二九，上海古籍出版社，2006年。

▲圖6-20 宋代蘇軾的《啜茶帖》

▲圖6-21 宋代蔡襄的《茶錄》拓片

❹ · 茶之社會價值的形成

宋元時期飲茶之風的普及對社會風俗也產生一定的影響。普通百姓開始把飲茶作為增進友誼，進行社會交際的手段。據孟元老《東京夢華錄》卷五《民俗》記載：「或有從外新來，鄰左居住，則相借借（cuò）動使，獻遺湯茶，指引買賣之類。更有提茶瓶之人，每日鄰里互相支茶，相問動靜。」

來客獻茶的禮俗在這一時期也形成了。宋佚名《南窗紀談》載：「客至則設茶，欲去則設湯，不知起於何時，然上至官府，下至裡閭，莫之或廢。」金朝由於不產茶葉，又曾禁止飲茶，因而更顯得茶葉可貴，與北宋客至則設茶不同，金人富者才能喝茶。金人婚嫁時「宴罷，富者瀹建茗，留上客數人啜之，或以粗者煎乳酪」[1]。

帝王更是通過賜臣下茶來顯示皇恩浩蕩。帝王賜臣下茶在唐代已經出現，北宋時這種情況越來越普遍。北宋不少朝臣都曾寫過皇帝賜茶於己的詩句，如歐陽修仁宗朝作學士，其《感事詩》注云：「仁宗因幸天章，……丞命賜黃封酒一瓶，果子

1　洪皓：《松漠紀聞》卷一，四庫全書本，1915年。

一合，鳳團茶一斤」[1]。蘇軾《用前韻答兩掖諸公見和》一詩中有「賜茗時時開小鳳」[2]；韓琦《苢蕢（qióng）》一詩中有「時摘嫩苗烹賜茗，更從雲腳發清香」等[3]。皇帝賜茶臣下，不僅賜以餅茶，有時也賜以茶湯，歐陽修《歸田錄》卷一載：「（楊億）大年在學士院，忽夜召見於一小閣，深在禁中。既見，賜茶，從容顧問。」

茶除了用以表示禮敬外，還用於婚俗。當時，人們認為茶只能直播，移栽則不能成活，所以稱茶為「不遷」，表示愛情的堅定不移。在宋代茶便用於婚禮了，「東村定婚來送茶」，而田舍女的「翁嫗」卻「喫茶不肯嫁」[4]之俗已見於文字記載。當時的媒人又稱「提茶瓶人」。人們在結婚前一日，「女家先來掛帳，鋪設房臥，謂之『鋪房』。女家親人有茶酒利市之類」[5]。

茶會是文人品茗論詩談文的聚會，亦稱會茶、湯社、茗酌。唐代時茶會已屢見不鮮。宋元時文人舉行茶會更是蔚然成風。錢愐《錢氏私志》載，宰相王歧公設齋宴請，飯後「歧公會茶」。宋僧人希晝《留題承旨宋侍郎林亭》記士人與方外僧人會茶：「會茶多野客，啼竹半沙禽。」北宋的太學生經常以茶會的方式交流信息，指斥時政，朱彧（yù）《萍州可談》卷一載：「太學生每路有茶會，輪日於講堂集茶，無不畢至者，因以詢問鄉里消息。」

四、飲茶器具的變革

同唐代相比，宋元時期人們在飲茶、烹茶方式上都有了很大變化。這種變化又引起茶具的相應變化。宋元時期的茶具選料考究，綜合考慮到原料屬性與茶性是否相配、原料屬性能否最佳發揮茶具的功能等。如果茶具的製作樣式與茶具的功

1　歐陽修：《文忠集》卷十四，四庫全書本，商務印書館，2005年。
2　蘇軾：《蘇軾全集》卷一六，四庫全書本，商務印書館，2005年。
3　韓琦著，李之亮、徐正英箋註：《安陽集編年箋注》卷九《中書東廳十詠》，巴蜀書社，2000年。
4　李綱：《濟南集》卷三《田舍女》，四庫全書本，商務印書館，2005年。
5　孟元老：《東京夢華錄》卷五《娶婦》，文化藝術出版社，1998年。

中國飲食文化史　黃河中游地區卷

▶圖6-22 宋代兔毫茶盞的俯視圖

能十分相配,則能保證茶具發揮最佳作用。宋元時期的烹茶、飲茶器具在不同書籍中記敘略有不同。北宋蔡襄《茶錄》下篇《論茶器》中列有:茶焙、茶籠、砧椎(niǎnduì,碾碓)、茶鈐(qián)、茶碾、茶羅、茶盞、茶匙、湯瓶九種;稍後成書的宋徽宗趙佶《大觀茶論》中列有羅、碾、盞、筅、瓶、杓六種。如果考慮到有些是增加或省略了烹茶的某些器具,則這些茶具是基本相同的。最能體現這一時期茶文化特色的茶具是湯瓶、茶匙(茶筅)、茶盞和茶托。

❶·煮水點茶的湯瓶

湯瓶,為煮水、點茶器。湯瓶「黃金為上,人間以銀鐵或瓷石為之」[1],湯瓶多用金屬製成,易於加熱煮水。據《茶錄》講,湯瓶要小,這樣「易候湯,又點茶注湯有准」。《大觀茶論》提出「瓶宜金銀,大小之制,惟所裁給,注湯害利,獨瓶之口嘴而已」,即大小視具體情況而定。湯瓶的最關鍵部位是流子(瓶嘴),「嘴之口差大而宛直,則注湯力緊而不散;嘴之末欲圓小而峻削,則用湯有節而不滴瀝。蓋湯力緊則發速有節,不滴瀝,則茶面不破」[2]。從中不難看出湯瓶在點茶過程中的重要性。在宋元時期湯瓶外形的發展趨勢是:湯瓶的腹身由飽滿走向瘦長,湯瓶的流嘴由肩部下降至壺腹部。

1　蔡襄:《茶錄》,中華書局,1985年。
2　趙佶:《大觀茶論》,四庫全書本,商務印書館,2005年。

◀圖6-23 《童子侍茶圖》，
元代馮道真壁畫

❷·擊拂茶湯的茶匙、茶筅

茶匙、茶筅是點茶工具，其作用是擊拂茶盞中的茶湯，令茶乳泛起。「茶匙要重，擊拂有力，黃金為上，人間以銀鐵為之，竹者輕，建茶不取」[1]，因為金銀鐵等金屬密度大，製成的茶匙比較重，擊拂有力，便於點茶。茶匙在北宋末期被茶筅取代，茶筅以比較厚重的老竹製成，「蓋身厚重，則操之有力而易運用」[2]。

❸·盛湯飲茶的茶盞

茶盞，又名茶甌，是飲茶器。北宋的茶盞雖有黑、醬、青、青白、白五種釉色，但以黑釉茶盞便於襯托白色的茶沫、觀察茶色而受到鬥茶者的珍視。黑釉茶盞從釉色上說不上美麗，但到了有才智的製瓷工匠手中，在黑釉釉面上能燒出豐富多彩的裝飾，有的呈現出兔毫或圓點等不同形式的結晶，有的釉面色澤變化萬千，有的又剔刻出線條流暢的各種紋飾。這些精美的黑釉茶盞為人們所喜愛。蔡絛《鐵圍山叢談》卷六載：「伯父君謨（蔡襄）嘗得……，茶甌十，兔毫四，散其中，凝然作雙蛺蝶狀，熟視若舞動，嘗寶惜之。」

1　蔡襄：《茶錄》，中華書局，1985年。

2　趙佶：《大觀茶論》，四庫全書本，商務印書館，2005年。

除顏色外，對盞的要求有二：一是「其坯微厚」。因為「凡欲點茶，先須熁（xié，燒，烤）盞令熱，冷則茶不浮」，茶盞的坯微厚就能夠「熁之久難冷」[1]；二是「底必差深而微寬」。因為「底深茶宜立而易於取乳，寬則運筅旋撤不礙擊拂」[2]。元代時，隨著團茶的衰落，人們飲用散條形茶葉的興起，備受宋人珍視的黑釉茶盞風光不再，南方景德鎮的青花茶具因便於觀察茶湯的顏色，不僅為國內所共珍，還遠銷國外。

❹ · 承載茶盞的茶托

茶托，為茶盞的附件，作用是承托茶盞。茶托出現於唐代中後期，民間相傳為唐代西川節度使崔寧之女所造，始為木托，後以漆製。唐李濟翁《資暇集》記敘其事，「始建中（西元780-783年），蜀相崔寧之女以茶杯無襯，病其熨指，取楪子承之，既啜而杯傾，乃以蠟環楪子之央，其杯遂定，即命匠以漆環代蠟，進於蜀相，蜀相奇之，為制名而話於賓親，人人為便，用於代。是後，傳者更環其底，愈新其制，以至百狀焉」。實際上盞托的出現要早得多，崔寧相蜀在唐德宗建中時，而陝西西安大曆元年（西元766年）曹惠林墓已出土白瓷盞托，足以說明之前已有盞托。

北宋時的茶托比唐朝的要精細多樣，托口突起，遠遠高出下面的托盤，有些茶托本身就像一個盤子上又加了一隻小碗。茶托的托沿多作蓮瓣形，托底中凹。

根據考古發掘，宋元時，黃河中游地區的茶托除了瓷、銀製品外，還有漆製品。實際上，當時茶托多為漆器，因為茶盞在點茶之前已經加熱，茶末用沸水沖點後，茶盞更燙，茶盞因沒有把手，故用茶托以方便拿取，而漆器的隔熱性能比金屬和瓷器要好，故漆器作茶托最為合適。但由於漆托不易保存，所以在出土文物中，漆托反而出土較少。不過許多繪畫中把茶托畫成漆器，如河南白沙2號宋墓墓室東南壁所畫的送茶者，端的即是朱紅漆托，上放白瓷盞。[3]

1　蔡襄：《茶錄》，中華書局，1985年。

2　趙佶：《大觀茶論》，四庫全書本，商務印書館，2005年。

3　宿白：《白沙宋墓》，文化出版社，1995年。

由於漆托一般為紅色，中國古代有舉喪不用朱紅的傳統，因而在北宋時期還形成了舉喪不用茶托的習俗。周密《齊東野語‧有喪不舉茶托》轉引宋景文（祁）《雜記》云：「夏侍中（夏竦，仁宗時大臣）薨（hōng，諸侯或大臣去世）於京師，子安期他日至館中，同舍謁見，舉茶托如平日，眾頗訝之。」又云：「平園《思陵記》載，阜陵居高宗喪，宣坐、賜茶，亦不用托。始知此事流傳已久矣。」

第七節　不同階層人們飲食生活的差異

不同階層的人們，因其社會、經濟地位不同，文化教養和宗教信仰各異，因而在飲食生活上呈現出明顯的差異。

一、北宋宮廷飲食的顯著特點

❶‧主食以麵食為主

北宋宮廷的飲食結構極具特色。據《宋會要輯稿‧御廚》中說：御廚所用麵和米的比例是二比一，這說明北宋宮廷在主食上以麵食為主。這種情況正好與東京普通市民的主食結構相反。東京市民在主食上以米食為主，這種主食結構並不是東京市民主動選擇的結果，而是形勢所迫——麵食不能滿足東京廣大市民的需要。作為北宋最高統治者，皇室的宮廷當然不愁沒有麥麵。從社會學角度講，人們若非迫不得已，一般不會主動改變自己的生活習慣。北宋宮廷既然沒有外來壓力迫使自己改變原來的飲食習慣，他們也就仍然以麵食為主食。

❷‧肉食以羊肉為主

在副食上，北宋宮廷以羊肉為主，其原因除了傳統習慣、受外族影響和人們已認識到羊肉具有滋補作用之外，與宋初皇帝們體恤民情，「祖宗舊制不得取食味於

四方」也有一定關係。[1]羊肉是北方主要的肉食品種之一，北宋宮廷就地取材，副食以羊肉為主便是理所當然的事情了。北宋帝王們對羊肉也是百吃不厭，非常喜愛。北宋建立不久，南方的吳越國王錢俶來東京朝拜宋太祖，宋太祖命令御廚烹製南方菜餚招待，御廚倉促上陣，「取羊為醢」一夕醃製而成，因而稱為「旋鮓」，深受宋太祖和客人們的歡迎。因此，宋代宮廷大宴，「首薦是味，為本朝故事」[2]。宋仁宗特別愛吃燒羊，甚至達到了一日不吃燒羊便睡不著覺的地步。宋仁宗時，北宋宮廷的羊肉消費達到最高量，竟日宰羊380只，一年即10萬隻，食用量之大很是驚人。

❸ · 常向宮外店肆購買酒食

北宋宮廷飲食生活的另一個顯著特點是宮內飲食常常取之於宮外酒店和飲食店。阮閱《詩話總龜》記載，宋真宗曾派人到酒店沽酒大宴群臣。邵博《邵氏聞見後錄》載，宋仁宗賜宴群臣也是從汴京飲食店買來佳餚珍饌。北宋宮廷飲食生活的這一特點，一方面反映了傳統禮制對北宋宮廷飲食的控制並不十分嚴格；另一方面也反映了北宋市井飲食業的高度發達。

❹ · 前中期簡約，後期奢華

北宋宮廷飲食生活的奢侈程度，前後有很大差別。北宋中葉以前，社會經濟還不太發達，帝王們大多注意節儉，在飲食上比較簡約。據陳師道《後山叢談》卷四記載，宋太祖一次在福寧殿設宴宴請平蜀歸來的曹彬、潘美等將領，所用酒餚甚為簡單。邵博《邵氏聞見後錄》卷一載，宋仁宗有一次設宴，席上有人敬獻蛤蜊一品共28枚，當時蛤蜊每枚千錢，皇帝感到太侈靡而拒食。這些都說明北宋中期以前，宮廷飲食是比較簡約的。

北宋後期，社會經濟繁榮，宮廷飲食奢侈之風漸盛。如宋神宗，晚年沉溺於深宮宴飲享樂；宋徽宗在蔡京「豐亨豫大」之說慫恿下，飲食上更是追求奢侈豪華，

---

1 邵伯溫：《邵氏聞見錄》卷八，中華書局，1983年。
2 蔡條：《鐵圍山叢談》卷六，中華書局，1983年。

盡情享受，揮霍民脂民膏。莊綽《雞肋編》卷下載，淵聖皇帝（宋徽宗）《以星變責躬詔》云：「嘗膳百品十減其七。」可見宋徽宗平日所食有百種之多。宴慶之時，宋徽宗的飲食更是豪華。政和二年（西元1112年），宋徽宗在太清樓宴請蔡京等九名大臣，席上山珍海味堆積如山，令人瞠目。宴後，蔡京作記云：「出內府酒尊、寶器、琉璃、瑪瑙、水精、玻璃、翡翠、玉，曰：『以此加爵，致四方美味。』螺蛤蝦鱖白、南海瓊枝、東陵玉蕊與海物惟錯，曰：『以此加籩』。」[1]

二、多以奢靡為尚的貴族飲食

宋元時期，黃河中游地區的權臣貴族們在飲食上多以奢靡為尚。司馬光曾發議論道：「宗戚貴臣之家，第宅園圃，服食器用，窮天下之珍怪，極一時之鮮明。惟意所欲，無復分限。以豪華相尚，以儉陋相訾（zǐ，罵）。惡常而好新，月異而歲殊。」[2]市場上一旦有新奇食品，權貴們更是不惜重金爭購。《東京夢華錄·卷一·大內》載：「其歲時果瓜，蔬茹新上市，並茄瓠之類新出，每對可直三五十千，諸合分爭以貴價取之。」

北宋時期，幾乎每一朝都有一些以飲食奢靡而聞名的權臣貴族。如宋真宗時，宰相呂蒙正喜食雞舌湯，每朝必用，以至雞毛堆積成山。[3]宋仁宗時，宰相宋庠之弟宋祁好客，「會飲於廣廈中，外設重幕，內列寶炬，歌舞相繼，坐客忘疲，但覺漏長，啟幕視之，已是二畫，名曰『不曉天』」[4]。

到了北宋末年宋徽宗時，權臣之家的飲食生活更是豪華奢靡，甚至連宮廷也無法與之相比。如蔡京喜歡吃鵪鶉，烹殺過當，以至一夕竟夢見數千隻鵪鶉控訴他：

1　王明清：《揮麈後錄余話》卷一，上海書店出版社，2001年。
2　李燾：《續資治通鑑長編》卷一九六，上海古籍出版社，1986年。
3　丁傳靖：《宋人軼事彙編》卷四《呂蒙正》，中華書局，2003年。
4　丁傳靖：《宋人軼事彙編》卷七《二宋》，中華書局，2003年。

▶圖6-24 《事林廣記》中元
代貴族的宴飲場面

「一羹數百命，下箸猶未足」[1]。曾敏行《獨醒雜誌》卷九載，蔡京一日召集僚屬會議，會後留他們吃飯，其中僅蟹黃饅頭一味，就費錢1300餘緡。又曾在家招客飲宴，命府吏「取江西官員所送鹹豉來」，府吏取出十瓶呈上，客分食之，原來竟是當時極為名貴的食品「黃雀脏」。蔡京問庫吏：「尚有幾何？」吏對曰：「猶餘八十有奇。」蔡京被抄家時，政府從其庫中「點檢蜂兒見在數目，得三十七秤；黃雀鮓自地積至棟者滿三楹，他物稱是」[2]。

同一時期的王黼、童貫、梁師成等權臣在飲食生活上也是極其豪華。如王黼，「凡入目之色，適口之味，難致之瑰，違時之物，畢萃於燕私」[3]。據趙滔《養痾（kē，病）漫筆》載：「王黼宅與一寺為鄰。有一僧每日於黼宅旁溝中漉取流出雪色飯，洗淨曬乾，數年積成一囷。」又如童貫，其家「服食逼乘輿」[4]，吃的穿的簡直

1　陳岩肖：《庚溪詩話》卷上，四庫全書本，商務印書館，2005年。

2　周輝：《清波雜誌》卷五；朱弁：《曲洧舊聞》卷八；袁文：《甕牖閒評》卷六；周密：《齊東野語》卷十六；《多藏之戒》均稱藏鮓者為王黼。

3　王禹偁：《東都事略》卷一〇六《王黼傳》，四庫全書本，商務印書館，2005年。

4　王禹偁：《東都事略》卷一二一《童貫傳》，四庫全書本，商務印書館，2005年。

圖6-25 《夫婦宴飲圖》，河南白沙宋墓第一號墓壁畫（《飲食與中國文化》，人民出版社）

和皇帝一樣；童貫被抄家時，「得劑成理中圓幾千斤」[1]。

當然也有一些官僚貴族在飲食上非常儉樸，如金代的翰林崔伯善，「家居止蔬食為常」，但崔伯善之所以如此是因為他「性儉嗇」，天生是個吝嗇鬼，被翰林院譏諷為「崔伯善有肉不餐，要餐也沒」[2]。

三、崇尚節儉、倡導素食的北宋文人士大夫飲食

宋代是文人士大夫數量猛增和士大夫意識轉變的時期。這一時期的文人士大夫多不愁衣食，有充裕的精力和時間研究生活藝術。他們有較高的文化修養、敏銳的審美感受，並對豐富的精神生活有所追求。文人士大夫們的這些特點使得他們在飲食生活上，大多注重食物的精緻衛生，注重食物的滋味，講究進餐時的環境氣氛等。

大致說來，北宋前期的文人士大夫們在飲食生活上多很簡樸。北宋中後期，隨著社會經濟的繁榮，宮廷和權臣貴族們的侈靡生活方式對文人士大夫群體產生了衝

---

1 周輝：《清波雜誌》卷五，四庫全書本，商務印書館，2005年。
2 劉祁：《歸潛志》卷九，四庫全書本，商務印書館，2005年。

▶圖6-26 《宴飲雜劇圖》，河南滎陽北宋石棺左側（《宋代市民生活》，中國社會出版社）

擊，一些文人士大夫隨俗競侈。對此，北宋司馬光描述道：「吾記天聖（西元1023-1032年）中，先公為群牧判官，客至未嘗不置酒，或三行五行，多不過七行。酒酤於市，果止於梨、栗、棗、柿之類，肴止於脯、醢、菜羹，器用瓷、漆。當時士大夫家皆然，人不相非也。會數而禮勤，物薄而情厚。近日士大夫家，酒非內法，果肴非遠方珍異，食非多品，器皿非滿案，不敢會賓友；常數月營聚，然後敢發書。苟或不然，人爭非之，以為鄙吝。故不隨俗靡者蓋鮮矣。」[1]

一些文人士大夫對當時侈靡的社會風氣提出批評，在飲食生活上提倡儉樸。一些高居相位的文人士大夫也能以節儉為尚，為社會做出了表率。如司馬光在洛陽居住時與文彥博、范純仁等相約為「真率會」，不過「脫粟一飯，酒數行」[2]，以儉樸為榮。

一些士大夫還提倡節制飲食，認為節制飲食，食不過飽有利於養生。如蘇軾《東坡志林·修養》云：「已飢方食，未飽先止」，早晚飲食，「不過一爵一肉。有尊客，盛饌則三之，可損不可增。有招我者，預以此告之，主人不從而過是者，乃止。一曰安分以養福，二曰寬胃以養氣，三曰省費以養財」。南宋沈作喆也主張食不過飽，他在《寓簡》中說：「以飢為飽，如以退為進乎！飢未餒也，不及飽耳。已飢而食，未飽而止，極有味，且安樂法也。」張耒也反對飽食，所著《續明道雜

---

1 司馬光：《溫國文正司馬公文集》卷六九《訓儉示康》，四部叢刊本，上海書店，1985年。
2 脫脫等：《宋史·范純仁傳》，中華書局，1985年。

誌》一書列舉了當時少食而得長生的幾個例子，如內侍張茂、翰林學士王晰、秘監劉幾等。

注重素菜是宋代文人士大夫飲食的一個重要特點，同時也是文人士大夫飲食提倡節儉的重要體現。唐代以前，人們皆以肉食為美。周代的「八珍」全是肉食，戰國時的《招魂》《大招》，漢代的《鹽鐵論・散不足》中所敘述的美食也很少涉及蔬菜。唐代時，人們開始注意到素菜，一些詩人寫詩讚美筍、蓴菜、葵菜、春韭等。到北宋時，文人士大夫普遍以素菜為美味，並把素菜同安貧樂道的文士風骨相聯繫。他們留下了許多歌詠素菜的作品，如蘇軾的《菜羹賦》、黃庭堅的《食筍十韻》《次韻子瞻春菜》、韓駒的《食煮菜簡呂居仁》等。正是由於文人士大夫們的提倡，素菜在宋代時才得以成為一種獨立的菜系。素食同肉食一樣被人們視為美肴。在重視素食風氣的影響下，宋代出現了一批有關素食的書籍，如林洪的《山家清供》和《茹草記事》、陳達叟的《本心齋疏食譜》、贊寧的《筍譜》和陳仁玉的《菌譜》等。

四、其他階層人們的飲食狀況

❶·食不果腹的農民飲食

宋元時期，黃河中游地區的農民飲食多很艱苦，由於受統治階級的殘酷剝削，常常是吃了上頓沒有下頓。「幸而收成，公私之債交爭互奪，穀未離場，帛未下機，已非己有矣。所食者糠籺（hé，米麥的碎屑）而不足，所衣綈褐（tì hè，粗布）而不完。」[1]鄉村之民，少有半年之食。歐陽修說：農民「一歲之耕，供公僅足，而民食不過數月。甚者，場功甫畢，簸糠麩（kāngfū，米麥之皮）而食秕（bǐ，子實不飽滿者）稗（bài，一種野草），或採橡實、畜菜根以延冬春」[2]。為了生存下去，有些貧農廣開食物來源，將草籽、蝗蟲等列入自己的食單。范仲淹《封進草子乞抑奢侈》

1　脫脫等：《宋史・食貨志》，中華書局，1985年。
2　歐陽修：《文忠集》卷五九《原弊》，四庫全書本，商務印書館，2005年。

▶圖6-27 夫妻「開芳宴」壁畫，發
現於河南北宋趙大翁墓

奏道：「貧民多食草子，名曰『烏昧』，並取蝗蟲曝乾，摘去翅足，和野菜合煮食，別無虛妄者。」[1]

　　一遇天災人禍，糠麩、秕稗、橡實、菜根、草籽、蝗蟲等也有吃完的時候，大量飢民走上絕路。在有些地方出現了「閉門絕食、枕藉而死，不可勝數。甚者路旁亦多倒斃，棄子於道，莫有顧者」的悲慘局面。[2]災荒年代，食人之風也在一些地方沉渣泛起，據莊綽《雞肋編》卷上云：「宣和（西元1119-1125年）中，京西大歉，人相食，煉腦為油以食，販於四方，莫能辨也。」在天子腳下的京師及其附近區域，飢民餓死的現象也屢有發生。袁燮《絜齋集》卷一《輪對陳人君宜達民隱札子》言：「近而京輦，米斗千錢，民無可糴之資，何所得食，固有餓而死者，有一家而數人斃者。」

1　范仲淹：《范文正公集補編》卷一，四庫全書本，商務印書館，2005年。
2　徐松輯：《宋會輯稿》食貨六八之一〇六，國立北平圖書館，1936年。

宋元時期，由於統治者認為「浮屠氏之教有裨政治」[1]，因而對佛道二教大力提倡，從而使佛道二教在宋元時期盛極一時。鄭獬（xiè）道：「而今之浮屠之居，包山林，跨阡陌，無有裁限，穿鑿鮮巧，窮民精髓，侈大過於天子之宮殿數十百倍。」[2]一些僧人道士的飲食生活也達到了很高的水平。如道士林靈素，「其徒美衣玉食，幾二萬人」[3]。大多數僧人道士遵守素食的規定，但也有一些僧人道士追求享樂，不惜破戒。名僧真淨露骨地說：「事事無礙，如意自在。手把豬頭，口誦淨戒。趁出淫坊，未還酒債」[4]，把葷戒、色戒、酒戒統統破壞了。更有甚者，開封相國寺僧人惠明竟開起了專做豬肉佳餚的餐館，人稱「燒豬院」[5]。

❸ · 清苦異常的普通士兵飲食

為拱衛京畿安全，宋金政府在黃河中游地區駐紮著上百萬的龐大軍隊。除將帥外，普通士兵的飲食生活非常清苦，如北宋軍隊中最下等的廂兵每月僅給醬菜錢或食鹽而已。平時，「買魚肉及酒入營門者皆有罪」[6]。

1　李燾：《續資治通鑑長編》卷二四，上海古籍出版社，1986年。
2　鄭獬：《鄖溪集續補·禮法》，四庫全書本，商務印書館，2005年。
3　脫脫等：《宋史·林靈素傳》，中華書局，1985年。
4　釋曉瑩：《羅湖野錄》卷一，四庫全書本，商務印書館，2005年。
5　張舜民：《畫墁錄》，四庫全書本，商務印書館，2005年。
6　沈括：《夢溪筆談》卷二五《雜誌》，上海出版公司，1956年。

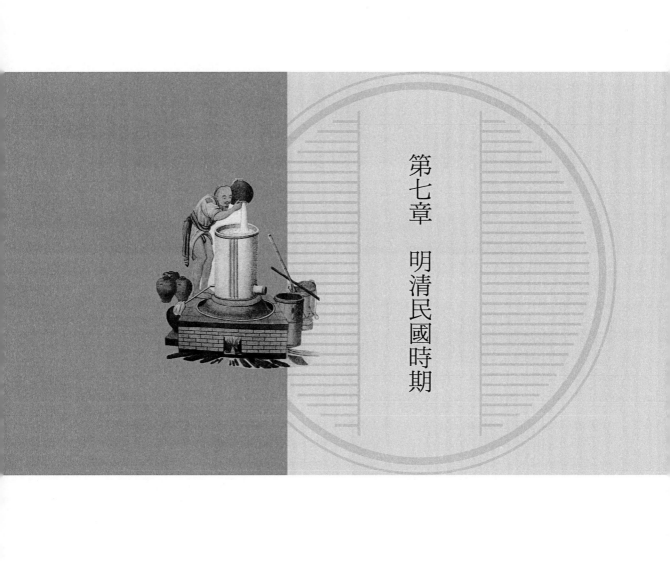

第七章 明清民國時期

明清民國時期，黃河中游地區的飲食文化對過去有繼承，更有創新與發展。在食材方面，生產能力有所提高，食源更加廣泛，既有本土生產的，又有從外國引進的玉米、番茄、馬鈴薯、辣椒等新作物。在食品加工與烹飪上，麵食品種極大豐富，肉類菜餚以雞、豬、羊原料為主，注意製作醃菜和利用各種豆製品來彌補新鮮蔬菜的不足，各具特色的地方菜餚逐漸形成。在酒文化方面，黃河中游地區成為全國的白酒生產中心，名酒眾多，飲酒習俗在傳承前代的基礎上有了新發展。在茶文化方面，炒青、瀹飲的興起和花茶的普及，使黃河中游地區形成了別開生面的泡茶文化。這一時期，茶文化世俗化的傾向明顯，流行返璞歸真的陶瓷茶具。在飲食習俗方面，節日飲食習俗多姿多彩，人生禮儀食俗發展得相當成熟，各種飲食的寓意深刻。

第一節　食物原料生產的新變化

明清民國時期，黃河中游地區人口增長較快，生態環境遭到嚴重破壞，人地矛盾加劇。傳統的糧食生產越來越難以養活日益增多的人口，這一時期，原產美洲的高產作物玉米、甘藷等得到了廣泛種植，在一定程度上緩和了由於人口過量增長、環境惡化所造成的糧食危機。同時，副食原料生產也發生了很大變化。

一、美洲高產農作物的引進

明清民國時期是中國繼西漢張騫通西域以來又一次大規模引進外來農作物的時期。玉米、蕃薯、馬鈴薯等原產美洲的高產作物相繼引入中國，並在黃河流域廣泛種植。這不僅豐富了糧食作物的品種，使糧食作物的構成發生了重大變化，而且對於緩解人口迅速增加而出現的糧荒問題具有重大意義。

（一）玉米

玉米又稱苞穀、玉蜀黍、玉茭等，原產墨西哥和祕魯，一四九二年哥倫布到達美洲後陸續傳播到世界各地。明嘉靖年間（西元1522-1566年），玉米沿海路和陸路，分別從東南、西南和西北三個方向傳入中國，隨後又相繼傳入黃河中游地區。黃河中游地區引種玉米，大體經歷了三個階段。

❶ · 玉米的初步引種

從明嘉靖年間到清康熙年間，是玉米初步引種的時期。這一時期，引種最早、最普遍的是河南省。嘉靖十四年（西元1535年）成書的《鄢陵縣志》中就有玉米的記載。康熙以前，河南有10府縣已引種了玉米。這一時期，陝西的山陽縣和子長縣、山西的河津縣也引種了玉米。河南引種玉米之所以能較陝西、山西普遍，是因為該省地處中州，是東西南北交通要衝。河南引種玉米的諸縣都是位於黃河兩岸或淮河上游的交通便捷之地。但這一時期玉米引種的廣度和深度都不夠，一般僅限於平原河谷地帶種植。這是由於明清之際社會動盪不安，農業生產受到戰爭的嚴重破壞，人們面臨的問題是如何恢復生產，而無暇顧及新作物品種的引種問題，加之受到傳統習慣的影響，人們尚未認識到玉米耐旱澇、適於在山地沙礫土壤種植的優點。

❷ · 玉米的較快推廣

從清雍正年間到道光年間，是玉米較快推廣的時期。這一時期社會相對穩定，便於新的農作物品種的推廣。同時，土地兼併日益嚴重，大批失去土地的流民，為了尋求生活出路，流入人口稀少的山區進行墾荒，而山區丘陵正適合種植玉米，這樣玉米得到了較快推廣。據有關縣志統計，這一時期河南又有21府縣引種了玉米，玉米基本上遍布河南全省。陝西這一時期又有33府州縣種植玉米，其中陝南山區種植最多。陝南玉米的種植推動了屬於黃河中游地區的關中平原和陝北高原的玉米種植。嘉慶二十三年（西元1818年）成書的《扶風縣志》稱：「近者瘠山皆種包

穀，蓋南山客民皆植之，近更浸及平原矣。」延安府延長縣，民間向無玉米，乾隆二十七年（西元1762年），邑令王崇禮專門出示，列舉玉米「十便五利」，要求百姓效仿「近來南方種山原」的做法，進行「深耕試種」[1]。山西的玉米推廣在道光以前一直很緩慢，玉米種植區只增加了太原、大同、繁峙三縣，落後於同一時期的河南、陝西。

❸·玉米的普遍推廣

從清鹹豐年間到中華民國時期，是玉米在黃河中游地區普遍推廣的時期，玉米成為當地居民的一種主要糧食。

山西在清後期，玉米種植得到了廣泛推廣，方志中大多有了玉米的記載。光緒年間玉米在山西已是處處有之，相當普遍了，表明玉米已成為山西較為主要的糧食作物。清末、民國時期，晉東、晉南山區是山西玉米的主要種植區，如五台山一帶，玉米是農作物的大宗；陽城縣山地也多種，所產玉米質量頗好；地處太行山區的潞安府各屬，玉米種植更為廣泛，並成為當地居民最為主要的糧食，「每炊必須，團為餅與粥同煮，謂之圪塔，屑榆皮和之，切為條子，謂之撥子」[2]，足見玉米在日常飲食中的重要地位。

這一時期，河南的玉米以豫西伏牛山區種植最多，如陝縣的玉米種植占到秋糧的一半還多；閿（wén）鄉縣（今屬靈寶境內）人多地少，即使小麥豐收也不夠半年口糧，因而農家多種玉米，賴以食之[3]。豫北和豫東平原玉米種植也不少，如豫北的林縣（現為林州），玉米向為百姓的「恆食品」，豫東平原的陽武縣（今原陽東南）種玉米者「頗多」，滎陽縣玉米在秋糧種植中「最為普遍」[4]；鹿邑、考城（今蘭考張君墓鎮周圍地區）、許昌、汜水等縣玉米種植都占很大比重。豫西南的南陽盆地

1　乾隆《延長縣志·藝文志·和諭》，陝西人民出版社，1991年。
2　光緒《山西通志·風土記》，中華書局，1997年。
3　民國《陝縣志·物產》，民國《新修閿鄉縣志·物產》，河南人民出版社，1988年。
4　民國《林縣志·風土》，民國《陽武縣志·物產》，民國《續滎陽縣志·物產》，石刻本，1932年。

和豫南的信陽區域，玉米種植較其他地區為少。

（二）蕃薯

蕃薯，又稱甘藷、紅薯、白薯、金薯、紅芋、紅苕、地瓜等，原產於墨西哥和哥倫比亞，明朝萬曆年間（西元1573-1620年）分兩條路線傳入中國：一是沿海路自呂宋傳入福建；二是沿陸路通過印度、緬甸，傳入雲南。

蕃薯是一種適應性極強的作物，耐旱耐瘠，還可以在沙鹼荒灘上栽種，而且產量特別高，清人陸耀《甘藷錄》稱：「畝可得數千斤，勝種五穀幾倍。」特別突出的是蕃薯災後極好的救荒作用，「若旱年得水、澇年水退，在七月中氣後，其田遂不及藝五穀：蕎麥可種，又寡收而無益於人。計惟剪藤種薯，易生而多收。」如遇「蝻蝗為害，草木無遺。」「唯有薯根在地，薦食不及，縱令莖葉皆盡，尚能發生，不妨收入」[1]。蕃薯的這些優良特性使其受到廣泛歡迎。但清乾隆以前，蕃薯的種植主要限於長江以南各省，主要由於北方冬季寒冷，在技術上尚未解決薯種越冬的難題。這一技術難題直到乾隆初年才利用窖藏法加以解決，為黃河中游地區引種蕃薯提供了技術保證。

❶·蕃薯種植在河南發展較快

黃河中游地區的蕃薯種植主要分布在河南省。河南蕃薯的種植最早是在清乾隆初年，在北方各省中引種最早。河南蕃薯引種是從豫西伏牛山區逐漸推廣的，乾隆五年（西元1740年），汝州知府宋名立「覓種教藝，人獲其利，種者寖多」；魯山縣，蕃薯已「蔓延邑境」；洛陽縣，「近種紅薯亦佳」。豫西南南召縣的蕃薯傳播到了陝南。豫北的汲縣（今衛輝）蕃薯「傳種於懷慶」。豫東的通許縣此時也成為蕃薯產地[2]。乾隆二十一年（西元1756年），陳世元長子陳雲、次子陳燮又將蕃薯移種

1　徐光啟：《農政全書》卷二七，四庫全書本，商務印書館，2005年。

2　乾隆《汝州續志·物產》，乾隆《魯山縣志·物產》，乾隆《洛陽縣志·物產》，乾隆《商南縣志·物產》，乾隆《汲縣志·物產》，乾隆《通許縣志·物產》。

河南朱仙鎮[1]。到乾隆中期，蕃薯已成為重要的糧食作物，開始遍及全省，特別是中北部各州縣。林龍友《金薯詠》曰：「孰導薯充穀，南邦文獻存。種先來外國，栽已遍中原。」[2]

乾隆後期，河南蕃薯種植又有較快發展。當時河南旱災嚴重，連年歉收。乾隆帝令閩浙總督雅德「將蕃薯藤種採寄河南」。乾隆五十年（西元1785年）七月，又令河南巡撫畢沅，「勸諭民人仿照懷慶……廣為栽植，接濟民食」，又將陸耀《甘藷錄》廣為傳抄、散發。畢沅又聘請陳世元「赴豫省教種蕃薯」，「陳世元因熟悉樹藝之法，情願赴豫教種」[3]。由於各方努力，河南蕃薯種植迅速推廣。

清末民國時期，河南蕃薯種植有增無減。豫東的淮陽縣，蕃薯為主要的佐食之品，太康縣「境內外多栽種」，是農家冬春季節的主食。禹縣（今禹州）、考城等縣除食用外，還用其製粉，做粉皮、粉條等，取代了綠豆的製粉地位。鹿邑縣蕃薯每畝可收2320多斤，救荒倍於種糧[4]。豫西的偃師、鞏縣、新安、閿鄉、陝縣都栽種很多紅薯。豫北新鄉縣蕃薯「遍地皆種，用以佐秋粟，無飢餓之虞」。豫西南南陽區域平均每縣大約可種5000畝左右。豫南的正陽縣「種者益多」；光州「凡隙地數尺，目可仰見天日者，皆可栽種紅薯」，種蕃薯被列為救荒的主要措施[5]。

❷ · 蕃薯在山西傳播較慢

山西的蕃薯傳播比較緩慢。乾隆二十一年（西元1756年）陳雲、陳燮兄弟將蕃薯移植河南朱仙鎮不久，又將蕃薯移植於晉西南解州府一帶。但直到鴉片戰爭前，山西只有解州、大同少數地方有所種植。新絳縣「光緒三年尚無此種」，直到民國間種植才漸多[6]。山西許多縣直到民國年間仍未見有蕃薯的記載。山西蕃薯的分布範

1　陳世元：《金薯傳習錄》卷上，農業出版社，1982年。
2　陳世元：《金薯傳習錄》卷下，農業出版社，1982年。
3　王先謙：《東華續錄》，乾隆卷一〇二，上海古籍出版社，2008年。
4　民國《淮陽縣志·物產》，民國《太康縣志·物產》，民國《禹縣志·物產》，民國《考城縣志·物產》，光緒《鹿邑縣志·物產》。
5　民國《續新鄉縣志·物產》，民國《重修正陽縣志·農業》，光緒《光州志·物產》。
6　民國《新絳縣志·物產》，陝西人民出版社，1997年。

圍也很有限，主要集中在晉東南、西南山地。蕃薯在山西傳播緩慢和分布不廣的原因是山西大多數地方氣溫較低、熱量不足，不利於蕃薯生長，而代以種植馬鈴薯。

❸·陝西蕃薯主要分布在關中平原

陝西種植蕃薯始於乾隆九年到十一年間（西元1744-1746年），陝西巡撫陳宏謀曾令有司印刷蕃薯種植法二千張，分發各府州縣。據民國《周至縣志》卷三載，「陳榕門先生撫關中日，從閩中得此種，散給州縣分種」。陳宏謀不僅設法弄到薯種，而且在推廣方面頗有成績，不少州縣地方官遵照陳宏謀的飭令在當地勸民種植，如咸陽縣，「奉發甘藷一種，……利源已開，種類不絕，舊時土產之外，又增一利生之物矣。」鄠（hù，戶）縣「紅薯亦宜，此撫軍桂林陳公（陳宏謀，廣西臨桂人）遺者」[1]。陝西的蕃薯主要分布在關中平原。陝北高原傳種較晚種植不多，原因同山西一樣為氣溫較低，熱量不足。

（三）馬鈴薯

馬鈴薯又名土豆，原產於南美洲。中國最早引種馬鈴薯是在十八世紀。馬鈴薯在中國傳播和推廣遠比蕃薯為慢，這主要由於馬鈴薯味淡，不如蕃薯好吃。雖可以佐食，有救荒功能，但在蕃薯普遍栽種以後，這種作用根本無法發揮。

黃河中游地區的馬鈴薯主要分布在山西。馬鈴薯傳入山西較晚，大約在清嘉慶後期，由於山西多山、地勢高寒，較為適宜馬鈴薯生長，所以山西的馬鈴薯塊大質優，且沒有出現其他地方常見的薯塊退化現象，因此馬鈴薯在山西傳播得很快，迅速成為當地居民的重要食糧。道光二十五年（西元1845年）出任山西巡撫的吳其浚稱之為「陽芋」，曰「山西種之為田，俗呼『山藥蛋』」[2]。山西的馬鈴薯自嘉慶後期傳入，到道光時即已成為大田作物，足見其擴展之快。山西馬鈴薯又主要分布在晉

1　乾隆《咸陽縣志》卷一，乾隆《鄠縣志》卷三，上海書店、巴蜀書社、江蘇古籍出版社，2007年。
2　吳其浚：《植物名實圖考》卷六，商務印書館，1957年。

北和晉東、晉西山區。晉北的天鎮縣以馬鈴薯和筱麥為最主要的糧食；馬邑縣居民「賴以為養命之源」[1]。晉南的平川河谷，馬鈴薯種植面積一般不大，主要作為蔬菜來種植。

河南、陝西兩省馬鈴薯種植較山西少，一般作為蔬菜種植在園圃中，大面積種植的則不多。

二、副食原料生產的新變化

明清民國時期，黃河中游地區的副食原料生產大致可分為肉蛋、蔬菜、瓜果三類。與前代相比，變化較大的是肉蛋和蔬菜的生產。

（一）肉蛋生產的變化

明清民國時期，黃河中游地區肉蛋生產的變化主要體現在以下兩個方面：

❶ · 豬肉地位的上升和養豬技術的進步

在家畜中，豬、羊是肉類的主要來源。宋元時期，統治階級崇尚羊肉，人們多以羊肉為美味。明清民國時期，這種觀念在黃河中游地區發生了變化。豬肉受到人們的普遍重視，地位上升，被稱為「大肉」。河南和陝西的關中平原民戶普遍以養豬為家庭副業，豬肉是這些地區人們最常食用的肉類。

這一時期豬肉地位的上升還表現在大量養豬著述的出現上。明人張履祥的《補農書》卷上、徐光啟的《農政全書》卷四一、漣川的《沈氏農書》卷上、鄺璠的《便民圖纂》卷十四、清人楊屾的《豳風廣義》、張宗法的《三農記》等著作中均有如何養豬的記載。

這一時期的養豬技術有了長足的進步。特別是清乾隆時期，民間出現並實施

1　光緒《天鎮縣志·風土》，民國《馬邑縣志·輿地》，成文出版社，1935年。

的「七宜八忌」養豬法和雄豬去勢、母豬劁蕊（qiāoruǐ，割去卵巢及輸卵管）的閹割技術[1]，對於生豬飼養，提高產肉率有著十分重要的意義。人們還開始根據豬的長相來鑑定肉豬的優劣，指出「喙短扁、鼻孔大、耳根急、額平正、腰背長、膁（qiǎn，身體兩旁肋骨和胯骨之間的部分）堂小、尾直垂、四蹄齊、後乳寬、毛稀者易養」，「作種者生門向上易孕，乳頭勻者產子勻，產後兩月而思孕，不失其時，一歲二生其豚」[2]。

這一時期，羊肉在肉食中仍占有重要地位。特別是山西和陝北，地勢高寒，接近牧區，養羊業很盛，羊肉是當地最主要的肉類。如清代山西隰州「豕少羊多，宴客每有羊而無豕」。山西臨晉縣羊肉的地位也在豬肉之前。[3]河南和陝西關中平原，羊肉的地位往往次於豬肉。如民國時豫西洛陽縣「肉類以豬肉、羊肉、牛肉為多」[4]。羊肉因其性熱，故「冬日食者較多，夏日較少」[5]。

牛、馬、驢、騾仍被人們大量飼養，不過主要用作畜力，只有喪失畜力的牲畜才被人們宰殺。病死的牲畜也往往很少被掩埋處理，而是被加工食用。

❷・家禽飼養技術的進步

雞、鴨、鵝等家禽不僅為人們提供肉，而且還提供蛋。雖然蓄養「雞鴨利極微，但雞以供祭祀、待賓客，鴨以取蛋，田家不可無」[6]。黃河中游地區因水域面積少，故雞多鴨少，在價格上雞賤鴨貴。有些地方「鴨產稍稀，非盛饌不設」[7]。

1　楊屾：《豳風廣義・養豬有七宜八忌》，農業出版社，1962年。

2　張宗法：《三農記・豕相法》，任繼愈主編：《中國科學技術典籍通匯・農學卷（四）》，河南教育出版社，1993年。

3　康熙《隰州志・生活民俗》，乾隆《臨晉縣志・生活民俗》。引自丁世良、趙放主編，《中國地方誌民俗資料彙編・華北卷》，書目文獻出版社，1989年。本章中凡山西各縣之生活民俗、歲時民俗、禮儀民俗，均引自是書。

4　民國《洛陽縣志略・生活民俗》，丁世良、趙放主編，《中國地方誌民俗資料彙編・中南卷》，書目文獻出版社，1991年。本章中凡河南各縣之生活民俗、歲時民俗、禮儀民俗，均引自是書。

5　民國《西平縣志・生活民俗》，中州古籍出版社，2005年。

6　張履祥輯補：《補農書》，續四庫全書本，上海古籍出版社，2002年。

7　民國《西平縣志・生活民俗》。

這一時期禽蛋孵化、運輸和家禽飼養技術都有一些進步，其中照蛋法和嘌蛋技術尤其令人矚目。

「照蛋法」是清康熙元年（西元1662年）之前即已形成的家禽人工孵化看胎施溫技術，這一技術在後世得到了廣泛實施。清人王百家《哺記》記述此技術時稱：「其始必擇卵，擇其狀之圓者、大者，蓋牧人貴雌而賤雄，以圓者雌而長者雄也。其灶編稿為之，泥塗其內而置火焉，置缸其上為釜，又編稿為門以閉火氣，懼其過於烈也，則釜內藉以糠秕，置筐其中，實以卵，上復編稿以蓋之，懼其火候不勻也。又以一筐，上其下，下其上以易之，如是者日五，十五日上攤，攤狀如床，設薦席焉，列卵其上，絮以綿，覆以被，日轉八次而不用火，蓋十五日以前，內未生毛，必藉溫於火，十五日以後，毛自能溫，但轉之覆之而已。卵雖外包以殼，而老於哺者其殼中之情形纖悉，時刻先後，歷歷不爽，問其何以知之，則皆由於照也。」

「嘌蛋」是家禽種蛋孵化後期的運輸方法，清人羅天尺《五山志林‧火焙鴨》中稱：「其法巧妙，幾奪造化，所鬻販有遠近，計其地裡而予之，或三四日，或十數日，必俟到其地，乃破殼出，真神巧也。」

（二）蔬菜生產的變化

❶‧蔬菜種類增多

中國早期栽培的蔬菜品種較少。北魏賈思勰《齊民要術》中記載有35種蔬菜的栽培方法。唐宋金元時期，蔬菜種類增加，但總的來說，數量增加有限。明清民國時期的蔬菜品種卻增加了不少，清末楊鞏編的《農學合編》彙集有57種蔬菜的栽培方法。促使這一時期蔬菜品種增多的原因有三：

第一，豆類從糧食轉化為蔬菜。明代宋應星《天工開物》卷上稱「麻、菽二者，功用已全入蔬餌膏饌之中」。豆類從糧食轉化為蔬菜，對新鮮蔬菜不能滿足需求的黃河中游地區來說意義重大。人們選用豆類製作豆芽、豆油、豆腐、豆醬、豆豉等

各種豆製品，極大地豐富了人們的副食品種。

第二，這一時期黃河中游地區開始了對新蔬菜品種的培育，如甘藍、菜豆等。甘藍當時稱為「葵花白菜」，清代吳其濬《植物名實圖考・蔬菜》「葵花白菜」條稱：「葵花白菜生山西，大葉青藍如劈藍，四面披離，中心葉白，如黃芽白菜，層層緊抱如覆碗，肥絕可愛，汾沁之間菜之美者，為虀為羹無不宜之。」菜豆在清人張宗法《三農記・蔬屬》中即有記載，「時季豆，乃菽屬也」。

第三，海外蔬菜的引進。隨著中國與海外諸國聯繫的加強，在引進玉米、蕃薯的同時，也引進了不少外國蔬菜，如原產於美洲大陸的辣椒、南瓜、番茄（西紅柿）等。

辣椒最初傳入中國時稱「番椒」，十六世紀末高濂《遵生八箋・燕間清賞箋》對其描述道：「番椒，白花，子儼禿筆頭，味辣色紅，甚可觀。子種。」辣椒傳入中國後得到了迅速傳播，黃河中游地區的辣椒種植雖沒有南方多，但也很普遍。從辣椒的別名「秦椒」及關中「八大怪」之一的「油潑辣子是道菜」，可以看出陝西人是如何喜食辣椒了。山區居民往往由於地高井深，缺少園蔬，更是「秦椒尤食不厭」[1]。平民百姓也多因飯食粗糙，多食辣椒，「借其激刺以健胃力」[2]。

番茄在明代後期已引種至中國。萬曆四十一年（西元1613年）的《猗氏縣志》在《物產・果類》中記有西番柿，該志中只存一名，並無性狀描述。雍正十三年（西元1735年）的《澤州府志》對西番柿描述道：「西番柿似柿而小、草本、蔓生、味澀。」清代吳其濬在《植物名實圖考》中將其稱為「小金瓜」，並描述其性狀：「蔓生，葉似苦瓜而小，亦少花杈。秋結實，如金瓜，纍纍成簇，如雞心柿而更小，亦不正圓」，其果實「紅潤然不過三五日即腐」，「其青脆時，以鹽醋炒之可食」。但番茄長期以來沒有正式進入菜圃，只停留在作為觀賞植物的階段。作為蔬菜大量栽培，只是近幾十年的事。

❷‧夏季蔬菜品種較少、比重過低的狀況得到改變

中國早期栽培的蔬菜品種較少，其中夏季蔬菜的品種更少。北魏賈思勰《齊民要術》記述35種栽培蔬菜，其中能在夏季栽培供應的只有甜瓜、冬瓜、瓠、黃瓜、越瓜和茄子六種，約占當時栽培蔬菜種類的17.14％。唐宋金元時期，蔬菜品種的數量增長不多，夏季栽培的蔬菜品種增加得更少。從明代起，這種狀況有了較明顯的改變，清末《農學合編》彙集的57種栽培蔬菜中，能在夏季栽培的有17種，它們是白菜、菜瓜、南瓜、黃瓜、冬瓜、西瓜、越瓜、甜瓜、瓠、莧、蕹菜、辣椒、茄子、刀豆、豇豆、菜豆和扁豆，約占全部栽培蔬菜種類的29.81％，初步形成了今天這種以茄果瓜豆為主的夏季蔬菜結構。[1]

❸‧在傳統的秋冬季蔬菜中，白菜、蘿蔔的地位上升

明清民國時期，白菜、蘿蔔在人們蔬食結構中的地位上升，成為黃河中游地區居民冬季的當家菜。如河南獲嘉縣，「菜蔬以紅白蘿菔（卜）、蔓菁及白菜為最多」[2]。白菜、蘿蔔地位上升是有其原因的。黃河中游地區冬季寒冷而較長，新鮮蔬菜供應期較短，冬春兩季往往缺乏新鮮蔬菜，白菜、蘿蔔為秋季收穫的蔬菜，具有耐儲存、可醃製等優點，因而白菜、蘿蔔被人們大量種植儲存，成為黃河中游地區居民過冬的當家菜。

❹‧辛辣類蔬菜被廣為種植

明清民國時期，蔥、薑、蒜、辣椒、韭、芥等辛辣類蔬菜在黃河中游地區的廣為種植。辛辣類蔬菜有刺激血液循環以保暖禦寒及增加食慾等功能，黃河中游地區的居民對此類蔬菜十分喜食。清人徐珂《清稗類鈔‧飲食類》載：「北人好食蔥蒜，而蔥蒜亦以北產為勝。直隸、甘肅、河南、山西、陝西等省，無論富貴貧賤之家，每飯必具。」不少縣志對此也多有反映，如民國十二年（西元1923年）《臨晉縣志‧

1　閔宗殿：《海外農作物的傳入和對我國農業生產的影響》，《古今農業》，1991年第1期。
2　民國《獲嘉縣志‧生活民俗》，三聯書店，1991年。

生活民俗》載：「蔬菜喜食蔥、蒜、秦椒」；民國二十七年（西元1938年）《汝南縣志‧生活民俗》載：「助食之品有用鹹菜及白菜、蘿蔔（卜）、韭、蔥、芥、蒜等青菜並種種野菜」。

第二節　食品加工與烹飪的改進

明清民國時期，隨著食物原料的不斷豐富增多，與其他地區經濟文化交流的不斷加強，黃河中游地區的食品，無論是主食餅飯，還是副食菜餚，都出現了不少新的花色、品種，原有的食品加工、烹飪技藝也有了不少改進。

一、麵食品種的極大豐富

明清民國時期，黃河中游地區居民在日常飲食生活上，普遍重主食輕副食。人們多以麵食為主食，明清民國時期該區域的麵食種類極其豐富，不能儘數。

（一）餅饃類麵食的發展

❶‧花樣繁多的餅饃製作方法

餅饃類麵食是黃河中游地區人們幾乎餐餐必食的食品。明清民國時期，餅饃類食品的製作技藝已達到相當高的水平。製作前，視不同品種而靈活運用發酵麵團、油酥麵團、冷水麵團、溫水麵團或燙麵團。製成的餅、饃形狀各異，味道有別。針對不同的品種，運用擀、切、包、裹、捲、疊、壓、捻、搓、扭、推等技法成形。餅饃成熟的方法也多種多樣，蒸、烙、烤、油煎、水煎、油炸，不拘一格。生於晚清、民國時期的陝西人薛寶辰對餅饃類食品的製法作了歸納：

餅為北人日用所必須，無人不知作法，似可無庸縷述。然未可略也。姑列其作

法如左。

其蒸食之法有七：以發麵蒸之，曰蒸饃，俗呼饅頭；以油潤麵糝以薑米、椒鹽作盤旋之形，曰油栲；以發麵實蔬菜其中蒸之，曰包子，古稱餶餖，有呼饅頭；以生麵捻餅，置豆粉上，以碗推其邊使薄，實以髮菜、蔬筍，撮合蒸之，曰捎美；生麵，以滾水湯（燙）之，扦圓片，一二寸大，實以蔬菜摺合蒸之，曰湯（燙）麵餃；以發麵扦薄，涂以油，反覆摺疊，以手勻按，愈按愈薄，約四五寸大，蒸熟，切去四邊，折開捲菜食之，曰薄餅；以湯（燙）麵薄糝以薑、鹽，涂以香油，捲而蒸之，曰湯麵捲。

其烙之法十有一：以生麵或發麵團作餅烙之，曰烙餅，曰燒餅，曰火燒；視鍋大小為之，曰鍋規（盔）；以生麵扦薄塗油，摺疊環轉為之，曰油旋，《隨園食單》所謂蓑衣餅也；以酥麵實餡作餅，曰餡兒火燒；以生麵實餡作餅，曰餡兒餅；酥而不實餡，曰酥餅；酥麵不加皮麵，曰自來酥；以麵糊入鍋搖之使薄，曰煎餅；以小勺挹之，注入鍋，一勺一餅，曰淋餅，和以花片及菜，曰托麵；置有餡生餅於鍋，灌以水烙之，京師曰鍋貼，陝西名曰水津包子；作極薄餅先烙而後蒸之，曰春餅。

其油炸之法有五：以發麵作餅炸之，曰油餅；搓為細縷，折合炸之，曰饊子；扭如繩狀炸之，曰麥花，一曰麻花；以湯麵實以糖餡，作圓餅炸之，曰油糕；以鹼、白礬發麵搓長條炸之，曰油果，陝西名曰油炸鬼，京師名曰炙鬼。

以上作法，容有未備，然大略不外是矣。[1]

薛寶辰對餅的歸納大致上是符合明清民國時期黃河中游地區麵食品種的實際情況的。

❷ · 彰顯地方特色的餅饃名食

各地因食品原料、傳統習慣等不同，對某一種或某幾種餅饃的製作方法會有所偏好，逐漸形成了各地特色，在技術精益求精的基礎上，一些地方的餅饃食品脫穎

1　薛寶辰：《素食說略》卷四，中國商業出版社，1984年。

中國飲食文化史　黃河中游地區卷

而出，成為名食。

陝西餅饃名食。主要有西安飥飥饃、渭北石子饃、蒲城椽頭蒸饃、興平云云饃、罐罐饃、合陽麵花、乾縣鍋盔、涇陽天然餅、富平太后餅、臨潼黃桂柿子餅、寧強王家核桃燒餅、延安火燒、三原泡泡油糕、馬鞍橋油糕、黃米糕、甑糕、定邊糖饊子等。其中，飥飥饃是一種特製的烙饃，主要用於「羊肉泡」。在陝西，特別是關中地區，羊肉泡饃是最為流行的麵食之一，有「天下第一泡」之稱。羊肉泡饃的吃法有四：「口湯」「乾泡」「水圍城」「單做」。「口湯」是吃到見底時，碗裡只剩下一口湯；「乾泡」是碗內無湯；「水圍城」是中間饃、周圍湯；「單做」是湯中不泡饃，就湯吃饃。

山西餅饃名食。主要有麵塑、蕎麵栲栳（kāolao）、高粱麵魚魚、聞喜煮餅、上黨甩餅、大谷餅、孟封餅、五寨一窩酥烙油餅、稷山麻花、寧鄉油糕等。其中的麵塑很有特點，麵塑，民間俗稱「麵人」「麵羊」「羊羔饃」「花饃」等，是用麵粉蒸製的人物、動物、花卉、翎毛、瓜果等花樣的麵點。山西民間麵塑主要包括花饃和禮饃兩類，「花饃」是配合歲時節令祭禮或上供的饃，如祭祀神靈的「棗山」、清明節「飛燕」花饃等；「禮饃」則是伴隨誕生、婚嫁、壽筵、喪葬等人生儀禮而製作的餽贈物品。

河南餅饃名食。主要有開封灌湯包子、水煎包、鍋貼、蒸餃、燙麵角、花生

▲圖7-1　清明麵燕

▲圖7-2　開封灌湯包子

糕、江米糕、龍鬚糕、糖糕、博望鍋盔、雙麻火燒、息縣油酥火燒、信陽勺子饃、商丘水激饃、沈丘顧家饃、罎子肉烟餅、蘿蔔絲餅、高爐燒餅、油酥燒餅、油旋、豫東四批油條、八批油條、陝縣大營麻花、虞城陳店麻花、柘城雞爪麻花等。其中，「開封灌湯包子」又稱開封灌湯小籠包子，有「提起像燈籠，放下似菊花」之說，以小巧玲瓏、皮薄餡多、灌湯流油、鮮香利口而馳名。

（二）麵條類食品的創新

❶ · 有味麵條品種的增多

一些舊有的麵條類食品也得到了發展。如加動植物原料和各種調料於麵粉之中，製成有味麵條在前代已經出現，這一時期更加普遍，明代出現的「紅絲麵」、「蘿蔔麵」就屬於此類有味麵條。[1]清代的「五香麵」和「八珍麵」等有味麵條更是構思奇巧，風味別具。五香麵，是用醬、醋、椒末、芝麻屑、鮮湯汁（筍湯、蕈湯、蝦湯都可）加入麵粉中製成的；八珍麵，是用雞肉乾、魚肉乾、蝦肉乾、鮮筍末、香蕈末、芝麻屑、花椒末、鮮湯汁等八種配料和調料加入麵粉中製成的。對這兩種有味麵條，清人李漁《閒情偶寄》和袁枚《隨園食單》都有介紹。

❷ · 麵條品種的創新

這一時期黃河中游地區出現了一些新的麵條類食品的製作方法，如拉麵、削麵、托麵等。

拉麵。拉麵又稱扯麵、抻麵、楨條麵、振條麵。明代宋詡《宋氏養生部》卷二中始有記載：「用少鹽入水和面，一斤為率，既勻，沃香油少許。夏月以油單紙微覆一時，冬月則覆一宿餘，分切如巨擘，漸以兩手扯長，纏絡於直指、將指、無名指間，為細條。先作沸湯，隨扯隨煮，視其熟而浮者，先取之。齏湯同煎製。」

1　劉基：《多能鄙事》卷二《餅餌米麵食法》，上海古籍出版社，1995年。

清代時，拉麵技術更加成熟，「其以水和麵，入鹽、鹼、清油揉勻，覆以濕布，俟其融和，扯為細條，煮之，名為楨麵條。作法以山西太原平定州、陝西朝邑、同州為最佳。其薄等於韭菜，其細比於掛麵。可以成三棱之形，可以成中空之形，耐煮不斷，柔而能韌，真妙手也」。[1]

削麵。即刀削麵。其製法為：「麵和硬，須多揉，愈揉愈佳，作長塊置掌中，以快刀削細長薄片，用湯或鹵澆食，甚有別趣。平遙、介休等處，作法甚佳。」[2]

托麵。「素人以花瓣或菜之嫩者，裹以麵糊，入油鍋炸之，謂之托麵。朱藤花、玉蘭花、牡丹花、木槿花、荷花、戎葵花、蜜萱花、倭瓜花皆可作。」[3]

❸ · 具有地方特色的麵條名食

陝西麵條名食。陝西人嗜食麵條，其種類很多，比較有特色的有岐山臊子麵、𰻞𰻞（biangbiang）麵、楊凌蘸水麵、戶縣擺湯麵、蒜蘸麵、蕎麥麵、藍田餄餎麵、宮廷罐罐麵、韓城羊肉糊卜麵、禮泉烙麵、油潑麵、酸湯麵、西府乾拌麵、韓城大刀麵、翡翠麵、撕飥飥、夾老鴰臛（sà）、蕎麵圪凸等。其中，岐山臊子麵以「薄、盤、光、酸、辣、香、煎、稀、汪」的特點而聞名遐邇。吃臊子麵時，當地人還有只吃麵不喝湯的習俗。

陝西的𰻞𰻞麵是一種介於「乾撈麵」和「湯麵」之間的麵條，是用炒鍋炒好肉丁或肉片及辣子、筍片、菜瓜等與麵條共同翻炒而成，其麵具有「筋、光、香」的特點，吃起來十分柔韌且有彈性。其biang字號稱是中國筆畫最多的漢字，有兒歌述其筆畫為：「一點上了天，黃河兩道灣：八字大張口，言字往裡走：你一扭，我一扭：你一長，我一長，當中加個馬大王；心字底，月字旁：掛個丁丁叫馬楨，坐著車車逛鹹陽。」之所以叫biang-biang麵，是因為此麵在製作的擀製和拉扯過程中，在案板上會發出biang-biang的聲音；麵在下鍋時，在鍋沿上會發出biang-biang的聲音；

1　薛寶辰：《素食說略》，中國商業出版社，1984年。
2　薛寶辰：《素食說略》，中國商業出版社，1984年。
3　薛寶辰:《素食說略》卷四，中國商業出版社，1984年。

麵在撈出和調味攪拌過程中，發出biang-biang的聲音；麵在入口時，在嘴邊會發出biang-biang的聲音。[1]

　　山西麵條名食。山西湯煮類麵食製作方法多樣，有擀、拉、撥、削、壓、擦、揪、抿等幾十種，所用原料除小麥麵外，還有高粱麵、豆麵、玉米麵、蕎麥麵、麥麵等，調料上至雞、鴨、魚肉、海鮮，下至油、鹽、醬、醋，不一而足。比較有名的山西特色麵食有刀削麵、包皮麵、拉麵、龍鬚麵、揪片、拔姑、剔尖、「貓耳朵」、飴餎等。其中「刀削麵」是山西最負盛名的煮麵，它內虛、外筋、柔軟、光滑，深受人們的喜愛。

　　河南麵條名食。河南比較有名的麵條主要有洛陽酸漿麵條、鄭州燴麵等。其中，洛陽酸漿麵條又稱「漿麵條」，其製法為：「以粉製成漿，下麵條其中」。因為當地居民「無不嗜之者，故外人號之謂『漿麵嘴』云」[2]。鄭州燴麵形成於民國時期，其麵條用麵坯拉扯而成，既寬又厚，筋道十足。燴麵集麵、湯、肉、菜於一身，量大實惠，深受河南人的歡迎，有「河南第一麵」之稱。

1　逸空：《筆畫最多的漢字和關中biang-biang麵》，《中華飲食文化基金會會訊》，2009年第1期。

2　民國《洛陽縣志略・生活民俗》，國家圖書館出版社，2011年。

二、副食菜餚烹飪的發展

明清民國時期，黃河中游地區的肉類菜餚多以雞、豬、羊為原料製作而成。由於很多地方「肉類除富裕者外，小康之家亦只於歲時令節始嘗肉味」[1]，普通百姓「下飯惟用菜蔬，且極簡單」[2]，多以鹹菜、酸菜、豆腐佐餐。因此，這一時期黃河中游地區的鹹菜、酸菜等醃菜生產十分普遍，醃菜、豆腐及各種豆製品的生產技術也獲得了很大的發展。同時，因物產、氣候、風俗習慣的不同，黃河中游各地區在飲食生活上也表現出明顯的差異性，形成了各具特色的地方菜餚風味。

（一）以雞、豬、羊原料為主的肉類菜餚

由於「北方雞賤，豬羊亦不昂，鴨貴，魚蝦亦貴」[3]，故黃河中游地區的肉類菜餚以雞、豬、羊肉為原料的比較多。僅在《清稗類鈔‧飲食類》中，就出現數百種肉類菜餚。

❶‧以雞肉、雞蛋為原料的菜餚

以雞肉為原料的菜餚有：煨雞、蘑菇煨雞、燜雞、醬雞、灼八塊、炒雞片、炒生雞絲、炒雞丁、栗子炒雞、梨炒雞、黃芽菜炒雞、蘑菇炒雞腿、西瓜蒸雞、焦雞、爐焙雞、蒸小雞、爆雞、生炮雞、松子雞、雞圓、燒野雞、拌野雞絲等。

以雞蛋為原料的菜餚有：燉蛋、三鮮蛋、跑蛋、蛋皮拌雞絲、蛋餃、芙蓉蛋、白煮雞蛋、煮茶葉蛋、混套、八珍蛋、雞蛋肉圓等。其中混套、八珍蛋、雞蛋肉圓的製作方法尤其別具一格：

混套。「混套者，以雞蛋外殼鑿一小孔，去黃用清，加入煨就濃雞滷打融，仍裝入殼中，用皮紙封固，飯上蒸熟，去外殼，仍渾然一蛋，味亦極鮮。」[4]

1　《汲縣志‧生活民俗》，清乾隆二十年刻本，1755年。
2　民國《孟縣志‧生活民俗》，成文出版社，1932年。
3　徐珂：《清稗類鈔》第十三冊《飲食類‧肴饌》，中華書局，1984年。
4　徐珂：《清稗類鈔》第十三冊《飲食類‧混套》，中華書局，1984年。

八珍蛋。「八珍蛋者,雞蛋外殼鑿小孔,使黃白流入碗中,調和,約七八枚,再將煨熟之火腿屑、筍屑、雞屑、蝦仁屑、蘑菇屑、香蕈屑、松子仁屑及鹽少許,同入蛋中調勻,裝入蛋殼中,用紙封口,飯鍋蒸熟,剝食之。」[1]

雞蛋肉圓。「雞蛋肉圓者,於生雞蛋之一端鑿一孔,傾出其黃白,乃以已和糖、酒、醬、油之豬肉屑納入殼中,將蛋白灌入,以皮紙封口而搖之,投沸水中,沸二十分鐘,即成雞蛋肉圓。」[2]

❷ · 以豬、羊肉為原料的菜餚

以豬為原料的菜餚有:煨豬裡肉、煨豬肉絲、煨豬爪、煨豬蹄筋、煨豬肺、煨豬腰、紅煨豬肉、白煨豬肉、薰煨豬肉、菜花煨豬肉、筍煨火腿、西瓜皮煨火腿、火腿煨豬肉、火腿煨豬爪、乾鍋蒸肉、粉蒸肉、荷葉粉蒸肉、蒸糟肉、蒸煮醃豬肉、蒸煮暴醃豬肉、蒸煮風肉、煮臘肉、薑菜心煮豬肉、西瓜煮豬肉、煮鮮豬蹄、炒豬肉片、炒豬肉絲、炒排骨、韭黃炒豬肉絲、瓜薑炒豬肉絲、燉豬肉、生炙肉、蜜炙火蹄、蜜炙火方、八寶肉、東坡肉、芙蓉肉、荔枝肉、梅菜肉、神仙肉、獅子頭、走油豬蹄、水晶蹄肴、火腿醬等。

以羊為原料的菜餚有燒羊肉、紅煨羊肉、炒羊肉絲、煮羊頭、煨羊蹄等。

(二)注意製作醃菜以彌補新鮮蔬菜的不足

❶ · 在蔬菜豐收的秋季製作醃菜

黃河中游地區的大部分地區屬於暖溫帶氣候,蔬菜生長季節短,人們非常注意製作鹹菜、酸菜等醃菜,以彌補新鮮蔬菜的不足。

人們一般在蔬菜旺盛的秋季製作醃菜,如山西隰州「九月製酸菜,溪內洗淨,

1　徐珂:《清稗類鈔》第十三冊《飲食類·八珍蛋》,中華書局,1984年。
2　徐珂:《清稗類鈔》第十三冊《飲食類·雞蛋肉圓》,中華書局,1984年。

藏之甕中，味變為酸，蓄之供一年之用」[1]。河南林縣居民，「常食之菜亦有三菜：一、蔓菁、蘿蔔葉，二、豆葉，三、紅薯葉。三種皆秋間煮熟淘淨，攪蔓菁絲入缸，備常年調湯佐餐，一名『老缸菜』」[2]。

❷·製作醃菜的技術精湛

黃河中游地區人們製作醃菜的技術十分精湛。清人薛寶辰在《素食說略》一書中，記述了北方醃製大白菜、五香鹹菜以及山西太原人醃製醋浸菜（即醋泡菜）的加工技術與方法，從中可見一斑：

醃菜。「白菜揀上好者，每菜一百斤，用鹽八斤。多則味鹹，少則味淡。醃一晝夜，反覆貯缸內，用大石壓定，醃三四日，打稿裝壇。」

醃五香鹹菜。「好肥菜，削去根，摘去黃葉；洗淨，晾乾水氣。每菜十斤，用鹽十兩，甘草六兩，以淨缸盛之，將鹽撒入菜椏（即菜叉）內，排於缸中。入大香、蒔蘿（即土茴香）、花椒，以手按實。至半缸，再入甘草莖。俟缸滿用大石壓定。醃三日後，將菜倒過，扭去滷水，於乾淨器內另放。忌生水，卻將滷水澆菜內。候七日，依前法再倒，仍用大石壓之。其菜味最香脆。若至春間食不盡者，於沸湯內瀹過，曬乾，收貯。或蒸過曬乾亦可。夏日用溫水浸過壓乾，香油拌勻，盛以瓷碗，於飯上蒸食最佳，或煎豆腐麵筋，俱清永。」

醋浸菜。「好醋若干，入鍋中，加花椒、八角、蒔蘿草果及鹽燒滾。俟水氣略盡，候冷，放壇中，浸入萊菔、胡萊菔、生薑、王瓜（即土瓜）、豇豆、刀豆、茄子、辣椒等，愈久愈佳。太原人作法甚佳。」

（三）豆製品極大地豐富了人們的副食生活

明清民國時期，豆類加工技術有了更大的進步，人們把豆類加工成種類繁多的

1　康熙《隰州志·生活民俗》，山西省隰縣縣志編纂委員會刊印，1982年。
2　民國《林縣志·生活民俗》，石刻本，1932年。

豆製品，極大地豐富了人們的副食生活。這些豆製品主要有各種豆腐、醬油、豆醬、豆豉、腐竹、粉皮、粉絲等。

❶ · 豆腐

明代李時珍《本草綱目》卷二五云：「豆腐之法，始於漢淮南王劉安。凡黑豆、黃豆及白豆、泥豆、豌豆、綠豆之類，皆可為之。造法：水浸，磑碎，濾去渣，煎成，以鹽滷汁或山礬葉或酸漿、醋淀，就釜收之。又有入缸內，以石膏末收者。大抵得鹹苦酸辛之物，皆可收斂爾。其面上凝結者，揭取晾乾，名豆腐皮，入饌甚佳也。」

李時珍《本草綱目》中的豆腐加工流程圖大致如下：

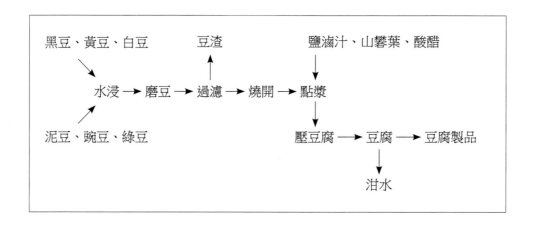

從這個生產流程圖中，我們可以很清楚地看到磨豆、過濾、點漿這三個工序是製作豆腐的最重要環節。豆腐製成後，還可以將其進一步加工成豆腐乳、腐竹、豆腐乾、凍豆腐、熏豆腐等。

❷ · 醬油與豆醬

食品史上，中國人用大豆製作醬油和豆醬的發明，無疑是對人類飲食的一大貢獻。醬油和豆醬，在明清民國時期深受黃河中游地區居民的喜愛。每年「伏日」，曬製豆麵醬成為該區域居民的風俗習慣。

醬油在漢代就已出現了。明代時醬油生產技術已非常成熟，在明代李時珍《本草綱目》卷二五「醬」字條下有「豆油法」，這是中國有關醬油製法中記錄較完整的文獻之一。書中云：「豆油法：用大豆三斗，水煮糜，以麵二十四斤，拌醃成黃，每十斤（黃），入鹽八斤，井水四十斤，攪曬成油收取之。」

《本草綱目》中的「豆油法」可以用以下流程圖來表示：

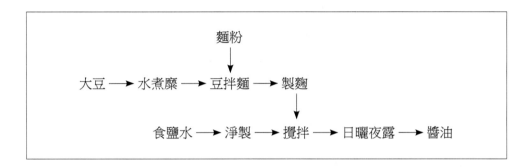

從這個生產流程上看，明代的製醬方法與西漢史游《急就篇》中的做醬法很相似。這裡，大豆煮爛可以破壞大豆的堅實顆粒，使黴菌容易侵入到內部去，煮爛還可以初步分解一些蛋白質和使澱粉糊化，讓黴菌食用後「容易消化」。但是煮爛的大豆含水分太多又不容易乾燥和鬆散，所以加入乾麵粉就可以一舉兩得，煮爛的大豆拌上麵粉就鬆散了，麵粉吸水膨脹，它們都成了黴菌的「佳餚」。從技術效果方面看，加麵粉製豆醬的方法是一種混合法，它使豆、麵醬的風味溶為一體，從而產生了中國首創「醬香味」的產品，這是世界食品史上的奇蹟。

（四）各具特色的地方菜餚風味

❶·尚和適中的河南菜餚

河南菜尚和，由於調味適中，所以適應性強，四面八方鹹宜，男女老少適口。為了照顧人們的不同口味，河南菜有「另備調料，請君自便」的傳統。餐館的飯桌上往往放有一些瓶、壺、盞之類，盛放辣椒油、花椒鹽、醬油、醋、大蒜等調料，

供食客選用。河南菜素油低鹽烹製，調味適中，鮮香清淡，顯得淳樸敦厚，方正和美。

河南菜具有明顯的四季特色。在肴饌口味上，春天酸味初露，炎夏清淡稍苦，秋季適中微辣，嚴冬味濃偏鹹；在肴饌色澤上，春季青翠豔麗，夏季絢亮淡雅，三秋七色調和，嚴冬赤橙紫黃。

河南菜善於製湯，河南俗語「唱戲要腔，做菜要湯」即反映於此。河南廚師製的湯，種類有「清湯」「白湯」「套湯」「追湯」等。「清湯」用肥雞、肥鴨、豬肘子為主料，急火沸煮，撇去浮沫，鮮味溶於湯中，湯清見底，味道鮮美。「白湯」，又稱「奶湯」，因湯濃白似奶故名。白湯用大火燒開，慢火緩煮，紗布濾過，待湯為乳白色即成。「套湯」是清湯用雞胸肉剁泥，再套清一次。「追湯」是製好的清湯再加入雞、鴨，微火慢煮，以補追其鮮味。烹製菜餚時，許多廚師喜歡用熬製的雞湯提味。以濃湯製味美清醇的扒菜是河南菜的一絕，所謂「扒菜不勾芡，湯汁自來黏」。

河南菜在選料上也十分講究，如「鯉吃一尺，鯽吃八寸。」「鞭桿鱔魚，馬蹄鱉」等，已成為飲食諺語廣為流傳。在刀工上，河南菜也獨具一格，如對廚刀的應用上有「前切後剁中間片，刀背砸泥把搗蒜」之說。

河南各地所制菜餚特色也不盡相同。

豫東的開封菜。開封菜講究清淡，調味適中，素油低鹽，以製作魚肴、雞肴和雞湯聞名，代表菜餚有「糖醋溜鯉魚焙麵」「套四禽（寶）」「黃燜魚」「煎扒鯖魚頭尾」「汴京烤鴨」「炸八塊」（全雞切為八塊）「蔥扒羊肉」「清湯鮑魚」「扒廣肚」「大蔥燒海參」「清湯東坡肉」「陸稿薦滷肉」「炸紫酥肉」「杞憂烘皮肘」「羊雙腸湯」「琥珀冬瓜」「紅薯泥」等。其中，「糖醋溜鯉魚焙麵」是「糖醋溜鯉魚」和「焙麵」兩種菜餚的合稱。製成的鯉魚色澤柿紅而明亮，油重而融和，利口不膩，甜中透酸，酸中有鹹，魚肉軟嫩；焙麵，是油炸的「龍鬚麵」，其麵細若髮絲，色澤金黃，蓬鬆酥脆、入口即化。人們食鯉魚焙麵時，先食糖醋溜鯉魚，後將魚骨帶汁重新烘過，把焙麵倒在新烘過的汁上拌著吃，有「先食龍肉，後食龍鬚」之稱。「套

四禽」這道菜是把四種禽層層套疊，全鴨肚內有全雞，全雞肚內有全鴿，全鴿肚內有鵪鶉，鵪鶉腹內填滿海參、香菇、竹筍，集濃香鮮野四味於一體，雞鴨鴿鵪鶉相得益彰。開封菜是河南菜的主流，除盛行於開封外，也遍及整個豫東、豫中、豫北、豫西南等地。

豫東的鹿邑菜。鹿邑以善於烹製各種山珍著稱。民國初，鹿邑人開辦「厚德福」，在全國許多地方設有分號，享有盛名。「厚德福」創製的名菜眾多，如「鐵鍋蛋」「核桃腰」等。其中，烹製「鐵鍋蛋」時，要用專門的鐵鍋上烤下烘使蛋漿凝結，然後掀開鍋蓋淋上芝麻香油再蓋上。當烤至表皮發亮呈紅黃色時移開鍋蓋，將鐵鍋蛋放入鋪好香菜葉並倒有香醋的魚盤上。食時潑上薑米、香醋。鐵鍋蛋菜色紅亮，食之軟嫩鮮香，有蟹黃的味道。烹製「核桃腰」時，要先將腰子切成長方形的小厚塊，表面上縱橫劃紋，下油鍋炸，火候必須適當，油要熱而不沸，炸到變黃，取出蘸花椒鹽吃。吃起來不軟不硬，有核桃滋味，故名「核桃腰」。

豫西的洛陽菜。洛陽以「水席燕菜」而聞名。水席的大部分菜餚都離不開湯水，例如連湯肉片、水漂肉丸、生汆丸子、木須湯（雞蛋湯）等。這裡的「水」又有另一重含義，即上菜似流水，二十四個菜的水席，以三個菜為一組，一大二小，依次上席；「燕菜」系用蘿蔔等原料做成的一道具有燕窩菜風味的美饌，一般列為洛陽水席的首道大菜。

豫南的素齋。豫南的信陽菜餚接近南方湖北風味，擅長蒸煨菜，代表菜餚有「信陽三蒸」「煨湯烤草魚」等。此外，清代河南南陽元妙觀齋菜烹調技藝精湛，花色品類繁多，色、香、味、形俱佳。在當時，以元妙觀齋菜為代表的寺觀菜，完全可與宮廷菜、地方菜和少數民族菜相媲美。該觀的齋菜，主要有如下特色：第一，齋菜選料廣泛，道觀齋菜歷史悠久，選料嚴謹而廣泛。儘管齋菜的主料、輔料都是素的，湯菜也只用黃豆芽湯而不用葷湯，但經觀中道廚們的扒、溜、炒、炸、燴、蒸等細工烹製，各種肴饌不但味道鮮美，且多具保健養身的食療價值。此外，值得一提的是，觀中還根據飲膳需要，僱用一批專門技術人員，開設有油坊、磨坊、碾坊、豆腐坊等，並醃製各種鹹菜、醬菜，自製各種調料醬油、醋等，還種植各種蔬

菜，從而使許多原料均能自給。第二，齋菜均呈「素質葷形」。清代南陽元妙觀素齋齋菜除注重色、香、味外，還特別講究「象形」，即利用蔬菜、瓜果、花卉加工造型，調配色彩，從而使齋菜以素質而擬葷，且十分逼真。如用山藥等烹製的「溜素魚片」，似魚片狀，食時軟潤鹹香；用豆腐皮等製作的「扒素雞」，形似雞塊，嫩脆辣香；以淨山藥、胡蘿蔔壓製而成的「鹹鴨蛋」，切成圓塊，擺在盤中，白如蛋清，紅似蛋黃，軟嫩鹹黃；至於「素魚翅」「素燕窩」「素鴿蛋」「鹵大腸」等，亦均是形葷實素。烹製加工技藝精妙絕倫，食時引人入勝。第三，齋菜烹製時，還根據「時令吃鮮」的原則，烹製出各種時令齋菜。道觀道廚們為了讓住持、賓客能應時吃鮮，還根據季節的變化，就地取材，因地制宜，加工烹製各種異樣珍饈和時令齋菜。例如，每當夏秋荷花盛開之時，在觀中池塘內採摘，掛糊油炸後，撒上白糖、山楂糕的「炸荷花」；秋季用北瓜秧尖加香菇、口蘑炸製的「龍鬚菜」；用嫩玉米棒尖加玉蘭片、香菇燒出的「珍珠筍」；用小冬瓜裝進玉蘭片、花生米、香菇、口蘑、南薺、猴頭、糯米和調味品油炸的「八寶冬瓜」；用紅薯切成塊油炸後，將白糖在鍋中化開，紅薯條放入攪拌，烹製的「拔絲紅薯」等，均色、香、味、形俱佳又風味獨特，鮮美爽口。[1]

❷・料重味濃的陝西菜餚

陝西菜又稱秦菜。市肆菜是秦菜的主體，著名的菜餚如「奶湯鍋子魚」「炒雙脆」「溫拌腰絲」「葫蘆雞」等，都是頗有影響的名菜。除市肆菜外，官府菜、商賈菜、民間菜、清真菜等亦是秦菜的組成部分。其中，「官府菜」的代表菜餚有「帶把肘子」「八卦魚肚」「金邊白菜」等；「商賈菜」的代表菜餚有「煨魷魚絲」「金錢髮菜」等；「民間菜」鄉土風味濃郁、經濟實惠，代表菜餚有「水磨絲」「蓮菜炒肉片」；「清真菜」用料講究，代表菜餚有清蒸羊肉、烤羊肉串等。

在調味上，陝西菜料重味濃，以鹹定味，以酸辣見長，故常用辣椒、大蒜、花

1　劉琰：《南陽元妙觀暨其齋菜》，《中國烹飪》，1986年第1期。

▶圖7-4 明代《市肆筵飲圖》

椒、陳醋等芳香辛辣調味品提味。陝西的烹調技法，無論釀、汆、炸、燉、炒、燒、烤、燴、蒸、煮，還是煎、扒、涮、爆等都特別講究火功，陝西菜尤其擅長飛火炒菜，它與山東的爆炒不同，主要是不過油不換鍋，菜餚質地脆嫩。在菜餚色澤方面，陝西菜能保持原料的原有色澤，如「奶湯鍋子魚」「紅燒肉」「枸杞燉銀耳」等陝西名菜，都能保持原魚、原肉、原枸杞的本色；在食品原料的選擇上，一般採用地方特產的優質品種。同樣是雞、魚、鴨，由於品種不同、產地不同，烹調出來的菜餚味道也迥然不同。如非三交村的倭倭雞不做「葫蘆雞」，非黃河鯉魚不做「鍋子魚」。在秦菜中，以野菜為主原料製成菜餚者不多，然而陝西商洛地區卻有一傳統名肴──「商芝肉」。商芝即蕨菜，是商洛地區商山（又名商洛山）的特產，商芝肉即是將豬肉經煮、炸、切片加蕨菜蒸製而成的。另外陝西菜餚還講究精選時鮮，粗料細做，如「金邊白菜」「油炸香椿魚」，就是用極普通的白菜、香椿芽製成的。

❸ · 崇尚酸味的山西菜餚

從明代中期直到清代，山西商人十分活躍。沈思孝的《晉錄》載：「平陽澤潞豪商大賈甲天下，非數十萬不稱富。」晉商的足跡遍及長江流域和沿海各大商埠。尤其是平遙、祁縣、太谷商人票號，有的經營活動擴大到莫斯科及日本、南洋各地。因此，外區域及至外國的飲食文化也通過這些商人傳到了山西。

山西菜中以太原菜為主，注重火候，油大色重，技法上多用燒、溜、燜、燴、煨，故質地以軟、爛、酥、嫩較多。晉南地區的菜餚多用溜、炒、燴等烹飪方法，著名的菜餚有「蜜汁葫蘆」「油納肝」。以長治為中心的上黨菜多用燒、鹵等，著名菜餚有「臘驢肉」「燒大蔥」「肚肺湯」等。其中，「臘驢肉」是全國臘肉中的少有品種，成品色澤紅潤，香甜酥軟而不膩。以大同、忻州為主的晉北菜因歷史上多為半農半牧地區，故烹飪方法上多用涮、燉、烤，著名菜餚有「涮羊肉」「全家福」等。

山西菜擅長烹製羊肉，如晉西北岢嵐、神池、五寨等地的燉羊肉，酥爛香濃，肥而不膩，是鄉人冬天的佳餚。又如流行於晉西北一帶的羊雜割（稀湯），它是將羊的軟硬下水（羊頭、蹄、心、肝、胃、腸等）洗淨煮熟，撈出晾涼後切成絲狀或塊狀，吃時放入開水稀釋的原湯，加入熟粉條、雜碎肉、饃、餅及醋、辣椒等調味品，吃起來醇香味濃。在晉東南的壺關一帶，則有遠近馳名的「壺頭羊湯」，它以羊肉為原料，配以各種調味品，工藝考究，工序獨特，可用來泡吃各種饃、餅、麵條等。

山西藥用植物很多，上黨黨參、雁北黃蓍全國聞名。以中藥入膳在山西較為突出，如太原的「頭腦」「沙棘菊花魚」「枸杞雞仁」「黃花煨羊肉」「十全大補湯菜」等。其中，「頭腦」是山西太原市的一道古典食療名食。據說是明末清初愛國詩人兼醫學家傅山所創製。傅山的母親年邁多病，進食很少，傅山便為其母創製出八珍湯，傅母食後果然康復了，當地人亦稱此品為「名醫孝母劑」。傅山後來把八珍湯的配製方法交給一家飯店製作出售，湯名改為「頭腦」，飯店易名為「清和元」。每當傅山給需要滋補的病人看病時，便告訴他們去吃「清和元的頭腦」，意為吃清

朝和元朝統治者的頭腦。頭腦的製法是在一碗麵糊湯裡放上三大塊羊腰窩肉、一塊鮮藕、一條長山藥及黃花、黃酒、高曲等，上面撒些醃韭菜末。吃時要佐食一種叫「帽盒」的爐烤麵餅，把它掰成小塊泡在頭腦中，入口鹹香耐嚼。

在口味上，山西菜餚多酸，醋是山西城鄉日常生活必備的調料，除菜餚中要放醋外，吃各種麵食都把醋作為主要調料佐食，或用醋稀釋的蒜泥佐食。「久在山西住，哪有不吃醋」的俗語，反映了山西飲食的這一特點。

山西境內名特肴饌除太原的「頭腦」外，還有平遙的「碗脫子」、長治的「五香醬驢肉」等。平遙「碗脫子」為清代平遙城南堡村廚師董宣所創，其色白亮、質嫩，是山西區域酒席宴上下酒必備的上等冷菜。做法是取高粱或蕎麥麵，加熟油、少量鹽水及大料粉，和成硬麵，再加水調成軟麵糊，分放到直徑為幾釐米長的小碟子內，用急火蒸至半熟，用筷子攪攪，以防沉澱，蒸熟後冷卻切片，佐以醋蒜食用。長治「五香醬驢肉」是全國臘肉中的少有品種。成品色澤紅潤，香甜酥軟而不膩。

第三節　蓬勃發展的白酒文化

明清民國時期是黃河中游地區酒文化發展的重要時期。這一時期，政府對釀酒業開放民營，促進了民間釀酒業的發展和酒文化的繁榮；元代中後期開始興起的燒（白）酒，在這一時期備受青睞，成為黃河中游地區人們最喜愛飲用的酒，同時也出現了許多全國聞名的白酒。酒令自唐代出現以後，經過五代宋元的不斷豐富發展，到明清民國時期呈現絢麗多彩的局面，酒令向世俗化方向發展，許多通俗易懂的酒令被下層百姓接受，對這一時期的飲酒風尚起到了推進的作用。

一、明代的酒文化

明代對酒的控制大大放鬆，政府將酒視為一種普通商品，對酒只徵收普通商稅（三十稅一），而不再像前代那樣徵收高額的酒稅。同時，明政府也沒有頒布關於飲酒的禁令，酒成為民間日常生活必需品。

（一）黃河中游地區成為白酒的主產區之一

明代是黃河中游地區白酒發展的重要時期，此時白酒的品種眾多，產量很大，質量上乘，出現了許多聞名全國的白酒，成為全國主要的白酒產區之一。「南茶北酒」成為人們的口頭語。

明代王世貞曾寫《酒品前後二十絕》組詩20首，以清新雋永的文字描述了他認為具有價值的20種白酒的色澤、風味和對人體的作用。在這20種白酒中，黃河中游地區占了6種，他們是：關中桑落酒、山西平陽襄陵酒、汾州羊羔酒、蒲州酒、太原酒、潞州鮮紅酒。此外，還有山西的河津酒、河南大名的刁酒、焦酒、河南的清豐酒等也馳名全國。

這一時期，黃河中游地區白酒的質量被時人公認為最佳。《四友齋叢說》引顧清《傍秋亭雜記》曰：「天下名酒……皆不若廣西之藤縣、山西之襄陵為最。……襄陵十年前始入京，據所見當為第一。……予嘗以鄉法釀於京師，味佳甚，人以為類襄陵云。」大名的刁酒、焦酒、汾州的羊羔酒被人們認為是「色味冠絕者」[1]。明代的薛岡認為北酒勝於南酒，北方五省，「所至鹹有佳釀」，「至清豐呂氏所釀，又北酒之最上」。而南方著名的姑蘇三白酒只是「庶幾可飲」，其他酒類「幾乎吞刀，可刮腸胃」[2]。

明代，黃河中游地區的果酒也有很多品種，如「關中之蒲桃酒，中州之西瓜酒、柿酒、棗酒」等[3]。

1　顧起元：《客座贅語》卷九，中華書局，1997年。
2　薛岡：《天爵堂文集筆余》卷二，《明史研究論叢》（第5輯），江蘇古籍出版社，1991年。
3　顧起元：《客座贅語》卷九，中華書局，1997年。

▶圖7-5 《漉酒圖》局部，
明代丁雲鵬作

（二）與南方迥異的飲酒風尚

明代飲食文化中，酒文化是其重要的一個分支。民間飲酒極為普遍，酒已滲透
到上至士大夫下至普通百姓生活的每一個角落，成為人們省親會友、紅白喜事、歲
時節令不可缺少的必備飲料。明代黃河中游地區人們多嗜白酒，這與南方人多嗜黃
酒形成鮮明對照。人們飲用白酒時不需加溫，直接飲用。

❶·喜豪飲，以酒令、遊戲助興

黃河中游地區人們多喜豪飲。為了使飲酒更富情趣，往往要有一些助興的遊
戲。以伎樂助酒是士大夫們常為之事。明代黃河中游地區的士大夫們也如江南風流
才子一樣「飲酒皆用伎樂」[1]。據王當世《梅花書屋文集·范御史傳》載：虞城范良
彥，「買歌姬，後房不下數百人，彈絲吹竹，日開舞宴，用是娛悅耳」。侯朝宗曾到
蘇州招攬崑曲演員，「買單子吳閶，延名師教之」。黃宗羲談到他的生活習慣時稱：
「朝宗侑酒，必以紅裙」[2]。社會上層在酒園裡舉行宴飲時，也往往有清唱歌伎伺
候。[3]

1　何良俊：《四友齋叢說》卷一八，中華書局，1959年。

2　黃宗羲：《思舊錄》，刻本，1910年。

3　佚名：《如夢錄》，《街市紀》第六，中州古籍出版社，1984年。

▲圖7-6 明代荔枝紋青玉杯

▲圖7-7 明代荷葉形琥珀杯

普通大眾喜歡以酒令助興。明代的酒令繁多，出現了一批總結、推廣酒令的書籍，如《安雅堂酒令》《觴政》《醉鄉律令》《文字飲》《嘉賓心令》《狂夫酒語》《酒家傭》《曲部觥述》《小酒令》等。所介紹的酒令可分八大類：律令、文字令、口語令、籌令、博令、占卜令、歌舞令和其他。在不必賃借器具的酒令中，應用得最為廣泛的首推猜拳，行令之時「攘臂張拳，殊為不雅」[1]。這種不雅的猜拳最為流行，反映出酒令的市俗化趨向。它是明代城市經濟的商品化、市民階層的形成並日趨活躍的產物。明代酒令的市俗化還表現出人們反對苛令，主張任性而行。人們認為行令是為了勸酒，令官恣行嚴罰，勢必會使同席之人望而生畏，焉能使人體會到飲酒的妙處。

❷·節日飲酒習俗

和全國其他區域一樣，明代黃河中游地區的人們也多在節日飲酒。如豫東尉氏縣民人「元旦」之日要先喫茶酒，然後出門，「是日間有設酒餚侍賓客者，是後各為春酒召飲，迭為主賓，至二月、三月」；春分日造酒；清明節「或攜酒游春」；端午節則「飲菖蒲酒」；秋分日造酒；臘月二十四「設餳糖、牲醴祀灶」；除夕夜「有

1　何良俊：《四友齋叢說》卷二三，中華書局，1959年。

邀飲過夜者，謂之『守歲』」。[1]可見明朝黃河中游地區的人們一年四季節令時分飲酒不斷。

❸·重要儀典酒俗

明代黃河中游地區的人們在祭祖時，也要擺酒供果以示對祖先的懷念。元旦之日，河南光山區域民間習慣「男女夙興盛服，具香燭、茶果，焚楮拜天地、神祇（祇），拜祖先」；清明節時，「此日詣祖先墓所設酒餚焚楮錢祭掃」；中元日「亦設酒餚祭祖先於其家」；除歲「具節食酒果以祀祖先」。[2]人們在成年冠禮、婚喪嫁娶、生兒育女、生日慶典等場合多舉行酒宴。如豫東尉氏縣舉行成年冠禮時，「親朋來賀，設席款之」；舉行婚禮時要先過聘禮，「男家延請貴重親朋往女家求庚貼，女家設席，返則男家復設席以待。數日後行謝親禮，具筵席羊酒送至女家。過此乃行小定禮。具筵席、豬羊、幣帛、糧食等儀物，兩家各延其親朋來會，謂之『小定筵席』。娶時，具儀如前……畢之日，女家設席於婿家酬諸親黨，謂之『完飯』」。[3]

（三）各種瓷酒器的廣為流行

明代黃河中游地區的酒器種類與元代中後期基本相同。盛酒器有酒甕、酒罈、酒瓶等，注酒器有執壺，飲酒器有酒杯、酒盅、酒盞等。其中，瓷酒器在普通民眾中極為流行。除本地生產的各種瓷酒器外，著名的江西景德鎮青花瓷酒器和金彩瓷酒器也廣為流行。

1　嘉靖《尉氏縣志·歲時民俗》，中州古籍出版社，1993年。
2　嘉靖《光山縣志·歲時民俗》，中州古籍出版社，1991年。
3　嘉靖《尉氏縣志·禮儀民俗》，中州古籍出版社，1993年。

◀圖7-8　明代青花酒執壺

二、清代前期的酒文化

❶・白酒生產中心地位的鞏固[1]

清代前期是中國人口增長較快的時期，酒的生產與消費也大量增加，「用酒之人比戶皆然」[2]。造酒消耗了大量糧食，加重了清朝日益突出的糧食問題。因此，至少從康熙時，政府就採取了禁酒政策。但由於官員們對這一政策一直有所爭議，禁酒政策的執行時緊時松。而且，禁酒只是禁止麴坊、燒坊大量採麴燒造，而不禁止酒店、民戶自造自用。這一切都為人們大量釀酒提供了條件。

清代前期黃河中游地區處在全國的釀酒中心區。當時的北方五省（河南、山西、陝西、直隸、山東）釀酒極為繁盛。乾隆時有人說北方五省「燒坊多至每縣至百餘，其餘三斗兩斗之穀則比戶能燒」[3]，反映出北方釀酒業的普遍。

1　本部分參考了徐建青：《清代前期的釀酒業》，《清史研究》，1994年第3期。

2　乾隆三年八月十三日孫國璽奏，載《歷史檔案》，1987年第1期。

3　光緒《畿輔通志》卷一〇七，胡聘之、方苞、方觀承、黃體芳、李鴻章疏，河北人民出版社，1985年。

中國飲食文化史　黃河中游地區卷

318

北方多以麥類製麴，以高粱造酒。河南是大小麥、高粱的主產區，踏麴造酒很盛，「每年二麥登場後，富商巨賈在水陸碼頭，有名鎮集，廣收麥石，開坊踩麴，耗麥奚啻（xīchì，何止）數千萬石。」「凡直隸山陝等省需用酒麴，類皆取資於豫」。[1]山西土地適宜種植高粱，造酒也很盛行，特別是汾州一帶更是如此，「晉省燒鍋，惟汾州府屬為最，四遠馳名，所謂汾酒是也」，「民間燒造，視同世業」[2]。陝西的關中平原為產麥區，「民間每於麥收之後，不以積貯為急務，而以踩曲為生涯，所費之麥，不可數計」，三原、涇陽、鹹陽、渭南、富平等縣，「燒鍋各以千計，其餘州縣亦皆有之」[3]。

清前期釀酒仍沿襲傳統方法，設備簡單，只要有鍋、灶、桶、缸即可。

清前期的釀酒組織方式有三：一是作為家庭副業釀造。這種形式普遍存在於各地鄉村，特點是：農民利用自產的糧食，自釀自飲，有餘出售；二是城鄉酒店自踩自釀，零星沽賣。按清朝的政策，這也屬於自造自用，不是興販圖利，因而不在禁止之列；三是麴坊、酒坊造酒，它們專門從事踩麴、釀酒事業，是政府禁麴禁酒政策的對象。但由於造酒利潤很高，「利之所在，人所必趨」，常常此伏彼起，官府「雖經嚴禁，終莫能斷絕也」[4]。

❷·酒的種類和飲酒習俗

清代前期，黃河中游地區酒類品種齊全，白酒（燒酒）、黃酒、果酒、藥酒都有生產，但白酒生產和消費量占絕對優勢。

清人袁枚稱燒酒為「光棍」「縣中之酷吏」，認為燒酒有「驅風寒、消積滯」的奇效，而山西汾州的汾酒「乃燒酒之至狠者」[5]。山西汾酒大約從康熙年間起開始成

1　乾隆二年七月十七日尹會一奏，載《歷史檔案》，1987年第3期。
2　乾隆七年十二月十八日嚴瑞龍奏，載《歷史檔案》，1987年第4期。
3　《皇朝名臣奏議》卷三一，雍正十一年史貽直奏。轉引自徐建青《清代前期的釀酒業》，《清史研究》，1994年第3期。
4　乾隆二年八月五日德沛奏，載《歷史檔案》，1987年第3期。
5　袁枚：《隨園食單·茶酒單·山西汾酒》，廣陵書社，1998年。

為北酒的排頭兵。梁紹壬《兩般秋雨庵筆記》中曾排列清朝的名酒，說：「不得不推山西之汾酒、潞酒」；王士雄《隨息居飲食譜》云：「燒酒……汾州造者最勝」；《申明亭酒泉記碑》亦云：「汾酒之名甲天下」；李汝珍《鏡花緣》第九十六回列舉了清代五十五種名酒，第一種就是山西汾酒。陝西灌酒、河南柿子酒也名列其中。

這一時期，黃河中游地區聞名全國的白酒還有陝西的「柳林酒」（今西鳳酒的前身）和河南的「杜康酒」。河南濮陽的「狀元紅」酒也很馳名，乾隆時皇帝特賜黃馬褂。河南溫縣所產的「溫酒」、鹿邑縣所產的「鹿邑酒」、衛輝府所產的「明流酒」、泌陽所產的「郭集酒」也曾號稱佳釀，在北酒中小有名氣。山西孝義縣，人們「多造美酒而善飲，隆冬嚴寒時則不能少缺，所產酒之名色甚多」，其中「羊羔兒」酒，「名重海內」[1]。

黃河中游地區黃酒產量不多，但亦有之。如山西臨晉「飲無佳釀，俗所謂火酒、黃酒、柿酒而已」[2]。亦販入一些南方的黃酒，紹興黃酒尤其受到人們的喜愛。康熙時有紹興人沈載華在河南開封開設醬餜店，專門販運紹興酒等南貨。黃河中游

◀圖7-9 清代《製酒圖》

1 乾隆《孝義縣志・物產民俗》，山西古籍出版社，1996年。
2 乾隆《臨晉縣志・生活民俗》，成文出版社，1976年。

地區人們飲用黃酒時多不溫酒，而是像飲用白酒那樣直接飲用，「多冷呷，據云可得酒之真味」[1]。這一飲酒方式與南方不同，顯然是受白酒飲用方式的影響所致。

清代前期黃河中游地區的果酒種類很多，主要有葡萄酒和柿酒、梨酒等。其中山西有專種葡萄用來釀酒的，解州安邑北部一些村莊大量種植葡萄，「土人種葡萄如種田，架不及肩，青虯元珠應接不暇，惟杜村近杜康祠者尤佳，釀以為酒，甘於麴蘗」[2]。

同前代一樣，歲時節令、祭先祀祖、婚喪嫁娶、生育壽誕人們往往宴飲。鄉人宴飲時，往往按年齡排座序，年長者坐上席，但對於「致仕居鄉」者，「若筵會則設別席，不得坐於無官者下；如與同致仕官會，則序爵，爵同序齒」[3]。

三、清末民國時期的酒文化

（一）傳統釀酒業的繼續發展

鴉片戰爭後，中國的大門被西方列強的堅船利炮打開，洋酒也隨之輸入中國，但中國的傳統釀酒業不僅沒有被洋酒擠垮，反而有所發展。有的名酒還走出國門，遠銷世界各地。這主要由於中國傳統的釀酒業保持了其獨特釀造工藝，釀造出的酒具有獨特口感，並且酒的質量不斷提高，使洋酒無法形成同類產品而取而代之。

黃河中游地區傳統的釀酒業在清末民國時期的發展是很顯著的，山西汾酒的發展更是出類拔萃。汾酒出自山西汾陽，以杏花村生產的為正宗。杏花村在清中期時有釀酒作坊二百餘家，其中「義泉湧」酒坊最為馳名。清末民初義泉湧酒坊達到全盛。宣統年間（西元1909-1911年），義泉湧酒坊合併了「德厚成」和「崇盛永」兩家酒坊，資本更加雄厚。一九一五年，汾酒走出國門，在巴拿馬萬國

1　梁章巨：《浪跡續談》卷四《紹興酒》，續四庫全書本，上海古籍出版社，2002年。
2　乾隆《安邑縣志・物產》，刻本，1764年。
3　康熙《解州志・禮儀民俗》，刻本，1764年。

博覽會上獲得一等金質獎。一九一九年，義泉湧酒坊的掌櫃楊得齡組建了晉裕汾酒有限公司，資本近5000元。楊得齡經營有方，重視提高產品質量，總結出汾酒的「二十四訣」釀製法。晉裕公司汾酒生產蒸蒸日上，其剩餘價值率高達250%-600%之間[1]，一九二七年晉裕公司的資本已達50000元，短短八年，晉裕公司的資本增加了10倍，在山西雄居首位。一九三三年楊得齡又和著名生物學家方心芳合作，把汾酒的生產工藝科學地總結為「人必得其精，水必得其甘，麴必得其時，秫必得其實，火必得其緩，器必得其潔，缸必得其濕」的七條秘訣[2]，使汾酒的質量進一步穩定化，產量進一步擴大，一九三六年晉裕公司年產汾酒80000斤。

陝西的柳林酒也有很大發展，清代陝西生產柳林酒的作坊有48家。[3]清末，柳林酒改名為「西鳳酒」。在中國當今所有名酒中，第一家登上世界獎台的是西鳳酒。清宣統二年（西元1910年），西鳳酒代表中國名產參加南洋勸業賽會，獲銀獎，一九一五年西鳳酒又在巴拿馬萬國博覽會上獲國際金獎，更是揚名世界。

河南除杜康酒外，豫東鹿邑「棗子集酒」（今宋河糧液前身）在這一時期也小有名氣。太平天國北伐時，李開芳、林鳳祥率部路經鹿邑，痛飲棗子集酒，酒後賦詩道：「美酒飄香二十里，金戈鐵馬壯我行。弟兄痛飲棗集酒，定叫天下屬太平。」[4]

清末民國時期，傳統手工釀酒普遍經營規模較小，資金不足。如山西省有474家重要釀酒作坊，其中資本在10000元以上的僅有7家，10000元至5000元之間的21家，5000元至1000元的216家，1000元至500元的120家，500元至100元的97家，不足百元的9家，資金不詳的4家。總資本在5000元以下的共443家，占了94%[5]。造成這種狀況的原因是多方面的。從傳統釀酒業自身來看，中國傳統釀酒業的投資者和

1　季康：《晉裕汾酒有限公司》，山西省政協文史資料研究委員會編：《山西文史資料》第16輯，山西人民出版社，1981年。

2　捷平：《酒香翁楊得齡與老白汾》，山西省政協文史資料研究委員會編：《山西文史資料》第58輯，山西人民出版社，1988年。

3　中國食品出版社編：《中國酒文化和中國名酒》，中國食品出版社，1989年。

4　轉引自關立勳主編：《中國文化雜說》之九，《茶酒文化卷》，北京燕山出版社，1997年。

5　李志英：《近代中國傳統釀酒業的發展》，《近代史研究》，1991年。

中國飲食文化史　黃河中游地區卷

322

經營者多半是由地主、舊式商人和小生產者轉化而來的，他們受傳統管理方式影響很深，大多樂於採用舊式的獨資制或合夥制。例如山西474家重要的釀酒作坊中（其中10家集資方式不詳），採用獨資方式的253家，占了54%以上，只有楊得齡的晉裕公司採用股份有限公司的方式，其餘均為舊式合夥制。這種集資方式，必然使資金籌措緩慢而且有限，從而影響企業的發展和生產規模的擴大。另外，清代的禁酒政策、近代中國的政局不穩、經濟凋敝、苛捐雜稅等都影響了黃河中游傳統釀酒業的發展。

（二）飲酒習俗及酒宴的演變

❶·仍以飲用白酒為主

清末民國時期，黃河中游地區的人們仍以飲白酒（燒酒）為主，如河南鄢陵「酒有燒酒，有蒸酒，有黃酒，若紹興酒則非宴貴客不用」[1]。個別地方也以飲果酒和黃酒為主，如山西臨晉，「酒無佳釀，南鄉多飲柿酒，北鄉多飲燒酒」[2]。

❷·婚喪飲宴最受重視

這一時期各地的飲宴活動五花八門，名目繁多。在各類飲宴活動中，婚喪嫁娶飲宴最受人們重視，飲宴的規模往往很大。豫東的永城縣舉行婚禮時，「親友會飲，常二三百席。百餘席、數十席即為儉約。每席碟十三、碗十，肴饌所費約七八百，仍以酒、饃為大宗」，遇有親喪，親朋來吊，「皆供酒食，亦動輒數百席，與婚娶無異。凡賻（fù，拿錢財幫人辦理喪事）錢者，既葬仍酬酒食，間有力難供客而不能葬者」。[3]豫西的汝州，親喪時「乃有吊者日數十起，起十餘人，必須設饌款留，恣意飲啖之，致喪家所費不貲，或有變告貸以應者」[4]。晉東南的虞鄉，「婚、喪、祝

1　民國《鄢陵縣志·生活民俗》，南開大學出版社，1989年。
2　民國《臨晉縣志·生活民俗》，成文出版社，1976年。
3　光緒《永城縣志·禮儀民俗》，新華出版社，1991年。
4　道光《汝州全志·禮儀民俗》，刻本，1840年。

壽各席，有十碗、九碗、七碗、五碗之不同，或視客多寡，或稱家有無。惟完婚謝冰，祭畢酬客等席，未免過豐」[1]。

❸·城鄉飲宴豐儉有別

城鄉差別，古亦有之。酒館飯店多設在城市，豫東的鄢陵「城市酒館十數處」，即使是「山珍海錯」，也能「咄嗟而辦」。[2]這一時期，城鎮居民的飲宴普遍比農村鄉民要講究一些。如黃河谷地的山西臨縣年節期間舉辦宴會時，「城鎮或四盤、或八碗，肉菜各半」，而「鄉村小戶，則一涼一熱，皆四人一席」[3]。

❹·酒席宴會漸漸趨奢

清末民國時期，許多地區的酒席宴會漸漸趨奢。如河南新鄉，「酒席宴會，鹹、同之間風尚儉樸，有曰四大冰盤、五碗四盤、八大碗、十大碗，葷素相間，惟肉而已，每席不過一二千文。光、宣以來，稍近侈靡，有八大四小、八大八小、四大件，則魚翅、海參尚矣，然費不過四五千文。近則參用番菜、洋酒，一席之費動至二三十元。固由物價之昂，亦可見習尚之奢」[4]。

民國期間，河南孟縣有人評述道，以往「年節待客，普通備火鍋、四盤。嫁娶盛設亦僅十碗席，不用海菜，極富厚者始用海參二味席。今則中人之家多用海參，稍豐即用魚翅四味。廚役工價則海參向僅每席百文，今則一二千文不等，至由館中包辦海參席，向僅每席一千餘文，今則四五圓，亦可以觀世變矣」[5]。山西沁源人也感到了這種世風之變，「在清中葉，農家有以粗糲和麵及野菜而食者，近來人漸趨浮，而食糠糲者無矣。縣城附近，在昔最儉樸，而近亦趨於奢矣」[6]。

1　民國《虞鄉縣新志·禮儀民俗》，成本出版社，1968年。
2　民國《鄢陵縣志·生活民俗》，南開大學出版社，1989年。
3　民國《臨縣志·歲時民俗》，鉛印本，1917年。
4　民國《新鄉縣續志·生活民俗》，成文出版社，1976年。
5　民國《孟縣志·生活民俗》，刻本，1933年。
6　民國《沁源縣志·生活民俗》，海潮出版社，1996年。

第四節　別開生面的泡茶文化

　　明清民國時期是中國茶文化發展的重要時期。茶的製作、飲用、茶器等都發生了根本的變化。唐宋以來形成的文人領導茶文化潮流在這一時期逐漸衰退，代之而起的是茶文化的世俗化，茶與普通百姓的生活、倫理日用緊密結合起來。同時，對茶文化的研究有所加強，大量茶著問世。如明代朱權的《茶譜》、徐獻忠的《水品》、錢椿年的《製茶新譜》、田藝蘅的《煮泉小品》、陸樹聲的《茶寮記》、張源的《茶錄》、許次紓的《茶疏》、羅廩（lǐn）的《茶解》、黃龍德的《茶說》、何彬然的《茶約》、夏樹芳的《茶董》、屠本畯的《茗笈》、萬邦寧的《茗史》、馮正卿的《岕茶箋》、周高起的《陽羨茗壺系》、顧元慶的《茶譜》、聞隆的《茶箋》、熊明遇的《羅岕茶記》等。這些著作多在繼承前人成果基礎上，結合當時人們的實踐活動，在理論上有所創新，在認識上有所昇華，對中國茶文化的普及、推廣起到了不可磨滅的作用。

　　就黃河中游地區而言，這一時期的茶文化與前代相比顯得暗淡，與同一時期的南方茶文化相比顯得蒼白。這種狀況是由多方面原因造成的。

　　首先，黃河中游地區的絕大多數地方不是產茶區，所消費的茶葉多是通過市場從南方產茶區輸入的。唐代以後，黃河中游地區就喪失了全國經濟重心的地位，這一時期黃河中游地區的經濟普遍落後於南方諸省，廣大人民生活窘迫，有餘資買茶者寥寥無幾。有的地方就以樹葉代替，如河南陽武端午節時，人們往往於日出之前「採樹葉作茶」[1]。

　　其次，明清民國時期，黃河中游地區喪失了政治中心的地位，降為一般區域。嗜茶的南方文人、官員不再像唐宋那樣大量流入該區域，影響該區域的飲茶之風。

　　最後，政治中心地位的喪失，使得黃河中游地區有閒階層大大減少。中國古代

1　民國《陽武縣志・歲時民俗》。以樹葉製成的假葉，稱為「托葉」。黃河中游地區的人們多以楊柳葉製「托葉」。

的有閒階層，除了一部分為無所事事的流氓無產者外，大多數為社會的菁英。他們有一定的政治、經濟地位，不愁吃穿，往往具有較高的文化素質，懂詩詞歌賦，通琴棋書畫，往往是社會時尚的發起者、倡導者。有閒階層的減少，削弱了黃河中游地區茶文化的社會基礎。這一時期黃河中游地區的茶文化雖然顯得暗淡、顯得蒼白，但它仍然沒有完全消失在當地人們的生活之外，並不時閃現出其倩影麗姿。

一、炒青、瀹飲的興起和花茶的普及

❶·炒青、瀹飲的興起

宋元時期占統治地位的團茶被明太祖朱元璋明令廢止，代之而起的是以炒青法（包括揉、炒、焙諸工序）製成的散條形茶葉；在飲茶法上，從唐代開始研末而飲的末茶法，變成沸水沖泡茶葉的瀹飲法（亦稱泡茶法）。明萬曆年間的沈德符稱這種飲茶法是「開千古茗飲之宗」[1]，明人自詡其炒青製茶法和瀹飲法之高妙，明文震亨《長物志·香茗·品茶》載：「簡便異常，天趣悉備，可謂盡茶之真味矣。」

明代還有人倡導把採摘來的茶葉放在太陽下曝曬，認為日曬的茶，色、香、味均超過炒製的茶。如高濂認為，「茶以日曬者佳，其青翠香潔，更勝火炒矣」[2]；田藝衡也認為，「芽茶以火作者為次，生曬者為上，亦更近自然，且斷煙火氣耳。況作人手器不潔，火候失宜，皆能損其香色也。生曬者瀹之甌中，則旗槍舒暢，清翠鮮明，尤為可愛」[3]。

❷·花茶的普及

花茶的發明雖在宋代，但其逐漸普及到民間卻是在明代。明代以前，花茶僅是文人隱士別出心裁的雅玩。明以後，花茶成為普通人品茶的又一新天地，尤其受

1　沈德符：《萬曆野獲編·補遺》卷一，中華書局，1959年。
2　高濂：《遵生八箋·飲饌服食箋》，巴蜀書社，1988年。
3　田藝衡：《煮泉小品·宜茶》，《生活與博物叢書·飲食起居編》，上海古籍出版社，1993年。

到包括黃河中游地區廣大北方居民的歡迎。如山西人喜歡飲花茶，他們將花茶叫做「香片」。製作花茶的花品種很多，「木樨、茉莉、玫瑰、薔薇、蘭蕙、橘花、梔子、木香、梅花皆可作茶」[1]，茉莉花茶是其中的佼佼者。人們之所以喜歡茉莉花是由於茉莉花雖不豔美，但其花香異常，很受追求清雅的茶人們的歡迎。

二、茶文化的世俗化

明清民國時期，茶文化的發展出現兩種傾向：一是文人化、典雅化。明清的文人士大夫多喜品茶，把品茶看做藝術，非常講究用水及飲茶的方法，重視飲茶時的環境氛圍（包括自然環境、社會環境、品飲者自己的狀態等），極力追求與環境的和諧，從品茶中追求旨趣；二是大眾化、世俗化。茶與普通百姓的生活、倫理日用緊密結合起來，人們婚喪嫁娶、飲宴待客、歲時祭祀往往都要用到茶。二者相比，後者為重。

由於黃河中游地區在明清民國時期不再是全國的政治、經濟、文化重心，茶文化的文人化、典雅化對黃河中游地區影響不深，但茶文化的大眾化、世俗化的影響卻較深，因此黃河中游地區的茶文化在這一時期表現出明顯的世俗化傾向。

❶‧以茶待客更為普遍

以茶待客是中國人的普遍習俗。有客來，端上一杯芳香的茶水，是對客人的極大尊重。河南正陽縣「旦日」時，「老幼男女皆新衣，設酒果、茶點款賀客」[2]。大戶人家，有所謂敬三道茶的習慣。有客來，主人出室，迎入客廳，奴僕或子女獻茶。第一道茶，只是表明禮節，講究的人家，並不真的非要客人喝掉。這是因為主客剛剛接觸，洽談未深，而茶本身精味未發。客人或略品一口，或乾脆折盞。第二道茶，便要精品細嘗。這時，主客談興正濃，情誼交流，茶味正好，邊啜邊談，茶

1　顧元慶：《茶譜》，續四庫全書本，上海古籍出版社，2002年。
2　民國《重修正陽縣志‧歲時民俗》，刻本，1936年。

助談興，水通心曲，所以正是以茶交流感情的時刻。待到第三次將水衝下去，再斟上來，客人便可表示告辭，主人也起身送客了。因為禮儀已盡，話也談得差不多了，茶味也淡了。當然，若是密友促膝暢談，終日方休，一壺兩壺，盡情飲來，自然沒那麼多講究[1]。人們在設席宴客時，酒菜上來之前往往先飲茶。在山西，婚禮宴客講究以茶相待，常常在菜上完後上茶[2]。

❷・婚禮用茶廣為流行

茶用於婚禮，大約自宋代開始，明清民國時期更是廣為流行。明代湯顯祖《牡丹亭》中有「我女已亡故三年，不說到納彩下茶，便是指腹裁襟，一些沒有」。清代孔尚任《桃花扇》亦云：「花花彩轎門前擠，不少欠分毫茶禮。」曹雪芹《紅樓夢》中，鳳姐對黛玉說：「你既吃了我們家的茶，怎麼還不給我們家作媳婦！」茶，已經成為婚姻的表徵。人們把茶看得比聘金還要重要，山西應州人「臨娶前期，乃用茶餅、冠服、衣飾送至女家，不用聘金」[3]。河南鄖城，「將娶，先期男家行聘禮，以綢緞、美酒、茶餅等物」[4]，送至女家。以茶代幣行聘，往往十分嚴肅、慎重，「非正室不用」[5]。也有一些人婚娶時不用茶，但定親的聘禮卻稱「下茶」，意即此事不可移易、更改。如山西大同縣，「迎娶有日，行納幣禮，名曰『下茶』」[6]。

❸・重要節日祭祀用茶

歲時祀神祭先，常供之外往往用茶，但並非所有的祭祀都用茶。人們只在重要的節日如除夕、旦日、中秋、祭灶之時才用。如河南信陽，「除夕祀祖……祭品豐儉稱家，並陳果實、酒茗、粳米飯」[7]；山西襄垣縣，元旦「設香燭、茶果祀神、祭

1　王玲：《中國茶文化》，中國書店，1992年。
2　王森泉、屈殿奎：《黃土地風俗風情錄》，山西人民出版社，1992年。
3　乾隆《應州續志・禮儀民俗・婚禮》，縣志辦公室，1984年。
4　乾隆《鄖城縣志・禮儀民俗・婚禮》，刻本，1754年。
5　福格：《聽雨叢談》卷八，中華書局，1984年。
6　道光《大同縣志・禮儀民俗・婚禮》，山西人民出版社，1992年。
7　民國《重修信陽縣志・禮儀民俗・婚禮》，河南省信陽縣志總編輯室，1985年。

先」[1]；河南汝陽、舞陽、南陽等地在中秋祭月時都要用茶；河南光山在臘月二十三祭灶時，「夕以飴茗齋供」[2]。飴是膠芽糖，用來粘灶王之嘴，免得他到天上有不利言語；茶則是給灶王潤口的。既給灶王潤口，又要黏住其嘴，這灶王也實在難當，反映出中國人對神既敬奉又捉弄的態度。

❹．以「茶」命名的眾多粥湯類飲食

黃河中游地區由於不產茶，普通百姓多買不起茶，所以在日常生活中用茶不多。值得一提的是豫西不少州縣在上元節和二月二龍抬頭節時習慣做「米茶」「麵茶」以祭祀、飲用，但它實際上是用米粉雜菜做成的粥，只取茶名而已。河南民間小吃「杏仁茶」和「油茶」也並無茶的成分。「杏仁茶」以河南開封的最為著名，它選用精製杏仁粉為原料，配以杏仁、花生、芝麻等十餘種作料，用龍鳳銅製大壺燒製的沸水沖制。「油茶」是河南武陟的著名風味小吃，其主料為精製麵粉，配以珍珠澱粉、花生、芝麻、小磨香油、懷山藥、茴香、花椒等作料。從「杏仁茶」和「油茶」這兩味民間小吃中，人們依稀可見唐宋北方民間飲用末茶時，放核桃、芝麻等作料的影子。無論是杏仁茶還是油茶，都可以視為流行於唐宋民間添加各種作料和調料而不加茶粉的「茶湯」。黃河中游地區出現的眾多以「茶」命名的粥湯類飲食，從一個側面反映了這一時期茶文化的大眾化和世俗化傾向。

三、返璞歸真的陶瓷茶具

茶具發展是藝術化、文人化的過程，大體依照由粗趨精、由大趨小、由簡趨繁，再向返璞歸真、從簡行事的方向發展。唐代茶具以古樸典雅為特點，宋代茶具以富麗堂皇為上品，明清民國時期茶具又返璞歸真，推崇陶質、瓷質。

1　民國《襄垣縣志・歲時民俗》，海潮出版社，1998年。
2　光緒《光山縣志・歲時民俗》，中州古籍出版社，1991年。

▲圖7-10 明代供春壺（左）和時大彬壺（右）

❶·明代新興的白瓷茶具

茶盞和茶壺是明代最基本的茶具。茶盞主要是瓷質，多為白瓷或青瓷，由於明代「鬥」茶已不時興，宋元時期流行一時的黑釉茶盞已很少使用。明代散茶流行，崇尚瑩白如玉的茶盞，認為這樣的茶盞「可試茶色，最為要用」[1]，「藍白者不損茶色，次之」[2]。在茶盞胎質厚度上，明代前期受前代熁盞習俗影響，崇尚「質厚難冷」，後來漸漸崇尚「薄如紙、白如玉、聲如磬、明如鏡」。故明代的白瓷茶壺多清新雅緻，令人賞心悅目。

❷·明代創製的紫砂茶具

明代的茶具，最為人們稱道的不是藝術成就很高的白瓷，而是至今身價未減的江蘇宜興紫砂陶製茶壺、茶盞。宜興紫砂不僅胎土細膩，而且有較好的可塑性，茶具燒成時收縮率小，不易變形，用紫砂作茶具，「蓋既不奪香，又無熟湯氣」[3]。

明代的供春、董翰、趙梁（作良）、袁錫、時朋、時大彬、李大仲、徐大友等都是製作紫砂茶具的名家。其中以供春和時大彬成就最大。供春壺「傳世者栗色，

1   屠隆：《茶說》，《茶書全集》乙種本。

2   張源：《茶錄》，《茶書全集》乙種本。

3   文震亨：《長物志》，重慶出版集團，2008年。

暗闇然如古金鐵，敦厖周正」[1]。供春壺在明代就備受珍視了，據聞龍《茶箋》所記，他的老朋友周文甫藏一供春壺，「摩挲寶愛，不啻掌珠，用之既久，外類紫玉，內如碧雲，真奇物也」。時大彬所造的壺，當時人稱：「不務研媚而朴雅堅栗，妙不可思。」清人陸紹曾見時大彬所造「六合一家」壺，就是壺身分為四個部分，底蓋各一，合之為一壺，離之乃為六，水注其中，滴屑不漏，可謂巧奪天工。

紫砂壺多做得體小壁厚，有助於保持茶香。明人以及後人從品茶藝術出發，對紫砂陶壺評價甚高。周高起認為這種壺「宜小不宜大、宜淺不宜深，壺蓋宜盎不宜砥」，即紫砂茶壺應該製作得盡量小一點、淺一點，紫砂茶壺的壺蓋應做成隆起狀的，而不能做成平直狀的。這樣，可以做到「湯力茗香，俾（bǐ，使）得團結氤氳（yīnyūn）」[2]。

紫砂壺的興起影響到品飲方式的變遷。明中葉以後，以凝重的紫砂小壺對嘴自斟自飲成為文人士大夫階層的時尚。壺飲克服了盞飲時茶水易涼和落塵的缺點。

❸ · 清代出現的蓋碗茶杯

清代，北方出現了蓋碗茶杯。這種茶杯一式三件，下有托，中有碗，上置蓋。蓋碗茶杯的流行與北方冬季天氣嚴寒有關，有蓋有托，既可保溫，又不至於燙手。蓋碗茶杯又稱「三才碗」，茶蓋在上，謂之「天」；茶托在下，謂之「地」；茶碗居中，是為「人」。一副茶具便寄寓一個小天地、小宇宙，包含古代哲人「天蓋之，地載之，人育之」的道理。蓋碗受到了黃河中游地區居民的喜愛，從山西人常說的「香片葉子蓋碗茶」可見一斑。

1　周高起：《陽羨茗壺系》，學苑音像出版社，2004年。
2　周高起：《陽羨茗壺系》，學苑音像出版社，2004年。

第五節　多姿多彩的節日飲食習俗

明清民國時期，在黃河中游地區節日的各種活動中，飲食活動是其中的主要內容之一。每逢佳節，無論是民間祭祀祖先和神靈的「祭食」，抑或互贈親友的風味食品、家人團聚的宴飲，還是文人雅士的春秋郊遊登高望遠，賦詩飲酒，都同飲食與烹飪活動有直接的關係。

一、春季節日飲食習俗

明清民國時期，黃河中游地區春季的節日較多，重要的節日有元旦、元宵、「龍抬頭」、寒食和清明等節，其飲食習俗各異。

❶·元旦飲食習俗

元旦又稱旦日，民國後改為「春節」，它是一年中最熱鬧、最隆重的節日。節前，家家戶戶釀酒屠牲，多設餅餌，即使窮人也儘力準備，以圖喜慶。

元旦這一天，最重要的活動是祭祀。大年初一天亮前後，人們在鞭炮聲中擺上各種祭品供神靈、先祖享用。不同地區所用祭品的豐儉程度不同。有的簡單，僅供牲醴；有的複雜，不僅祭品豐富，而且對天地、神靈、先祖分別緻祭。如民國時期山西翼城縣元旦祭祀時，人們「雜陳肴饌、酒、棗、柿餅、胡桃、梨於天地、灶、門、土地各神前，上香奠酒，化紙禮拜，名曰『接神』。惟祀馬王用羊肉，俗以馬王系回教故也。次設祖宗木主於寢室，供以牲醴、果品、麵食之屬」[1]。祭畢，全家往往合飲椒柏酒或屠蘇酒以避凶。

元旦這一天人們所吃食物，都有很吉祥的寓意。元旦的早飯多為餃子（有的地方稱為扁食、餛飩）。元旦吃餃子的習俗始於明代，盛行於清代民國時期。最初，

1　民國《翼城縣志·歲時民俗》，山西古籍出版社，2004年。

人們一般於除夕晚上將餃子包好，待到子時煮食，取交子更新之意，故稱其為「交子」。由於它是一種食物，後來就寫作「餃子」了。豫西洛陽區域，人們在元旦早上「以豆粉煮汁使凝，切作小方塊，和肉羹烹之，名為『頭腦』，意言第一餐也」[1]。

元旦期間的食物多像餃子、「頭腦」一樣有深刻的寓意，如豫中一些州縣，旦日人們「啖黍糕，曰『年年糕』，啖馬齒菜；借齒音為時，新年好來時也。用新箸啖驢肉，名曰『嚼鬼』」[2]；河南鄭縣「插柏枝於柿餅盛以大橘，謂之『百事大吉』」[3]。這些都反映出人們的節日趨吉避凶的心理。河南洛寧縣元旦「食柿，謂之『忍事』」[4]，提醒人們一年內凡事忍讓，少惹是非。

元旦期間，黃河中游地區還普遍流行吃年前備好的熟食的習俗，一般是三日內，米麵不得生炊，「連日皆食隔年蒸饅頭或米飯，取陳陳相因之意」[5]。這一習俗除了反映人們的趨吉心理外，還與親朋好友相互賀歲有密切聯繫。有了熟食，避免了客到倉促準備飲食的局面，可使主人全心待客。

元旦期間親朋之間大多要以酒宴相招，該風習在漢唐時已經形成，在民國時期更是如此，旦日鄰里間要相互拜賀，有些地方即「各具酒食，比戶大脯」[6]。初二日以後更是親戚朋友之間相互看望拜賀，一般為卑拜尊、甥婿拜尊長，所至皆款以酒食。其中以新婿攜婦往岳家拜節最為隆重。新婿拜節，河南多在初二日，山西多在初三日。新婚夫婦攜饅頭、禮肉、果品等禮物至岳家後，岳家設酒席招待其婿。女之戚族也有請者，如欲請，則先期送帖告知。若主人不欲其婿前往，則回帖辭之，「亦有不辭者，因婿至岳家，以請者愈多愈佳也」[7]。各地的酒宴活動，少則數日，多則一月。

1　民國《洛寧縣志·歲時民俗》，生活·讀書·新知三聯書店，1991年。
2　乾隆《祥符縣志·歲時民俗》；乾隆《滎陽縣志·歲時民俗》，刻本，1739年。
3　民國《鄭縣志·歲時民俗》，成文出版社，1931年。
4　民國《洛寧縣志·歲時民俗》，生活、讀書、新知三聯書店，1991年。
5　嘉靖《尉氏縣志·歲時民俗》，中州古籍出版社，1993年。
6　民國《密縣志·歲時民俗》，中州古籍出版社，1990年。
7　民國《偃師縣風土志略·歲時民俗》，石印本，1934年。

◀圖7-11 明代版畫中的貴族家庭慶元宵

❷・上元節飲食習俗

元宵，是上元節最普遍的節日食品。不同地區的元宵有不同的名稱，有稱「粉團」的，有稱「糯丸」的，亦有稱「湯圓」「浮元子」的，多用糯米裹糖、果仁等餡料製成。如山西翼城縣「以白糯米麵團作球形，中實冰糖、核仁等」[1]，也有用其他原料做成的，如山西榮河「貧者以軟黍麵包棗、豆作湯元」[2]。

糕，也是上元節重要的節日食品。如山西盂縣「舂黍米作糕」；和順縣上元節蒸層糕；河南汲縣上元節製作米粉糕；清豐縣製作黍糕等[3]。

除了元宵和糕外，一些地方還有一些獨特節食。如豫西洛陽地區上元節普遍「吃米茶」（亦稱麵茶）。米茶是用米磨粉，雜以豆、菜煮製而成的粥。澠池縣吃米茶時流行「食不用梜（jiā）」的習俗[4]。豫東襄城縣在上元節次日，「吃餛飩湯」，謂

1　民國《翼城縣志・歲時民俗》，山西古籍出版社，2004年。

2　民國《榮河縣志・歲時民俗》，萬榮縣人民政府，2012年。

3　同治《清豐縣志・歲時民俗》，方志出版社，1995年。

4　嘉慶《澠池縣志・歲時民俗》，方志出版社，2006年。

之「團圓茶」[1]。

上元佳節，除吃元宵、糕點以外，人們往往賓朋相邀，痛飲狂歡，也有的地方人們醵（jù，湊）錢會飲，「前期計人數，醵銀米若干，以供酒餚之費，會長一人領之。至日，會長備筵，同類悉至，鳴金擊鼓，屢舞酣歌，極三晝夜而罷」[2]。

上元節還有兩項重要的活動，一是觀燈，二是祭祀。

「上元節」是燈節，上元節製麵燈在黃河中游地區很普遍。麵燈多用豆麵蒸製而成，它有兩種功用：一是預卜一年旱澇，捏麵燈十二盞（閏年十三盞），各捏其邊如十二月數，蒸熟取出，「視何月盞內有水則雨，無水則否」[3]；二是祭祀，人們把麵燈「張設戶牖間，並送燈先塋（塋）」[4]。上元節的麵燈往往在正月二十三日被人們吃掉，故有兒歌曰：「正月二十三，打茶熘燈盞，老幼食之保平安。」

人們在觀燈宴飲的同時，也沒有忘記祭祀先祖、神靈。河南泌陽祭祀先祖時，「常供之外，復設湯圓、米茶、棗卷（饊）麵燈」[5]。養蠶的地區，蠶農上元節還「蒸繭以祀蠶姑，作粘穗以祀穀神」[6]，進行祈豐活動。

❸・「龍抬頭」節飲食習俗

農曆二月二日為「龍抬頭」節，此節形成時間大大晚於其他漢族傳統節日。其他漢族傳統節日如元旦、元宵、端午、中秋等節在漢唐時已發展成熟。龍抬頭節最早記載是在元末熊夢祥《析津志》，該書《歲紀篇》載：「二月二日，謂之龍抬頭。」吉成名先生認為龍抬頭節是從驚蟄節和春社日發展而來的，或者說驚蟄節和春社日是龍抬頭節的前身[7]。

明清民國時期，黃河中游地區大多數州縣都有過此節的習俗，但各地節日食品

1　乾隆《襄城縣志・歲時民俗》，中州古籍出版社，1993年。
2　康熙《臨晉縣志・歲時民俗》，成文出版社，1976年。
3　民國《洛寧縣志・歲時民俗》，生活・讀書・新知三聯書店，1991年。
4　民國《太康縣志・歲時民俗》，成文出版社，1976年。
5　道光《沁陽縣志・歲時民俗》，中州古籍出版社，1994年。
6　乾隆《潞安府志・歲時民俗》，刻本，1770年。
7　吉成名：《龍抬頭節研究》，《民俗研究》，1998年第4期。

不太一致，主要有煎餅、年糕、餡食、炒豆、油條、麵茶、窩窩頭等，這些食品多具有很強的象徵意義，其義有二：

一是龍抬頭節吃「龍食」，寓意吉祥。如陝西府谷這天戶戶「或食豆麵，或食菜餅，謂之『騎龍頭』」；山西大同一帶「午間，多食麵條、粉條，名為『挑龍尾』」[1]；河南的北部、東部、中部許多州縣龍抬頭節這天多攤煎餅食之，人們認為食煎餅是助龍翻身。

二是消毒、避狼蟲。龍抬頭節在驚蟄前後，各種毒蟲即將出洞活動，人們在龍抬頭節舉行各種消毒避蟲活動，節日食品也多具有這方面的含義。如山西虞鄉，在龍抬頭節這天「每人各吃麻糖若干，謂之『咬蠍尾』，取其形相似也」[2]，人們認為吃了這種像蠍尾的麻糖（油條）就可以避免毒蟲的螫咬。河南的許多地方這天多讓小孩子吃炒豆，謂「食蠍子毒」。

❹ · 寒食節和清明節飲食習俗

清明節前一日為寒食節。由於這兩個節日相鄰，其活動早已你中有我，我中有你，不分彼此了。寒食、清明期間的活動有三：冷食禁火、祭祀先塋、踏青宴飲，三者之間有著密切聯繫。

寒食節有禁火和冷食的習俗。明清民國時期，黃河中游地區的冷食禁火習俗很不一致。有禁火三日的，有禁火一日的。有的地方，如山西靈石東鄉三日不舉火，火約禁頗嚴；有的地方禁火習俗早已被人們淡忘。冷食禁火的不一致，使寒食、清明的節日食品呈現多樣性。但冷食的習俗在黃河中游地區都很流行，如山西翼城節前家家預煮黑豆涼粉，清明節這天，「切薄塊灌湯而食之，蓋取禁火寒食之意」[3]。

「麵燕」是寒食節的傳統食品，寒食節以面造燕在北宋時已廣為流行。明清民

---

1 乾隆《府谷縣志·歲時民俗》，陝西人民出版社，1994年；道光《大同縣志·歲時民俗》，山西人民出版社，1992年。

2 民國《虞鄉縣新志·歲時民俗》，成文出版社，1968年。

3 民國《翼城縣志·歲時民俗》，山西古籍出版社，2004年。

國時期，黃河中游地區有些地方仍流行此俗，如晉北的馬邑「蒸麵為燕，折新柳枝插之，曰『寒食燕』」[1]。人們認為吃寒食麵燕，能治療食積。

寒食清明造麵燕的習俗進一步擴展為製作各種麵製象形食品，或用於祭祀，或用於饋送。如山西襄陵清明節這天，「蒸麵作魚、蛇饋送姻婭」；山西榮河縣，「蒸麵作兜鍪（móu，頭盔）狀，俗名『子推』。內裝胡桃九枚，外周圍胡桃八枚，上插雞子，持以祭墓。」「岳家亦蒸『子推』，送女及婿」[2]。人們之所以造這種頭盔形的麵食，「謂為介子推焚死綿山所遺，肖其形以示不忘」[3]。

清明節有祭祀和踏青的食俗。清明節為一年中的第一個「鬼節」（其他兩個為七月十五中元節和十月初一），故清明時祭祀先祖、拜掃墳塋的習俗廣為流行。有些地方甚至「客他鄉者必歸祭」[4]。祭畢，人們往往就食於墳塋之間，甚至同族歡飲，分胙而散。

清明前後正值陽光明媚、草長鶯飛之時，人們多攜帶酒餚，結伴遊賞。農民們也準備春耕，清明節這天「農家多煮麵飼牛，亦報力耕之意」[5]。

二、夏季節日飲食習俗

明清民國時期，黃河中游地區夏季重要的節日較少。最有影響的節日是「端午」，除此之外還有浴佛節、天貺（kuàng，賜贈之意）節等。

❶·浴佛節飲食習俗

農曆四月八日為「浴佛節」，各寺院做「浴佛會」。名剎禪院「有以熟大豆貯柈

1　民國《馬邑縣志·歲時民俗》，成文出版社，1918年。
2　民國《襄陵縣志·歲時民俗》，民國《榮河縣志·歲時民俗》。
3　民國《臨晉縣志·歲時民俗》，成文出版社，1976年。
4　民國《臨晉縣志·歲時民俗》，成文出版社，1976年。
5　嘉慶《澠池縣志·歲時民俗》，方志出版社，2006年。

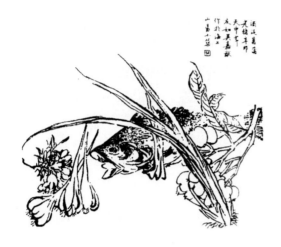

（pàn，圓而淺的筐狀盛器）中，聽人手拈，謂之『結緣』」[1]。百姓多進寺禮佛，人們在禮佛的日子裡，也去祭祀孔聖、城隍和關聖帝君。寺廟多在山中，進寺禮佛的活動，在有些地方已演變成人們相約遊山的活動。浴佛節時，人們往往摘初生的黃瓜，稱之為「進鮮」，親族之間互相饋送黃瓜以嘗鮮。

❷ · 端午節飲食習俗

農曆五月五日為「端午節」。中國古人認為五月為惡月，其原因在於農曆五月氣溫高，多陰雨天，衣物易發霉，食物易腐敗，稻田易生蟲，毒蟲活躍，故該月多有所禁忌，有避惡去毒的風俗。五月又有「修善月」之稱，自古就有採草藥避瘟疫的習慣。五月初五端午節這天，人們更要舉行一系列的除疫活動。

明清民國時期，端午除疫驅毒活動在黃河中游各地仍極為流行。在食俗上主要表現為飲雄黃、菖蒲、硃砂等藥酒或食煮蒜以除疫，其中以飲雄黃酒或菖蒲酒最為普遍。對於不適於飲酒的小孩子，則用酒抹他們的耳朵、鼻孔等處。

粽子，是端午節最具代表性的節日食品。明清民國時期由於黃河中游大多數州

1　乾隆《祥符縣志・歲時民俗》，刻本，1739年。

縣不產稻米，因而所製的粽子多與南方米粽不同，人們往往「包黍棗為粽」[1]。人們把這種以黍棗為原料製成的粽子稱為「角黍」。當然，明清民國時期黃河中游地區的粽子也有不少是米粽。除了粽子外，端午節的節日食品還有油餜（油條）、糖糕和菜角等。人們多在節日這天或節前數日，以這些節食互相饋送和祭祀祖先。

有些人家不滿足喝幾口雄黃、菖蒲酒，吃幾個角黍就打發了端午節，往往「烹羊置酒，室家歡聚」[2]。興致更高的則「同儕具酒餚攜往廓外，會食歡飲」[3]。

❸ · 天貺節飲食習俗

農曆六月六日為「天貺節」，起源於北宋真宗時期。明清民國時期，黃河中游地區的人們往往在這天黎明汲水用於造酒、醋、醬、麴、豆豉。人們認為這天早晨汲的水不生蛆蟲，可以經月不壞。

地處平原的各州縣普遍流行「六月六吃炒麵」的習俗。這天清晨日未出時，人們「火炙小麥麵，微黃色投百沸湯中，入以糖食之」，人們認為六月六食炒麵可以去熱濕，免目疾。[4]也有人認為六月六食炒麵可以除腹痛及痢。[5]

地處山區的各州縣又把此節稱為「牛羊節」，「凡有牛羊者，必以美食犒牧人」[6]。為了讓神靈保佑羊群平安，牧羊之家往往在牛羊牧所進行祭祀。

天貺節前後正值盛暑苦渴之時，人們猜想黃泉之下的列祖列宗們或許正口渴難耐，因此在有些地方士民「各赴先塋，奠茶湯」[7]。

第七章　明清民國時期

1　民國《鄭縣志·歲時民俗》，成文出版社，1931年。
2　乾隆《孝義縣志·歲時民俗》，山西古籍出版社，1996年。
3　乾隆《沁州志·歲時民俗》，山西晉東南行政公署，1979年。
4　乾隆《祥符縣志·歲時民俗》，天津圖書館古籍部，1989年。
5　民國《商水縣志·歲時民俗》，河南人民出版社，1990年。
6　乾隆《沁州志·歲時民俗》，山西晉東南行政公署，1979年。
7　乾隆《重修靈寶縣志·歲時民俗》。

三、秋季節日飲食習俗

明清民國時期，黃河中游地區秋季重要的節日有七夕節、中元節、中秋節和重陽節。

❶ · 七夕節飲食習俗

農曆七月七日為「七夕節」，又稱乞巧節、巧節、女兒節等。明清民國時期，黃河中游地區不少州縣在七夕節有陳瓜果於中庭，祭祀織女，進行「乞巧」的風俗。但各地乞巧的具體形式卻不盡相同。如河南新鄉七夕節時，幼女舉辦「乞巧會」，「捏餃子，內貯針錢、剪頭、蔥蒜之類，分得某物，便云得某物之巧」。河南洛陽一帶，「夜陳瓜果祀女牛，晨起視有蛛網在上者為『得巧』」。利用「巧芽」乞巧更為普遍，「巧芽」又稱巧針，是節前數日在器內培養的麥穀豆之芽。乞巧時，「置盂水漂芽作針」，「視針影作筆尖形、鞋底形，以為得巧」[1]。

明清民國時期，黃河中游地區一些地方的七夕乞巧習俗逐漸淡去，而代之以其他活動，如河南襄城縣清乾隆年間民間已無乞巧活動，代之「農家采麻穀穗，並瓜棗供獻於神，謂之『薦新』」。河南光山縣在七巧節這天，「俗取水作醋，謂之『七醋』」[2]。

❷ · 中元節飲食習俗

農曆七月十五日為「中元節」，俗稱「鬼節」。拜掃先塋、祭祀鬼神祖先當然是鬼節的重要內容。由於「中元」又是一個重要的佛教節日，受佛教素食的影響，人們祭祀時不用肉葷，只以麻穀瓜果時食為祭品，有的地方也以麵製作的假犧牲為祭品。中元前後，秋收在望，人們以麻穀時食祭祀祖先，含有秋報之意，「蓋告稽事成也」[3]。

1　民國《新鄉縣續志‧歲時民俗》，鉛印本，1923年。
2　乾隆《襄城縣志‧歲時民俗》，刻本，1746年。
3　康熙《解州志‧歲時民俗》，抄本，1665年。

在山西和豫北各地，中元節普遍流行「送羊」。「送羊」是以麵羊或其他麵製品饋送給已嫁女兒的習俗。對這種習俗有不同的解釋。一說是，「舊俗牧羊家於是日屠羊賽神，頒胙親戚，貧無羊者蒸麵似羊形代之。今俗已不行，惟造麵羊遺女氏」[1]。另一說是，一人長大不孝敬父母，其舅知道後於中元節這天牽母子羊到外甥家，用小羊吃母羊奶的道理說服外甥應孝敬父母。故事傳開後，人們紛紛效仿。後來逐漸用麵羊代替真羊。中元節人們也用麵羊「薦家神及場神、河神」[2]。

在晉北大同一帶，中元節普遍有送麵人的習俗。麵人是以「麥麵蒸作孩提狀」，饋送給「親戚之卑幼者」[3]。有的地方麵人製作很精美，製成了高尺許的麵美人，稱之為「美人糕」。晉北中元節為何要送麵人給卑幼呢？「俗傳，隨麻祜食小兒，民間以麵作人形代之，故中元節親戚相酬，有送麵人者，至今相沿不改。」[4]

❸ · 中秋節飲食習俗

農曆八月十五日為「中秋節」。明清民國時期黃河中游地區的中秋節是與元旦、端午等節日齊名的主要節日之一。

同前代相比，中秋節更強調家人的團圓。象徵團圓的月餅是這一時期黃河中游各地中秋節最具代表性和普及性的節日食品。月餅的消費量很大，如山西大同「八月初城中即有數十百家預為餅具，烙餅之灶，每一鋪添至十餘，每日賣至千萬，累半月不絕」[5]。節前人們多以月餅作為節禮，互相饋送。此時，正值瓜果上市的旺季，各種瓜果和月餅一樣成為中秋佳節人們饋送親友、拜月宴飲不可缺少的食品。

中秋節晚上，黃河中游各地還普遍流行拜月習俗。拜月又稱祭月、圓月、願月等，一般是候月升起時，陳月餅、瓜果於庭，望月而拜。拜月所用的月餅稱為「團

1　乾隆《長子縣志·歲時民俗》，山西人民出版社，2011年。
2　光緒《壽陽縣志·歲時民俗》，三晉出版社，2012年。
3　民國《馬邑縣志·歲時民俗》，中國文化出版社，2008年。
4　同治《河曲縣志·歲時民俗》，山西人民出版社，1989年。
5　道光《大同縣志·歲時民俗》，山西人民出版社，1992年。

圓餅」，一般較大，有大至二三尺的。拜月畢，全家分食拜月的祭品，特別是要分食稱為「團圓餅」的月餅。一些人家還要在月光之下設宴歡飲。店鋪、學校、公所諸單位也多在中秋節舉行公宴。地主們則「招佃戶飲宴，以定來年去留」[1]。中秋佳節，女婿在一些地方受到特別優待，有些州縣又把中秋節稱為「迎婿節」，「以是日招婿飲」[2]。

❹·重陽節飲食習俗

農曆九月九日為「重陽節」，明清民國時期黃河中游地區重陽節飲食基本上沿襲了前代形成的飲食習俗。重陽糕為各地通行的節日食品。重陽糕有的地方又稱棗糕、花糕或菊糕，多用麵粉和大棗製成，也有蒸糯米麵或黍米作糕的。人們還往往在糕上插上菊花或紙剪的五色彩旗。除自己食用外，人們還把重陽糕作為節日禮品互相饋送。重陽節祭先祀祖的主要祭品也是糕。重陽節飲菊花酒或茱萸酒在黃河中游地區也很流行。重陽飲酒有一個鮮明的特點：即登高飲酒或賞菊飲酒。文人雅士九九登高，感受重陽氣象，頭插茱萸，手提菊酒，沐浴在大自然的懷抱，愉悅身心，消災避禍。這就使重陽飲酒具有更多的浪漫氣息，而有此雅興的多為文人士大夫，因此重陽節在知識階層中更為流行。廣大下層百姓在重陽節這天吃幾片糕，喝幾口酒就算過了節，所以重陽節在有些地方並不太注重。

四、冬季節日飲食習俗

明清民國時期，黃河中游地區冬季的節日主要有冬至、臘八、小年、除夕等節日。

1　民國《商水縣志·歲時民俗》，河南人民出版社，1990年。
2　乾隆《潞安府志·歲時民俗》，鳳凰出版社，2005年。

❶ · 冬至節飲食習俗

冬至，是中國二十四節氣之一，時間在每年農曆十一月間。冬至作為節日形成於漢，盛行於唐宋，明清民國時期黃河中游地區的冬至節已明顯呈現衰落趨勢。雖然有些地方冬至仍謂之「亞歲」，有「肥冬瘦年」之說，但大部分地區的冬至節已是俗不甚重了，人們在這天只是吃頓餃子而已。有些州縣除了食餃子外，還吃一些其他節食，如河南西平縣吃蒜麵[1]，洛寧縣食「頭腦」[2]，淮寧縣「俗煮赤小豆食之，以湯灑地，曰『避瘟』」[3]。

祭祀祖先是冬至節的一項重要活動。有的地方冬至祭祀很隆重，「酒餚笙簧俱備，與祭者均行三獻禮。禮成後，陳胙共食，名曰『享神餘』」[4]。但多數地方的祭祀很簡單，只供餃子而已。

冬至還是中國傳統的「教師節」，這天「家塾率解館拜孔子，午膳宴師盛饌」[5]。

❷ · 臘八節飲食習俗

十二月八日為「臘八節」，臘八節最重要的飲食習俗是吃臘八粥。明清民國時期，黃河中游大部分地區所製的臘八粥為素粥。素粥所用原料因地而異，但卻有一個共同特點：雜。人們幾乎把所有可吃的米豆、乾果、薯類、塊莖類蔬菜都放入鍋內熬製。這是因為臘八節拉開了人們過大年的序幕，人們也開始清理廚房、倉庫中的各種糧食口袋。將「空」口袋中的少許餘糧彙集在一起熬粥，非常符合中國傳統的節儉美德。臘八節時值寒冬，在寒氣逼人的早晨喝上一碗滾燙的臘八粥也有助於人們驅寒保暖。

所製素粥多為淡粥，因其中多加乾棗、胡蘿蔔、紅薯等而顯甜味。但也有一些地方在粥內加入少量的鹽製成鹹粥。在陝西、晉東南和豫西洛陽一帶，人們也用

1　民國《西平縣志‧歲時民俗》，中州古籍出版社，2005年。

2　民國《洛寧縣志‧歲時民俗》，生活‧讀書‧新知三聯書店，1991年。

3　民國《淮寧縣志‧歲時民俗》，黃山書社，1996年。

4　民國《西平縣志‧禮儀民俗‧祭禮》，中州古籍出版社，2005年。

5　民國《長葛縣志‧歲時民俗》，中州古籍出版社，1987年。

牛、羊、豬肉細切作糜而製成葷粥。無論是素粥還是葷粥，其營養成分都很豐富，具有多種營養保健功能，堪稱冬季的滋補佳品。

熬粥所需的時間較長，為了讓全家老小一早就吃上臘八粥，主婦們往往起得很早，「稍遲則忌之，曰『犯紅眼』」[1]。親朋鄰右之間也往往互相饋送臘八粥以加深情誼。樂善好施之家往往施粥於通衢，讓窮人和乞丐們也體會一下節日的溫暖。寺僧們在臘八日更是煮粥結緣，進行施捨，以回報一年來人們對他們的施捨。

臘八節除了臘八粥外，有的地方還流行其他一些節日食品。如陝西一些地方用八種蔬菜做成菜湯，澆在麵條上食用，稱為臘八麵。潼關一帶，人們喜歡將這種麵條澆上辣椒油吃，以驅寒氣，稱喝臘（辣）八麵。河南淮陽縣，「是日午餐須食小米飯一頓，同時並須將棗樹外皮割破，糊以米飯，以使棗樹來年多結果實云」[2]。

人們還往往於臘八這天釀酒、造醋和醃肉，認為臘八這天做的酒醋和臘肉能夠經年不壞。

❸ · 小年飲食習俗

臘月二十三日稱為「小年」，民間廣泛流傳著灶神臘月二十四日將上天朝謁天帝，白人間一歲事。在灶神上天之前，人們要對他祭祀一番。祭品中麥芽糖製成的灶糖是不可少的，用以黏住灶神的嘴巴，免得他上天後胡說八道。

有的地方還要煮豆、剉（cuò，剉碎、切碎）草置於灶旁，以秣灶神之馬。還有些地方的人們想得更周到，索性連灶神的坐騎都提供——雄雞一隻。祭祀灶神由男子來祭，祭祀時，「使人夾其兩翼陳於灶神前，主祭者灌酒於雞冠上，雞如被酒搖首則喜，謂神願乘此雞升天，可保一年平安也，否則舉家以為大戚」[3]。

祭祀完畢後，有的地方「又將祭糖雜入柿餅保存之，留為來年治小兒誤吞麥芒

1 民國《馬邑縣志·歲時民俗》，中國文化出版社，2008年。
2 民國《淮陽鄉村風土記·信仰民俗》，鉛印本，1934年。
3 民國《西平縣志·歲時民俗》，中州古籍出版社，2005年。

及口瘡、痢疾等症之用」[1]。大多數地方則是全家分食祭灶剩下的糖果。全家人個個香糖滿口，喜氣洋洋。小孩子多願意吃糖，這一天更是他們大過糖癮的好時候。但有的地方禁止幼女進食祭餘糖具，認為「啖灶餘則食肥時，唇之四際必黑」[2]。

過完小年，過年的氣氛越來越濃，人們紛紛備辦年貨，殺豬宰羊、蒸饅頭、炸油食，「或整辦柏酒、椒湯、嘉蔬、珍果以俟延款賓客」[3]。族戚之間也往往以魚肉、酒果相互饋送，共慶新年。

❹·除夕飲食習俗

除夕，為一年的最後一天，親鄰之間往往以魚肉、酒果、食物等互相饋送，稱之為「饋歲」。除夕夜，許多人家都要準備一桌豐盛的酒菜，合家團坐歡飲至深夜，稱為「守歲」。也有的人家在除夕邀請鄉鄰朋友共飲，以加深情誼。

炊「隔年飯」也是除夕的一項重要習俗，「大家小戶皆預設熟肴饌，以備新歲數日之用」[4]。有的地方製作的隔年飯比較簡單，只是「晚留飯至元日食」[5]。因除夕、元日分屬兩個不同的年份，故把除夕預治的食物稱為隔年飯。隔年飯反映了人們希望年年有食，免受飢餓的心理。豫北的一些地方，人們在除夕夜還有吃餃子、餛飩以慶祝新舊兩年交替的習俗。

人們在大飽口福時，沒有忘記備陳犧牲、粢（cí，餈，年糕等糯米食品）盛、酒醴、香楮，祭先靈於寢，同時祭祀各種神靈，以求他們保佑全家平安，過好新年。

第七章

明清民國時期

1　民國《太康縣志·歲時民俗》，中州古籍出版社，1991年。

2　乾隆《祥符縣志·歲時民俗》，刻本，1739年。

3　民國《陽武縣志·歲時民俗》，成文出版社，1936年。

4　康熙《永寧州志·歲時民俗》，山西古籍出版社，1996年。

5　光緒《平遙縣志·歲時民俗》，中華書局，1999年。

第六節　寓意深刻的人生禮儀食俗

人們普遍重視生育、婚慶、喪吊等人生禮儀活動。飲食與這些禮儀活動有著密不可分的聯繫和不可替代的作用。明清民國時期黃河中游地區的人生禮儀食俗發展已相當成熟，它既有前代人生禮儀食俗的一些傳統內容，又有隨社會生活的發展變化而出現的新內容。

一、尊重生命的生育食俗

生育在中國人的思想觀念中占有非常重要的地位，「不孝有三，無後為大」的觀念在明清民國時期早已深入人心。因此，人們普遍重視生育，尤其是新婦的初次生育。新婦生育前後，親戚朋友紛紛攜帶各種特定的食品禮物上門道賀。

（一）臨產催生飲食習俗

山西翼城在新婦懷孕臨產時，母家要饋送「張口饅頭」，這種饅頭「以酵麵為蒸食，剁碎肉或芝麻糖於中，而開其口……蓋取夫開懷之義焉」[1]。河南封丘，「婦將生子……書柬報母家，母付以雞子」[2]。如果說前者在孕婦產前送「張口饅頭」，具有浪漫的祝福含義的話，那麼後者送雞子（雞蛋）則是現實、實用的——為產婦產後補充營養。

（二）生後賀喜飲食習俗

明清民國時期，黃河中游地區的大多數地方在生育之前並不舉行祝賀活動，而

1　民國《翼城縣志‧歲時民俗》，山西古籍出版社，2004年。
2　民國《封丘縣續志‧禮儀民俗》，鉛印本，1937年。

中國飲食文化史　■　黃河中游地區卷

346

比較重視小孩子出生後的三日、九日、滿月和週歲。在這些時間裡，一般都要舉行一些特定的祝賀活動，而飲食活動是其重要內容。

❶·三日報喜飲食習俗

小孩子初生三日，小孩子的父親要攜帶禮物前往岳家報喜，報喜的禮物多是酒肉食物，不同地方豐儉各異，如豫北新鄉報喜用米麵雞酒之類，山西平遙報喜只帶蒸製的饅頭就行了。對於報喜所送的禮物，岳家只留下酒，其他禮物各添少許，仍令抬回。報喜所用的雞十分講究，生男用雄，生女用雌。岳家不僅不能留下雞，而且「雞之雄者配以雌，雌者配以雄」[1]。兩家為雞雌雄配對，寓有夫婦相配的含義，祝福新生兒長大成人後能夠找到如意伴侶。

❷·九日賀喜飲食習俗

報喜後，親戚朋友紛紛攜帶禮物前去祝賀，稱為「送粥米」。所送的禮物當然不僅僅是粥米，如山西聞喜，「母家先送烙餅，數如其年。戚友皆饋以火燴。火燴者，麵發最虛，水分亦較多，火烤取熟，枚重三四斤以上，俾產婦食之易消化耳。然爐火難具，火色亦難勻，今皆改為籠蒸，而仍名火燴，特扁而虛耳。婦初產男，鄰里往賀……主家款以稀米飲及餅，另期酬宴」[2]。送粥米活動一般定在小孩子出生後第九天舉行，因而有些地方又稱「做九」。

❸·滿月慶賀飲食習俗

小孩子滿月時，主人設宴慶祝，同時對親戚朋友的幫助表示謝意。宴會上往往請客人們吃麵，稱為「吃喜麵」。對於送粥米者，主人一般也要在這天進行回報，如山西聞喜在小孩子滿月時，「以油煎餺飥祀神，大如七寸瓷盤，厚四五分，俗名『油飥』。因以饋其母家，男子九十九，女子一百一。俗云，將來結婚之財禮，男取朒（nù，不足，少於），而女取盈也。受人火脅一枚，報以油飥六枚，俗名『散

1　民國《新鄉縣續志·禮儀民俗》，鉛印本，1923年。
2　民國《聞喜縣志·禮儀民俗》，中國地圖出版社，1993年。

油』」[1]。

❹·週歲周晬飲食習俗

小孩子週歲時，有的人家要舉行「周晬（zuì）」（俗名「抓周」）以測將來其志向。周晬時，有的地方亦有特色食品。如山西聞喜小孩子周晬時，戚屬饋以「骨嗟」。「骨嗟」是用發麵兩手抓握成條，經火烤製熟的一種食品。但「周晬所饋，長且壯，不烤而蒸。俗云，為小兒安腿」[2]。小孩子一週歲，正值學步之時，用既長且壯的「骨嗟」作為禮物贈送，祝福小孩子身體健康、學步順利。

二、喜慶吉祥的婚慶食俗

明清民國時期，在黃河中游地區各地的婚禮程序中，早已形成了一套完整的飲食習俗，寓有豐富的內涵。飲食活動貫穿於整個婚禮前後，有著非常重要的地位和不可替代的作用。

（一）婚前禮儀食俗

❶·訂婚飲食習俗

兒女長大成人，家長開始為子女物色對象。一般由媒人或親屬、熟人代為介紹，彼此中意後，定下婚事。訂婚的禮物庶民多用錢帛首飾，士大夫多沿用舊禮，用羊、酒。如山西陵川在事諧後，「則由男家送麵於女家，女家即以所送之麵夾以小米，用油煮作餅子，送諸男家。男家使人分送戚友鄉鄰，俗謂『通知』。亦有不煮餅，而代之以他種食物者」[3]。一種食物用兩家的米麵，寓有兩家和好，喜結良緣

1　民國《聞喜縣志·禮儀民俗》，中國地圖出版社，1993年。
2　民國《聞喜縣志·禮儀民俗》，中國地圖出版社，1993年。
3　民國《陵川縣志·禮儀民俗》，中華書局，2009年。

之意。

有的地方雙方訂婚很簡單，「兩家契合，即於酒肆換鐘為定」[1]，「鐘」音「終」，意為雙方結婚後會終身諧好，故在有些地方訂婚儀式又稱「換鐘」。

❷·納彩、納幣飲食習俗

訂婚之後，不少地方還要行納彩、納幣諸禮。各地禮節不一，多有飲宴活動，食品和羊、酒多是禮物中不可缺少的。婚儀食品花樣繁多，如山西聞喜，「男家聘女，喜餅、布帛以外，必有花饃六十枚。俗名『花兒饃』，用重羅之麵，浼親鄰巧婦製之。枚重不及斤，上飾麵捏花鳥人物，競奇斗異，白愈求白。女家回禮，有花饅頭十餘枚，枚重二三斤，亦飾以花，間有無花者」[2]。

河南偃師，婚娶前男方要送給女方饊子百支，女方接到後分送親眷，「親眷旋以喜元、果品等物為女家添箱」[3]。送禮用的羊、酒也頗多講究，「所用羊、酒，羊忌黑眼、酒必以江南為貴。其饋婦家以果、麵、合歡酒也。婦家受之，而易酒以水，又插以箸也」[4]。

❸·「請期」飲食習俗

嫁娶前數月，男方家要設盛饌宴請女方家長及媒人，確定婚娶日期，稱之為「請期」，俗稱「商量酒」。婚前一日，雙方為第二日的嫁娶作最後的準備，如果女方陪嫁的財物較多，往往於這天送嫁妝，男方家對送嫁妝的送客款以酒食。男方家在這天往往給女方家送禮，進行「催妝」，如山西大同，「婿家備肉、麵納於女家，俗謂其肉曰『離娘肉』，麵曰『離娘麵』」[5]。

1　康熙《上蔡縣志·禮儀民俗》，上蔡縣地方史志編纂委員會，1985年。
2　民國《聞喜縣志·禮儀民俗》，中國地圖出版社，1993年。
3　民國《偃師縣風土志略·禮儀民俗》，鉛印本，1934年。
4　乾隆《祥符縣志·禮儀民俗》，天津圖書館古籍部，1989年。
5　道光《大同縣志·禮儀民俗》，山西人民出版社，1992年。

（二）親迎宴客食俗

❶‧親迎飲食習俗

按儒家禮制規定，婚娶時新婿要到女方家行親迎禮。明清民國時期，黃河中游地區的一部分州縣仍保持著婚娶親迎習俗，但也有一部分州縣拋棄了這一習俗，如山西大同一帶即「絕無行親迎禮者」[1]。

在行親迎禮的地方，「親迎前三日，婿家以羊、酒報婚期」[2]。有的地方還在「親迎之前夕，邀鄰里會飲，亦略具菜蔬，或有用九碟，四熱碗者」[3]。親迎時，「普通由男家備轎兩乘，用樂工數名，或十餘人不等，婿及娶客相偕至女家。女家設席宴之」[4]。除酒饌之外，有的地方還「飼婿以薄餅，婿必私竊十餘餅及箸與酒器，謂之『得富貴』」[5]。

親迎時有的地方還保持著行奠雁禮的古風，由於雁得之不易，往往以雞或鵝代替。婚禮用雁，取其來歸有時、上下有序、忠於配偶諸意。鵝是「家雁」，故可代雁。以雞代雁，則失去了奠雁禮的本意，是取雞的諧音「吉」之意，寓意婚禮吉祥。奠雁禮中所送的雞、鵝不允許宰殺，但可以換鹽，人們借「鹽」「緣」同音，稱之為雙方有緣。

行完奠雁禮，新郎率領親迎的隊伍抬上新娘回到家中拜堂成親。家中早已把洞房布置一新，人們還要在洞房中設一馬鞍（寓意平安），下面放有粉繭等食品。新娘進入洞房後，婦女爭著取馬鞍下的食品。

晚上，在洞房設花燭、酒筵為新婚夫婦行合卺（jǐn）禮，新郎的弟妹妯娌多來飲酒，稱為「鬧房」。鬧房時，人們往往強迫新郎新娘傳杯飲酒。

1　乾隆《大同府志‧禮儀民俗》，刻本，1782年。
2　光緒《榆社縣志‧禮儀民俗》，山西古籍出版社，1999年。
3　民國《芮城縣志‧禮儀民俗》，成文出版社，1986年。
4　民國《沁源縣志‧禮儀民俗》，海潮出版社，1996年。
5　同治《榆次縣志‧禮儀民俗》。

❷ · 婚禮宴客習俗

親迎次日，婿家設席宴客。也有的地方圖方便，把親迎、宴客合為一日舉行，如山西解州，「州迎在午前，以是日宴男女也……其明日，舅姑率婿婦見廟，及婦執棗、栗見舅，腶修（duànxiū，乾肉）見姑」[1]。河南有些州縣在親迎之後，新郎還要到女方家行謝親禮，「婦翁食以餺飥，兩角相抱，謂之『抄手』，象婿容也」[2]。

不舉行親迎的地方，新娘由女方送客陪同至新郎家成婚。送客的多寡不定。有的地方女方送客很多，如山西聞喜「嫁女，送客最夥（huǒ），男女客有至三十席者，以女家賀客，皆男家款宴」[3]。男方家在婚娶之日，也要設宴會親友，媒人及舅舅在筵席中格外受到人們的尊重。鄰居們也往往攜帶燒餅、掛面之類的禮物前來祝賀。

婚宴一般很豐盛，如河南永城，「親友會飲，常二三百席，百餘席、數十席即為儉約。每席碟十三、碗十，肴饌所費約七八百，仍以酒饃為大宗」。山西芮城，「肴饌極豐腴者，前以八碟佐酒、中則海碗。大盤各十具、小碗八具，多係海味珍錯。酒罷進飯，則用八碗或四碗，肉屬居多。次者，中無海碗、大盤，但有小碗四具而已」[4]。筵席的花費自然不菲，以致中人之家不敢輕言婚事。由於舉辦婚宴極費精力，故也有人家圖方便，「家中不結一彩，不懸一燈，一切布置統假城內飯莊行之」[5]。

（三）婚後禮儀食俗

明清民國時期，黃河中游地區婚後重要的禮儀活動一般有婦家餪（nuǎn，軟）飯、新婦入廚、婿婦回門等。

1　康熙《解州志·禮儀民俗》，成文出版社，1968年。
2　乾隆《祥符縣志·禮儀民俗》，刻本，1739年。
3　民國《聞喜縣志·禮儀民俗》，中國地圖出版社，1993年。
4　光緒《永城縣志·禮儀民俗》，新華出版社，1991年。
5　民國《臨汾縣志·禮儀民俗》，成文出版社，1933年。

❶ · 婦家餪飯之禮

餪飯，即婦家父母或族黨給新婦送飯之禮。各地餪飯的時間不很一致，多定在婚後次日或三日。也有三日之內婦家送飯，然後行餪飯禮的，如河南新鄭，「三日之內，婦家饋飯……至九日，或十二日，或匝月，為女行餪飯禮」[1]。婦家所送的食物一般為脯饌、果品等。有的地方也送一些特色食品，如河南祥符（今屬開封）、滎陽一帶，送加了油蜜的「餦餭（zhānghuáng，一種麵食）」，「欲其親之甘而易入也」[2]，希望新婚夫婦生活甜美如蜜。

❷ · 新婦入廚之禮

新婦三日入廚是前代流行的習俗。這一時期，黃河中游地區的少數州縣仍有此俗。新婦入廚的寓意有三：一是「具餐，以試婦職」[3]；二是「入廚作羹以饗舅姑」[4]，體現孝道；三是表示新婦已成為家庭主婦，「而主中饋矣」[5]。

新婦一般是在第三日晚上開始做第一餐飯的，飯的類型有的地方是傳統的羹，做好後首先獻給公婆品嚐。由於羹在明清民國時期已不再流行，故有些地方變易為麵條，鄰居親戚都要來品嚐新娘所做的麵條，稱為「喝喜面」。

不過這一時期黃河中游地區的大多數州縣三日入廚之禮已廢，有的州縣僅具有虛名，不再真正實行，「惟女父母家是日以點心、燒餅來看其女，男家備席款待，謂之『看三日』」[6]。以後每遇重要節日，女方父母都要饋送熟食，一般要送兩年方止。

❸ · 婿婦回門宴飲

「回門」即新婚夫婦回娘家。這一時期回門習俗在黃河中游地區很盛行。回門

1　乾隆《新鄭縣志·禮儀民俗》，陝西人民出版社，1992年。
2　乾隆《祥符縣志·禮儀民俗》，刻本，1739年。
3　道光《武陟縣志·禮儀民俗》，中州古籍出版社，1993年。
4　民國《獲嘉縣志·禮儀民俗》，刻本，1756年。
5　民國《偃師縣風土志略·禮儀民俗》，鉛印本，1934年。
6　民國《翼城縣志·禮儀民俗》，山西古籍出版社，2004年。

的時間各地不太統一，具體習俗亦有所差異。大多數州縣回門的時間定於三日之後，「合歡之三日，新婦父遣輶馬車輛迎請新婿夫婦。婿至婦家，設筵款侍；婿拜見婦之父母，次拜見婦黨諸親，款留宴飲，越九日送婿歸家」[1]。

三日回門亦有不住下的，如河南偃師婿婦在用完午餐後就早早回去了，因為新婦還要準備晚上的入廚之禮。少數州縣在婚之次日的傍午回門。也有的地方回門的時間定在婚後第九天，並且要在婦家住上九天，稱「對九」。九天之後，「女家亦備酒脯、果品送夫婦回家，曰『回包』」[2]。

三、寄託哀思的喪吊食俗

飲食活動是人們辦理喪事不可或缺的重要內容。明清民國時期黃河中游地區的喪吊飲食習俗和飲食風尚因地而異，不盡相同。其中有些是中國傳統文化的精華，體現了中國人民尊老、互助精神，但其中也有不少陳規陋習、文化糟粕。

（一）安葬前後的祭祀食俗

一般來說，人死之後，家人移屍草鋪上，稱為「小殮」（裝入棺材稱為「大殮」）。屍前設一桌，上供雞酒，其雞男用雄、女用雌，名曰「引魂雞」，作用是引導亡魂上路。然後移屍棺中，殯於中堂。安葬之前，喪家每日三次進饌，如事生禮。

送殯時，沿途撒以飯湯，「謂先人初次入陰，人地生疏，先施路鬼飯湯，以謀其先人入陰順之利也」[3]。下葬時，人們也不忘給死者提供飯食，在棺首壙中放入盛有酒飯的瓷罐，以免亡魂餓了肚子。

1　乾隆《廣靈縣志・禮儀民俗》，刻本，1756年。
2　道光《汝州全志・禮儀民俗》，刻本，1840年。
3　民國《淮陽鄉村風土記・禮儀民俗》，鉛印本，1934年。

安葬之後，人們還要多次祭奠死者，如豫西孟縣在「葬之第三日……用木桶盛水餃哭奠畢，向墳上週圍潑之。又用四大生餃，內包五穀種子，埋墳四角，以能生發為有後福」[1]。葬後三日有的地方流行復奠於墓，謂之「復三」，屆時，「客恆數百人，飲無算爵，最為靡費」[2]。死者死後，逢七日則奠哭，以七七四十九日為止，謂之「盡七」，富裕人家遇七日往往邀請戚友置酒宴會。

如遇亡者誕期，有的地方還要為死者「祝冥壽」，「是日，穿吉服，致奠柩前，主人設筵款洽，務極豐盛，家非貧乏，未有不行此禮者」[3]。

安葬前後的這些祭祀食俗，多體現了中國傳統的視死如視生的「慎終」孝道思想。

（二）安葬期間的弔喪食俗

❶·弔喪所用食物

弔喪習俗由來已久，這一時期黃河中游地區各地的弔喪習俗很盛行。弔喪者多帶賻錢和食物祭品，如豫北安陽，「賓客弔客具饅首、花糕、牲醴、聯幛以奠亡者」[4]；汲縣，弔喪者「有送圍碟者，有送麵果者」[5]。對於弔喪者，喪家要設筵款待。有的地方「奠而不弔，富者用豬首、雞、魚，魚以麵代，為之三牲。貧者用麵餅二十枚，謂之『蒸爐食』。……其道裡遠者，則留酒食，以豐潔為敬。門設鼓吹，以嗷噪喧鬧為榮。如此者，或三日，或五日，有至十日者」[6]。

親友親疏關係不同，所帶奠品亦有差別，疏者輕，親者重，如山西聞喜「戚友奠品，至少饃二盤，稍厚四盤。每盤原十五枚，後因主家受十璧五，即以十枚為

1　民國《孟縣志·禮儀民俗》，刻本，1933年。
2　乾隆《高平縣志·禮儀民俗》，山西人民出版社，2010年。
3　《襄陵縣志·禮儀民俗》，刻本，1673年。
4　乾隆《續安陽縣志·禮儀民俗》，鉛印本，1933年。
5　乾隆《汲縣志·禮儀民俗》，刻本，1755年。
6　光緒《平定直隸州志·禮儀民俗》。

盤。至親奠品、綾幛、酒筵、豬羊而外，饃自八盤至二十四，或三十盤。各有盤頂一枚，上飾面花。近多以饅頭一枚代一盤，然必八盤以上者，省面不少。亦世風趨於薄之一端也」[1]。

❷·喪葬待客飲食習俗

按照宋代朱熹制定的《家禮》規定，喪禮禁止飲酒茹葷，以示哀戚。明清民國時期黃河中游地區仍有少數州縣保持著喪禮不飲酒不食肉的古風，如山西代州「居喪待客及會葬者，只設豆粥、蔬食、不用酒肉」[2]。有的州縣對這一禮製作了變通，「普通喪事，午餐款客，雖亦有肉，但無酒，其菜為十碗，與尋常晏（宴）客者客不同，以表戚意」[3]。但大部分區域，這一禮制遭到了嚴重的破壞，以酒肉待客已成為大多數州縣的普遍習俗，有些地方甚至「孝子亦飲酒食肉如平時」[4]。

由於喪禮不用酒肉的禮制破壞已很久遠了，普通民眾對於居喪飲酒食肉不以為怪，但一些文人士大夫對這種違禮行為感到痛心疾首，「夫壞禮之端非一，而酒席之失滋甚。凡來奠者，皆骨肉之親也，誼當哀戚與同，而乃糾朋引類，浮白飛觴叫號乎？幾席之上，寧知孝子之有親，而孝子者亦復相與往來乎？深杯大嚼之間，寧復知親喪之在側；即不然者，當客之群然而至也，主人方肆筵設席，以延客之不暇，又何暇為吾親出一涕乎？雖為盡孝之子，亦姑且收淚，而先為款客計矣。害禮傷教，莫此為甚」[5]。多數文人士大夫恪守禮制，「燕客設素饌，不用葷酒，孝子終喪不御酒肉」，為社會作出表率。[6] 但在世俗惡風的強大影響之下，也有一些地方的文人士大夫不免失節，與惡俗同流合污，如豫西的汝陽，對於喪葬「無論中人之產，竭厥從事，即薦紳學士亦復爾，爾則俗之漸人深矣」[7]。

1　民國《聞喜縣志·禮儀民俗》，中國地圖出版社，1993年。
2　乾隆《代州志·禮儀民俗》，刻本，1882年。
3　民國《偃師縣風土志略·禮儀民俗》，鉛印本，1934年。
4　民國《商水縣志·禮儀民俗》，中州古籍出版社，2010年。
5　康熙《內鄉縣志·禮儀民俗》，生活·讀書·新知三聯書店，1994年。
6　民國《項城縣志·禮儀民俗》，南開大學出版社，1999年。
7　陳夢雷：《古今圖書集成·方輿編·職方典》卷四七四，影印本，中華書局，1934年。

大多數地方人們設筵待客尚能稱家有無量力而行。貧則儉，家有餘資則豐。但也有部分州縣有趁喪吊大吃大喝的惡風，「親族購者大嚼縱飲，且以酒饌美惡爭長較短。」[1]「酒肉不豐，裡黨必詬」[2]。在有些地方筵席的規模往往很大，「動輒數百席，與婚娶無異。」「間有力難供客而不能葬者」，「或至棄產以應，家以是落」。[3]由於酒食之費往往高於賓客所帶賻錢，導致遭喪之家有拒絕賻儀而不敢受者。

（三）值得稱道的喪葬飲食美俗

❶ · 辦理喪事的互助組織——天倫會

即使在大吃大喝之風不太盛行的地方，招待弔喪者等項費用也是很大的，往往令喪家難以承受。為預備不測，民間往往自發組成辦理喪事的互助組織，如豫西有「天倫會」，「係有父母年老者十人以上組織……每年正月由值年擺會一次，會員齊集值年宅上，隨帶香資若干，過午不到者有罰，敬神畢，值年設宴款待會員。有遭父母喪者，先報知會長，由會長通知各會員齊往弔唁。葬之前數日……會員各送麵粉幾十斤，錢幾千文」[4]。

❷ · 歇主、還助習俗

有一些州縣在喪葬食俗上還有不少值得稱道的地方。如山西平遙對於來奠的賓客，由「旁親、朋友代宴，名為『歇主』」[5]，減輕了喪主的負擔。

山西翼城東山一帶人們辦理喪事極為簡單，有喪事互助饅頭的美俗，「遇喪葬事，主家不多蒸饃，統向親朋及鄰村富室問求：每家代蒸饅頭百個，或百五十之數，作葬期來賓食品及酒席之用，謂之『問助饃』。後遇人有喪葬事時，不待來問，仍即照數歸還，謂之『還助禮』」[6]。

1　光緒《永城縣志·禮儀民俗》，新華出版社，1991年。
2　民國《解縣志·禮儀民俗》，成文出版社，1968年。
3　光緒《伊陽縣志·禮儀民俗》，三聯書店，1996年。
4　民國《孟縣志·禮儀民俗》，成本出版社，1932年。
5　光緒《平遙縣志·禮儀民俗》，中華書局，1999年。
6　民國《翼城縣志·禮儀民俗》，山西古籍出版社，2004年。

第八章　中華人民共和國時期

新中國自成立以來，已走過了60多年的風風雨雨。以一九七八年年底召開的中國共產黨第十一屆三中全會為界，可分為改革開放之前、之後兩個歷史階段。改革開放之前，歷次政治運動對人們的飲食文化生活影響較大，黃河中游地區整體上處於物質短缺的時代，大部分地區沒有解決好人們的吃飯問題，在飲食思想上人們也普遍以奢為恥、以儉為榮。改革開放後，黃河中游地區的社會生產力得到了極大的解放，恩格爾係數不斷下降，人們告別了物質短缺，穩步由溫飽向小康、富裕邁進。在膳食結構中，普遍出現了糧食消費量開始下降，肉、蛋、奶、食油、酒、糖的消費量逐步增長的趨勢。黃河中游地區的食品工業和餐飲業也得了突飛猛進的發展，酒文化、茶文化和飲食習俗等在繼承傳統的基礎上，增添了新的時代內容。人們的飲食文化思想也發生了巨大變化，不再把講究吃喝視為「資產階級生活方式」。多姿多彩的黃河中游地區的飲食文化正徐徐展現在世人面前。

第一節　改革開放前政治運動對飲食生活的影響

改革開放之前，疾風驟雨式的政治運動對黃河中游地區人們的飲食生活產生了較大影響，使人們的生活水平長期停滯不前，相當一部分地區沒有解決人們的吃飯問題。

一、土地改革運動促進了飲食生活的初步改善

一九四九年十月至一九五二年十二月是新中國成立的初期。在這一時期內，中國國民經濟所面臨的重大任務是醫治戰爭創傷，迅速恢復和發展國民經濟。中國共產黨領導中國人民在農村實行土地改革，解決了廣大農民的土地要求，極大地提高了廣大農民的生產積極性與政治熱情，促進了農業的恢復和發展，使人們的飲食生活得到了初步改善。

食物原料的生產與土地密切相關，舊中國的封建土地制度極不合理，占鄉村人口總數90％的貧、僱農和中農只占20%-30％的土地。為解決農民的土地問題，中國共產黨在新中國成立前後領導農民進行土地改革，使廣大無地或少地的農民分配到了土地。黃河中游地區土地改革完成的時間較早，這與中國革命的進程有關。黃河中游相當一部分地區（如陝北、山西等地）屬解放區，至新中國成立時，早已完成了土地改革。從一九四九年冬開始，在已具備土地改革條件的華北城市近郊和河南省、陝西省部分新區（約2600萬農業人口）進行土地改革，到一九五〇年春勝利完成。隨著農業的恢復發展，黃河中游的部分地區也隨之告別了飢餓，初步實現了夢寐以求的溫飽。

二、農業合作化運動推動了農民生活水平的初步提升

個體農民的生產在應付突發的天災人禍面前經常顯得軟弱。農民在萬不得已時會出賣分配到手的土地以渡過難關。一九五二年山西省對49個村進行調查，在被出賣的10780畝土地中，一九四九年出賣的占3.95％，一九五〇年占30.99％，一九五一年占51.15％，一九五二年占13.09％。其中一九五一年出賣的比例最高，這與當年的天災不無關係。如果不採取有力措施，可以預見，或早或晚農村勢必會形成新的地主階級，舊的封建剝削關係將會重新紮根於農村大地。中國共產黨採取了讓農民組織起來，通過互助合作，走集體化道路來解決這一問題。這條道路經過

▶圖8-1　土地改革郵票

◀圖8-2 合作社故事連環畫──《怎樣
　　　 辦合作社》

了社會主義萌芽性質的互助組、半社會主義性質的初級社和社會主義性質的高級社三個發展階段。一九五三年到一九五六年年底，農業合作化在黃河中游地區基本實現，對農業的社會主義改造基本完成。

　　總的看來，中國共產黨領導的農業合作化運動是成功的。但也必須看到，從一九五五年夏季以後，農業合作化運動存在著要求過急、工作過粗、改變過快、形式過於簡單劃一的缺點和偏差，以致長期遺留了一些問題。

　　一九五三年到一九五六年年底，隨著農業合作化運動的勝利進行，黃河中游地區的社會生產力進一步解放，國民經濟獲得了巨大發展。農民的生活水平得到了初步提升，越來越多的人實現了溫飽。

　　但是，包括糧食在內的飲食原料的生產還遠遠不能滿足社會需求。在這一背景下，一九五五年八月國家出台了《農村糧食統購統銷辦法》和《市鎮糧食定量供應暫行辦法》，對糧食開始統購統銷，對城鎮居民則按人口、年齡、工種的不同，實行定量供應。不久，油料、食糖等食物原料也先後實行了統購統銷，這一政策一直實行到改革開放時期。

三、「大躍進」運動釀成了飲食生活的空前災難

一九五八年的「大躍進」運動，給中國的國民經濟造成了巨大災難。黃河中游地區是大躍進運動的重災區之一，這場政治運動使人們的飲食生活嚴重惡化，一些地方甚至發生了餓死人的事件。

大躍進運動肇始於農業的浮誇風，而農業的浮誇風是從河南小麥的畝產量上刮起來的。二十世紀五〇年代初，河南小麥的平均畝產量大約為200斤。一九五八年六月十二日，《人民日報》發布中國第一個人民公社河南遂平嵖岈山人民公社畝產小麥三五三〇斤的虛假消息。之後，農業浮誇風愈刮愈烈。八月二十七日，《人民日報》發表《人有多大膽、地有多大產》的文章，宣稱：一畝地要產五萬斤、十萬斤以至幾十萬斤紅薯，一畝地要產一萬斤至二萬斤玉米、穀子。以毛澤東為首的中共中央認為農業產量已經過關，一九五八年下半年，從農村抽調大批勞動力去支援大煉鋼鐵運動，致使秋收時農村因缺乏足夠的勞動力，許多地方的農產品爛在地裡無人收穫。

一九五八年下半年，人民公社化運動掀起熱潮，到十月底基本實現了人民公社化。人民公社實行一切財產統一核算、統一分配的制度，把社員的自留地、家畜、果樹等都收歸公社所有，引起了農民的不滿，紛紛殺豬宰羊、砍伐樹木，造成生產

▶圖8-3　「大躍進」運動中的宣傳畫

力的很大破壞，給農業生產帶來了災難性後果。人民公社內部實行平均主義的管理模式，嚴重挫傷了廣大農民的生產積極性。在農業增產措施上，人民公社大搞深翻土地和高度密植。這種瞎指揮浪費了大量的人力、種子，結果由於深翻土地，耕地表面盡是生土，過於密植不能通風，反而造成大量減產。

人民公社大辦公共食堂，提倡吃飯不要錢。一九五八年十月二十五日《人民日報》發表題為《辦好公共食堂》的社論，指出公共食堂在農村和城市將普遍地建立起來，成為中國人民新的生活方式。在省吃儉用才勉強夠吃的情況下，全國大辦敞開肚皮吃的公共食堂。而大多數的公共食堂鋪張浪費之風盛行。在河南新鄉，公共食堂的饅頭扔得到處都是。有人問生產隊長：「這麼吃，能吃幾個月？」生產隊長說：「吃三個月。」「吃完後咋辦哪？」「有國家管哩，都有共產主義啦，還能叫餓著嗎？」幾個月下來，糧食消耗殆盡，公共食堂的伙食質量直線下降。河南遂平嵖岈山人民公社當時的一首童謠反映了人們飲食生活的痛苦：「清早的饃二兩重，下邊有個萬人洞；晌午的飯，一勺半，只見菜葉不見麵；黑了的湯，照月亮，不喝吧，餓的慌，喝了吧，尿床上，娘打一巴掌，跑到大街上，哭爹叫娘到處藏。」[1]

造成糧食短缺的原因有二，一是鋪張浪費，二是因糧食產量的浮誇而造成的糧食徵購率過高。以嵖岈山人民公社所在遂平縣為例，一九五八年賬面夏、秋兩季糧食產量為100279萬斤（實際糧食產量為2440萬斤），比去年增長31倍，據此，河南省給該縣下達的糧食徵購任務是9000萬斤。不少地方為了完成糧食徵購任務，不得不把大部分口糧上交給政府。由於口糧嚴重不足，一九五九年下半年農村的公共食堂已難以維持，只能提供紅薯、紅薯片湯和野菜湯之類供人們充飢。一九五九年至一九六〇年年初，公共食堂更是經常三四天或者七八天才開一次伙，吃的東西主要是野菜和野草。由於長期缺乏營養，不少人得了浮腫病。空前規模的飲食災難發生了！河南遂平嵖岈山人民公社餓死了4000多人，而嵖岈山人民公社所在的信陽地區（包括今天的信陽、駐馬店兩市所屬各縣）因飢餓致死的約有100萬人，這就是震驚

1　秦闖韜：《走進難以忘卻的時代——中國第一個人民公社誕生紀實》，《中州今古》，2004年第1期。

全國的「信陽事件」。

　　慘痛的教訓迫使政府調整政策，採取措施以擺脫困境。一九六〇年九月，中共中央提出要對國民經濟實行「調整、鞏固、充實、提高」的八字方針，黃河中游地區各級政府照此對國民經濟進行重大調整。主要措施有：在食物原料生產上，生產經營權由人民公社下放到生產大隊，恢復社員的自留地，允許社員飼養家畜、家禽；在社員的收入分配上，取消過去實行的部分供給制，嚴格實行評工記分和按工分分配的辦法以調動生產積極性，並停辦農村公共食堂；在食物原料的收購上，減少徵購量，提高收購價格，放寬統購政策，對糧油繼續實行統購統銷，而對豬、牛、羊、雞、蛋等實行合同派購，完成任務後可自由銷售；在食物原料的銷售上，在農村開放集市貿易。城市裡在壓縮城鎮人口的前提下，減少城鎮商品糧、生活用煤、蔬菜等的供應量，對糧食等生活必需品實行平價定量供應，對一部分消費品的供應實行高價政策。

　　到一九六五年，國民經濟已明顯好轉。人們的飲食生活已度過了最困難的時期。

四、「文化大革命」運動造成了飲食生活的長期徘徊

　　一九六六年五月至一九七六年十月是中國「文化大革命」時期。「文化大革命」對中國人民來說是一場巨大災難。十年間，黃河中游地區人們的飲食生活水平一直處於徘徊不前的局面。許多地方的農民甚至連溫飽也難以保證，靠國家救濟過日子，造成這一局面的原因是多方面的。

　　首先，人口增長過快，基本抵消了食物原料的增加量。「文革」十年，黃河中游地區的農業生產條件有了一定的改善，水利設施、農田基本建設成績不小，農業機械、農業用電量、化肥、農藥有了顯著增長，糧食產量還是保持了比較穩定的增長。如河南省，一九七〇年糧食總產量達1555.5萬噸，比一九六五年增長389.5萬噸；一九七五年糧食總產量達1941.5萬噸，又比一九七〇年增長386.0萬噸。但是這

◀圖8-4　「以糧為綱」的標語

一時期也是黃河中游地區人口增長最快的時期，如河南省，一九七五年人口為6758萬人，比一九六五年的5240萬人淨增1518萬人。食物原料的增加量基本上被新增人口消費掉。

其次，國家在農村、農業政策方面的失誤，挫傷了農民的生產積極性。長期以來，國家一直認為在不依賴政府大力投資的情況下，僅依靠自身積累農業就能發展，因此國家強調農業的自力更生，而很少投資農業。不僅如此，農業的積累也被用於工業。農業產品與工業產品之間的「剪刀差」逐漸擴大，國家對糧食等農產品掠奪太多，農民不能從增產中獲益，不能有效調動他們的生產積極性。「文革」十年間，國家在農村繼續沿用人民公社的生產管理體制，實行評工記分和按工分分配的辦法，一些農民出勤不出力。一段時間內，有些地方甚至把社員的自留地和家庭養殖業當作「資本主義尾巴」割掉。廣大農民對不能使自己獲益的集體農業生產普遍不感興趣。「文革」中，片面強調「以糧為綱」，致使多種經營受到排擠，農業不能給人們提供多樣的食物原料，影響了人們飲食生活的改善。

最後，動亂的局勢、不斷的運動給食物原料的生產和人民生活的改善都造成了巨大影響。

第二節　改革開放後食品工業和餐飲業的快速發展

改革開放後，隨著黃河中游地區社會經濟的迅速發展，民眾日益提高的生活水平和多樣化的生活方式，使人們對各種食品的花色品種、營養口感等提出了越來越多的要求，生活節奏的加快也使外出就餐成為人們的一種經常性行為。這就為黃河中游地區的食品工業和餐飲業的快速發展提供了一個契機，這一時期的餐飲業在全國已占據舉足輕重的地位。

一、堅強厚實的農業基礎

食品工業發展的基礎是現代農業。黃河中游地區的河南、陝西、山西三省都是農業大省，出產眾多的飲食原料、特產，不少已在國內外享有盛譽。改革開放後，名優飲食原料、特產的生產開始呈現區域化、專業化的趨勢，在產量增加的同時，產品質量也有所提高，從而為黃河中游地區食品工業和餐飲業的快速發展奠定了堅實的基礎。

❶·名優糧食

小麥是黃河中游地區最主要的糧食作物，河南的大部和陝西的關中平原、山西的汾河河谷都適合小麥的種植，特別是河南的黃淮海平原更是小麥的主產區。改革開放後，尤其是二十世紀九〇年代中期以來，隨著優質小麥品種的大面積推廣，黃河中游地區小麥的品質迅速提高，結束了中國高檔麵粉大量進口的歷史。這一時期，河南省已成為中國優質小麥重要的生產基地，形成了豫南低筋小麥、豫中中筋小麥、豫北高筋小麥三個優質小麥種植區。二〇〇九年，河南的小麥總產量達到613億斤，約占全國小麥總產量的四分之一。

黃河中游地區的小米主要產自陝北和山西，比較有名的有米脂小米、沁州黃小米。黃河中游地區的適宜種植水稻的面積較小，主要分布在黃河兩岸的灌區和陝

▲圖8-5　鶴壁纏絲鴨蛋

▲圖8-6　懷山藥

南、豫南的亞熱帶濕潤地區。但在黃河中游地區卻出產不少優質大米品種，如河南的原陽大米、鳳台仙大米、輝縣香米，陝西的洋縣黑米、寸米和香米，山西的晉祠大米等。在黃河中游地區，其他糧食名品還有尉氏青豆、河津花生、開封花生、汝南芝麻等。

❷·名優畜禽、水產品

改革開放後，黃河中游地區的畜禽、水產品的生產逐漸由單位家庭散養過渡到規模化的基地養殖。在畜禽、水產品產量大大增加的同時，其質量也有了進一步的保證，從而極大地提高了養殖的經營效益。

黃河中游地區的牛多為畜肉兼用的黃牛，著名的品種有秦川牛和南陽黃牛。黃河中游地區所養之羊既有綿羊，也有山羊，比較有名的品種有陝西同羊、陝北灘羊、關中奶山羊、陝南白山羊、周口槐山羊、豫西脂尾羊等。黃河中游地區還是中國生豬和豬肉的重要生產基地，比較有名的生豬品種有淮南豬。驢是與牛羊相類的牲畜，驢肉也是黃河中游地區的名產之一，陝西的關中驢、佳米驢和河南的泌陽驢皆稱優良。

黃河中游地區多雞，著名的有陝西畫雞、洛陽烏雞，河南的正陽三黃雞。在黃

河中游地區，鴨不如雞那麼普遍，主要分布在河南省，比較有名的鴨子品種有淮南麻鴨，名品鴨蛋有唐河鴨蛋、鶴壁纏絲鴨蛋、郾城火蝦鴨蛋等。

黃河中游地區比較有名的水產品主要分布在河南省，比較有名的有黃河鯉魚、淇河鯽魚、淮南元魚、衛源白鱔、羅山黃鱔、伊河魴魚、沈丘鱸魚等。

❸·名優蔬菜

長期以來，中國農村蔬菜供應主要靠農民自種自食；城鎮蔬菜供應靠在郊區建立生產基地和從農民手中收購來解決。改革開放後，建立了很多蔬菜生產基地，利用塑料大棚技術大規模生產時鮮蔬菜和反季節蔬菜，逐漸取代了傳統菜農的小規模生產，從而使黃河中游地區名優蔬菜的生產步入現代化。

黃河中游地區的非菌類蔬菜名品眾多，如陝西大荔沙苑、山西高平的白蘿蔔，山西大同、河南淮陽、永城等地的黃花菜，河南封丘的芹菜，河南靈寶的蓮藕，河南焦作的懷山藥，河南開封、陝西臨潼的韭黃，河南扶溝的萵苣，河南焦作的香椿，河南孟縣的蔓菁，山西運城、河南鄢城、西華的蘆筍等。

黃河中游地區的人們喜用蔥、薑、蒜、辣椒調味，故主要作為烹飪輔料的各種調味蔬菜的種植面積較廣。比較有名的大蔥品種有山西晉城的巴公大蔥和河南焦作的修武大蔥，大蒜有河南中牟的宋城大蒜、陝西關中的白皮大蒜和山西應縣的紫皮蒜等，辣椒有陝西的秦椒、河南的永城辣椒、南陽小辣椒、淅川辣椒等。

黃河中游地區比較有名的食用菌主要有河南盧氏的「猴頭」、羊肚菌、黑木耳，河南蘭考的香菇等。

❹·名優瓜果

黃河中游地區的大部分地區屬於暖溫帶半濕潤地區，盛產蘋果、梨、杏、櫻桃、山楂、石榴、柿、葡萄、獼猴桃等水果，比較有名的水果有河南的靈寶蘋果，陝西的潼關梨、山西的晉蜜梨、河南的孟津梨、寧陵金頂謝花酥梨、夏邑酥梨、濟源馬村梨，陝西的華縣大杏、河南的靈寶貴妃杏、原陽大杏和仰韶黃杏，河南的洛陽櫻桃，河南濟源、輝縣的山楂，陝西的臨潼石榴、山西的臨猗石榴、河南的河陰

石榴、封丘石榴，陝西的臨潼火晶柿、山西的永濟蒲柿、河南的滎陽柿子、澠池牛心柿、鎮平仙柿，山西的清徐葡萄、河南的民權葡萄。獼猴桃為黃河中游地區的特產，河南和隴南是兩大獼猴桃產區。其中，河南獼猴桃主要產自豫西的盧氏和豫西南的西峽、內鄉、南召、鎮平、方城、桐柏等縣。

黃河中游地區盛產大棗、板栗、核桃等乾果，比較有名的品種有河南靈寶大棗、新鄭大棗，山西運城相棗、稷山板棗，陝西綏德「黃河灘棗」；河南的信陽板栗、平頂山板栗、駐馬店確山板栗，陝南的紙皮核桃、山西臨汾的薄皮核桃、河南濟源的坡頭鎮核桃。

二、迅速發展的食品工業

改革開放以來，黃河中游地區的食品工業有了長足的發展，已具有相當的規模和水平，成為該地區帶動經濟發展的龍頭支柱產業之一。以河南省為例，在二十世紀九〇年代的十年中，食品工業產值翻了兩番。進入二十一世紀後，河南食品工業繼續保持快速發展的勢頭，年均增長率在30%以上。目前，食品工業已成為河南省規模最大的支柱產業。

陝西省也採取積極扶持食品工業發展的戰略，形成了果業、乳品、菸草、肉製品、紅棗製品、方便食品和烘焙業七大產業集群，在陝西省獲得的10個國家名牌產品中，食品行業就占了6個。為加快食品加工業的發展，西安、寶雞、安康、鹹陽等市及部分食品強縣相繼出台了發展食品工業的優惠政策和辦法，為食品工業加快發展創造了良好的政策環境。

山西省也將食品工業確立為七大優勢產業之一。二〇〇九年，山西省制定《食品工業產業調整和振興規劃》又將食品工業確定為山西省重點培育的新型支柱產業。

由於食品工業進入門檻較低，競爭激烈，使得食品工業較早地進入了市場，以市場為導向進行結構調整，配置資源和組織生產，企業經營機制普遍得到了轉變，

競爭力不斷提高。長時間市場化的激烈競爭淘汰了一些食品企業，也使一大批優秀食品企業和人才脫穎而出，他們結合本區域食品原料、消費習慣、技術特長，充分發揮本地區的各種優勢，積極樹立品牌產品，開拓國內外市場，使黃河中游地區形成了自己的食品工業特色。在食品工業內部，已有相當一部分行業具有相當大的比較優勢，處於全國領先地位。

❶·麵粉加工業

黃河中游地區特別是河南省是全國冬小麥的重要產區，麵粉加工工業素來發達，是全國最大的麵粉生產基地，麵粉產量、外運量均居全國首位。二〇〇五年十月河南永城被中國食品工業協會授予「中國麵粉城」稱號。河南省的麵粉總產量占全國總產量的37%，河南麵粉銷往全國各地，如北京市近二分之一、天津市近三分之一的麵粉及面製品均來自河南。

❷·畜禽加工業

黃河中游地區是我國重要的家畜家禽產地。河南和陝西關中平原的肉豬、河南的肉牛、山西和陝北的羊、河南的雞鴨產量都比較大，為該區域的畜禽加工業提供了充足的原料。近十幾年來在黃河中游地區出現了一些規模巨大的畜禽肉製品加工企業。如河南漯河的雙匯實業集團有限公司，二〇〇一年就已成為亞洲最大的肉製品加工基地，又如河南潢川「華英」禽業股份有限公司從一九九三年投產，企業實力不斷壯大，至今已發展成為世界最大的鴨產品加工基地。始建於一九九五年的山西粟海集團是中西部最大的肉雞加工企業。

❸·調味品製造業

隨著人們生活水平由溫飽型向小康、富裕型轉變，人們由追求吃得飽轉變為吃得好，更加追求食物菜餚的味道。不僅食鹽、醬油、醋等傳統調味品被人們廣為使用，味精、雞精等新興調味品也成為普通百姓飲食生活不可缺少的內容。

山西人嗜食酸，山西老陳醋質量素為人們稱道，清徐老陳醋號稱「醋中之王」。

山西充分開發這一傳統優勢產品，以老陳醋為代表的釀造類調味品暢銷國內市場。二○○八年「醋都」清徐舉辦了「中國清徐醋業博覽會暨醋文化節」。在《山西省食品工業產業調整和振興規劃》中，提出以清徐、榆次為中心，提高產業集中度，把老陳醋打造成具有國際知名度的食醋品牌。除山西醋外，陝北的高粱醋、河南正陽的伏陳醋、河南南陽的米醋等也都十分有名。

河南的味精、雞精等新興調味品生產發展迅速。河南周口蓮花味精企業集團，是目前國內最大的味精生產廠家，產品不僅占據大部分國內味精市場，還遠銷世界各地，出口量占全國味精出口量的80％左右。河南駐馬店十三香調味品集團有限公司生產的「王守義」牌十三香在國內同類產品中也享有盛名。

❹ · 乳品加工業

乳品加工業是黃河中游地區的優勢產業。二○○八年，河南省的奶類產量已居全國第四位，乳品加工業被確定為主導優勢產業進行重點發展，建立了鄭州、焦作、洛陽、南陽、商丘、漯河、平頂山等乳品加工業基地。陝西是全國三大最佳奶牛養殖區之一，奶牛存欄和奶類產量雙居全國同行業第六位。乳品加工業也是山西省的發展重點，已確立了以雁門關生態畜牧區為中心，以古城乳業集團有限公司為主導的乳品加工業的發展思路。

❺ · 果汁加工業

黃河中游地區是蘋果的主產區，以蘋果為原料的果汁加工是該地區各省重要發展的行業。目前，陝西濃縮蘋果汁加工業雄居世界和中國果汁市場「霸主」的地位。陝西果汁已出口到歐、美、亞、非各大洲47個國家和地區。山西、河南兩省的果汁加工量也位居全國前列。

然而，與魯粵蘇京等全國食品工業先進區域相比，黃河中游地區的食品工業普遍存在著發展水平低、市場份額小、經濟效益差等問題。而且食品安全問題不容樂觀。山西白酒、河南食用油、大米等產品先後出現了不同程度的問題，食品廠家痛定思痛，下決心重新建立食品的安全系統，建立市場的誠信品牌。

三、餐飲業發展的新特色

改革開放後，黃河中游地區的餐飲業發展迅速，多層次、多種經濟成分的餐飲業格局已經形成。餐飲業的發展呈現以下新特色。

❶ · 廚師綜合素質普遍提高

改革開放後，黃河中游地區廚師的綜合素質得到了普遍提高，其原因有三：

首先，九年制義務教育的普及極大地提高了廚師隊伍整體的文化素質。改革開放之前，廚師接受文化教育的年限普遍較短，文盲、半文盲廚師大有人在。改革開放後，隨著小學義務教育和初中義務教育的實施，新一代廚師接受文化教育的年限普遍延長至九年以上，其中不乏接受過高中及大學教育者。廚師隊伍整體文化素質的提高，為提升菜餚、菜點製作的文化內涵，研究開發新的菜點打下堅實的文化基礎。

其次，烹飪學校、職業學校烹飪班等正規廚藝培訓機構的廣泛設立，培養了一支數量龐大、擁有高水平烹飪技藝的廚師隊伍。改革開放後，隨著餐飲業的迅速發展，社會上對廚師崗位的需求越來越大，廚師培訓開始成為一種長盛不衰的行業。除專門的烹飪學校外，各地的職業中專、職業高中也廣設烹飪專業（班）。大學專科層次的烹飪專業、烹飪學院在黃河中游地區也開始創辦，如一九九四年陝西省創辦了陝西烹飪專修學院，二〇一〇年河南創辦了長垣烹飪職業技術學院等。正規廚藝培訓機構的廣泛設立，改變了傳統師徒口傳心授的原始方法。一方面，使廚師的大量培養成為可能，滿足了改革開放後對廚師的大量需要；另一方面，使廚師的培養更為科學化，受訓人員可以在一個較短的時間內掌握更多更高水平的烹飪技術。

第三，社會地位的提高也吸引到不少人才從事烹飪行業。廚師工作雖然辛苦，但收入水平普遍較高，廚師職業也逐漸贏得社會的尊重。從過去的「廚子」到今日的「大師傅」「烹飪師」「麵點師」等，從人們對廚師稱呼的這一改變上可以反映出廚師社會地位的提高，從而吸引了越來越多的高素質人才加入廚師隊伍，使研究型廚師逐漸增多，他們積極從事菜點創新和飲食文化研究，成為新時期廚師的中堅力

量。

❷‧消費者的要求標準日益提高

在改革開放前的短缺經濟時代，消費者普遍關心的是如何吃得飽。改革開放後，消費者開始關心如何吃得好、吃得安全、吃得健康。其原因有二：一是家庭經濟條件好了，生活水平提高了，人們對菜餚的色、香、味、形等有了高水平的追求，如對菜餚的保健養生、食療價值的關注等；二是環境污染問題日益突出，食品安全問題凸顯。如化肥、農藥的濫用使農產品的農藥、重金屬等有害物質殘留過多。不法分子用激素育肥畜禽，用「地溝油」炒菜，用甲醛浸泡海鮮，往食品中添加吊白塊、蘇丹紅、三聚氰胺等有害物質，這些行為極大地危害了人們的身心健康。食品安全開始成為人們關注的焦點問題。

近年來，無污染、無殘留的綠色食品普遍受到消費者的歡迎。綠色食品涉及飲料、蔬菜、果品和蛋奶四大類，除人工生產的各種綠色食品外，還包括野生的各種蔬果。後者更是成為廣大食客追求的對象。有一則現代笑話對此有著深刻的反映：一男子攜農村的妻子進城赴宴，上一道菜，妻子說一句「這菜，過去是餵豬的。」在上了十幾道菜後，妻子對最後一道菜終於沒有說「餵豬」，丈夫以為妻子對此道菜還算滿意，卻不料妻子評價道：「這菜，過去連豬都不吃！」可見，很多過去農村「餵豬」的蔬果已成為城市人喜愛的健康食品。

❸‧創新菜餚麵點層出不窮

黃河中游地區的飲食文化雖具有深厚的歷史根基，但進入近代由於重視不夠、觀念陳舊，缺乏創新，其發展相對緩慢。改革開放後，隨著物資短缺計劃經濟時代的結束，大眾對菜餚麵點的品種、花色、口味等的需求也越來越多，創新開發新的菜餚麵點勢在必行。一批研究型廚師積極適應餐飲業的這種新需求，以菜餚麵點的創新為己任，不斷推出新成果，推動了黃河中游餐飲業的健康發展。

陝西餐飲業在新秦菜的創新上頗下了一番工夫，成果顯著。陝西省的省會西安曾是大唐帝國的都城，唐代飲食遺風處處可見，陝西餐飲業也以仿唐菜的研發為己

中國飲食文化史　黃河中游地區卷

任，挖掘研製出「箸頭春」等30多款仿唐菜，基本反映了唐代飲食文化的特有風韻。還開發出異彩紛呈的「餃子宴」。餃子宴共有108種不同餡料，風味、形狀、製法各異，分為百花宴、牡丹宴、龍鳳宴、宮廷宴、八珍宴五個檔次。被賓客譽為「餃子大王」。

豫菜，鮮香清淡、四季分明、色形典雅、別具一格。但由於缺乏創新，二十世紀八〇年代豫菜的影響持續下滑，中原大地上粵菜、川菜等外地菜館如雨後春筍，豫菜卻節節敗退，幾乎被粵菜、川菜擠出河南市場。二十世紀九〇年代中期以來，河南餐飲業逐漸認識到創新豫菜的重要性，成立了豫菜文化研究會，大力推進豫菜研發，推出了一大批為普通百姓所喜聞樂見的新豫菜。在新豫菜的創新中，開封仿宋菜的研發取得了較大成果，展現了北宋都城東京汴梁（今開封）的歷史風韻。開封市還把仿宋菜列入「宋都」特色飲食文化旅遊開發項目。為弘揚中原傳統飲食文化，鄭州市還開辦了首家烹飪書店。為廚師及廣大家庭提供了閱讀之便。

❹ · 各地飲食文化交流頻繁

黃河中游地區位於中國的中部，是東西南北的交通要沖。改革開放後，該地區內部的飲食文化交流非常活躍，與外地的飲食文化交流也極其頻繁。粵菜、川菜等

▶圖8-7　開封鼓樓夜市

外地菜館如雨後春筍般紛紛落戶，如河南鄭州，僅二〇〇一年前四個月就有來自北京、廣東、四川、上海、湖北等10多個省市的40多家餐飲機構落戶該市。[1]從低價位的火鍋、麵食到大眾化的家常菜，都成為這個地區的居民餐飲消費的好去處。

西安鼓樓夜市、開封鼓樓夜市等都以其獨具特色的風味小吃馳名全國。在這些風味小吃中，有不少是外地的小吃，如新疆烤羊肉、北京切糕、天津涼團、山西刀削麵、蘭州拉麵、浙江雞絲餛飩、四川麻辣麵等。為吸引外地風味小吃來開封落戶，開封有關管理部門給予了許多方便和優惠政策，從而吸引來更多的各地美食。如新疆拉條子、天津煎餅果子、東北多味炒梅子等30多個地方風味小吃，使開封鼓樓夜市小吃的品種增加到1100餘個。

黃河中游地區的飲食文化也積極謀求向外發展，如陝西名廚赴日本參加「大中國展」，進行餃子宴操作技術表演。在日本逗留的6天中，他們接待了32個國家和地區的食客，在東京掀起了一股中國餃子宴熱。[2]以山西刀削麵、西安羊肉泡饃等為代表的山、陝名食更是在全國遍地開花，使人們領略了中原麵食文化的魅力。

❺ · 各種飲食文化節紛紛舉辦

改革開放後，特別近十幾年來，各地紛紛舉辦名目繁多的飲食（美食）文化節。這些飲食文化節的旨趣和主題各異，有的以弘揚當地飲食文化為旨趣，如二〇〇七年西安舉辦的「大唐美食文化節」，二〇〇八年河南新鄭舉辦的「飲食文化節」，二〇〇八年在山西太原舉辦的「中國‧山西國際麵食文化節」，二〇一〇年陝西臨潼舉辦的「美食文化節」；有的是為了促進中外飲食文化交流，如二〇〇七年在陝西西安舉辦的「馬來西亞美食文化節」，二〇〇九年在西安舉辦的首屆「東南亞美食節」；有的以宣傳某種特色食品為目的，如山西忻州市從二〇〇五年至二〇〇九年連續舉辦了五屆「月餅文化節」；有的以展示烹飪技藝為主題，如二〇〇四年河南長垣舉辦的「中國（長垣）烹飪之鄉國際美食節」，同年，陝西烹飪之鄉

1　《河南日報》，2001年7月21日。

2　薛麥喜主編：《黃河文化叢書‧民食卷》，山西人民出版社，2001年。

藍田也舉辦了「中國‧西安藍田美食美玉文化節」，在藍田體育場隆重舉辦了烹飪技藝表演。還有為促進當地旅遊經濟的開發而舉辦的美食節，如少林寺所在的河南嵩縣於二○一○年舉辦的「首屆旅遊飲食文化節」。

近年來，飲食文化節也開始走進大學校園，成為校園文化的一個組成部分。如二○○四年河南商業高等專科學校舉辦了「首屆飲食文化節」，二○○五年河南師範大學舉辦了「首屆大學生飲食文化節」，二○○六年鄭州大學升達經貿管理學院舉辦了「第一屆飲食文化節」，二○○七年洛陽工業高等專科學校舉辦了「首屆大學生飲食文化節」，二○○九年洛陽理工學院舉辦了「首屆飲食文化節」，二○一○年山西農業大學舉辦了「首屆校園美食文化節」，使中國燦爛的飲食文化走到了莘莘學子的身邊。

❻‧節假日餐飲消費迅猛攀升

近代著名文人梁實秋先生說過，要想一天有事幹，那你就請客。此話點出了在家宴請使主人不勝繁忙的缺陷。如今，經濟條件較好的家庭過節假日，或親朋好友聚會時多會選擇到飯店、酒店消費，這已成為一種時尚。節假日成為活躍餐飲業的推動器。

以河南鄭州市為例，一九九七年就有3家飯店推出了讓市民到飯店過大年的家庭宴。為滿足不同層次的消費者需求，鄭州各大酒店還增加了娛樂功能，使消費者進餐娛樂兼得。有的飯店為客人推出了以友情、親情、愛情為主題的愛心三部曲，包括「年年有餘宴」「合家團圓宴」「和氣生財宴」「甜甜蜜蜜宴」等，顧客可根據自己的不同需求選用適合自己的宴席。[1]這些節日家宴的主旨，高度契合了中國飲食文化中重新情、尚和睦、求富足的核心思想，深得消費者的認可。

假日餐飲消費以家庭消費為主，飯店、酒樓收入的80%以上來自家庭消費。正是基於這種消費特點，不少飯店採取薄利多銷的經營策略，推出價格在300-1000元

1　《河南日報》，2001年1月23日。

的家庭套餐，較平時菜價下調了30%左右。菜價下調，收益並未減少，飯店、酒樓普遍可以在假日期間得到豐厚的回報。近年來，假日餐飲呈現出更為迅猛的發展勢頭，許多大中城市的年夜飯需提前一兩月才能預訂到。

❼ · 中、西快餐方興未艾

隨著人們生活節奏的加快，中、西快餐食品走入人們的生活。改革開放後，西式快餐店如肯德基、麥當勞、德克士、必勝客等紛紛進軍中國餐飲市場。這些快餐店多分布在東部沿海及經濟較發達的大中城市，它們規模大、資本雄厚、經營方式先進，以其味道獨特的炸雞、漢堡包等快餐食品、飲料以及較舒適的就餐環境吸引著眾多善於接受新事物的年青一代。

這些西式快餐店也很快地進入了黃河中游地區，如一九九九年肯德基在河南開張了第一家快餐店，二〇〇一年麥當勞在陝西開張了第一家快餐店，至今晉、陝、豫各省的西式快餐店都已達到二三十家。

在西式快餐店的影響下，數量眾多的中式快餐店紛紛開張，他們以經營傳統小吃、日常食品為主，更能滿足生活節奏較快的普通百姓的需求。目前，黃河中游地區的中式快餐店大多規模較小，多是傳統飯館吸收了西式快餐店的一些經營方式而成。這些中式快餐店不僅在中小城市廣為經營，而且在一些生活節奏較快的農村也可覓見其蹤跡。據報導，河南羅山縣龍店鄉的李灣村，發展了大小拱棚共2200個，供種植蔬菜，廣大農民由於太忙不能按時吃飯，大人、小孩多以開水泡方便麵充飢，且飢一頓飽一頓。一對村民夫婦在地頭開了家快餐店。很快又有5家快餐店開業，生意紅火。[1]農村的快餐業已初現曙光。

中國飲食文化史

黃河中游地區卷

1　《河南日報》，2001年1月7日。

第三節　白酒領銜的酒文化

新中國時期，黃河中游地區的酒文化仍保持較高的水平。該地區酒類的生產和消費仍以白酒為主，是中國白酒的重要生產地區之一；不僅名酒眾多，而且白酒的消費總量和人均消費量都居全國前列。與中國其他區域相比，黃河中游地區的人們仍然很重視飲酒禮儀，酒令文化長盛不衰，內容豐富多彩。

一、以白酒為主的生產、消費格局

新中國時期，黃河中游地區的酒類可分四大類：白酒、啤酒、果酒、黃酒。其中，白酒的生產和消費量都很大，啤酒、果酒的生產和消費呈上升狀態，黃酒的生產、消費量一直較小。

▶圖8-8　「杏花村」古井文化園

❶‧具有傳統優勢的白酒

在黃河中游地區，白酒的生產和消費量都很大，但各地的白酒生產和消費具體情況卻不盡相同。

河南人口眾多，人們又多喜飲白酒，是中國第一大白酒市場。河南本土的白酒品牌也不少，一九八九年中國第五次名酒評選中，寶豐酒、宋河糧液、張弓酒、仰韶酒進入17種國家名酒之列。二十世紀九〇年代末期，河南白酒企業的發展遭到一些挫折，經過不懈努力，河南又恢復了白酒生產大省的地位，但與四川、貴州、山東等其他白酒強省相比，河南白酒在全國市場的影響力還較弱，基本上還沒有形成品牌優勢。

與河南白酒的群雄爭霸不同，山西白酒基本上是「汾酒」一枝獨秀。一九四九年六月，人民政府於以8000元的價格購買了原「晉裕汾酒公司」的全部資產，成立了「國營杏花村汾酒廠」。同年九月，第一批汾酒已作為首屆中國人民政治協商會議的會議用酒。現已發展成為中國規模最大的白酒企業之一。在新中國成立後的歷屆中國名酒評選中，山西汾酒都名列其中。汾酒廠之外的山西其他白酒生產企業，產品銷售多集中在當地的低端市場，總的來說，山西白酒在走出本省方面建樹不多，但在當地卻有較強的市場優勢。

陝西有著深厚的酒文化底蘊，在改革開放之前，陝西就是中國白酒業比較發達的省份之一。尤其是「西鳳酒」名列中國四大名酒之列（中國四大名酒為茅台酒、五糧液、汾酒和西鳳酒），在全國享有很高聲譽。改革開放之前陝西人基本上不喝外地酒，無論是城市，還是農村。改革開放後，尤其是近幾年，陝西白酒生產逐漸落伍，所產白酒不是以供本省消費，於是外來酒迅速搶占了陝西市場。與山西白酒大多在省內銷售相仿，除西鳳酒、太白酒和杜康酒外，其他陝西白酒很少能夠走出秦川大地。

❷‧飛速發展的啤酒業

改革開放之前，黃河中游地區的啤酒生產尚處於空白狀態，也很少有人消費啤

酒。改革開放之後，人們逐漸認識並接受了啤酒，啤酒消費呈直線上升狀態，近年來啤酒消費量以每年20%以上的速度增長。在炎熱的夏季，啤酒已成為人們佐餐的主要酒類。但農村的啤酒消費水平仍然偏低，農村人口年均消費量不到6升，啤酒消費尚有巨大的提升空間。

黃河中游地區巨大的啤酒消費市場潛力，不僅吸引了諸多外地啤酒前來銷售，也促進了本地區啤酒生產的迅速發展，但各省啤酒的生產狀況不盡相同。

河南省的啤酒生產相對發達。幾乎每個地級市都有一家以上的啤酒生家企業。但在產品結構等方面與發達地區比還有很大的差距，大多數啤酒產品仍以中低端市場為主，利潤回報率低，缺少有核心的競爭力品牌。

陝西省的啤酒生產呈現「漢斯啤酒」一枝獨秀的局面。漢斯啤酒在陝西的西安、安康、漢中、寶雞、榆林設有5家工廠。在陝西市場，漢斯啤酒平均占有率為82％左右。

山西的啤酒生產較為落後，據山西省釀酒行業協會統計，山西全省年均消費啤酒超過50萬噸，而全省啤酒年產、銷售還不足15萬噸，市場占有率不足三成，缺口甚大。山西的啤酒市場呈現外地啤酒咄咄逼人、本地啤酒節節萎縮的局面。

❸ · 發展潛力巨大的果酒

黃河中游地區的果酒生產歷史悠久，但由於長期以來人們生活比較貧困，嚴重阻礙了果酒的生產與消費。改革開放後，尤其是二十世紀九〇年代以來，隨著人們物質生活水平的不斷提高，果酒消費逐漸成為一種時尚，極大地促進了黃河中游地區的果酒生產，例如近年來陝西果酒的產量以每年40％-50％的速度在迅速增長。

在各類果酒中，葡萄酒的產量和消費量都居首位。黃河中游地區的葡萄酒主要產自晉中太原附近和豫東黃河故道的民權、蘭考等地，比較有名的傳統葡萄酒有山西清徐露酒廠生產的「錦林牌」白葡萄酒和河南民權葡萄酒廠生產的白葡萄酒、紅葡萄酒。除葡萄外，黃河中游地區的人們還利用獼猴桃、柑柿、山楂、棗、桃、青梅、雪梨等釀酒。最有名者當屬陝西的獼猴桃酒，年產量達5000噸以上，是全球最大的獼猴桃酒產地。

但黃河中游地區的果酒生產仍然面臨著諸多問題。首先是缺乏在全國知名的品牌。其次是市場占有率低。在黃河中游地區果酒市場上，售賣的多是外地名酒。以陝西省會西安為例，張裕、王朝、長城三個外地品牌的葡萄酒占據了西安近90％的果酒市場。第三，受生產能力限制，經濟前景不容樂觀。以葡萄酒生產為例，以前大部分葡萄酒廠以生產低端的半汁葡萄酒為主。二〇〇三年在國家有關部門廢止了半汁葡萄酒行業標準後，大多數葡萄酒生產廠家沒有能力轉產為市場前景較好的全汁葡萄酒面臨尷尬的局面。有能力生產全汁葡萄酒的只是少數幾家。

❹·黃酒產量較小

中國傳統的黃酒酒精度數較低，酒性溫和，香味濃郁醇厚，但在酒風甚烈的黃河中游地區，多數飲酒之人並不飲用黃酒，黃酒的消費對象主要是不善飲酒的婦孺老少。與江浙等南方省市相比較，黃河中游地區的黃酒生產並不發達，生產量較小，只有少數地方還保留有黃酒的生產工藝，特別是在一些鄉村的鄉民中還在使用古老的傳統工藝釀造普通黃酒。鄉民們多在每年的立冬之時取黍米、糯米浸透蒸熟，放入酒甕中，添加涼開水，拌入紅麴發酵，用酒耙上下攪動，一個月之後即可釀成。陝甘豫等地都有釀造。

陝西關中一帶人們善釀「稠酒」。稠酒即古之「醪醴」，是陝西八大傳統名貴特產之一，它狀如牛奶，色白如玉，汁稠醇香，綿甜適口，是用糯米和小麴釀成的甜

酒，酒精含量僅為15%左右。因其配有芳香的黃桂又稱之為「黃桂稠酒」，也有稱之為西安稠酒、陝西稠酒、貴妃稠酒的。陝南安康生產的「五里稠酒」很有名。

二、酒禮文化的傳承

黃河中游地區是中華文明的發源地，一向重視飲酒禮儀。新中國成立後，這些酒俗、酒禮傳統得到繼承和發揚。

❶·飲酒重視席位

在黃河中游地區，飲酒首重席位，上座一定要讓給長者或最尊貴的客人坐。上座的客人未到，酒宴一般是不會開始的。酒宴未開始之前，主人或其他的客人可以在座位上敘話閒談。當上座的客人到時，都要站起表示歡迎。待上座的客人就座後，其他人方可就座。

在農村中，一般是在座北朝南的堂屋裡宴客，宴客的桌子多為八仙方桌，每桌可坐八人。北方即為上座，東方為次座，其餘為末座。也有的看廚房坐向，以廚房門所對的右側為上座。還有看椅子距牆的遠近，近的為上，遠的為下。在城市，由於門的朝向各異，便以正好面對門的座位為上座。城市宴客多用圓桌，一般上座左側為次座，右側為三座，以此類推。

若酒宴為多席，則設有首席，農村的首席一般設在屋子的中央。城市的首席，一是安排在餐廳上方，面向眾席，背向廳壁；二是將首席安排在眾席中間。首席的上座必是最尊貴者，例如在陝北高原的婚宴中，首席設三個上座，左上右次，是介紹人和男女舅父的座位。一般每席八個人，首席坐不下的，再安排次席。

❷·酒過三巡的遺風

「三巡」飲酒禮儀在黃河中游地區仍然有其遺風。不過，現代的「三巡」實際上是人們共飲三杯，而不是傳統的從小到大、由幼及長、從卑至尊的依次飲三杯。

現代飲酒流行的開始程序一般是：待所有客人入座，下酒的涼菜基本上齊之

後，酒席的主持者或主人首先要說上幾句祝酒詞，說明請諸位飲酒的原因，然後提議大家共飲第一杯酒。同時大家一般要離席站起，互相碰杯，感謝主人的盛情邀請，然後坐下品嚐菜餚，接著共飲第二杯酒。再次品嚐菜餚後，共飲第三杯酒。

一般來說，第三杯酒一定要飲盡。因為飲盡第三杯酒，即意味著酒宴的開始階段即將結束。所謂「酒過三巡、菜過五味」，酒宴將切入正題，進入敬酒階段了。

❸‧流行民間的敬酒禮俗

黃河中游地區的敬酒也多按「巡」進行，一般先由主人給座中最尊者敬酒。與南方長江流域的敬酒規矩不同，在黃河中游地區敬酒人並不喝酒，而是讓被敬者飲酒。

敬第一杯酒之前，客人站起，把杯中酒的飲少許，稱為「騰酒杯」。騰完酒杯，敬酒人說出敬酒的原因，或是歡迎，或是感謝，然後給被敬者斟上第一杯酒，一般要勸對方飲盡全杯，勸酒詞也是豐富多彩、五花八門。飲完第一杯酒，敬酒人接著會說「好事成雙」，再次給被敬者斟酒。飲盡第二杯酒後，敬酒人一般會讓被敬者再飲一杯。若被拒，則會提議自己陪對方喝完第三杯酒。也有被敬酒者主動提議同飲第三杯酒的。

給第一位客人倒完酒後，依次再給第二位客人斟酒，直到給座中所有的人斟完為止。

❹‧對「魚頭酒」的重視

在酒宴中，黃河中游地區的人們非常重視「魚頭酒」，它往往成為一次酒宴的高潮。

一般的情況是，在人們喝到酒酣之時，作為壓桌大菜的紅燒鯉魚（或其他魚肴）被服務人員恰如其時地獻了上來了。訓練有素的服務人員把盛有紅燒鯉魚的盤子放在桌面上，轉動桌面使魚頭恰好對準席中最尊者。若桌面不能轉動，則將盛有魚的盤子直接放在最尊者的面前，魚頭對準最尊者。此時，誰也不准再轉動桌面，正在進行敬酒或行酒令的也須暫停。

主人一般會按照「頭三尾四」喝魚頭酒的規矩，先讓魚頭對著的客人喝三杯酒，魚尾對著的則陪客人喝四杯酒。由於魚尾是分叉的，有時會對著兩個人，這時喝魚尾酒的將會是兩個人。

如此下來，客人可能不勝酒力，故有些地區採取變通的方式，魚頭對著的客人只喝一杯魚頭酒，魚尾對著的則陪喝一杯魚尾酒。喝完魚頭、魚尾酒，喝過魚頭酒的尊者往往夾取少許蔥絲、芫荽等蓋住魚的眼睛，一邊說「一蓋不喝」，一邊請人們共同品嚐，遂不再強勸飲酒。

黃河中游地區的人們之所以如此重視喝魚頭酒，與當地的鯉魚文化不無關係。鯉魚是黃河中游地區的特產，肉質鮮美。在民間，鯉魚跳龍門的故事廣為流傳，在人們的心目中，鯉魚就是龍的化身。在婚慶喜宴等正式宴席上，壓桌菜往往缺少不了紅燒整條大鯉魚。喝魚頭酒，寓有對鯉魚格外看重的含義。在喝魚頭酒的過程中，又體現出對客人、尊者、長者的敬重。

三、長盛不衰的酒令習俗

敬酒完畢，若仍有酒興，則進入酒令助酒階段。如果說在「敬酒」階段人們還盡量保持著拘謹的禮節的話，在酒令助酒階段人們則可盡情痛飲。行酒令時，人們往往呼么喝六，熱鬧非凡。熱鬧的飲酒場面，不免會影響到其他桌客人飲酒。為避免互相干擾，人們多喜歡在雅間內飲酒，這正是包括黃河中游地區在內的廣大北方的飯店酒樓雅間眾多的真正原因。在眾多的酒令中，當屬划拳最為流行。

划拳，又稱猜枚、劃枚、猜拳、拇戰等。划拳是黃河中游流域的多數地區最為流行的酒令，娛樂性和技巧性均較高，划拳容易使人興奮，非常有利於使宴飲氣氛熱烈，使賓主盡歡。

對於划拳所出的指頭，不少地區也頗有講究。如出一指時，要出大拇指，表示敬重對方。若出小拇指，則必須將小拇指豎著朝下。忌諱出食指表示一；出二指

時，一般出大拇指及食指。若出大拇指及小指表示二時，則將大拇指朝上或指向對方。忌諱出食指和中指表示二。出三指、四指、五指或空拳時則不太講究。

划拳中的酒令大多蘊含著豐富的民族文化心理，如「點子圓」寓意著事事圓滿，「一心敬」表示敬重對方，「哥倆好」表現雙方如兄弟般友好，「三星照」祝福對方吉星高照，「四季財」希望雙方四季發財，「五魁首」祝福對方高中榜首，「六六順」希望雙方萬事皆順，「七個巧」寓意聰明巧慧，「八大仙」表達了對天界仙靈的心儀，「全來到」表現了對十全十美的生活嚮往。

第四節　文明高雅的茶文化

黃河中游地區並非中國茶葉的主要生產區，茶葉的消費量亦不甚大，但飲茶習俗早已深入到人們社會生活的各個方面，具有較深刻的文化內涵。

一、豫南、陝南的茶葉生產

黃河中游地區的產茶區面積較小，主要分布在豫南和陝南的亞熱帶地區。

豫南的信陽地區屬大別山區，氣候溫暖濕潤，適合茶樹的生長。當地生產的毛尖茶，素以原料細嫩、製作精巧、色綠香高、味甘形美而聞名。「信陽毛尖」在中國國內聲名遐邇，多次被評為中國「十大名茶」之一。信陽毛尖又以河南信陽縣境內大別山區西部的「五山二潭」（即車雲、集雲、天雲、雲霧、雲陽五山和黑龍潭、白龍潭）所產為佳。這裡群山連綿，溪流密布，雲霧繚繞，空氣濕潤，溫度適宜，利於茶樹生長。所出產的茶葉葉片鮮嫩肥厚，色澤碧綠，外形光圓細直，味道香醇，且有清心明目等作用。二〇〇九年《河南省食品工業調整振興規劃》提出，要重點發展茶飲料生產技術，提升信陽茶產業的發展水平，積極開發茶飲料。為信陽茶葉的進一步發展指明了道路。

陝南的紫陽、鎮巴、西鄉、平利、嵐皋諸縣亦產毛尖茶，以紫陽縣所產為佳，稱「紫陽毛尖」。它以品質優良的肥壯芽頭為原料，外形美觀，色澤碧綠，飲之鮮爽濃醇。

在黃河中游地區的廣大暖溫帶地區不適合茶樹的生長。民間多用樹葉製作各種「粗茶」，如竹葉茶、柳葉茶、柿葉茶、艾葉茶等；也有用冬凌草、菊花、玫瑰花等製作「茶」的，如河南的鶴壁、濟源，有加工「冬凌草茶」的習慣。鶴壁的冬凌草茶還被譽為「淇河三珍」之一，有抗菌消炎，清熱解毒的功效。河南的焦作歷來盛產菊花，是馳名中外的四大懷藥之一（焦作元代時屬懷慶路，明清時懷慶路改為懷慶府。四大懷藥為山藥、牛膝、地黃、菊花）。河南的開封更有「菊花之都」的美譽。焦作、開封等地的人們常把菊花曬乾製作「菊花茶」，具有清熱解毒、平肝明目的功效。

二、飲茶方式的嬗變

黃河中游地區的人們經常飲用的茶葉品種有綠茶、紅茶和茉莉花茶。

二十世紀八〇年代之前，「大碗茶」是人們喜愛的一種飲茶方式。茶攤比較靈活，一般沒有固定的店鋪，多設在人流集中的地方，如城市的車船碼頭、公園門前、鄉間的大道兩旁。每當盛夏，在樹蔭之下高搭涼棚，再放上幾條凳子，專供路人小憩。中間桌上放一摞大海碗（也有放小飯碗、玻璃杯、罐頭瓶的），上蓋紗布，在大茶壺或茶桶裡盛著消暑茶水，茶客可根據需要隨喝隨倒。不過，不少地方的大碗茶並不放茶葉，只是白開水或加入糖精的白開水而已。

二十世紀八〇年代之後，隨著人們工作節奏的加快，生活水平的提高，黃河中游地區的茶葉消費量開始增加，並且日趨高檔化、方便化。人們不再只靠大碗茶解渴，速溶茶、袋泡茶已占有一定市場，瓶裝的各種冰紅茶、冰綠茶、茉莉蜜茶等茶飲料更是得到人們的青睞。

三、飲茶習俗的傳承

黃河中游地區的人們有客來敬茶、以茶會友、以茶聯誼的習俗，各地的飲茶習俗略有差異。客人來訪，常以蓋碗茶招待。其茶具又稱「三砲臺」，由茶碗、茶托、茶蓋三件組成。泡好茶後須雙手捧送給客人。客人飲茶時，常用碗蓋刮去表層浮沫，邊刮邊喝邊添沸水，故民間稱「刮碗子」。如果客人想繼續喝茶，則要保留杯中的殘茶，主人將繼續倒水，如果客人不想再喝，就將杯中殘茶潑掉，主人就不再倒水了。

在黃河中游地區的不少鄉間，招待客人的「茶」並不是真正的茶葉，而是只取「茶」名的飲料。如「雞蛋茶」即是荷包蛋湯，一碗中一般要打三個或五個荷包蛋。忌諱碗中放兩個荷包蛋，因為有罵人「二蛋」之嫌。在河南中北部的許多地方，請客人喝的「茶」普遍只是白開水而已。如果是貴客，或是自家的經濟條件許可，則給客人喝紅糖水或白糖水，稱為「糖茶」。

把並不是茶的待客飲料稱為「茶」，是黃河中游地區不少地方普遍的民俗現象，它是飲茶習俗的普遍化在茶原料的匱乏背景下產生出來的，它從一個側面也反映出茶文化在該地區廣大民間的深遠影響。

待客之「茶」尚不是真茶葉，自飲之「茶」更多非真茶葉了。在黃河中游地區的不少鄉間，農民尚有喝「粗茶」的習慣。製作「粗茶」的原料為各種樹葉。農婦們把採集到的一些樹葉用開水焯熟，置陰涼處晾乾，一年四季用它泡水飲用。

農家喜喝「粗茶」的原因，一是受經濟條件的限制，農民一般無力購買價格昂貴的茶葉；二是喝「粗茶」可以強體健身。農家「粗茶」的形式多種多樣，人們根據粗茶原料的不同，給茶水冠以不同的名稱，粗茶的來源多是常見的食物和植物葉子，人們利用它們的藥性達到防病治病的目的，體現了中華民族自古以來「醫食同源」的思想。如柳葉、竹葉茶可敗火去毒；棗葉、蘋果葉茶可養肝安神、斂汗化淤；柿葉茶含豐富的維生素C，可以治療高血壓；用菊花泡茶可以疏風清熱，健腦安神；艾葉茶可溫胃散寒，疏理氣血；傷風感冒時，以薑茶祛風發汗；咳嗽時將白

蘿蔔切成片熬水喝，可以止咳化痰，所以當地有「蘿蔔上了市，藥鋪關了門」的民
謠；小孩出痲疹高燒不退，有經驗的老人會煮上一碗芫荽（香菜）茶，利於孩子退
燒去熱，解表發汗；槐豆也是人們常喝的一種「粗茶」，每到秋天，槐樹葉發黃飄
落，樹枝上只剩下一團團一簇簇的槐豆莢，人們把它採摘下來，上籠蒸熟，然後曬
乾，此茶可以涼血止血；夏天，農民下地幹活，在燒開水時往鍋裡撒一把綠豆，叫
做綠豆茶，喝它可以防暑降溫，祛熱敗火。[1]

四、茶文化的現代化

❶ · 傳統茶館與現代茶藝館

茶館的多少亦能反映出一個地區茶文化的發達程度。在黃河中游地區的大小城
市，甚至部分鄉村裡，仍能見到傳統茶館的身影，城市老城區傳統茶館的數量可能
更多一些。這些傳統茶館的名稱不盡相同，除稱茶館外，有稱茶社的，有稱茶室
的，還有稱茶亭的。除飲茶這一基本職能外，傳統茶館還是人們娛樂消遣和信息交
流的中心。在茶館裡，茶客們可以無所不談，講點人間善惡、打聽市場行情等，縱
論家事國事。

除傳統茶館外，近年來黃河中游地區的不少城市還開設了茶藝館。茶藝館布置
得潔靜優雅，無傳統茶館的大聲喧嘩，是會客商談的良好場所。多數茶藝館不僅售
賣各種名茶，還提供多種茶藝表演，為宣揚博大精深的中國茶文化做出了貢獻。

❷ · 茶話會與音樂茶座

現代人經常舉行的「茶話會」和「音樂茶座」，也反映了茶文化已滲透到普通
民眾的意識深處。茶話會是一種簡樸無華的社交性集會，它一般是指不提供餐飲的
座談會。在茶話會上，除提供茶水外，往往提供水果、零食點心，藉以增添氣氛。

1　劉曉航：《中原飯場與茶俗》，《農業考古》，2002年第2期。

在提倡物質文明和精神文明的今天，喜慶佳節，以茶代酒，共祝良辰，互表心願，意義是深遠的。

音樂茶座是一種以品茶為主的文藝娛樂場所。其形式多種多樣，內容豐富多彩，大都選擇幽雅的場所，配以柔和多彩的燈光，以飲茶品點、欣賞音樂和舞蹈為主要內容。因為有了茶，使得音樂茶座更富魅力。[1]

第五節　影響廣泛的飲食習俗

中國是一個古老的農耕大國，歷史上並非始終豐衣足食，歷朝歷代常遇災荒，民間百姓饑饉度日，因此人們格外珍惜糧食、珍愛食物，也願意用食物來表達心中的一切美好願望。因此，在民間風俗中，「食俗」是最有特色的部分，貫穿在人們日常生活的方方面面。

新中國時期，黃河中游地區在傳統的宴客、人生禮儀、宗教等方面的飲食習俗大多得到了傳承，隨著時代的發展和人們生活水平的提高，這些傳統的飲食習俗也發生著變化，增添了不少新的時代內容。

一、尊老尚和的日常宴客食俗

黃河中游地區的民風古樸，人們多十分好客。由於位於中國傳統文化的核心區，因此人們十分講究尊老尚和的傳統禮儀。宴客的上席（即首席）或上座，一定要給長者或最尊貴的客人坐。在陝南，年長者不僅要坐上座，第一杯酒也要先敬長者。全雞菜或全魚菜上桌，必須由長者先動筷子。這些習俗都是黃河中游地區人們尊老思想在飲食生活中的具體體現。在豫南一帶的喜宴上，人們多以紅色粉絲點

1　薛麥喜主編：《黃河文化叢書・民食卷》，山西人民出版社，2001年。

綴，頭道菜必須上魚，以示吉祥如意；喪宴頭碗菜必須上雞，以示哀思。豫中地區的喜宴頭道麵點是油炸糖包，以示生活甜蜜，壓桌菜是雞湯。在豫南地區，當賓客用完飯後，要雙手將筷子橫平托起，環視席間並說「諸位請慢吃」，爾後將筷子放在左手一側，以示吃好。

河南人凡遇紅白喜事大多要宴請親朋，其宴席的豐簡須根據具體的經濟條件而定，可分為「燕席」（「燕席」有的地方又稱「參席」。一般而言，以燕窩菜領頭者稱「燕席」，以海參菜領頭者稱「參席」）和「水席」兩種。「燕席」的酒菜、飯菜較豐。酒菜一般要有六葷六素，飯菜要多至十幾道或二十幾道。與「燕席」相比，「水席」較簡，酒菜多是四葷四素，飯菜多為十大碗，一碗一碗陸續上。十大碗又稱「十大件」，一般由魚、雞、牛肉、羊肉、豬肉等料做成。酒菜、飯菜的數目六、四、十等，有「六六大順」「四平八穩」「十全十美」等含義，體現了人們追求順利、平安、完美的心理。在河南各地還流行著「雞不獻頭、鴨不獻掌、魚不獻脊」之說，即整雞菜餚在擺菜時，雞頭不要朝著主賓；上整鴨菜時，鴨掌不要朝著主賓；上整魚時，魚脊不要朝著主賓，要魚頭朝左，魚腹朝向客人。菜餚中最宜觀賞的部分要朝向主賓，如雞、鴨等，其豐滿的腹部為看面。有「壽」「喜」字樣的造型菜，其字樣正面為看面。

二、寓意深刻的人生禮儀食俗

❶·喜慶吉祥的婚嫁食俗

黃河中游地區的婚嫁食俗豐富多彩，但各地差異較大。

黃河中游地區普遍重視訂婚。陝西武功流行「盒酒定親」，即定親時男方要送給女方兩壺酒、八樣菜，以示成雙成對。酒、菜的倍數正好是十六，寓意二八女子已經到了出嫁的年齡。山西介休人訂婚時，丈母娘一般以「貓耳朵」招待女婿，其意是讓未來的姑爺（女婿）聽話。定了親的兒女親家，逢年過節要攜帶禮物相互看

望。對於前來看望的未來女婿或媳婦，對方一般要設宴款待。

陝西巴山人，在迎娶的前一天，新郎提前到女方去。新郎、新娘要一同入廚房做飯燒菜，讓女方母親休息。晚上設宴請女方母親上坐，行跪拜禮後唱「感恩歌」，女方母親在歌聲中祝願新人互敬互愛的同時，要飲下這杯情深意長的「離娘酒」。山西河曲人則以豬、羊各一，去碰女家大門，女家才送女過門。如果收不到「碰門豬羊」，女方可拒絕迎娶。

在整個婚禮中，棗、栗子、花生、桂圓等被廣泛使用，多寓有「早立子」「早生貴子」「兒女雙全」等意。在河南鄉間，男子娶親時，要準備豬肉、鯉魚、蓮藕、粉絲四樣菜用禮盒（食盒）給女方送去，其中各有民俗含義。豬肉稱為「禮肉」或「離娘肉」，肉的選擇很有講究，一般多為新鮮的生豬肋條肉和豬後腿。農戶人家講究數字吉利，送肋條肉時，肉塊的大小以有六根肋骨為最好，取「六六大順」立意。若是送豬後腿，必須是整腿贈送，不能切開。意即「有腿去有腿回」，表示兩家以後將常來常往。鯉魚最好送金色大鯉魚，一般是作為三日後女方宴請媒人用的壓桌菜。蓮藕需送整掛的，不能有破損。由於「蓮」通「聯」字，故蓮藕寓意兩家聯姻。同時，蓮藕出淤泥而不染，具有君子之德，蓮藕也寓意雙方品性高潔。蓮葉田田並生，祝福新婚夫婦琴瑟和鳴，比翼雙飛。粉絲要送潔白的細粉絲，潔白象徵著雙方婚姻的潔白無瑕，長長的粉絲寓意婚姻久長。

陝西安康人在娶回新娘來到男方家門前時，兩人各喝一杯酒後方能入門，入洞房進行「合巹」後要喝「和氣伴湯」，意味著他們能和美生活一輩子。橫山人則以「蒸兒女饃饃」，寓意早抱孫子。

農村婚宴尚多保持有傳統古風，如男女分席而食等。城市婚宴則和全國其他區域大致相同，主婚人宣布新郎、新娘結為夫婦，婚宴即告開始，新郎、新娘在眾賓客面前一般要喝交杯酒。在婚宴進行過程中，新郎、新娘要向眾賓客逐一敬酒。

關中地區在婚禮的第二天還要讓新娘當眾擀面，要求「擀成一張紙，切成一條線」，之後客人還要品嚐並予以評價，這樣便形成「擀面看把式」的習慣。

結婚三日，新娘要攜夫婿回娘家，稱為「回門」。河南周口一帶，新娘三日回

門並不帶新郎，而是娘家人專門派家族的叔叔、兄弟們到夫家去接，一般是六位。娘家的客人一到，即舉行宴會。娘家人坐北面的主位，夫家陪客者一般也是六位，坐南面的末位。雙方喝到酒酣，娘家客人始和新娘歸去。

❷·尊重生命的催生、育兒食俗

在黃河中游地區的各種催生、育兒習俗中，飲食都有祝福孕婦順產、嬰兒健康成長的特定含義。在陝西安康地區，當婦女懷孕三個月時，人們要給她送「定胎蛋」。定胎蛋是八個煮熟的染紅新雞蛋。雞蛋要裝入木升中，用紅紙封嚴，上寫「貴」字。送定胎蛋時，還要給懷孕婦女說些祝願話，希望胎兒健康成長。

在陝西長武等地，在女兒臨產前，其母便帶兩個大烙餅、紅裹肚來看她，祝願女兒順利分娩。在晉陝交界的韓城、河津等地，要送40-60個包餡的「角子」。因「角子」與「腳止」諧音，告誡女兒適當止住腳步安養胎氣。還有娘家用手帕包的紅包禮物，在包肉、菜的包中，由婆婆取出並切塊分給鄰居，並告訴街坊四鄰自家的媳婦即將臨產了。如不見臨盆，便用棗和稠麵製成油炸的「棗疙瘩」來催生。若是還不見動靜，則要再送一次「蒸菜」。[1]

嬰兒出生以後，嬰兒的父親會迫不及待地將喜訊告訴孩子的姥姥，稱為「報喜」。報喜時要帶上禮品，在開封一帶，報喜時常帶紅雞蛋。如果是男孩，要送六個或八個，還要在紅雞蛋的一頭用墨點一個黑點，表示「大喜」。男孩送雙數，預示孩子長大以後好找媳婦，和媳婦成雙成對。若是生女孩，則紅雞蛋上不點黑點。送五個或七個等單數，表示「小喜」。也預示著女孩長大以後好找婆家。

在山西西部，流行讓嬰兒「嘗五味」的風俗。人們讓新生的嬰兒舔食醋、鹽、黃連、糖等味道強烈的食料，希望孩子知道以後人生道路曲折，就像這些味道一樣酸甜苦鹹俱全。

新生兒滿月時，黃河中游地區的多數地方都有「瞧月子」的習俗，以慶賀新生

1　薛麥喜主編：《黃河文化叢書·民食卷》，山西人民出版社，2001年。

兒滿月。「瞧月子」所用的食品更具有像徵意義。如陝西潼關一帶，人們用麵粉製成菊花、梅花、海棠、菱角、葫蘆、蝴蝶、白兔、小貓、小狗等狀的饃，當地人稱「扎牙饃」，成為滿月後嬰兒的禮品，並戴在孩子脖子上祝願嬰兒早長牙齒。在陝西鳳翔，有母親給初為人母的女兒送「奶饃」的風俗。「奶饃」實為一個蒸饃，讓女兒揣在懷裡，祝願她奶汁豐盈。娘家人還要送用圓竹籠裝的100個油餑餑饃、2斤紅糖、20個雞蛋等食品。孩子滿月，主人要招待來賓兩頓飯，還要回贈25個蒸饃、25根麻糖（油條）慶賀孩子滿月，很是隆重。[1]

為了保佑嬰兒健康成長，河南民間有給孩子吃「百家飯」的風俗。意在為孩子廣求保護、無病無災。農曆正月初一那天，爺爺要抱著未滿週歲的孫子挨戶「討飯」。以乞討到100家為宜，將討來的饃、菜、米等燴煮成稀飯給孩子吃。吃過百家飯後，孩子的奶奶要蒸100個銅錢大小的麥麵饃，用籃子挎上，沿村莊或街道送給遇到的小孩吃，此俗稱為「嚼災」。祈盼自家的孩子得到大家的幫助，把孩子日後一生中所遇到災難都嚼完，使孩子平安健康地長大成人。這種習慣在民間具有一定的廣泛性，所以不管認識與否，凡是遇上「討飯」的祖孫，人們都會慷慨相送，凡遇上發饃的老太太，人們也都樂意收下。

❸·延年益壽的祝壽食俗

黃河中游地區的人們習慣把六十歲作為祝壽的起點，故民間有「不到花甲不慶壽」的說法。人們把六十歲以後的每十年稱為「大壽」，六十歲以後的每五年稱作「小壽」。祝壽這天的早餐，壽星老人一定要吃雞蛋。雞蛋煮熟後用涼水冰過，老人拿在手裡雙手對揉。這種舉動，稱為「骨碌運氣」，據說吃了滾過運氣的雞蛋可除百病，去晦氣，交好運。祝壽時都要吃長壽麵，出嫁的女兒要給父母送壽糕、壽桃。在黃河中游地區，不少地方的長壽麵長三尺，一百根一束，並盤成塔形，表面用鏤花的紅綠紙束裹。在山西霍州一帶，流行「搶壽饃」的習俗。搶饃的人大多是

1　薛麥喜主編：《黃河文化叢書·民食卷》，山西人民出版社，2001年。

十七八歲的年輕人，據說搶得多的人就能像「壽星」一樣長壽。

當父母到了六十六、七十三、八十四的年齡，女兒給父母的壽禮就特殊了。

六十六，是壽俗中最為隆重的一次。因為這個年齡占了兩個六字，按中國的風俗習慣，象徵著「六六大順」。河南漢族中流行著「六十六，娘吃閨女一塊肉」的說法。父母六十六歲生日那天，出嫁的閨女要回娘家給父母拜壽，壽禮必須是一塊豬肉。這塊肉，象徵著女兒是父母身上的一塊肉。女兒長大了，在父母六六大順之時要報答父母的養育之恩。這一天買的肉，必須是一刀割下來，有多少是多少，不許再添減，更不能討價還價，之後全部送給父母，以表示閨女對老人的敬意。

七十三、八十四是老人的忌年，豫北稱它為「循頭年」。因為聖人孔子活了七十三歲，亞聖孟子活了八十四歲。人們認為自己的年齡是不應超過孔孟的，故民間有「七十三，八十四，閻王不叫自己去」的說法。每當老人到了這兩個年齡，心情都非常緊張。當父母到這個年齡的時候，做兒女的要幫助老人渡過難關。父母生日時，子女們要買一條大活鯉魚讓老人吃。人們認為鯉魚善「竄」（向上跳），鯉魚一「竄」，老人就算過了這一關，之後就會太平無事了。在豫南有些地方，要把壽魚放在鍋裡整個燉，燉魚時不能翻動，待魚湯煮成白色、魚肉全煮化時，將魚湯盛出讓老人喝掉，然後小心翼翼地把魚骨架放在村中的河裡順水漂走，認為這樣老人的災禍就可免除了。在豫北，女兒要在父母「循頭年」的時候，選擇農曆立春的早晨天色未亮時，以滿懷祝願的心情，將親手煮的兩個熟雞蛋拿到麥場上，骨碌上幾圈後，再讓父親或母親悄悄吃掉。預示父母在神不知鬼不覺的時候，就會像雞蛋滾麥場一樣，順順噹噹度過「循頭年」。

❹・寄託哀思的喪吊食俗

在喪吊活動中，飲食多含有豐富的寓意。在山西晉中一帶，家中若是有人故去，馬上就要蒸「下氣饅頭」獻於靈前，以免故人空腹上路。在晉中、晉東南地區，則做「米麵洞洞」並裝上五穀做祭品，表示亡人有糧倉可享用。在山西的多數地方，獻於靈前的祭品為空心大饅頭。這些大饅頭多以碗背為「托模」塑形蒸製。

饅頭上層還要用染好的五色麵做成各種花卉、動物裝飾。在陝西澄城，祭奠的人家要蒸一個30斤重的桃子形大饅頭，上面插有各色紙、麵花等飾物，還有「二十四孝」的人物造型，當地稱「插花大奠饃」。這些都是為表達生者對死者及家族的深切悼念和關懷安慰。[1]

家中有老人故去時，或停三日、五日，或停七日，接受親朋弔唁，民間稱之為「弔孝」。在黃河中游的一些地區仍保留有弔孝者贊助喪家食物的美俗。如陝西扶風等地，如遇有親朋好友家辦喪事，都要做六碗、九碗的葷素菜餚裝入木箱中抬送，以此來表示對死者生前的懷念及對親人的安慰。而安康一帶的「提湯」則是鄰里鄉親把一些熟食送喪主，以勸慰主人進食和款待來客。晉中一帶有分吃饅頭的習俗，是在喪家回贈親朋時以小饅頭和切片的饅頭為禮，人們認為如果亡者是高壽人，吃了喪家的饅頭可長壽。

而在黃河中游的多數地區，主人對弔孝者多留飯款待，其飲食各地有異，如河南林縣多吃大鍋燴菜、大米或饅頭。在河南周口，人們多在出殯（下葬）當日的上午來弔孝，主家以八人一桌的「流水席」招待，男女不同席。主食為饅頭，菜餚中亦有肉，多數地方不許飲酒。也有少數地方，每桌提供一壺酒，但只許「悶喝」，不許敬酒，不許行酒令。

也有些地方對弔孝者並不在當日款待，而是待安葬之後數日專門安排「謝孝」宴進行款待。在謝孝宴上，主家要對客人在喪葬期間的幫忙表示感謝。如今，多數「謝孝」宴已允許客人喝酒，但不許敬酒和行酒令。

三、特色獨具的宗教信仰食俗

在黃河中游地區比較有特色、影響較大的宗教信仰食俗有吃齋的佛教食俗和崇尚「清真」的穆斯林食俗。

1　薛麥喜主編：《黃河文化叢書・民食卷》，山西人民出版社，2001年。

❶ · 吃齋的佛教食俗

佛教對黃河中游地區的飲食文化影響很深，直到今天黃河中游地區的人們仍有不少吃齋信佛者，在山區的農村吃齋信佛更為普遍。

佛教的吃齋，不僅要禁食各種肉食，而且也要禁食蔥、薑、蒜等有刺激性氣味的蔬菜。但民間的信佛「吃齋」，多僅侷限於禁食各種肉食。也有吃「花齋」的，即每個月固定幾日不吃肉食。由於吃肉的日子和不吃肉的日子相互間隔，故稱為「花齋」。吃花齋者，多為鄉間初信佛教的居士（在家信佛不出家者）。

居士的吃花齋行為並不能簡單地從宗教信仰的虔誠度來考察，因為一個家庭可能有人信佛，有人並不信佛。一個家庭成員由於信佛不吃肉食，可能會影響到全家的飲食。由於信佛者往往又是家庭中的老人，這種情況對全家人的飲食影響可能就更大一些。吃花齋在漢傳佛教中是被允許的，可以說它是一種宗教與世俗相互妥協的產物，既照顧了信佛人的宗教信仰，又照顧了不信佛人的肉食需求。

當然，吃花齋居士的吃肉行為屬於借光吃肉性質，吃的肉是「三淨肉」，即不是自己宰殺的，不是自己讓別人宰殺的，不是自己親見或親聞宰殺的。

❷ · 崇尚「清真」的穆斯林食俗

在黃河中游地區，特別是沿黃河一線的城市鄉村，有不少信奉伊斯蘭教的回族穆斯林。在回族人口比較集中的城市設有專區，如河南洛陽的瀍（chán）河回族區、鄭州的管城回族區、開封的順河回族區等。

黃河中游地區穆斯林的飲食習俗與全國其他地區穆斯林的飲食習俗差異不大，崇尚「清真」（潔淨而不雜）。主食以米、麵、雜糧為主，基本上和當地漢族群眾相同。不同之處主要是在對肉食的選擇上，穆斯林只食牛羊肉和雞、鴨、有鱗魚等，禁食豬肉，禁酒。對於牛、羊、雞、鴨等可食家畜、家禽，又認為非阿訇（hōng，伊斯蘭教教職人員）唸經而親手屠宰者為不潔，亦不食。牛羊與家禽的腦和血液亦為不潔之物，也要禁食。

黃河中游地區穆斯林的傳統食品有油香、三角、饊子等。油香有大小、甜鹹之

分。三角分肉餡、素餡、糖餡等多種。油香與宗教活動有關，不能褻瀆。家裡若有祭祀等重大活動，常以油香分贈親友鄰里。

「阿舒拉節」（又稱阿木拉節，回曆元月十日）時，各清真寺往往用各種雜糧和牛羊肉熬成粥——阿舒拉飯，免費贈送穆斯林。清真寺也常舉辦「燒賣會」，由穆斯林分期集資，預訂所需燒賣的份數，定期一次領取。

河南開封一帶的回民，有在宴會後「捎包」的習俗。參加宴會的人，當端上比較好的肉菜時，要掰開幾個饅頭，夾進幾塊肉，用手巾等物包起來，待宴會散後捎回家，給家裡的老人或沒參加宴會的人吃。

參考文獻[※]

一、古籍文獻

〔1〕論語・十三經注疏本・北京：中華書局，1980・

〔2〕禮記・十三經注疏本・北京：中華書局，1980・

〔3〕左傳・十三經注疏本・北京：中華書局，1980・

〔4〕韓非子・諸子集成本・北京：中華書局，1980・

〔5〕不著撰人・重廣補註黃帝內經素問・王冰，注・四部叢刊本・上海：上海書店，1989.

〔6〕戰國策・上海：上海古籍出版社，1985・

〔7〕呂不韋・呂氏春秋・諸子集成本・北京：中華書局，1986・

〔8〕劉熙・釋名・四部叢刊本・上海：上海書店，1985・

〔9〕史游・急就篇・四部叢刊本・上海：上海書店，1985・

〔10〕司馬遷・史記・北京：中華書局，1982・

〔11〕氾勝之・氾勝之書輯釋・萬國鼎，輯釋・北京：中華書局，1957・

〔12〕班固・漢書・北京：中華書局，1962・

〔13〕世本八種・宋衷，注・秦嘉謨，等，輯・北京：中華書局，2008・

〔14〕許慎・說文解字・北京：中華書局，1963・

〔15〕三輔黃圖校釋・何清谷，校釋・北京：中華書局，2005・

〔16〕陳壽・三國志・北京：中華書局，1959・

〔17〕葛洪・抱朴子・諸子集成本・北京：中華書局，1986・

〔18〕范曄・後漢書・北京：中華書局，1965・

〔19〕劉義慶・世說新語・北京：中華書局，2004・

〔20〕蕭統・文選・北京：中華書局，1977・

〔21〕賈思勰・齊民要術校釋・繆啟愉，校釋・北京：農業出版社，1982・

〔22〕酈道元・水經注校正・陳橋驛，校正・北京：中華書局， 2007・

※　編者註：本書「參考文獻」，主要參照中華人民共和國國家標準GB/T 7714-2005《文後參考文獻著錄規則》著錄。

〔23〕楊衒之・洛陽伽藍記校箋・楊勇，校箋・北京：中華書局，2006・

〔24〕魏收・魏書・北京：中華書局，1974・

〔25〕李百藥・北齊書・北京：中華書局，1972・

〔26〕白居易・白氏長慶集・上海：上海古籍出版社，1994・

〔27〕段成式・酉陽雜俎・四部叢刊本・上海：上海書店，1985・

〔28〕房玄齡・晉書・北京：中華書局，1974・

〔29〕李吉甫・元和郡縣圖志・北京：中華書局，1983・

〔30〕李延壽・北史・北京：中華書局，1974・

〔31〕李肇・唐國史補・上海：上海古籍出版社，1979・

〔32〕令狐德棻・周書・北京：中華書局，1971・

〔33〕劉禹錫・劉禹錫集・上海：上海人民出版社，1975・

〔34〕陸羽・茶經・叢書集成初編本・北京：中華書局，2010・

〔35〕孟詵，張鼎・食療本草・謝海洲，等輯・北京：人民衛生出版社，1984・

〔36〕歐陽詢・藝文類聚・上海：上海古籍出版社，1982・

〔37〕孫思邈・備急千金要方・北京：人民衛生出版社，1955・

〔38〕王讜・唐語林・上海：上海古籍出版社，1978・

〔39〕王定保・唐摭言・上海：上海古籍出版社，1978・

〔40〕姚思廉・梁書・北京：中華書局，1973・

〔41〕劉昫，等・舊唐書・北京：中華書局，1975・

〔42〕蔡絛・鐵圍山叢談・北京：中華書局，1983・

〔43〕陳岩肖・庚溪詩話・四庫全書本・北京：商務印書館，2005・

〔44〕陳直・養老奉親書・四庫全書本・北京：商務印書館，2005・

〔45〕丁傳靖・宋人軼事彙編・北京：中華書局，2003・

〔46〕竇蘋・酒譜・四庫全書本・北京：商務印書館，2005・

〔47〕范仲淹・范文正公集・四庫全書本・北京：商務印書館，2005・

〔48〕方勺・泊宅編・北京：中華書局，1983・

〔49〕費袞・梁溪漫志・四庫全書本・北京：商務印書館，2005・

〔50〕高承・事物紀原・四庫全書本・北京：商務印書館，2005・

〔51〕韓琦・安陽集編年箋注・李之亮，徐正英，箋注・成都：巴蜀書社，2000・

〔52〕洪皓・松漠紀聞・四庫全書本・北京：商務印書館，2005・

〔53〕黃朝英・靖康緗素雜記・四庫全書本・北京：商務印書館，2005・

〔54〕李燾・續資治通鑑長編・上海：上海古籍出版社，1986・

〔55〕李昉・太平廣記・北京：中華書局，1961・

〔56〕李昉・太平御覽・北京：中華書局，1960・

〔57〕李綱・濟南集・四庫全書本・北京：商務印書館，2005・

〔58〕李綱・梁溪集・四庫全書本・北京：商務印書館，2005・

〔59〕林洪・山家清供・叢書集成初編本・北京：中華書局，2010・

〔60〕陸游・老學庵筆記・北京：中華書局，1979・

〔61〕呂南公・灌園集・四庫全書本・北京：商務印書館，2005・

〔62〕呂希哲・呂氏雜記・四庫全書本・北京：商務印書館，2005・

〔63〕羅大經・鶴林玉露・北京：中華書局，1983・

〔64〕梅堯臣・梅堯臣集編年校注・朱東潤，校注・上海：上海古籍出版社，2006・

〔65〕孟元老・東京夢華錄・北京：文化藝術出版社，1998・

〔66〕歐陽修・文忠集・四庫全書本・北京：商務印書館，2005・

〔67〕確庵，耐庵・靖康稗史箋證・北京：中華書局，1988・

〔68〕邵伯溫・邵氏聞見錄・北京：中華書局，1983・

〔69〕沈括・夢溪筆談・上海：上海出版公司，1956・

〔70〕釋曉瑩・羅湖野錄・四庫全書本・北京：商務印書館，2005・

〔71〕司馬光・溫國文正司馬公文集・四部叢刊本・上海：上海書店，1985・

〔72〕蘇軾・東坡全集・四庫全書本・北京：商務印書館，2005・

〔73〕蘇軾・東坡志林・北京：中華書局，1981・

〔74〕蘇軾・蘇軾集・北京：國際文化出版公司，1997・

〔75〕蘇轍・欒城集・四庫全書本・北京：商務印書館，2005・

〔76〕唐慎微・重修政和證類備用本草・四部叢刊本・上海：上海書店，1985・

〔77〕陶穀・清異錄：飲食部分・北京：中國商業出版社，1985・

〔78〕王安石・臨川集・四庫全書本・北京：商務印書館，2005・

〔79〕王懷隱・太平聖惠方・北京：人民衛生出版社，1958・

〔80〕王明清・揮麈後錄餘話・上海：上海書店出版社，2001・

〔81〕王應麟・玉海・揚州：廣陵書局，1997・

〔82〕吳自牧・夢粱錄・北京：文化藝術出版社，1998・

〔83〕姚寬・西溪叢語・北京：中華書局，1993・

〔84〕王禹偁・東都事略・四庫全書本・北京：商務印書館，2005・

〔85〕曾敏行・獨醒雜誌・四庫全書本・北京：商務印書館，2005・

〔86〕張端義・貴耳集・四庫全書本・北京：商務印書館，2005・

〔87〕張杲・醫說・四庫全書本・北京：商務印書館，2005・

〔88〕張耒・柯山集・四庫全書本・北京：商務印書館，2005・

〔89〕張舜民・畫墁錄・四庫全書本・北京：商務印書館，2005・

〔90〕趙佶・大觀茶論・四庫全書本・北京：商務印書館，2005・

〔91〕鄭獬・郧溪集續補・四庫全書本・北京：商務印書館，2005・

〔92〕周輝・清波別志・四庫全書本・北京：商務印書館，2005・

〔93〕周輝・清波雜誌・北京：中華書局，1994・

〔94〕朱熹・四書章句集注・上海：上海古籍出版社・安徽：安徽教育出版社，2001・

〔95〕朱熹・五朝名臣言行錄・四部叢刊本・上海：上海書店，1985・

〔96〕莊綽・雞肋編・北京：中華書局，1983・

〔97〕劉祁・歸潛志・四庫全書本・北京：商務印書館，2005・

〔98〕宇文懋昭・大金國志校正・北京：中華書局，1986・

〔99〕官修・元典章・影印元刻本・臺北：臺灣「故宮博物院」，1972・

〔100〕忽思慧・飲膳正要・四部叢刊本・上海：上海書店，1985・

〔101〕陶宗儀・南村輟耕錄・北京：中華書局，1997・

〔102〕陶宗儀・說郛・上海：上海古籍出版社，1988・

〔103〕脫脫，等・金史・北京：中華書局，1975・

〔104〕脫脫，等・宋史・北京：中華書局，1985・

〔105〕王禎・農書・四庫全書本・北京：商務印書館，2005・

〔106〕佚名・居家必用事類全集・京都：京都株式會社中文出版社，1984・

〔107〕元好問・續夷堅志・北京：北京出版社，中華書局，1986・

〔108〕高濂・遵生八箋・成都：巴蜀書社，1988・

〔109〕顧起元・客座贅語・北京：中華書局，1997・

〔110〕顧元慶・茶譜・續四庫全書本・上海：上海古籍出版社，2002・

〔111〕郭勳輯・雍熙樂府・上海：上海出版社・上海：上海書店，1985・

〔112〕何良俊・四友齋叢說・北京：中華書局，1959・

〔113〕江瓘·名醫類案·四庫全書本·北京：商務印書館，2005·

〔114〕李時珍·本草綱目·北京：人民衛生出版社，2004·

〔115〕劉基·多能鄙事·上海：上海古籍出版社，1995·

〔116〕沈德符·萬曆野獲編·北京：中華書局，1959·

〔117〕宋濂，等·元史·北京：中華書局，1976·

〔118〕田藝衡·煮泉小品·生活與博物叢書：飲食起居編·上海：上海古籍出版社，1993.

〔119〕屠隆·茶說·茶書全集：乙種本·

〔120〕文震亨·長物志·重慶：重慶出版集團，2008·

〔121〕徐光啟·農政全書·四庫全書本·北京：商務印書館，2005·

〔122〕薛岡·天爵堂文集筆餘·明史研究論叢：第5輯·南京：江蘇古籍出版社，1991·

〔123〕佚名·如夢錄·鄭州：中州古籍出版社，1984·

〔124〕張源·茶錄·茶書全集：乙種本·

〔125〕周高起·陽羨茗壺系·北京：學苑音像出版社，2004·

〔126〕曹寅，等·全唐詩·北京：中華書局，1960·

〔127〕陳夢雷·古今圖書集成·北京：中華書局·成都：巴蜀書店，1985·

〔128〕陳世元·金薯傳習錄·北京：農業出版社，1982·

〔129〕陳元龍·格致鏡原·四庫全書本·北京：商務印書館，2005·

〔130〕福格·聽雨叢談·北京：中華書局，1984·

〔131〕黃宗羲·思舊錄·刻本，1910（清宣統二年）·

〔132〕李鴻章·光緒畿輔通志·石家莊：河北人民出版社，1985·

〔133〕梁章巨·浪跡續談·續四庫全書本·上海：上海古籍出版社，2002·

〔134〕劉鶚·鐵雲藏龜·續四庫全書本·上海：上海古籍出版社，2002·

〔135〕羅振玉·殷墟書契前編·影印本·上虞：羅氏永慕園，1912（民國元年）·

〔136〕王先謙·東華續錄·上海：上海古籍出版社，2008·

〔137〕吳其浚·植物名實圖考·北京：商務印書館，1957·

〔138〕徐珂·清稗類鈔·北京：中華書局，1984·

〔139〕徐松輯·宋會要輯稿·影印本·北京：國立北平圖書館，1936（民國二十五年）·

〔140〕薛寶辰·素食說略·北京：中國商業出版社，1984·

〔141〕楊屾·豳風廣義·北京：農業出版社，1962·

〔142〕袁枚·隨園食單·揚州：廣陵書社，1998·

〔143〕張履祥・補農書・續四庫全書本・上海：上海古籍出版社，2002・

〔144〕張宗法・三農記//任繼愈・中國科學技術典籍通匯：農學卷四・鄭州：河南教育出版社，1993・

〔145〕隋樹森・元曲選外編・北京：中華書局，1980・

〔146〕丁世良，趙放・中國地方誌民俗資料彙編：華北卷・北京：書目文獻出版社，1989.

〔147〕丁世良，趙放・中國地方誌民俗資料彙編：中南卷・北京：書目文獻出版社，1991.

二、現當代著作

〔1〕宿白・白沙宋墓・北京：文物出版社，1957・

〔2〕中國農業科學院南京農學院中國農業遺產研究室・中國農學史初稿：上冊・北京：科學出版社，1959・

〔3〕梁思永・梁思永考古論文集・北京：科學出版社，1959・

〔4〕馬克思，恩格斯・馬克思恩格斯全集：第20集・第2版・北京：人民出版社，1962・

〔5〕郭寶鈞・中國青銅器時代・北京：三聯書店，1963・

〔6〕陝西省考古研究所・陝西出土商周青銅器：一・北京：文物出版社，1979・

〔7〕郭沫若・甲骨文合集・北京：中華書局，1979・

〔8〕閃修山，等・南陽漢代畫像石刻・上海：上海人民美術出版社，1981・

〔9〕郭寶鈞・商周銅器群綜合研究・北京：文物出版社，1981・

〔10〕季康・晉裕汾酒有限公司//山西省政協文史資料研究委員會・山西文史資料：第16輯・太原：山西人民出版社，1981・

〔11〕張光直・中國古代飲食和飲食具//中國青銅器時代・北京：三聯書店，1983・

〔12〕張舜徽・說文解字約注・鄭州：中州書畫社出版社，1983・

〔13〕郭寶鈞・青銅器時代人們的生活//中國青銅器時代・北京：三聯書店，1983・

〔14〕彭松・中國舞蹈史：秦漢魏晉南北朝部分・北京：文化藝術出版社，1984・

〔15〕呂思勉・中國製度史・上海：上海教育出版社，1985・

〔16〕林劍鳴・秦漢社會文明・西安：西北大學出版社，1985・

〔17〕周到，等・河南漢代畫像磚・上海：上海人民美術出版社，1985・

〔18〕高煒・陶寺龍山文化木器的初步研究——兼論北方漆器起源問題//中國考古學研究：第

二集·北京：科學出版社，1986·

〔19〕王仁興·中國年節食俗·北京：旅遊出版社，1987·

〔20〕胡山源·古今酒事·上海：上海書店，1987·

〔21〕捷平·酒香翁楊得齡與老白汾//山西省政協文史資料研究委員會·山西文史資料：第58
輯·太原：山西人民出版社，1988·

〔22〕中國食品出版社·中國酒文化和中國名酒·北京：中國食品出版社，1989·

〔23〕姚偉鈞·中國飲食文化探源·南寧：廣西人民出版社，1989·

〔24〕趙榮光·中國飲食史論·哈爾濱：黑龍江科技出版社，1990·

〔25〕王力·勸菜//韋君·學人談吃·北京：中國商業出版社，1991·

〔26〕夏丏尊·談吃//韋君·學人談吃·北京：中國商業出版社，1991·

〔27〕王玲·中國茶文化·北京：中國書店，1992·

〔28〕王森泉，屈殿奎·黃土地風俗風情錄·太原：山西人民出版社，1992·

〔29〕王仁湘·飲食與中國文化·北京：人民出版社，1993·

〔30〕王學泰·華夏飲食文化·北京：中華書局，1993·

〔31〕陳偉明·唐宋飲食文化初探·北京：中國商業出版社，1993·

〔32〕杜金鵬，等·中國古代酒具·上海：上海文化出版社，1995·

〔33〕宋鎮豪·夏商社會生活史·北京：中國社會科學出版社，1995·

〔34〕謝弗·唐代的外來文明·吳玉貴，譯·北京：中國社會科學出版社，1995·

〔35〕王子輝·中國飲食文化研究·西安：陝西人民出版社，1997·

〔36〕關立勳·中國文化雜說·北京：北京燕山出版社，1997·

〔37〕黎虎·漢唐飲食文化史·北京：北京師範大學出版社，1998·

〔38〕王崇熹·鄉風食俗·西安：陝西人民教育出版社，1999·

〔39〕姚偉鈞·中國傳統飲食禮俗研究·武漢：華中師範大學出版社，1999·

〔40〕李肖·論唐宋飲食文化的嬗變·首都師範大學1999屆中國古代史博士學位論文·

〔41〕王利華·中古華北飲食文化的變遷·北京：中國社會科學出版社，2000·

〔42〕陳詔·中國饌食文化·上海：上海古籍出版社，2001·

〔43〕姚偉鈞，等·國食·武漢：長江文藝出版社，2001·

〔44〕薛麥喜·黃河文化叢書：民食卷·太原：山西人民出版社，2001·

〔45〕王賽時·唐代飲食·濟南：齊魯書社，2003·

〔46〕郭孟良·中國茶史·太原：山西古籍出版社，2003·

三、期刊、報紙

〔1〕陳夢家・殷代銅器・考古學報，1954（7）・

〔2〕黃士斌・洛陽金谷園漢墓中出土有文字的陶器・考古通訊，1958（1）・

〔3〕河南省文化局文物工作隊一隊・鄭州南關外北宋磚室墓・文物考古資料，1958（5）．

〔4〕山西省文管會，山西考古所・山西文水北峪口的一座古墓・考古，1961（3）・

〔5〕段仲熙・說醵・文史，1963（3）・

〔6〕河南省文化局文物隊・鄭州二里崗的一座漢代小磚墓・考古，1964（4）・

〔7〕賀寶官・洛陽老城西北郊81號漢墓・考古，1964（8）・

〔8〕秀生・山西長治李村溝壁畫墓清理・考古，1965（7）・

〔9〕竺可楨・中國近五千年來氣候變遷的初步研究・考古學報，1972（1）・

〔10〕陝西省博物館，陝西省文管會・米脂東漢畫像石墓發掘簡報・文物，1972（3）・

〔11〕鹹陽市博物館・陝西鹹陽馬泉西漢墓・考古，1979（2）・

〔12〕王仁湘・新石器時代葬豬的意義・文物，1981（2）・

〔13〕中國社科院考古研究所，臨汾地區文化局・1978-1980年山西襄汾陶寺墓地發掘簡報・
考古，1983（1）・

〔14〕洛陽市文物工作隊・洛陽金谷園車站11號漢墓發掘簡報・文物，1983（4）・

〔15〕李春棠・從宋代酒店茶坊看商品經濟發展・湖南師院學報，1984（3）・

〔16〕馬世之・王子嬰次爐為炊器說・中國烹飪，1984（4）・

〔17〕周荔・宋代的茶葉生產・歷史研究，1985（6）・

〔18〕王慎行・試論周代的飲食觀・人文雜誌，1986（5）・

〔19〕夔明・餺飥考・中國烹飪，1988（7）・

〔20〕王仁湘・中國古代進食具匕箸叉研究・匕篇・考古學報，1990（3）・

〔21〕李華瑞，張景芝・宋代権麴、特許酒戶和萬戶酒制度簡論・河北大學學報，1990（3）．

〔22〕閔宗殿・海外農作物的傳入和對我國農業生產的影響・古今農業，1991（1）・

〔23〕李志英・近代中國傳統釀酒業的發展・近代史研究，1991（6）・

〔24〕徐建青・清代前期的釀酒業・清史研究，1994（3）・

〔25〕洛陽市第二文物工作隊・洛陽郵電局372號西漢墓・文物，1994（7）・

〔26〕吉成名・龍抬頭節研究・民俗研究，1998（4）・

〔27〕劉曉航・中原飯場與茶俗・農業考古，2002（2）・

〔28〕王占華·魏晉南北朝時期士族與飲食·飲食文化研究，2004（1）·

〔29〕秦閿韜·走進難以忘卻的時代——中國第一個人民公誕生紀實·中州今古，2004（1）.

〔30〕劉樸兵·中國雜碎史略·中國飲食文化基金會會訊：臺北，2004（3）·

〔31〕劉樸兵·「乳腐」考·中國歷史文物，2005（5）·

〔32〕劉樸兵·佛教與素菜·中國宗教，2005（8）·

〔33〕李炅娥，等·華北地區新石器時代早期至商代的植物和人類·南方文物，2008（1）.

〔34〕華鑫·陝西食品工業：突破瓶頸謀跨越·中國糖酒週刊，2009-11-16（12）·

參考文獻

索引[※]

中國飲食文化史

黃河中游地區卷

※ 編者註：本書「索引」，主要參照中華人民共和國國家標準GB/T 22466-2008《索引編制規則（總則）》
編制。

後記

　　中國輕工業出版社出版的這套《中國飲食文化史》（十卷本），是對中國飲食文化進行的一次全面梳理，開拓了中國飲食文化史與中國社會生活史研究的新領域，是一項具有重大意義的文化工程。因而受到國家的重視，被列入國家「十二五」重點出版圖書。我們承擔其中《黃河中游地區卷》的寫作，感到非常高興！

　　這些年，中國飲食文化的研究十分活躍，它由過去一個不受人關注的學科，成為今天中國文化史、社會史研究的顯學。中國飲食文化史是血肉豐滿、內涵豐富的歷史，中國飲食文化史研究的勃興，改變了以往史學研究蒼白、乾癟的形象，使它更加生動和鮮活。正是基於這種認識，許多學者投身於這一研究領域，大家互相學習，互相切磋，形成了一支實力雄厚的研究隊伍，不斷將這一領域的研究推向深入，本書的寫作就是在這一歷史背景下完成的。

　　本書力圖展示中國黃河中游地區飲食文化發展變化的軌跡、內在的規律以及其社會政治、經濟與文化間的互動關係，力圖使黃河中游地區的飲食文化生活能夠清晰地呈現在人們的面前。這一願望能否實現我們不敢說，但我們是朝這個方向努力的。

　　本書由姚偉鈞、劉樸兵二人合作完成。姚偉鈞設計了本書的寫作提綱和撰寫思路，並具體負責本書二至五章的撰寫，劉樸兵具體負責本書第一章和六至八章的撰寫。初稿完成後，為統一全書的寫作風格，由劉樸兵負責統稿，對有關章節進行修改，最後由姚偉鈞定稿。研究生王德昭、武守磊等人協助本書作者進行了文字校對和圖片收集工作，在此書完稿之際，特向他們表示深切的謝意。

　　本書的付梓出版，應特別感謝中國輕工業出版社的馬靜、方程等編輯，他們為這套書的出版花費了許多心力，從組稿到出版，已二十餘年，這種出精品好書、為讀者負責的精神令人感動；原中華書局編審、古籍專家劉尚慈先生不辭辛勞核對了本書的大部分引文，並為本書的修改提出了許多有價值的意見。對於以上各位的幫助，我們表示衷心的感謝。

姚偉鈞　　劉樸兵

2011年元旦

後記

為了心中的文化堅守
——記《中國飲食文化史》（十卷本）的出版

　　《中國飲食文化史》（十卷本）終於出版了。我們迎來了遲到的喜悅，為了這一天，我們整整守候了二十年！因此，這一份喜悅來得深沉，來得艱辛！

（一）

　　談到這套叢書的緣起，應該說是緣於一次重大的歷史機遇。

　　一九九一年，「首屆中國飲食文化國際學術研討會」在北京召開。掛帥的是北京市副市長張建民先生，大會的總組織者是北京市人民政府食品辦公室主任李士靖先生。來自世界各地及國內的學者濟濟一堂，共敘「食」事。中國輕工業出版社的編輯馬靜有幸被大會組委會聘請為論文組的成員，負責審讀、編輯來自世界各地的大會論文，也有機緣與來自國內外的專家學者見了面。

　　這是一次高規格、高水準的大型國際學術研討會，自此拉開了中國食文化研究的熱幕，成為一個具有里程碑意義的會議。這次盛大的學術會議激活了中國久已蘊藏的學術活力，點燃了中國飲食文化建立學科繼而成為顯學的希望。

　　在這次大會上，與會專家議論到了一個嚴肅的學術話題——泱泱中國，有著五千年燦爛的食文化，其豐厚與絢麗令世界矚目——早在一百七十萬年前元謀（雲南）人即已發現並利用了火，自此開始了具有劃時代意義的熟食生活；古代先民早已普遍知曉三點決定一個平面的幾何原理，製造出了鼎、鬲等飲食容器；先民發明了二十四節氣的農曆，在夏代就已初具雛形，由此創造了中華民族最早的農耕文明；中國是世界上最早栽培水稻的國家，也是世界上最早使用蒸汽烹飪的國家；中國有著令世界傾倒的美食；有著製作精美的最早的青銅器酒具，有著世界最早的茶學著作《茶經》……為世界飲食文化建起了一座又一座的豐碑。然而，不容迴避的現實是，至今沒有人來系統地彰顯中華

民族這些了不起的人類文明，因為我們至今都沒有一部自己的飲食文化史，飲食文化研究的學術制高點始終掌握在國外學者的手裡，這已成為中國學者心中的一個痛，一個鬱鬱待解的沉重心結。

這次盛大的學術集會激發了國內專家奮起直追的勇氣，大家發出了共同的心聲：全方位地占領該領域學術研究的制高點時不我待！作為共同參加這次大會的出版工作者，馬靜和與會專家有著共同的強烈心願，立志要出版一部由國內專家學者撰寫的中華民族飲食文化史。趙榮光先生是中國飲食文化研究領域建樹頗豐的學者，此後由他擔任主編，開始了作者隊伍的組建，東西南北中，八方求賢，最終形成了一支覆蓋全國各個地區的飲食文化專家隊伍，可謂學界最強陣容。並商定由中國輕工業出版社承接這套學術著作的出版，由馬靜擔任責任編輯。

此為這部書稿的發端，自此也踏上了二十年漫長的坎坷之路。

（二）

撰稿是極為艱辛的。這是一部填補學術空白與出版空白的大型學術著作，因此沒有太多的資料可資借鑑，多年來，專家們像在沙裡淘金，爬梳探微於浩瀚古籍間，又像春蠶吐絲，絲絲縷縷傾吐出歷史長河的乾坤經綸。冬來暑往，飽嘗運筆滯澀時之苦悶，也飽享柳暗花明時的愉悅。殺青之後，大家一心期待著本書的出版。

然而，現實是嚴酷的，這部嚴肅的學術著作面臨著商品市場大潮的衝擊，面臨著生與死的博弈，一個繞不開的話題就是經費問題，沒有經費將寸步難行！我們深感，在沒有經濟支撐的情況下，文化將沒有任何尊嚴可言！這是苦苦困擾了我們多年的一個苦澀的原因。

一部學術著作如果不能靠市場賺得效益，那麼，出還是不出？這是每個出版社都必須要權衡的問題，不是一個責任編輯想做就能做決定的事情。一九九九年本書責任編輯馬靜生病住院期間，有關領導出於多方面的考慮，探病期間明確表示，該工程必須下馬。作為編輯部的一件未盡事宜，我們一方面八方求助資金以期救活這套書，另一方面也在以萬分不捨的心情為其尋找一個「好人家」「過繼」出去。由於沒有出版補貼，遂被多家出版社婉拒。在走投無路之時，馬靜求助於出版同仁、老朋友——上海人民出版社的李偉國總編輯。李總編學歷史出身，深諳我們的窘境，慷慨出手相助，他希望能削減一些字數，並答應補貼十萬元出版這套書，令我們萬分感動！

但自「孩子過繼」之後，我們心中出現的竟然是在感動之後的難過，是「過繼」後的難以割捨，是「一步三回頭」的牽掛！「我的孩子安在？」時時襲上心頭，遂「長使英雄淚滿襟」——它畢竟是我們已經看護了十來年的孩子。此時心中湧起的是對自己無錢而又無能的自責，是時時想「贖回」的強烈願望！至今寫到這裡仍是眼睛濕潤唏噓不已……

經由責任編輯提議，由主編撰寫了一封情辭懇切的「請願信」，說明該套叢書出版的重大意義，以及出版經費無著的困窘，希冀得到飲食文化學界的一位重量級前輩——李士靖先生的幫助。這封信由馬靜自北京發出，一站一站地飛向了全國，意欲傳到十卷叢書的每一位專家作者手中簽名。於是這封信從東北飛至西北，從東南飛至西南，從黃河飛至長江……歷時一個月，這封滿載著全國專家學者殷切希望的滾燙的聯名信件，最終傳到了「北京中國飲食文化研究會」會長、北京市人民政府食品辦公室主任李士靖先生手中。李士靖先生接此信後，如雙肩荷石，沉吟許久，遂發出軍令一般的誓言：我一定想辦法幫助解決經費，否則，我就對不起全國的專家學者！在此之後，便有了知名企業家——北京稻香村食品有限責任公司董事長、總經理畢國才先生慷慨解囊、義舉資助本套叢書經費的感人故事。畢老總出身書香門第，大學讀的是醫學專業，對中國飲食文化有著天然的情懷，他深知這套學術著作出版的重大價值。這筆資助，使得這套叢書得以復甦——此時，我們的深切體會是，只有餓了許久的人，才知道糧食的可貴！……

在我們獲得了活命的口糧之後，就又從上海接回了自己的「孩子」。在這裡我們要由衷感謝李偉國總編輯的大度，他心無半點芥蒂，無條件奉還書稿，至今令我們心存歉意！

有如感動了上蒼，在我們一路跌跌撞撞泣血奔走之時，國賜良機從天而降——國家出版基金出台了！它旨在扶助具有重要出版價值的原創學術精品力作。經嚴格篩選審批，本書獲得了國家出版基金的資助。此時就像大旱中之雲霓，又像病困之人輸進了新鮮血液，由此全面盤活了這套叢書。這筆資金使我們得以全面鋪開精品圖書製作的質量保障系統工程。後續四十多道工序的工藝流程有了可靠的資金保證，從此結束了我們捉襟見肘、寅吃卯糧的日子，從而使我們恢復了文化的自信，感受到了文化的尊嚴！

（三）

我們之所以做苦行僧般的堅守，二十年來不離不棄，是因為這套叢書所具有的出版

價值——中國飲食文化是中華文明的核心元素之一，是中國五千年燦爛的農耕文化和畜牧漁獵文化的思想結晶，是世界先進文化和人類文明的重要組成部分，它反映了中國傳統文化中的優秀思想精髓。作為出版人，弘揚民族優秀文化，使其走出國門走向世界，是我們義不容辭的責任，儘管文化堅守如此之艱難。

季羨林先生說，世界文化由四大文化體系組成，中國文化是其中的重要組成部分（其他三個文化體系是古印度文化、阿拉伯—波斯文化和歐洲古希臘—古羅馬文化）。中國是世界上唯一沒有中斷文明史的國家。中國自古是農業大國，有著古老而璀璨的農業文明，它是中國飲食文化的根基所在，就連代表國家名字的專用詞「社稷」，都是由「土神」和「穀神」組成。中國飲食文化反映了中華民族這不朽的農業文明。

中華民族自古以來就有著「五穀為養，五果為助，五畜為益，五菜為充」的優良飲食結構。這個觀點自兩千多年前的《黃帝內經》時就已提出，在兩千多年後的今天來看，這種飲食結構仍是全世界推崇的科學飲食結構，也是當代中國大力倡導的健康飲食結構。這是來自中華民族先民的智慧和驕傲。

中華民族信守「天人合一」的理念，在年復一年的勞作中，先民們敬畏自然，尊重生命，守天時，重時令，拜天祭地，守護山河大海，守護森林草原。先民發明的農曆二十四個節氣，開啟了四季的農時輪迴，他們既重「春日」的生發，又重「秋日」的收穫，他們頌春，愛春，喜秋，敬秋，創造出無數的民俗、農諺。「吃春餅」「打春牛」「慶豐登」……然而，他們節儉、自律，沒有掠奪式的索取，他們深深懂得人和自然是休戚與共的一體，愛護自然就是愛護自己的生命，從不竭澤而漁。早在周代，君王就已經認識到生態環境安全與否關乎社稷的安危。在生態環境嚴重惡化的今天，在掠奪式開採資源的當代，對照先民們信守千年的優秀品質，不值得當代人反思嗎？

中華民族篤信「醫食同源」的功用，在現代西方醫學傳入中國以前，幾千年來「醫食同源」的思想護佑著中華民族的繁衍生息。中國的歷史並非長久的風調雨順、豐衣足食，而是災荒不斷，迫使人們不斷尋找、擴大食物的來源。先民們既有「神農嘗百草，日遇七十二毒」的艱險，又有「得茶而解」的收穫，一代又一代先民，用生命的代價換來了既可果腹又可療疾的食物。所以，在中華大地上，可用來作食物的資源特別多，它是中華先民數千年戮力開拓的豐碩成果，是先民們留下的寶貴財富；「醫食同源」也是中國飲食文化最傑出的思想，至今食療食養長盛不衰。

中華民族有著「尊老」的優良傳統，在食俗中體現尤著。居家吃飯時第一碗飯要先奉給老人，最好吃的也要留給老人，這也是農耕文化使然。在古老的農耕時代，老人是

農耕技術的傳承者，是新一代勞動力的培養者，因此使老者具有了權威的地位。尊老，是農耕生產發展的需要，祖祖輩輩代代相傳，形成了中華民族尊老的風習，至今視為美德。

中國飲食文化的一個核心思想是「尚和」，主張五味調和，而不是各味單一，強調「鼎中之變」而形成了各種復合口味，從而構成了中國烹飪豐富多彩的味型，構建了中國烹飪獨立的文化體系，久而昇華為一種哲學思想——尚和。《中庸》載「和也者，天下之達道」，這種「尚和」的思想體現到人文層面的各個角落。中華民族自古崇尚和諧、和睦、和平、和順，世界上沒有哪一個國家能把「飲食」的社會功能發揮到如此極致，人們以食求和體現在方方面面：以食尊師敬老，以食饗友待客，以宴賀婚、生子以及陞遷高就，以食致歉求和，以食表達謝意致敬……「尚和」是中華民族一以貫之的飲食文化思想。

「一方水土養一方人」。這十卷本以地域為序，記述了在中國這片廣袤的土地上有如萬花筒一般絢麗多彩的飲食文化大千世界，記錄著中華民族的偉大創造，也記述了各地專家學者的最新科研成果——舊石器時代的中晚期，長江下游地區的原始人類已經學會捕魚，使人類的食源出現了革命性的擴大，從而完成了從矇昧到文明的轉折；早在商周之際，長江下游地區就已出現了原始瓷；春秋時期筷子已經出現；長江中游是世界上最早栽培稻類作物的地區。《呂氏春秋·本味》述於二千三百年前，是中國歷史上最早的烹飪「理論」著作；中國最早的古代農業科技著作是北魏高陽（今山東壽光）太守賈思勰的《齊民要術》；明代科學家宋應星早在幾百年前，就已經精闢論述了鹽與人體生命的關係，可謂學界的最先聲；新疆人民開鑿修築了坎兒井用於農業灌溉，是農業文化的一大創舉；孔雀河出土的小麥標本，把小麥在新疆地區的栽培歷史提早到了近四千年前；青海喇家麵條的發現把我國食用麵條最早記錄的東漢時期前提了兩千多年；豆腐的發明是中國人民對世界的重大貢獻；有的卷本述及古代先民的「食育」理念；有的卷本還以大開大闔的筆力，勾勒了中國幾萬年不同時期的氣候與人類生活興衰的關係等等，真是處處珠璣，美不勝收！

這些寶貴的文化財富，有如一顆顆散落的珍珠，在沒有串成美麗的項鏈之前，便彰顯不出它的耀眼之處。如今我們完成了這一項工作，雕琢出了一串光彩奪目的珍珠，即將放射出耀眼的光芒！

（四）

編輯部全體工作人員視稿件質量為生命，不敢有些許懈怠，我們深知這是全國專家學者二十年的心血，是一項極具開創性而又十分艱辛的工作。我們肩負著填補國家學術空白、出版空白的重託。這個大型文化工程，並非三朝兩夕即可一蹴而就，必須長年傾心投入。因此多年來我們一直保持著飽滿的工作激情與高度的工作張力。為了保證圖書的精品質量並儘早付梓，我們無年無節、終年加班而無怨無悔，個人得失早已置之度外。

全體編輯從大處著眼，力求全稿觀點精闢，原創鮮明。各位編輯極儘自身多年的專業積累，傾情奉獻：修正書稿的框架結構，爬梳提煉學術觀點，補充遺漏的一些重要史實，匡正學術觀點的一些訛誤之處，並誠懇與各卷專家作者切磋溝通，務求各卷寫出學術亮點，其拳拳之心殷殷之情青天可鑒。編稿之時，為求證一個字、一句話，廣查典籍，數度披閱增刪。青黃燈下，蹙眉凝思，不覺經年久月，眉間「川」字如刻。我們常為書稿中的精闢之處而喜不自勝，更為瑕疵之筆而扼腕嘆息！於是孜孜矻矻、秉筆躬耕，一句句、一字字吟安鋪穩，力求語言圓通，精煉可讀。尤其進入後期階段，每天下班時，長安街上已是燈火闌珊，我們卻剛剛送走一個緊張工作的夜晚，又在迎接著一個奮力拼搏的黎明。

為了不懈地追求精品書的品質，本套叢書每卷本要經過四十多道工序。我們延請了國內頂級專家為本書的質量把脈，中華書局的古籍專家劉尚慈編審已是七旬高齡，她以古籍善本為據，為我們的每卷書稿逐字逐句地核對了古籍原文，幫我們糾正了數以千計的舛誤，從她那裡我們學到了非常多的古籍專業知識。有時已是晚九時，老人家還沒吃飯在為我們核查書稿。看到原稿不盡如人意時，老人家會動情地對我們喊起來，此時，我們感動！我們折服！這是一位學者一種全身心地忘我投入！為了這套書，她甚至放下了自己的個人著述及其他重要邀請。

中國社會科學院歷史研究所李世愉研究員，為我們審查了全部書稿的史學內容，匡正和完善了書稿中的許多漏誤之處，使我們受益匪淺。在我們圖片組稿遇到困難之時，李老師憑藉深廣的人脈，給了我們以莫大的幫助。他是我們的好師長。

本書中涉及各地區少數民族及宗教問題較多，是我們最擔心出錯的地方。為此我們把書稿報送了國家宗教局、國家民委、中國藏學研究中心等權威機構精心審查了書稿，並得到了他們的充分肯定，使我們大受鼓舞！

我們還要感謝北京觀復博物館、大連理工大學出版社幫我們提供了許多有價值的歷

史圖片。

為了嚴把書稿質量，我們把做辭書時使用的有效方法用於這部學術精品專著，即對本書稿進行了二十項「專項檢查」以及後期的五十三項專項檢查，諸如，各卷中的人名、地名、國名、版圖、疆域、西元紀年、謚號、廟號、少數民族名稱、現當代港澳臺地名的表述等，由專人做了逐項審核。為使高端學術著作科普化，我們對書稿中的生僻字加了注音或簡釋。

其間，國家新聞出版總署貫徹執行「學術著作規範化」，我們聞風而動，請各卷作者添加或補充了書後的參考文獻、索引，並逐一完善了書稿中的註釋，嚴格執行了總署的文件規定不走樣。

我們還要感謝各卷的專家作者對編輯部非常「給力」的支持與配合，為了提高書稿質量，我們請作者做了多次修改及圖片補充，不時地去「電話轟炸」各位專家，一頭卡定時間，一頭卡定質量，真是難為了他們！然而，無論是時處酷暑還是嚴冬，都基本得到了作者們的高度配合，特別是和我們一起「摽」了二十年的那些老作者，真是同呼吸共命運，他們對此書稿的感情溢於言表。這是一種無言的默契，是一種心靈的感應，這是一支二十年也打不散的隊伍！憑著中國學者對傳承優秀傳統文化的責任感，靠著一份不懈的信念和期待，苦苦支撐了二十年。在此，我們向此書的全體作者深深地鞠上一躬！致以二十年來的由衷謝意與敬意！

由於本書命運多蹇遷延多年，作者中不可避免地發生了一些變化，主要是由於身體原因不能再把書稿撰寫或修改工作堅持下去，由此形成了一些卷本的作者缺位。正是我們作者團隊中的集體意識及合作精神此時彰顯了威力——當一些卷本的作者缺位之時，便有其他卷本的專家伸出援助之手，像接力棒一樣傳下去，使全套叢書得以正常運行。華中師範大學的博士生導師姚偉鈞教授便是其中最出力的一位。今天全書得以付梓而沒有出現缺位現象，姚老師功不可沒！

「西藏」「新疆」原本是兩個獨立的部分，組稿之初，趙榮光先生殫精竭慮多方奔走物色作者，由於難度很大，終而未果，這已成為全書一個未了的心結。後期我們傾力進行了接續性的推動，在相關專家的不懈努力下，終至彌補了地區缺位的重大遺憾，並獲得了有關審稿權威機構的好評。

最令我們難過的是本書「東南卷」作者、暨南大學碩士生導師、冼劍民教授沒能見到本書的出版。當我們得知先生患重病時即趕赴探望，那時先生已骨瘦如柴，在酷熱的廣州夏季，卻還身著毛衣及馬甲，接受著第八次化療。此情此景令人動容！後得知冼先

生化療期間還在堅持修改書稿，使我們感動不已。在得知冼先生病故時，我們數度哽咽！由此催發我們更加發憤加快工作的步伐。在本書出版之際，我們向冼劍民先生致以深深的哀悼！

在我們申報國家項目和有關基金之時，中國農大著名學者李里特教授為我們多次撰寫審讀推薦意見，如今他竟然英年早逝離我們而去，令我們萬分悲痛！

在此期間，李漢昌先生也不幸遭遇重大車禍，嚴重影響了身心健康，在此我們致以由衷的慰問！

（五）

中國飲食文化學是一門新興的綜合學科，涉及歷史學、民族學、民俗學、人類學、文化學、烹飪學、考古學、文獻學、地理經濟學、食品科技史、中國農業史、中國文化交流史、邊疆史地、經濟與商業史等諸多學科，現正處在學科建設的爬升期，目前已得到越來越多領域的關注，也有越來越多的有志學者投身到這個領域裡來，應該說，現在已經進入了最好的時期，從發展趨勢看，最終會成為顯學。

早在一九九八年於大連召開的「世界華人飲食科技與文化國際學術研討會」，即是以「建立中國飲食文化學」為中心議題的。這是繼一九九一年之後又一次重大的國際學術會議，是一九九一年國際學術會議成果的繼承與接續。建立「中國飲食文化學」這個新的學科，已是國內諸多專家學者的共識。在本叢書中，就有專家明確提出，中國飲食文化應該納入「文化人類學」的學科，在其之下建立「飲食人類學」的分支學科。為學科理論建設搭建了開創性的構架。

這套叢書的出版，是學科建設的重要組成部分，它完成了一個帶有統領性的課題，它將成為中國飲食文化理論研究的扛鼎之作。本書的內容覆蓋了全國的廣大地區及廣闊的歷史空間，本書從史前開始，一直敘述到當代的二十一世紀，貫通時間百萬年，從此結束了中國飲食文化無史和由外國人寫中國飲食文化史的局面。這是一項具有里程碑意義的歷史文化工程，是中國對世界文明的一種國際擔當。

二十年的風風雨雨、坎坎坷坷我們終於走過來了。在拜金至上的浮躁喧囂中，我們為心中的那份文化堅守經過了煉獄般的洗禮，我們坐了二十年的冷板凳但無怨無悔！因為由此換來的是一項重大學術空白、出版空白的填補，是中國五千年厚重文化積澱的梳

理與總結，是中國優秀傳統文化的彰顯。我們完成了一項重大的歷史使命，我們完成了老一輩學人對我們的重託和當代學人的夙願。這二十年的泣血之作，字裡行間流淌著中華文明的血脈，呈獻給世人的是祖先留給我們的那份精神財富。

我們篤信，中國飲食文化學的崛起是歷史的必然，它就像那冉冉升起的朝陽，將無比燦爛輝煌！

《中國飲食文化史》編輯部

二〇一三年九月

中國飲食文化史　黃河中游地區卷

亮點書系・中國文化通史 A1002008

中國飲食文化史・黃河中游地區卷

主　　編　趙榮光

版權策畫　李　鋒

責任編輯　楊婉慈

發 行 人　林慶彰

總 經 理　梁錦興

總 編 輯　張晏瑞

編 輯 所　萬卷樓圖書股份有限公司

臺北市羅斯福路二段 41 號 6 樓之 3

電話　(02)23216565

傳真　(02)23218698

出　　版　昌明文化有限公司

桃園市龜山區中原街 32 號

電話　(02)23216565

發　　行　萬卷樓圖書股份有限公司

臺北市羅斯福路二段 41 號 6 樓之 3

電話　(02)23216565

傳真　(02)23218698

電郵　SERVICE@WANJUAN.COM.TW

大陸經銷

廈門外圖臺灣書店有限公司

電郵　JKB188@188.COM

ISBN 978-986-496-144-3

2018 年 1 月初版

定價：新臺幣 380 元

如何購買本書：

1. 劃撥購書，請透過以下郵政劃撥帳號：

帳號：15624015

戶名：萬卷樓圖書股份有限公司

2. 轉帳購書，請透過以下帳戶

合作金庫銀行　古亭分行

戶名：萬卷樓圖書股份有限公司

帳號：0877717092596

3. 網路購書，請透過萬卷樓網站

網址　WWW.WANJUAN.COM.TW

大量購書，請直接聯繫我們，將有專人為您

服務。客服：(02)23216565　分機 610

如有缺頁、破損或裝訂錯誤，請寄回更換

版權所有・翻印必究

Copyright©2016 by WanJuanLou Books CO., Ltd.

All Rights Reserved　　　Printed in Taiwan

國家圖書館出版品預行編目資料

中國飲食文化史. 黃河中游地區卷 ／ 趙榮光
著. -- 初版. -- 桃園市：昌明文化出版；臺北
市：萬卷樓發行, 2018.01

冊；　公分

ISBN 978-986-496-144-3(平裝). --

1.飲食風俗 2.中國

538.782　　　　　　　　　　107001750

本著作物經廈門墨客知識產權代理有限公司代理，由中國輕工業出版社授權萬卷樓圖
書股份有限公司出版、發行中文繁體字版版權。